2022 中国好书

从张骞到马可·波罗

丝绸之路十八讲

荣新江 著

江西人民出版社
Jiangxi People's Publishing House
全国百佳出版社

荣誉榜单

中国图书评论学会"2022 中国好书"

"十三五"国家重点图书出版规划项目

党建网"党建好书"2022 年 12 月书单

光明日报 2022 年 12 月"光明书榜"

光明日报 2022 年度"光明书榜"

中国新闻出版广电报"中国好书"月榜特荐（2022 年 12 月）

中国出版传媒商报"2022 年第四季度影响力图书"

中国出版传媒商报"2022 年度影响力图书"

"新华荐书"第十六期推荐图书

百道原创好书榜年榜（2022）

江西出版传媒集团第二届"优秀图书"（2022）

中文传媒 2022 年度好书

中华读书报 2023 年 1 月"好书榜"

首届江西省全民阅读大会"年度赣版好书"（2023）

北京博雅堂书店 2023 年 3 月畅销排行榜第三

中国新闻出版广电报·读周刊热荐书单（2023 年 3 月 31 日）

伦敦书展"阅读中国"第 3 期精选 30 种中国图书书目（2023）

第十届读友读品节"商报推荐书单"100 种（2023）

目 录

导　论

1877 年，德国地理学家李希霍芬（F. von Richthofen）提出，把汉代中国和中亚南部、西部以及印度之间的以丝绸贸易为主的交通路线称作"丝绸之路"（Seidenstrasse, Silk Road），那时他主要还是根据汉文、希腊文、拉丁文文献材料加以说明，而没有多少实物印证。而且，他对"丝绸之路"这一称呼的说法还不是非常统一[①]，甚至可以说这样的定名有一些"偶然性"[②]。此后，学界对于"丝绸之路"的使用也不规范。到了 19 世纪末 20 世纪初，以塔里木盆地为中心的西域考古探险时代的到来，才使得"丝绸之路"得到了实物印证，也推动了"丝绸之路"的研究。

这些以收集古物为目的的考察探险队，对于塔里木盆地、吐鲁番盆地、河西走廊等丝绸之路沿线的古代城址、寺院、千佛洞、古墓等，进行了大规模的发掘，获得了大量的文物和文献材料。这些考古发现揭示了古代高昌、龟兹、焉耆、巴楚、于阗、楼兰、敦煌、黑城等地区或城镇的古代文明，其中包含有大量的丝绸之路文物。这些文物材料和文献记载，极大地推动了对

[①]　丹尼尔·沃（Daniel C. Waugh）《李希霍芬的"丝绸之路"：通往一个概念的考古学》，蒋小莉译，朱玉麒主编《西域文史》第 7 辑，科学出版社，2012 年，295—310 页。
[②]　唐晓峰《李希霍芬的"丝绸之路"》，《读书》2018 年第 3 期，64—72 页。

李希霍芬提出的"丝绸之路"的认识，特别是一些丝绸、织锦、玻璃、钱币、各种文字的古文书，使得丝路贸易和文化交往落到了实处。把这些地区发现的文物汇集起来，就可以连成一条丝绸之路。这条丝路是双向文明的交流，是多元文化的共处，而出土这些文物的城镇，就是历史上维持丝路贸易往来和文化交流的重要节点。

可以说，19世纪末20世纪初叶的西域考古调查所获的资料，使得"丝绸之路"的内涵一下子丰满起来，极大地充实了丝绸之路的内容，不论是物质文化方面，还是精神文化方面。与此同时，各支探险队所走的道路，基本上就是古代的丝绸之路。而不少探险队员也是优秀的作家和画家，他们用笔生动地描述了丝绸之路的地理和人文景观，介绍了丝绸之路上的故事，描绘了丝绸之路上的风情，也刻画了丝绸之路上行走的艰难。

可以说，只有到了西域地区考古探险的时代，李希霍芬提出的"丝绸之路"才真正被坐实，才真正得到证明。特别是李希霍芬的学生斯文·赫定（Sven Hedin），以"丝绸之路"作为自己考察记录的书名[1]，使得他的老师的"提议"，实实在在地找到了印证，把丝绸之路学说发扬光大开来。

以后随着研究的深入，"丝绸之路"的概念不断扩大，有草原丝绸之路、海上丝绸之路、西南丝绸之路，又有玉石之路、黄金之路、玻璃之路、青金石之路、香料之路、佛教之路、茶叶之路、茶马古道、陶瓷之路，等等。这些概念都有学术资料的支撑，是可以成立的，但"丝绸之路"无疑是最有影响力的说法，其基本概念也是最重要的中西交往通道。

在中国，丝绸之路研究是放在"中外关系史"学科当中的，这门学问早年又叫作"中西交通史"。中国最早专门从事这一学科领域研究的人，是张星烺、冯承钧、向达，素称"中西交通史"三大家，其他如陈垣、陈寅恪、岑仲勉等人在该领域也有建树，但他们不是专门从事这门学问的研究者，而且

---

[1]　Sven Hedin, *The Silk Road*, tr. by F. H. Iyon, New York：E. P. Dutton, 1938. 江红、李佩娟汉译本《丝绸之路》，新疆人民出版社，2013 年。

更多的贡献是在其他方面。张星烺最重要的著作是《中西交通史料汇编》①，把从先秦到明清有关中西交通的中外文史料汇于一编，并做简要的注释，为中西交通史研究奠定了基础，此后许多研究论文都是从这本书提供的史料开始的，但不一定把这本书引出来。《中西交通史料汇编》在今天看来有时代的局限，比如传统史料《水经注》就没有用（大概当时没有好本子），出土文献只限于已经整理的少量敦煌写本，西文文献依据的译文比较陈旧等，但它的贡献是不可磨灭的。冯承钧虽然也有自己的研究著作，但更重要的是法文著作的翻译，如《西突厥史料》《马可·波罗行纪》《多桑蒙古史》，以及发表在《西域南海史地考证译丛》几编中的散篇文章②，对于中国中外关系史研究具有极大的推动作用，迄今有些论著仍然是最重要的，如沙畹、伯希和《摩尼教流行中国考》（也有单行本）。向达除了早年的一些译著外，更多的是做研究，以《唐代长安与西域文明》（《燕京学报》专号，1933 年）等一系列文章知名于世，除了汇集在同名论文集中的文章外，还有大量单篇论文散在报刊当中，其中包括明清时期中外关系史的论述；他还主持了中华书局《中外交通史籍丛刊》并整理多部古籍，贡献至多。

　　1951 年开始全国高校院系调整，学科重新划分以后，一些早期就从事中外关系史的学者如孙毓棠、韩儒林、朱杰勤、夏鼐、季羡林、周一良等仍然有所贡献。"文化大革命"后一些学者才得以发表这方面的长期积累成果，韩振华、马雍、张广达、蔡鸿生、姜伯勤等，都有许多论著发表，研究的方面也有所推广。"文化大革命"后培养出来的一批研究生、本科生，如余太山、刘迎胜、安家瑶、林梅村、齐东方、汤开建、芮传明、段晴、赵丰等一大批学者，也从各个不同的角度，对中外关系史的研究做出了重要贡献。比较重

①　张星烺《中西交通史料汇编》，6 册，辅仁大学，1930 年。

②　《一编》至《四编》，商务印书馆，1934—1941 年；《五编》至《九编》，中华书局，1956—1958 年；商务印书馆，1962 年重印。1995 年，商务印书馆又将全部九编汇集为《西域南海史地考证译丛》第 1—2 卷重印。又将几篇长篇译文汇辑为第 3 卷，包括希勒格《中国史乘中未详诸国考证》，1999 年出版。

要的系统论述，早一些的有周一良主编的《中外文化交流史》（河南人民出版社，1987年）和张维华主编的《中国古代对外关系史》（高等教育出版社，1993年），前者是按国别或地区编写的中外文化交流史，后者是按年代编写的更为全面的对外关系史，是"高等学校文科教材"；晚一些的有王小甫等编著的《古代中外文化交流史》（高等教育出版社，2006年）和张国刚、吴莉苇合著的《中西文化关系史》（高等教育出版社，2006年），两者都是普通高等教育"十五"国家级规划教材，都是从先秦到明清的系统叙述，后者篇幅更多，大航海时代以后的近代早期中西文化交流部分占了一半篇幅。这些教材由于层层因袭的关系，比较照顾已知的重要史实和人物，而对于此后研究发现的人物和事件纳入不多，特别是对大量考古资料的消化利用还有些不够，而且都是单一的文字叙述，很少有附图，更没有彩色图片，这其实是教材最需要包含的内容。

21世纪以来，随着国家"一带一路"倡议的提出和推进，丝绸之路研究重新焕发了活力。在此背景下，国内外涌现出一大批学术论著，相关的展览、讲座等活动也如火如荼。我们知道，丝绸之路的研究范围是沿着丝路一个文明与另一个文明的交往问题，在涉及中外交往的时候，丝绸之路研究就是中外关系史研究。有的时候两种文明的交往不是发生在中外之间，比如波斯和罗马。因此，丝绸之路研究的热潮，对中外关系史学科的发展是一个强大的促进，在各个方面推进了中外关系史研究的进展。

近年来学界新创办了四份丝绸之路的学术专刊。一是刘进宝主编的《丝路文明》，2016年12月创刊，截至2021年11月已出版六辑，大部分内容是有关丝绸之路的专题研究，但也包含了一些纯粹的敦煌学研究。二是沙武田主编的《丝绸之路研究集刊》，创办于2017年5月，截至2021年6月已出版六辑。此刊注重考古、艺术史的图像资料，强调以图证史，收录了不少有分量的文章。三是李肖主编的《丝绸之路研究》，创办于2017年12月，内容涉及历史、考古、丝路语言等，但目前仅出两辑；可喜的是与之相应的英文本，已经由三联书店和Springer出版了两辑，称作 *Silk Road Research Series*（丝绸之路研究丛刊），每辑有个专题。四是罗丰主编的《丝绸之路考古》，于 2018 年 1 月创办，到 2020 年 10 月为止已出版四辑，前三辑所发文章虽为精品，但多为旧作，从第四辑开始多是未刊论文，考古资料在丝绸之路研究上十分重要，而且不断有新发现，也有新的研究，是学界更加期待的成果。

对于丝绸之路热，国外的一些研究者更加敏感，一批新著脱颖而出，一些著作的中文译本也抢占了国内的市场。比如 2012 年出版的韩森（Valerie Hansen）《丝绸之路新史》，就出版了学术版、普及版以及大陆和台湾地区的中译本①，还有配套的《丝绸之路研究论文精选集》（*The Silk Road. Key Papers*）②，主要选取楼兰、龟兹、高昌、撒马尔干（又译撒马尔罕）、长安、敦煌、于阗等七个地点展开研究，对推进国内外丝绸之路研究颇有贡献。2016 年增订再版，名《丝绸之路新史（史料增补本）》，在每一章开头罗列相关史料，并增补"马可·波罗时代的大都"为第八章③。但作为一个汉学家，仅仅依靠敦煌吐鲁番碎片来理解丝绸之路，还是存在一定问题，有以偏概全之嫌。又如吴芳思（Frances Wood）的《丝绸之路两千年》④，是面向大众的概论性著作，但其特点在于用一种英国的视角来看待丝绸之路，有些是以往中国学者难以触及的方面。还有魏泓（Susan Whitfield）的《丝路岁月》⑤，

① Valerie Hansen, *The Silk Road. A New History*, London: Oxford University Press, 2012. 中译本有：张湛译《丝绸之路新史》，北京联合出版公司，2015 年；黄庭硕、李志鸿、吴国圣译《丝路新史》，麦田出版社，2015 年。日译本有田口未和译《图説シルクロード文化史》，原书房，2016 年。

② Valerie Hansen (ed.), *Silk Road: Key Papers*, Leiden & Boston: Global Oriental, 2012. 笔者书评载《敦煌吐鲁番研究》第 13 卷，上海古籍出版社，2013 年，579—588 页。

③ Valerie Hansen, *The Silk Road: A New History with Documents*, London: Oxford University Press, 2016.

④ Frances Wood, *The Silk Road. Two Thousand Years in the Heart of Asia*, Berkeley: University of California Press, 2002. 赵学工中译本 2016 年由上海辞书出版社出版。

⑤ Susan Whitfield, *Life along the Silk Road*, London: John Murray, 1999. 中译本有：李淑珺译《丝路岁月》，究竟出版社，2003 年；海南出版社，2006 年；王姝婧、莫嘉靖译《丝绸之路：十二种唐朝人生》，四川人民出版社，2020 年。

以十二种人物类型展开，如寡妇、士兵、商人、公主等，颇有新意。以学术为支撑的通俗类著述，恰是以往中国学界所缺乏的。

还有一些非丝绸之路研究者也转入丝绸之路研究，其中最有代表性的是弗兰科潘（Peter Frankopan）的《丝绸之路：一部全新的世界史》①。这部以丝绸之路所经欧亚大陆为主要对象的世界史，抛弃了传统的"欧洲中心论"，以欧亚内陆为核心，对两千多年来的世界历史变迁，做出新的阐述。作者以各种不同的"路"来穿针引线，把从古代帝国到今日霸权国家在欧亚内陆的权力角逐，把经过丝绸之路传播的种种宗教、文化、思想，把这条商道上东西运输的各色商品，都做了宏观的描述，让读者可以通过丝绸之路的新视角，来观察人类文明的发展。本书的重点不是中国，很少内容涉及中国，而是从中国延展出去的丝绸之路新通史。我在这本书中译本的推介词中说，对于热切需要了解"一带一路"的中国读者来说，"这部著作犹如来自异域的西瓜，既让我们知道丝绸之路的甘甜，也要警觉这条道路的艰辛和火辣"。

另外，身为清史研究者的米华健（James A. Millward）所著通识类读物《丝绸之路》②，对丝绸之路后期的论述颇有新意。还有很多在学术研究支撑下撰写的展览图录和一般性图录，比如魏泓主编的《丝绸之路——贸易、旅行、战争和信仰》③与《丝绸之路：人、文化与景观》④，都是很有学术视野的著作。

日本学界早在 20 世纪七八十年代，便有一阵研究丝绸之路的热潮，近年则逐步淡化。在一般的日本学者的观念里，"丝绸之路"往往是比较通俗的学

① Peter Frankopan, *The Silk Roads. A New History of the World*, New York: Alfred A. Knopf, 2016. 邵旭东、孙芳中译本，浙江大学出版社，2016 年。
② James A. Millward, *The Silk Road: A Very Short Introduction*, London: Oxford University Press, 2013. 马睿中译本 2017 年 4 月由译林出版社出版。
③ Susan Whitfield (ed.), *The Silk Road: Trade, Travel, War and Faith*, London: The British Library, 2004.
④ Susan Whitfield (ed.), *Silk Roads. Peoples, Cultures*, Landscapes, London: Thames & Hudson, 2019.

术称谓，所以很少有学者以"丝绸之路"命名自己的著作，一般以"东西文化交流"等名目展开研究。近年来，又有一些学者坚持推进"丝绸之路"的学术研究，出版了川又正智《汉代以前的丝绸之路》[1]、加藤九祚译著的《考古学所见的丝绸之路》[2] 等。在这方面最重要的成果是森安孝夫《丝绸之路与唐帝国》[3]，最近也出版了中文简体字译本。这是一本植根于精深学术研究的通俗读物，深入浅出，对丝绸之路研究颇有贡献。最近森安孝夫又出版了《丝绸之路世界史》[4]，从欧亚大陆基本构造的视角，来讨论丝绸之路的系统，但他关注的焦点还是北方的游牧民族。

本书脱胎了笔者在北京大学历史学系多年来的"中西文化交流史"讲义，这门课是给高年级本科生开设的，有时也叫作"古代中西文化交流史研究""古代中外文化交流史"等，是比较全面讲述从上古到鸦片战争之前的中外文化交流史，但偏重于中西的文化交流方面。正像我的其他课程一样，课程名称有时候是不能改变的，但每次讲课都不会是同样的内容，而是把自己和学界的最新研究成果纳入其中。

在构建本书的写作框架时，曾经反复琢磨，是按照一般教科书那样平铺直叙，面面俱到地讲述丝绸之路呢，还是更多地依据自己的研究成果而不求全面。最后我采用了后面的想法，在照顾每个时段东西交往的主要内容之外，更多地把自己若干年来研究中外关系史的一些收获融入其中，这和我的《敦煌学十八讲》有些类似，而且更加凸显个性。

我本人关于中外关系史，或者说丝绸之路的研究，一方面比较偏重于汉唐时期，另一方面比较关注中国与大的伊朗文化交流的方面，比如粟特商人

---

①　川又正智《漢代以前のシルクロード》，雄山阁，2006 年。

②　加藤九祚译《考古学が語るシルクロード史》，平凡社，2011 年。

③　森安孝夫《シルクロードと唐帝国》，讲谈社，2007 年。中译本有：张雅婷译《丝路、游牧民与唐帝国》，八旗文化 / 远足文化事业公司，2018 年；石晓军译《丝绸之路与唐帝国》，北京日报出版社，2020 年。

④　森安孝夫《シルクロード世界史》，讲谈社，2020 年。

的东渐、三夷教的流行，是我多年来一直关心的问题，这是因佛教传入的问题，前人关于中印文化交流研究得比较深入，而忽视中国与波斯、粟特等伊朗文明的交流问题。另外，我一直从事着敦煌、吐鲁番和西域地区出土文献，以及各地出土石刻材料的收集整理与研究，加上与中外交流相关的文物材料，我的主要工作是希望利用新材料，来增进我们对丝绸之路上东西方交往的认识，发掘出前所未知的新内涵，像波斯人李素执掌唐朝天文机构、杨良瑶出使黑衣大食、粟特商人的东渐、晚唐五代宋初的中印往来等等，都是今后可以写入一般教科书的内容，而此前则完全不为学界所知或知之甚少，这正是我们这个时代出土的新材料给我们的新认知。我更希望这本《从张骞到马可·波罗——丝绸之路十八讲》，能够讲述一些其他的丝绸之路通史类著作中所没有的内容。

正是有着这样的考虑，所以本书的重点放在"从张骞到马可·波罗"这个时段当中，一方面植根于自己研究的主要时段，同时也融入自己的研究成果，其中有些讲的内容也直接来自于已经发表的文章，但根据本书的讲义性质，做了一些相应的调整。对于中国古代晚期的中外交流史，特别是大航海时代以后的丰富内容，本书只能割爱，这些篇章今后应当单独阐述。

月氏、斯基泰与
丝绸之路前史

　　丝绸之路是一个交通道路的概念，但不是一般的交通道路，而是两种或两种以上文明交往的道路，才叫"丝绸之路"。相对于其他文明来说，以黄河流域和长江流域为中心的中国早期文明，是比较孤立存在的，是比较封闭的，所以我们的历史学家把张骞通西域，称为"凿空"。但从其他文明的角度来讲，这些文明之间的交往是很早就发生的，而且有的时候非常频繁。从某一文明的角度来说，通过某条道路与域外其他文明交流，那这些道路就是丝绸之路。因此，西亚与希腊、罗马，罗马与印度，中亚与西亚、印度等等文明之间的交往，有些早于张骞时代，所以说丝绸之路也早就存在于欧亚大陆。

　　从这样的概念出发，我们可以说，即使是早期中国与域外地区的交往，也不是从张骞开始的。现在我们也可以把丝绸之路开始的时间，用考古资料追溯到远古时代，就是这样的道理。从中国历史上来说，张骞通西域之前"丝绸之路"的历史，我们称之为"丝绸之路前史"。

　　在张骞西行之前，欧亚大陆的丝绸之路上，从东向西，大体上来讲活跃的主要民族是：匈奴、月氏、斯基泰、波斯，以及希腊亚历山大大帝留下的希腊化王朝治下的各个民族，与张骞比较，他们都是丝绸之路上的先行者。

一、波斯帝国与亚历山大东征

位于欧亚大陆西部的波斯，在丝绸之路上占据十分重要的位置，而且以波斯帝国的权威地位，对于东西方文化交流，发挥着极为关键的作用。

公元前 6 世纪，波斯阿契美尼德王朝（Achaemenid，前 550—前 331）崛起，在统一波斯本土之后，以前 559 年居鲁士二世（Cyrus II，前 559—前 530 年在位）即位为标志，开始向外扩张。从前 550 年开始，居鲁士相继征服了米底（Media）、帕提亚（Parthia）、吕底亚（Lydia），在前 545—前 539 年，他又征服了东伊朗及中亚地区的德兰吉安那（Drangiana）、马尔吉亚那（Margiana）、花剌子模（Khwarezmia）、索格底亚那（Sogdiana）、巴克特里亚（Bactria）、塞种部落以及犍陀罗（Gandhāra）等地，并在这些地区设立了行省，建立了驿道，将这些行省联系起来。在大流士一世统治时期（Darius I，前 522—前 486 年在位）（图 1-1），阿契美尼德王朝进入鼎盛阶段，其疆界"自索格底亚那之后的斯基泰部落直到埃塞俄比亚，自印度直到吕底亚"（《波斯波利斯铭文》）。也就是说，从帕米尔以西的西北印度，经中亚的粟特地区，跨越西亚，一直到北非，都是波斯帝国的领土。

图 1-1 大流士一世

前 334 年，马其顿国王亚历山大大帝（Alexander the Great，前 336—前 323 年在位）率军征伐宿敌波斯。前 331 年，波斯大流士三世（Darius III）于底格里斯河畔的高加米拉（Gaugamela）大败，标志着阿契美尼德王朝的终结。从此，波斯进入希腊化时代。前 323 年亚历山大去世后，其所建立的帝国随之瓦解。前 312 年，塞琉古（Seleucus）接管了亚历山大帝国的亚洲部分，开始了塞琉古王朝的新纪元，其核心区域在叙利亚，中国史书称之为"条支"①。

前 250 年，阿萨西斯（Arsaces）率大益（Dahae）部落联盟攻入塞琉古王国的帕提亚行省，建立了新王朝——帕提亚王朝（前 250—224），中国史书称为"安息"②。与此同时，塞琉古王国的巴克特里亚、索格底亚那和马尔吉亚那三个行省也处于半独立状态，到前 230 年，宣布独立为希腊—巴克特里亚的新王朝——攸提德谟斯（Euthydemus）王朝，中国史籍称之为"大夏"。其北面则是中国史籍中记载的"行国"——康居，是一个游牧部落联盟，他们逐渐占领了花剌子模和索格底亚那地区。到公元前 140 年前后，西迁大月氏到达阿姆河流域，灭掉了希腊 - 巴克特里亚王国。

这是前 128 年张骞到达大月氏之前中亚、西亚的大体情形。

波斯帝国也是东西方文明交流的重要推手，其中影响深远的一个方面，就是随着阿契美尼德王朝占领巴克特里亚和犍陀罗地区，波斯帝国的国教琐罗亚斯德教（Zoroastrianism，俗称拜火教）也传入西北印度，而且更远到达天山地区的斯基泰人（塞人）部落。考古学者曾经从伊犁河流域的战国墓葬中发现一件方盘，盘内两角有蹲兽；也在吐鲁番西面的阿拉沟中，发掘到属于战国到两汉时期的一件高方座承兽铜盘，都被认为与拜火教有关。在新疆和田地区流行的于阗语和吐鲁番地区出土的粟特语文献中，有一个同样的现象，即在佛教、摩尼教文献的词汇中，可以看出一个琐罗亚斯德教或其异端马兹达教（Mazdaism）词汇的背景来，语言学家们认为，这种迹象说明在当地居民信奉佛教或摩尼教之前，有一个琐罗亚斯德教流行的时段。

琐罗亚斯德教对于中亚、北亚地区的影响既深且远，由大月氏后裔建

---

① 余太山《条支、黎轩、大秦和有关的西域地理》,《中国史研究》1985 年第 2 期，57—74 页。
② 余太山《安息与乌弋山离考》,《敦煌学辑刊》1991 年第 2 期，82—84 页。

立的贵霜王朝，最初的几代国王主要信奉的应当就是拜火教。后来大力推广佛教的贵霜迦腻色伽大王（Kanishka I）继位元年所立之祠，供奉的大都是琐罗亚斯德教的神祇（罗巴塔克碑铭）①。

图 1-2　亚历山大大帝

波斯与希腊是自古以来的宿敌，双方战争不断。亚历山大大帝（图1-2）从他的父亲腓力二世手中接过希腊的王权后，就开始率领泛希腊同盟军向波斯发起进攻。经过前334年的格拉尼卡斯（Granicus）之战、前333年的伊萨斯（Issus）之战，到前331年在底格里斯河畔的高加米拉（Gaugamela）之战，亚历山大彻底击败波斯大流士三世，终止了阿契美尼德王朝的王统。

然而，亚历山大并没有就此止步，而是继续进攻阿契美尼德王朝在中亚的领地。前329年，亚历山大开始进攻索格底亚那和巴克特里亚，并在同一年攻克索格底亚那的首府马拉坎达，继续向锡尔河前进。前327年，他迎娶当地贵族欧克西亚提斯（Oxyartes）之女罗克塞尼（Roxane）为后，得以全面占领索格底亚那。

但是，亚历山大在西北印度遭遇到坚强的抵抗，他回撤到苏萨。最终在前323年6月，因为热病的袭击，亚历山大在巴比伦去世。由希腊与波斯共同构建的庞大帝国迅速分裂瓦解，他在各地的部将建立了一系列希腊化王朝。

前312年，塞琉古接管了亚历山大帝国的亚洲部分，从而开始了塞琉古

---

① N. Sims-Williams & J. Cribb, "A New Bactrian Inscription of Kanishka the Great", *Silk Road Art and Archaeology*, 4, 1996, pp. 75–142.

王国。前 250 年，巴克特里亚总督狄奥多塔斯（Deodotus）宣布自己为希腊 –
巴克特里亚（大夏）国王，统辖巴克特里亚、索格底亚那和马尔吉亚那三个
行省。前 230 年，狄奥多塔斯二世（Deodotus Ⅱ）被索格底亚那总督攸提德谟
斯所推翻，从此开始了希腊 – 巴克特里亚的新王朝——攸提德谟斯王朝。

　　亚历山大的东征路线基本上和丝绸之路的主干道相合，随着他的东征，
希腊居民在丝路沿线建立了一系列殖民据点，还建立了一连串以"亚历山大"
命名的城市，这些城市也成为希腊文化的新源地，把希腊的工艺、美术、思
想、文化传播开来。

二、月氏及其西迁

　　公元前 138 年，汉武帝为了反击北方的匈奴帝国的侵扰和压迫，派遣张
骞西行，前往天山北麓的伊犁河流域，去寻找大月氏，希望把这个匈奴的宿
敌引导回河西走廊地区，与汉朝共同夹击西部的匈奴，"断其右臂"。那么，
大月氏为何是匈奴的宿敌？张骞为什么要到伊犁河流域去寻找他们？这些都
需要从大月氏人的原驻地说起。

　　大月氏，原本叫作"月氏"，是中国西北地区一个强大的游牧民族，分
布十分广泛。"月氏"，又被称作"禺氏""禺知"，古代的发音是一样的。先
秦的典籍《逸周书·王会解》记载四方诸国向周王朝进献的贡物中，有"禺
氏騊駼"①，何秋涛《王会篇笺释》卷下解说："禺、月一声之转，禺氏盖月氏
也。"② 騊駼是一种马，即月氏进贡的良马。《管子·轻重甲》提及"禺氏不朝，
请以白璧为币乎？"《管子·轻重乙》也称"玉出于禺氏之旁山"③，指的是中
原地区的玉石来自远方的月氏。虽然这些典籍的最后写定时间可能已经到了

---

① 黄怀信等《逸周书汇校集注》（修订本），上海古籍出版社，2007 年，884 页。
② 何秋涛《王会篇笺释》卷下，江苏书局刻本，1891 年，叶四背一叶五正。
③ 马非百《管子轻重篇新诠》上册，中华书局，1979 年，560、569 页。

西汉时期，但它们所反映的情况应当是先秦时期中原人对月氏的认识。

从先秦、汉代及汉代以后有关月氏的记录可以知道，月氏人的分布要比张骞记录的"敦煌、祁连间"广阔得多，向东到达河西走廊东部和陇右地区，向西进入塔里木盆地和天山东部地区，他们是西北地区最为强大的民族，便习弓马，兼并诸戎，应当已经形成了松散的部落联盟组织，史料中称他们的首领为王，这个部落联盟可以称为"月氏王国"。

作为游牧民族的月氏人，他们的活动范围可能比其分布的范围更为广大，在中国西北地区的广阔天地里，时而可以看到他们的身影。《穆天子传》卷一记周穆王西行，"己亥，至于焉居、禺知之平"[①]。王国维考证说："禺知亦即禺氏，其地在雁门之西北，黄河之东。"[②] 雁门在今山西右玉县南，或许这是指活跃在山西北部的月氏人。阚骃《十三州志》说："瓜州之戎，为月氏所逐。"[③]《水经注》卷四十引杜林的话说："瓜州之戎，并于月氏者也。"[④] 这里所说的都是先秦时代的瓜州，而不是后来的敦煌，大致应当在陕北一带[⑤]。这里也有强悍的月氏人，把当地的戎人驱逐走或兼并掉了。由此可见，当年的月氏人活动是如此广阔，又是何等的强盛。

中原地区的人们从很早的新石器时代晚期就开始用玉来制作祭祀的器皿，之后玉制品成为商、周以来贵族礼乐制度的重要组成部分，玉也成为各种装饰配件的原材料。于阗玉作为一种高质量的玉石，从很早的时期就开始被转运到中原内地，成为王公贵族衣服上的坠饰，或者埋葬时的覆面、耳坠、握手等等随葬品。1976 年，考古工作者在殷墟发现商王武丁的妃子妇好的墓，年代在公元前 13 世纪，从中发掘出 750 多件玉制品（图 1-3），雕琢精美，种

---

①　王贻梁、陈建敏《穆天子传汇校集释》，华东师范大学出版社，1994 年，13 页。

②　王国维《月氏未西徙大夏时故地考》，《观堂集林》附《观堂别集》卷一，中华书局，1984年，1156—1157 页。

③　《太平寰宇记》卷一五三，中华书局，2007 年，2954 页。

④　陈桥驿《水经注校证》，中华书局，2007 年，954 页。

⑤　顾颉刚《史林杂识初编》，中华书局，1963 年，46—53 页。

图 1-3　殷墟妇好墓出土的于阗玉

类繁多，其中相当一部分的原料是从于阗来的上等籽玉[1]。1989 年，考古工作者发掘的江西新干大洋洲商代墓葬中，也出土了一批用于阗玉制作的器皿[2]。

在中原人所知的玉石当中，秦始皇喜欢的"昆山之玉"是质地最好的软玉。所谓"昆山之玉"，就是从昆仑山顺于阗河流到于阗地区的玉石。张骞出使西域回来后所写的报告，保存在《史记·大宛列传》中，对此就有明确的记载："汉使穷河源，河源出于阗，其山多玉石，采来，天子案古图书，名河所出山曰'昆仑'云。"也就是说，经过张骞等汉朝使者的亲自考察，发现黄河的源头在于阗的山中，从中采集到的玉石经过汉武帝的考察，就是秦始皇所喜爱的"昆山之玉"。

在张骞通西域之前，这些早在商代就已经进入中原腹地的于阗玉，并不是于阗和中原王朝直接交通的结果，而是通过了某些中间人的转运，那么是

---

① 关于妇好墓的玉器，见中国社会科学院考古研究所编《殷墟妇好墓》，文物出版社，1980 年；又《殷墟玉器》，文物出版社，1982 年；张培善《安阳殷墟妇好墓中玉器宝石的鉴定》，《考古》1982 年第 2 期，204—206、236 页。

② 江西省文物考古研究所等《新干商代大墓》，文物出版社，1997 年。

谁将它们转运而来的呢？这个长期在中原与于阗之间扮演着中转贸易承担者角色的民族，最合适的就是河西走廊的游牧民族，他们可能是月氏人，也可能是曾与月氏同时驻牧河西走廊的乌孙人。考虑到两者的势力强弱，恐怕还是应当归之于月氏人。前面提到《管子·轻重乙》曾记先秦时期中原人认为"玉出于禺氏之旁山"，同书《国蓄》有"玉起于禺氏"，《地数》有"玉起于牛氏边山"，《揆度》记"北用禺氏之玉"，又云"玉起于禺氏之边山"[1]，说明这些对于中原人来讲十分重要的玉石，是经由月氏人的手转运而来的，他们长期的玉石转运，使得中原地区的人，哪怕是遥远的山东半岛的齐国，都有"玉起于禺氏""玉起于禺氏之边山"的说法。而这里所说的玉应当就是来自塔里木盆地西南沿的于阗一带所产的美玉[2]。

月氏位于中原内地和西域联系的孔道——河西走廊上，月氏人必然担负起这样的责任，那就是东西方贸易的转运工作。而这个重任，也给他们带来无穷无尽的利润，使月氏的经济实力得以增强，武力得以巩固。

从西方转运到中原的物品绝不止玉石一种，但玉石可以说是最有代表性的品种，如果说从中国通向西方的道路叫作"丝绸之路"的话，那么从西方通向中国的最早的贸易通道，就应当叫作"玉石之路"。汉朝打败河西走廊的匈奴后，在敦煌郡西北方首次设立的关城就叫"玉门关"。这个名称告诉我们，敦煌原本就是由月氏人经手的于阗玉石源源不断地进入中原的门户所在。

汉代的玉门关，就是今天称之为"小方盘城"的那座古老的关城，现在的旅游者都会去参观，凭吊古今英雄往事。站在这座平地耸立起的关城上，我们不必只是为"春风不度玉门关"而惆怅。回想两千多年前，月氏人曾经在这里，把晶莹剔透的于阗美玉运往中原，丰富了中原的礼乐文化，也给中原人带去一些昆仑山的美妙传说。

---

① 王国维《月氏未西徙大夏时故地考》，《观堂集林》附《观堂别集》卷一，中华书局，1984年，1157—1158 页。

② 榎一雄《禺氏边山之玉》，《东洋学报》第 66 卷第 1—4 号，1985 年，109—132 页。

根据张骞的报告，月氏人驻牧的核心地区在"敦煌、祁连间"①。这里所说的"敦煌"，指的应当就是后来汉朝所立敦煌郡的辖境，也就是以今天的敦煌为中心的河西走廊西部地区；"祁连"，一说指河西走廊南部的祁连山一带，一说是月氏语或匈奴语的"天山"的意思，指的是以哈密为中心的天山东部地区。月氏人的主要驻牧地，就是敦煌、祁连间这块水草丰盛的游牧天地。

在大约相当于中原的秦王朝的时候（前221—前207），月氏的势力最为强盛，蒙古高原强悍的民族匈奴也不是它的对手，匈奴被月氏打败，首领头曼单于把自己的儿子冒顿送到月氏那里，充当人质，险些被月氏杀掉。秦汉之际，月氏人还打败了同在河西走廊西部地区游牧的乌孙人，迫使乌孙西迁到天山以北地区。

大概就在这段时间里，在月氏充当质子的冒顿，得机会偷盗了一匹好马，逃归匈奴，免去一死。等到冒顿长大成人，袭杀了头曼，自立为单于，匈奴逐渐强盛起来。于是，天山北麓的乌孙依附于匈奴，听命于新立的冒顿单于。到汉朝建立初期的时候，冒顿单于派遣匈奴右贤王，向西攻击月氏。因为匈奴吏卒精良，兵马强劲，终于击溃月氏的主力，夷灭强大的宿敌月氏王国。匈奴势力还向西推进，进兵西域，将月氏的附属国楼兰（在罗布泊地区）、乌孙（在天山北麓）、呼揭（在阿尔泰山南麓）等三十六国，变成匈奴王国的臣属。这一系列事件发生的时间，不晚于西汉文帝前元四年（前176）②。

在匈奴的强有力打击下，月氏的主要部落被迫大举西迁，大概从河西走廊西部，经天山东部地区，移动到天山北麓，驻牧于伊犁河流域。从司马迁的《史记》开始，中原王朝的史家就把被匈奴击溃而西迁的月氏部族联盟的主体，叫作"大月氏"；而把留下不能跟从大队人马而去的月氏人，称作"小月氏"。虽然月氏人的主体迁走了，但留下来的小月氏的人数也不少，他们

---

① 《史记》（修订本）卷一二三《大宛列传》，中华书局，2013年，3810页。
② 《史记》卷一一〇《匈奴列传》，3471—3473页。

逐渐与羌人、汉人融合，有些一直保持独立，我们熟悉的隋末群雄之一王世充，其实就是一个月氏后裔，还有五代时在西域南道且末一带活动的仲云人，据说是小月氏的遗种。

总而言之，秦汉之际，匈奴在首领冒顿单于的率领下，经过一段时间的力量积累，逐渐强大起来。他们先是打败了东边的强邻东胡，又乘秦汉交替中原群雄争战的机会，夺得河套以南的鄂尔多斯地区。此后又将月氏人原本的领地变成匈奴控制的地区，河西走廊西部地区均归匈奴的浑邪王统治，东部则由匈奴休屠王驻守。

至匈奴老上单于在位时（前 174—前 161），匈奴再次沉重打击了西迁伊犁河流域的大月氏，杀掉其国王，还把他的头骨做成匈奴人的饮器[①]。随后，匈奴又向南吞并楼烦王、白羊王和河南王的领地，并进一步控制了塔里木盆地的西域绿洲王国，成为继月氏以后从蒙古高原，经西北地区，直到西域广阔地域的新霸主。月氏主体部族则进一步西迁到中亚阿姆河流域，击败希腊化王朝巴克特里亚（Bactria，中国古代称作大夏），在今乌兹别克斯坦、塔吉克斯坦、阿富汗一带定居下来。

这就是张骞在公元前 138 年时西行寻找大月氏时的背景。

三、"月氏"是"吐火罗人"吗？

《史记正义》引万震《南州志》说，月氏"人民赤白色，便习弓马"[②]。由此可见，月氏人和中国古代西域地区的大多数民众一样，很可能是所谓"白种人"（或称"高加索种"，Caucausus），他们以骑马射猎为主，是一个游牧民族。现在我们一提到白种人，就和欧洲人联系起来，其实不论是欧洲人，还是印度人、伊朗人，都是讲印欧语（Indo-European）的人，中国古代西域地

---

① 《史记》卷一二三《大宛列传》，3805 页。
② 《史记》卷一二三《大宛列传》，3811 页。

区的许多人，比如月氏人、楼兰人、于阗人、焉耆人、龟兹人等，都是说的
某一支印欧语的分支。从大的系统来讲，他们的种族特征有相似之处，而与
中原地区的汉人，以及漠北的操阿尔泰语的民族、东胡－蒙古族，在人种上
是不一样的。

　　至于月氏是哪一支印欧人，在学术界有很大的争论，我们需要花点笔墨
来加以说明。

　　1907 年，德国学者缪
勒（F. W. K. Müller）根据
德国吐鲁番探险队在吐鲁
番胜金口所获 T Ⅱ S 2 号回
鹘文写本《弥勒会见记》
（图 1-4）的一则跋文中提
到的 "toγri 语"，把新疆
龟兹、焉耆发现的一种不
知名的印欧语定名为 "吐

图 1-4　回鹘文写本《弥勒会见记》

火罗语"[①]。这一看法得到研究这一不知名语言的德国学者西格（E. Sieg）与西
格凌（W. Siegling）的大力支持。1908 年，两人发表《吐火罗语——印度斯
基泰人之语言》，赞同缪勒的命名，并把焉耆、龟兹出土的文献材料上的这种
语言分为 A、B 两种方言[②]。1916 年，西格检出一组焉耆出土的所谓 "吐火罗
语" 残卷，与缪勒检出的吐鲁番出土回鹘文《弥勒会见记》相应部分加以对
照，两人合撰《弥勒会见记与 "吐火罗语"》一文，来印证 "吐火罗语" 命名
的正确。《弥勒会见记》跋文中提道："生于 Nakridiš 国的大师阿阇黎阿犁耶旃
陀罗 / 圣月（Ariacintri=Aryacandra）菩萨从印度语编为 toγri（吐火罗）语。"

---

①　F. W. K. Müller, "Beitrag zur genaueren Bestimmung der unbekannten Sprachen Mittelasiens", *SPAW*, LⅢ, Berlin, 1907, pp. 958-960.

②　E. Sieg & W. Siegling, "Tocharisch, die Sprache der Indoskythen", *SPAW*, 1908, pp. 915-932.

两位学者把其中的 Nakridiš 考定为 Nagaradeśa/Nagri/Nakri，也即法显、玄奘记载的"那竭"，其地在今喀布尔河流域的贾拉拉巴德附近，这里在古典文献中叫作"Tocharistan"（吐火罗斯坦），唐朝时属于吐火罗国范围，因此他们就把焉耆出土文献上的所谓"吐火罗语"看作是发源于吐火罗地区的吐火罗语了[①]。1918 年，缪勒发表《toγri 与贵霜》一文，又补充了吐鲁番木头沟出土的 T Ⅲ 84-68 号（U1899）回鹘文《十业佛譬喻鬘经》跋文，其中说此经原系自 Kuišan（Küšän）语译为 toγri 语，复从 toγri 语译为突厥语。他把这里的 Kuišan（Küšän）和其他回鹘文题记中的 Kuisan/Küšän、tört Küšän 中的 Küšän，都看作是汉代"贵霜"一名的对音。贵霜建立者之一为吐火罗人，贵霜所在即后来的吐火罗斯坦[②]。

　　西方古典作家早就记载，灭掉巴克特里亚（大夏）王国的几个部族中包括吐火罗人，而中文史籍则记载的是西迁的大月氏灭掉了大夏，因此一般认为月氏就是吐火罗。东西方史料又称大夏即后来的吐火罗国，月氏占领吐火罗斯坦后周围的民族都称大月氏为"吐火罗"，汉人则仍用"大月氏"一名来称呼大月氏五翕侯之一贵霜翕侯建立的贵霜王国。如果焉耆、龟兹地区流行的语言是吐火罗语，那其民众就应当是吐火罗人。德国学者极力想把吐鲁番发现的回鹘文佛典题记中的地名比定到吐火罗斯坦，就是想印证焉耆、龟兹发现的不知名语言材料是来自吐火罗斯坦的吐火罗语文献，其使用者也就是吐火罗人。

　　因为中文史料记载西北地区早期的民族是月氏人，那么更有一些学者把吐火罗斯坦的吐火罗人即月氏人的观点移植到天山东部地区，认为焉耆、龟兹到吐鲁番地区曾经讲说所谓"吐火罗语"的"吐火罗人"就是月氏人。早在 1937 年，霍古达（G. Haloun）就在《论月氏》一文中，把月氏比定为吐

①　F. W. K. Müller & E. Sieg, "Maitrisimit und 'Tocharisch'", *SPAW*, XVI, 1916, pp. 395-417.
②　F. W. K. Müller, "Toγri und Kuišan〔Küšän〕", *SPAW*, XXVII, 1918, pp. 566-586.

火罗，并认为月氏西迁时，曾有余众留在焉耆[1]。黄文弼从月氏西迁必经焉耆、龟兹，而"焉耆""龟兹"皆与"月氏"音近两点出发，推测两者或许就是大月氏西迁时所建之国家[2]。蒲立本（E. G. Pulleyblank）发表《汉人与印欧人》一文，举出他认为是月氏在河西地区留下的一些词汇，和焉耆、龟兹地区的一些地名对证，认为两者可以勘合，由此认为焉耆、龟兹原本都是讲所谓"吐火罗语"的月氏民族[3]。因为焉耆、龟兹和吐鲁番发现的所谓"吐火罗语"材料都是从公元5世纪才开始书写的佛教典籍和世俗文书，此时月氏早已西迁，因此有一些学者举出天山东部发现的一些早期印欧人的葬俗，来强调这些就是早期的吐火罗人，也就是月氏人，他们是从西方迁到天山地区的。

其实，早在1913年，法国学者列维（S. Lévi）就发表《所谓乙种吐火罗语即龟兹语考》，指出伯希和（P. Pelliot）在库车所获"吐火罗B方言"木简上的王名"Swarnate"即《旧唐书·龟兹传》所记贞观年间在位的龟兹王"苏伐叠"，所以判定吐火罗语B应当是公元7世纪流行于龟兹地区的"龟兹语"[4]。1930年，日本学者羽田亨雄辩地证明了Kusian/Küšän、tört Küšän对应于"曲先""苦先"或"四曲先""四苦先"，都是"龟兹"的回鹘文写法，与"贵霜"毫无关系[5]。这一看法，得到了伯希和的支持[6]。吐鲁番发现的吐火罗B与回鹘语双语所写《摩尼教赞美诗》，即用回鹘语Küsän tili（龟兹语）来指称吐火罗

---

[1]　G. Haloun, "Zur Üe-tsï-Frage", *ZDMG*, 91, 1937, pp. 243–318.

[2]　黄文弼《汉西域诸国之分布及种族问题》，又《大月氏故地及西徙》，载《西北史地论丛》，上海人民出版社，1981年，65—67、115页。

[3]　E. G. Pulleyblank, "Chinese and Indo-Europeans", *JRAS*, 1966, p. 939.

[4]　S. Lévi, "Le 'tokharien B', langue de Koutcha", *JA*, 1913, Ⅱ, pp. 311–380. 冯承钧译，载《吐火罗语考》，中华书局，1957年，11—42页。该王名经吕德斯（H. Lüders）与皮诺（G.-J. Pinault）相继订正，实应读作Swarnatepe，参看庆昭蓉《从龟兹语通行许可证看入唐前后之西域交通》，《西域文史》第8辑，2013年，66—67页。

[5]　羽田亨《大月氏及び贵霜に就いて》，原载《史学杂志》第41编第9号，1930年，1025—1054页。

[6]　参见P. Pelliot, "Tokharien et Koutchéen", *JA*, 224, 1934, pp. 58-62；冯承钧译《吐火罗语与库车语》，载《吐火罗语考》，97—101页。

语 B 方言①。

另一方面，英国学者贝利（H. W. Bailey）提出甲种吐火罗语应当叫作"焉耆语"（Agnean）②。1949 年，英国学者恒宁（W. B. Henning）撰文指出，圣月出生地 Nakridiš 的正确转写应当是 Knydyš，即 Agnideśa，意为"阿耆尼（焉耆）之地"③。1980 年，耿世民、张广达根据哈密本回鹘文《弥勒会见记》所记圣月为唆里迷人，而唆里迷是回鹘人指称焉耆的词汇，从而坚定了恒宁的说法④。1974 年，焉耆七个星（锡克沁）发现的所谓吐火罗语 A《弥勒会见记》第一幕最后有题记称："Cor 命令 Kāṣṣar、Kalyāna、Gautamin 来抄写此书，愿我们都成为佛天。"⑤清楚地表明了这是一种在焉耆当地活着的语言，应当就是焉耆当地的通用语。最近在德藏、英藏焉耆硕尔楚克出土品中比定出来的所谓吐火罗语 A 破历文书（THT1519）和壁画题记，证明约公元 7 世纪以后焉耆一带确实曾经使用它作为日常生活上的主要语言，因此所谓吐火罗语 A 应当就是"焉耆语"⑥。

经过学者们的论证，焉耆、龟兹发现的所谓"吐火罗语"其实就是焉耆语和龟兹语，属于印欧语系西支，回鹘语佛典题记中的 toγri（吐火罗）一词所指地域与葱岭以西的吐火罗斯坦脱离了联系，它所指的范围应当在别失八

① A. von Gabain & W. Winter, "Türkische Turfantexte IX, Ein Hymnus an den Vater Mani auf 'Tocharisch' B mit alttürkischer Übersetzung", *SBAW*, 1958, No. 2; G.-J. Pinault, "Bilingual Hymn to Mani: Analysis on the Tocharian B Parts", *Studies on the Inner Asian Languages*, XXIII, 2008, pp. 93–120.

② H. W. Bailey, "Ttaugara", *BSOS*, VIII.4, 1937, pp. 883–921.

③ W. B. Henning, "The Name of the 'Tokharian' Language", *Asia Major*, new series, I.2, 1949, pp. 158–162.

④ 耿世民、张广达《唆里迷考》，《历史研究》1980 年第 2 期，147—159 页。

⑤ 季羡林《吐火罗文 A（焉耆文）〈弥勒会见记剧本〉新博本 76YQ1·1（两页一张）译释》，《中亚学刊》第 4 辑，北京大学出版社，1995 年，1—4 页。

⑥ H. Ogihara, "Fragments of Secular Documents in Tocharian A", *Tocharian and Indo-European Studies*, 15, 2014, pp. 103–129; Ch.-j. Ching, "An Agnean Inscription Found by Aurel Stein at the Shorchuk Ming-öi（Yanqi, China）Kept in the British Library", *Tocharian and Indo-European Studies*, 19, 2019, pp. 1–26.

里 / 北庭和龟兹 / 苦先之间，焉耆亦在其中。遗憾的是，对于回鹘人为何用
"吐火罗"这个词来指称主要流行于焉耆的这种语言，学者们尚不得其解。西
格晚年发表文章，坚持己见，题目就是《反正是吐火罗语》[1]，据其弟子季羡林
先生回忆，西格讲这话的时候，用拐杖跺得地板噔噔响。多年来，不少学者
把吐火罗语 A 方言称作焉耆语，把 B 方言称作龟兹语；但也有不少学者，特
别是德国学派的学者，仍然用"吐火罗语"一名[2]，因此，"吐火罗语"仍然是
一般印欧语言学界使用的通称。1978 年，恒宁遗作《历史上最初的印欧人》
发表，一方面提出回鹘时期史料之 toγri 与葱岭以西的"吐火罗"一词仍应有
共同的起源，而试图追溯到巴比伦史料的边境国家名称 Tukriš；另一方面提出
回鹘时期文献上的"四吐火罗"应该就是指今日库车、喀喇沙尔（焉耆）、吐
鲁番以及吐鲁番北边以别失八里为中心的四个地区；他甚至推测月氏和吐火
罗分别来自西波斯两个相邻的部族 Guti 和 Tukriš，龟兹和焉耆（Tuγri）正好
分别相当于 Guti 和 Tukriš[3]。

在吐鲁番出土的唐朝书写严谨的官文书上，"焉耆"与"吐火罗"并称
出现，所以"焉耆"不能等同于"吐火罗"[4]。那么西迁而来的回鹘人为何用
toγri "吐火罗"来指称焉耆呢？回溯原始材料，这个词汇除了出现在回鹘
文《弥勒会见记》外，还见于九姓回鹘可汗碑（Karabalgasun Inscription）粟
特文部分、中古波斯语《摩尼教会领袖赞美诗》（编号 MIK III 8259）、回鹘

[1]　E. Sieg, "Und dennoch Tocharish", *SPAW*, 1937, pp. 130–139.

[2]　如季羡林先生就一直用"吐火罗语"一词，见所撰《吐火罗语》，《中国大百科全书·语言
文字》，中国大百科全书出版社，1988 年，390 页；《季羡林文集》第 11 卷《吐火罗文〈弥勒会
见记〉译释》，江西教育出版社，1998 年。

[3]　W. B. Henning, "The First Indo-Europeans in History", G. L. Ulmen（ed.）*Society and History:
Essays in Honor of Karl August Wittfogel*, The Hague, 1979, pp. 215–230.

[4]　吐鲁番阿斯塔那 29 号墓出土《唐垂拱元年（685 年）康义罗施等请过所案卷》，《吐鲁番出
土文书》叁，文物出版社，1996 年，346—350 页。参看拙文《"吐火罗"非"焉耆"——吐鲁
番出土文书札记》，《内陆欧亚历史语言论集——徐文堪先生古稀纪念》，兰州大学出版社，2014
年，131—135 页。

语摩尼教《二宗经》(*Iki yiltiz nom*) 跋文、回鹘文摩尼教开教回鹘史书断片（81TB10：06-3），主要是公元 9—11 世纪的文献，摩尼教文献在前，佛教文献随后使用。从年代顺序来看，回鹘文指称语言的"toɣri"这个词，应当来自"Tuɣristan"（吐火罗斯坦）或"tort Twɣry"（四吐火罗）这样一个名称。如恒宁已经指出的那样，"吐火罗斯坦"或"四吐火罗斯坦"指的就是从北庭，经高昌、焉耆，到龟兹这样一个地域范围。

　　既然回鹘文的"toɣri"来自摩尼教概念里的"吐火罗斯坦"或"四吐火罗"，那么摩尼教的这个地理概念指哪里呢？从上面提到的与吐鲁番摩尼教文书中的"吐火罗斯坦"相关的地理位置来看，这个"吐火罗斯坦"应当位于龟兹、焉耆、高昌、北庭一带。摩尼教教徒为何把这一地理区域称为"吐火罗斯坦"？其实，真正的吐火罗斯坦（Tocharistan）是在巴克特里亚（Bactria）地区，那里原本是摩尼教的一个大教区。公元 8 世纪初叶以降，伊斯兰势力东进，大批吐火罗斯坦的摩尼教教徒前往对摩尼教友善的回鹘汗国领地。等到摩尼教教团在西域地区（塔里木盆地北沿）开教成功，摩尼教的东方教区随之也移到这里，其原本的"吐火罗斯坦"的名称也随着"东方教区"一起移到西域北道（与魏晋南北朝时期南方侨置或移植北方郡县或地名相似）。当高昌回鹘王国从摩尼教信仰转变为佛教信仰之后，一些摩尼教的词汇并没有退出历史舞台，而是继续留存在回鹘人的观念里。所以高昌回鹘的佛教信徒在指称龟兹、焉耆、高昌等地流行的语言时，就用摩尼教教徒指称这一地区的词汇"toɣri"，来指称这个地区流行的语言。因此，如果学者比定回鹘本《弥勒会见记》《十业佛譬喻鬘经》的前身正是焉耆语（吐火罗语 A）的文本无误的话，"吐火罗语"应该是回鹘人对焉耆当地流行的语言的他称，并非这种语言的自称，其自称应当是"焉耆语"[①]。

　　既然天山东部所谓"吐火罗语"的使用者并不是历史文献所记吐火罗斯

---

① 　参看荣新江《所谓"吐火罗语"名称再议——兼论龟兹、北庭间的"吐火罗斯坦"》，王炳华主编《孔雀河青铜时代与吐火罗假想》，科学出版社，2017 年，181—191 页。

坦上的"吐火罗人"，那么把库车、焉耆、吐鲁番等地的上古居民叫作"（原始）吐火罗人"〔（Proto-）Tocharians〕，显然就缺乏充分的学理根据了。如果再把中国西北地区从陕北到新疆古代地域范围内的月氏人说成是吐火罗人，就更让人难以接受了。关于月氏的语言，早在 1917 年罗佛（B. Laufer）就在题为《月氏即印度斯基泰人的语言》的小册子中，根据汉文文献记载的一些月氏词汇，认为月氏语是和斯基泰语、粟特语、沃塞梯语属于同一组的北支伊朗语①。1985 年，贝利在其有关各种伊朗语部族语言的总结性著作《印度斯基泰研究·于阗语文献》第 7 卷中，根据月氏未徙前所遗留下来的词汇，进一步证明月氏语即北支伊朗语②。从西北到西域地区的印欧语言分布情况来看，罗佛、贝利对月氏语言的判断最有说服力。

总之，月氏人应当和中国西北地区许多民族一样属于白种人，可能是讲印欧语系中的北伊朗语。而从语言来看族属，则把月氏看作是印欧人种下面的东北伊朗族群可能更为合适。把月氏人说成是吐火罗人，目前还没有坚实的证据。

四、塞种或斯基泰

大月氏在匈奴的打击下，放弃了优良的河西走廊牧场，向西北迁徙到天山山脉北面的伊犁河和楚河流域，击走当地的塞王，占据了塞种人的居地。但为时不久，匈奴与乌孙合力，向西击败大月氏，乌孙人占领伊犁河、楚河流域。大月氏人再次被迫向西迁徙，经费尔干纳盆地（Ferghana，在今乌兹别克斯坦和吉尔吉斯斯坦），占据了阿姆河（Amu Darya）两岸原大夏的领土。

所谓塞种，波斯人称作 Saka（汉译作塞人、塞克等），希腊人称作 Scythian

①　B. Laufer, "The Language of the Yüe-chi or Indo-Scythians", Chicago, 1917; *Kleinere Schriften von Berthold Laufer*, Teil 2, ed. H. Walravens, Wiesbaden, 1979, pp. 1107–1118.

②　H. W. Bailey, *Indo-Scythian Studies*, *being Khotanese Texts*, vol. Ⅶ, Cambridge, 1985, pp. 129–137.

（汉译为斯基泰、西徐亚等）。Saka 一词的本义可能是"游荡""游牧"①。他们的起源地还不是很清楚，但很可能在西部西伯利亚一带。公元前 8 世纪以后，塞人逐渐出现于欧亚内陆更广阔的地区。大约公元前 650—前 620 年，塞人立足于南俄草原，其分支侵入美索不达米亚上游、叙利亚，威胁及于犹太国；另一支越喀尔巴阡山，侵袭巴尔干半岛，直抵多瑙河中游，波斯帝国、希腊马其顿王国都曾用兵讨伐塞人。公元前 3 世纪，黑海北岸的塞人逐渐融入萨尔马提安人（Sarmatians），巴尔干的塞人则为凯尔特人（Celts）所消灭。

在欧亚内陆的东部，塞种也是一直十分活跃的部族，与波斯及中亚各民族有相当多的互动。在前 545—前 539 年，他们被波斯阿契美尼德王朝居鲁士二世（前 559—前 530 年在位）征服。塞王斯孔哈（Skunkha）曾被波斯大流士一世（前 522—前 486 年在位）俘获。在波斯波利斯宫殿的朝贡雕像中，有前来进贡的塞人队伍（图 1-5）。游牧在草原地区的塞人，也接受了波斯正统的琐罗亚斯德教。在古波斯摩崖碑铭中，提到了三种不同的塞人名称：

图 1-5　波斯波利斯宫殿的朝贡雕像（斯基泰人）

---

①　O. Szemerényi, *Four old Iranian Ethnic Names: Scythian-Skudra-Sogdian-Saka*, Wien, 1980, pp. 44-46.

一是"戴高尖帽塞人"（Sakā tigraxauda-），分布在中亚锡尔河以东、以北地区，直到新疆一带；二是"河外塞人"（Sakā para draya），这里的"河"很可能指多瑙河（希腊人称伊斯特河/Ister）；三是 Sakā humvrg/ Sakā haumavarga-/ Sakāhaumavrga-，定语有不同读法，其意义也说法不一，或说意为"食用压榨汁液者"，有的解释为非拜火教的宗教礼仪所用的"敬畏汁液"[①]，他们的驻牧地主要在费尔干纳盆地。

对于中亚地区的戴高尖帽塞人，古希腊历史学家希罗多德的《历史》一书有过这样的记载："塞人，是斯基泰部落，他们头戴高耸的尖顶厚毡帽，穿着裤子，有当地产的弓、短剑和特殊的钺。"这正好和一些考古发现的材料相印证，如 1983 年在新疆伊犁新源县东北 20 多公里处巩乃斯河南岸，出土了一批相当于中原战国时期的青铜器，其中有一尊半跪的武士，头上戴一顶高高的帽子，顶部向前弯曲，给人以深刻的印象，表现出一种尖帽塞人的典型特征。在新疆南疆楼兰纪元前后的墓地、和田山普拉公元前 3 世纪到公元 3 世纪的墓地，都发现死者头上往往戴着一个尖顶的毡帽，或许都和尖帽塞人有关，或者是塞人留下的习俗。

当大月氏被匈奴击破，西迁天山北麓地区，打败当地驻牧的塞人，迫使塞人南迁，越过帕米尔高原，到罽宾（克什米尔地区）一带，"塞种分散，往往为数国。自疏勒以西北，休循、捐毒之属，皆故塞种也"（《汉书·西域传》）。休循、捐毒两国都是畜牧民族，逐水草而居，都城都在山谷之中，确切地点不可考，但应当在帕米尔山中，当无疑义。他们原本是塞种，后来被乌孙同化，风俗服饰与乌孙相同。

大月氏再度西迁后，乌孙占据整个天山北麓，以伊犁河为中心，形成又一个巨大的部落联盟。《汉书·西域传》说它的领域是："西至康居蕃内地五千里。东与匈奴，西北与康居，西与大宛，南与城郭诸国相接，本塞地也。"也就是说，乌孙东与占据蒙古高原到阿尔泰山的匈奴为邻，西接大宛（今费尔

---

①　Bailey, *Khotanese Texts*, VII, p. 69.

图 1-6 天山地区出土的塞人
遗物：双熊对坐铜祭盘

干纳），南抵塔里木盆地的城郭诸国，这一广阔领域原本都是塞人（图 1-6）的住地，这就和锡尔河以北、以东处的高尖帽塞人和费尔干纳的 Sakā humvrg 连成一片了。

由此可知，公元前 1 世纪时，塞种在西域的分布很广，从天山北麓的伊犁河流域，西南经帕米尔高原到克什米尔的罽宾，原本都是塞人的故地。但是，到了《汉书·西域传》撰写的时代，即东汉初年，塞种在天山北部地区当家做主的时代已经过去，经过大月氏的暂居，乌孙成为这里的新主人，"故乌孙民有塞种、大月氏种云"，说明这里塞种、大月氏和乌孙人已混同居住。

位于从天山北麓到多瑙河畔的斯基泰人或塞种人，他们也像月氏一样，承担了东西方贸易往来的中间人角色。苏联考古学家曾经在南西伯利亚阿尔泰山北麓的巴泽雷克（Pazyryk），发掘过一些年代在公元前 5—前 2 世纪的大墓，其墓葬的主人有斯基泰、月氏等多种说法，目前尚无定论，但最有可能的还是斯基泰的墓葬。其中出土了大量表现斯基泰作为草原游牧民族的艺术结晶——黄金制品，值得注意的是还有来自中国中原地区的丝绸、刺绣、漆器、"四山纹"铜镜，漆器和铜镜都和中原出土的同类物品大体一致，表明它们是从中原传过去的[1]。从斯基泰所处的位置来说，它必定要承担起"前丝绸之路"时代的东西方物质文明往来的中间人角色。

---

① E. C. Bunker, C. B. Chatwen & A. R. Farkas, *"Animal Style" Art from East to West*, New York, 1970.

张骞"凿空"与
汉代的丝绸之路

对于中国而言，张骞通西域谓之"凿空"，也就是说，中国与西方世界的真正沟通，是从汉武帝时期开始的。汉通西域以后，又打败了匈奴王国，于是汉朝在河西走廊设立四郡等郡县体制，建设玉门关、阳关及长城烽燧等防御体系，开通驿道并完善驿站等交通设施。此后，汉朝与西域诸国往来频繁，形成了丝绸之路的基本干道，并随着中外交往的扩大，陆海丝绸之路也陆续得到开拓。

一、张骞"凿空"，开通丝路

经过秦朝末年的农民起义，楚汉相争，公元前 206 年新建立的汉王朝，经济凋敝，国力不强，"自天子不能具醇驷，而将相或乘牛车"[①]。乘机而起的漠北匈奴王国，东败东胡，西走月氏，并时常南下攻击汉朝。公元前 200 年，汉高祖发兵征讨匈奴，在平城（今大同市东北）的白登山北，被匈奴四十万骑兵团团围住，七天七夜不得解脱，最后用陈平计谋，贿赂了匈奴首领单于

---

① 《汉书》卷二四《食货志》，中华书局，1962 年，1127 页。

的阏氏（王后），才得以解围逃归。于是，为了避免受到匈奴的侵扰，汉朝采用"和亲"的方法，就是把汉地的公主嫁给单于，两家约为兄弟，汉朝每年赠送絮缯、酒、米等物品给匈奴[1]。和亲的确换取了匈奴减少对汉朝北边的攻略，但也没有杜绝匈奴的侵袭。随后的汉文帝、景帝利用这一段相对和平的时期，让人民得以休养生息，使社会经济逐渐恢复、增长，国力也得以增强。

公元前 141 年，雄才大略的汉武帝即位时，汉朝经过七十多年的积蓄，府库有了盈余，马匹得以繁衍，百姓家给人足，拥有了强大的实力。于是，汉武帝开始筹划反击匈奴。正在此时，有投降汉朝的匈奴人告诉武帝，月氏为匈奴所迫，积怨仇恨，想寻求盟友，报复匈奴。武帝正好想联络更多的力量，打击匈奴，听到这个消息，马上招募出使月氏的人。这个人需要有勇气穿过匈奴的领地，找到月氏。于是，汉中人张骞应募。公元前 138 年，张骞率领一百余人的使团从长安（今西安）出发，向西北行，前往伊犁河、楚河流域，寻找大月氏[2]。

在敦煌莫高窟第 323 窟中，绘制有一幅"张骞出使西域图"（图 2-1），画面上描绘着张骞辞别汉武帝，穿行于崇山峻岭之间，前往"大夏"出使。这幅出自唐朝初年佛教信徒之手的图像，把张骞出使西域大月氏改编成张骞出使大夏，目的是"问佛名号"，而不是战略联盟。虽然图像受画面限制，只绘出张骞和两个随从的身影，但仍然反映了张骞西行的情况，因此早已成为有关丝绸之路的各种书籍中"张骞出使西域"的形象写照。

张骞出使的目的地，对于当时的汉朝人来说，是一个完全陌生的世界，所以史称张骞的行动是"凿空"。在这个西方世界与汉朝之间，横亘着一个强大的匈奴帝国。果然，张骞一行取道陇西前往大月氏的路上，大概在经过河西走廊时，被匈奴擒获，送到单于那里。单于并没有杀掉他，而是让他娶妻

---

[1]　《史记》（修订本）卷一一〇《匈奴列传》，中华书局，2013 年，3477—3578 页。
[2]　关于张骞西使之年代及相关诸问题，见余太山《张骞西使新考》，载《两汉魏晋南北朝与西域关系史研究》，中国社会科学出版社，1995 年，203—213 页。

图 2-1　敦煌莫高窟 "张骞出使西域图"

生子，留作己用，但张骞保持汉的旌节不失。我们在敦煌 323 窟壁画上反复看到，张骞身后随从手中两个高高的旌节，一直挺立，表明他不失汉节的情形。而随同张骞前往的一百余人，则融入匈奴当中。

十年后，张骞乘匈奴内乱，逃脱出来，但他没有返回长安，而是继续向西，去完成自己的使命。等他到达伊犁河和楚河流域时，月氏人已经再度西迁，让张骞扑了一个空。于是，张骞大概取道巴尔喀什湖北岸，穿过吉尔吉斯山脉，到达大宛（今费尔干纳盆地）。大宛人听说汉朝富有，愿意与汉朝取得联系，所以派出向导和翻译，把张骞送到康居（今乌兹别克斯坦塔什干一带），再由康居送到阿姆河北岸的大月氏王庭所在，又渡河南下到大夏故都（Alexandria），见到了正在那里的大月氏王。此时的大月氏，已经越过阿姆河，彻底征服了大夏，占领了阿姆河南北两岸的肥沃土地，社会安定，人民富庶，他们在此安居乐业，已经没有东向找匈奴人报仇的意思了。张骞没有得到要领，但了解到西域各国的情况，然后沿塔里木盆地南沿的昆仑山路，经羌族地区返回，路上再次被匈奴拘捕。又过了一年，张骞趁匈奴内乱，带着仆人堂邑父和匈奴妻子，于前126年回到长安。汉武帝非常高兴，拜张骞为太中大夫，封他为博望侯①。

　　这就是中国历史上著名的张骞"凿空"，开通西域的大致经过。

　　还是在张骞回国的前一年，即前127年，汉朝就已经开始大规模进攻匈奴，并在北方取得进展。张骞回到长安，虽然没有搬来大月氏的援军，但却了解到河西匈奴的虚实，以及其水草所在及游牧动向，这有助于汉朝的军事行动。前121年，汉将霍去病出祁连山，进攻河西走廊的匈奴，迫使占领河西西部的匈奴浑邪王杀掉河西东部的首领休屠王，投降汉朝。于是，汉朝在河西走廊陆续"列四郡，据两关"——先后建立武威、张掖、酒泉、敦煌四郡，设立玉门关和阳关，牢固控制了这一战略要地和交通要道。前119年，霍去病与卫青又率汉军两路向北出击，彻底把匈奴赶到漠北（蒙古高原），漠南地区再无匈奴的王庭。

　　汉朝虽然已将匈奴赶到漠北，但匈奴的势力仍然控制着天山北路，威胁着天山南面的西域绿洲诸国，使得它们都不敢亲近汉朝。为了进一步打击匈奴，就在前119年，汉武帝又任命张骞为中郎将，让他与持节副使多人，率三百人的庞大使团，带着牛羊万计、金币帛值数千巨万，第二次出使西域，主要目的是联合在伊犁河流域居住的乌孙，使其从西面夹击匈奴，并希望他们能返回敦煌、祁连之间的原驻牧地，这样可以斩断匈奴的右臂。张骞抵达乌孙后，乌孙王年老，觉得离汉朝远而距匈奴近，大臣们也都惧怕匈奴，加上国中大臣、太子争权内乱，所以只是表示与汉朝通好，派使臣随张骞入汉朝答谢，而不愿意进攻匈奴，迁徙东归。张骞的第二次出使西域，又没有得到要领，但张骞的副使们先后到了大宛、康居、大月氏（巴克特里亚地区）、

---

① 《史记》卷一二三《大宛列传》，3805—3808 页；《汉书》卷六一《张骞传》，2687—2689 页。

安息（Arsaces，帕提亚 /Parthia）、身毒（印度）、于阗（和田）等国，这些国家的使者都随汉使来到长安。从此，中国与中亚、西亚、南亚的主要国家或地区建立了直接的联系。

张骞的两次出使西域，对于中国的历史进程，意义十分重大。

张骞的出使决不仅仅是为了联络盟友，而且还有尽可能地了解西方的目的。比如他第一次出使时，对所经之地的大宛、康居、月氏、大夏诸国和未经之地的乌孙、奄蔡（Ossetes，今高加索）、犁靬（托勒密王国）、条支（塞琉古王国）、身毒等国，都有仔细的调查记录。第二次出使，他的副使走到的地方更多更远，了解的情况更加详细。张骞等人带回来的报告，由司马迁和班固分别写入《史记·大宛列传》和《汉书·西域传》，从此结束了我国古代对西方的传闻认识和神话幻想，如《山海经》和《穆天子传》所记录的那样。张骞的报告是第一篇有关河西走廊、西域（塔里木盆地）、中亚、南亚和西亚地区的真实记录。

张骞在匈奴地区生活了十多年，了解匈奴部落的游牧动向和匈奴地区的水草所在，他的报告成为汉朝用兵时的指南，为汉朝打败河西的匈奴起了一定作用。随着匈奴投降汉朝，河西地区归入汉帝国的版图，正式立为直辖郡县，从此以后两千年基本没有改变。而且，张骞通西域以后，汉朝与塔里木盆地的西域诸国关系日益密切，使这一地区也逐渐进入汉朝的势力范围，最后在公元前 60 年进入汉朝的版图。

张骞西行的成功，还打破了匈奴等游牧民族对东西方贸易的垄断，使中国和中亚、西亚、南亚诸国间建立了直接的贸易往来关系。一方面，张骞等人带回了大批西方物产，如苜蓿、石榴、葡萄等等，汉文里开始有了"胡桃"一类的名词；另一方面，张骞第二次出使的使团带着牛羊万计、金币帛值数千巨万，说明他们不仅仅是在做政治联络，而且也有经济交往的目的。由此中国与西方开始了长期的经济贸易往来，双方各取所需，中国的丝绸开始源源不断地直接运往西方，西方的物产，特别是奢侈品、动植物乃至思想文化，也陆续进入中国。

图 2-2a　汉长城

图 2-2b　玉门关

二、长城、关塞与驿道交通

就在河西四郡建立的同时，汉朝又把秦始皇建造的长城向西延伸，先是修建从令居（金城郡，今兰州）到酒泉一段，然后又从酒泉修筑到敦煌以西的玉门关，最后到武帝天汉元年（前100），继续从玉门关向西修建长城和亭障（图2-2a、2-2b），直到盐水（或称盐泽，今罗布泊）。

秦始皇费尽民力建造长城，目的是防止匈奴等北方游牧民族的南下侵扰。这一由烽燧、亭障构筑起来的防御工程，有着相当完备的攻防体系，在抵御北方游牧民族对农耕居民的劫掠方面，起到了相当大的作用。与秦长城凸显的"南北对抗"意义相比，河西的汉长城更加具有"东西交通"的意味。在河西走廊的许多地方，长城是和古老的交通路线并行的，长城在北，道路在南。这条路就是后人所说的"丝绸之路"，长城俨然有似一道丝绸之路的屏障，保护着道路不受劫掠。有些地段的道路和城墙距离很近，往来的商旅、使者在戈壁的烈日下行走一段时间，就可以在长城某处找寻到一个遮阳的地方稍事休息。

与长城防御性质的亭障和烽燧相辅而设立的，是接待、供给来往使者的驿站（汉代称作"置"），这些驿站与汉朝全国网状的驿路相连，也使得从长安到玉门关的道路，畅通无阻。

汉朝对于今人所说的"丝绸之路"没有一个完整的记录，但这并不能说对于这条道路没有相关的记载，只是古今的记录方式不同而已。感谢考古工作者的辛勤工作，使我们对汉代长安到敦煌的具体道路有非常清楚的认识。1974 年，甘肃居延考古队在额济纳旗破城子遗址，发掘到一枚王莽时期的木牍，上面记录了长安到张掖郡氏池的 20 个置之间的里程：

> 长安至茂陵七十里，茂陵至茯置卅五里，
> 茯置至好止（畤）七十五里，好止（畤）至义置七卜五里。//
> 月氏至乌氏五十里，乌氏至泾阳五十里，
> 泾阳至平林置六十里，平林置至高平八十里。//
> 媪围至居延置九十里，居延置至觻里九十里，
> 觻里至揟次九十里，揟次至小张掖六十里。//
> 删丹至日勒八十七里，日勒至钧耆置五十里，
> 钧耆置至屋兰五十里，屋兰至氏池五十里。[①]

这枚简分四栏书写，内容不连续，前人据上下文所记郡县地理考证，指出左侧当缺失两枚简，但所存文字大体上记录了从长安到氏池汉代官道的大致走向。具体来说，就是从长安向北，经右扶风郡的茂陵、茯置、好畤，沿泾水到北地郡的义渠，再经安定郡的月氏、乌氏、泾阳、平林、高平，到武威郡的媪围、觻里、揟次、小张掖，再经删丹、日勒、钧耆、屋兰，最后到张掖郡氏池，总计 20 个置之间的里程。

1990 年，甘肃省文物考古研究所又在汉代敦煌悬泉置遗址，发掘到一枚木牍，记录了武威郡仓松到敦煌郡渊泉 12 个置之间的里程：

[①]　甘肃省文物考古研究所等编《居延新简——甲渠候官与第四燧》，文物出版社，1990 年，396 页。

仓松去鸾鸟六十五里，鸾鸟去小张掖六十里，

小张掖去姑臧六十七里，姑臧去显美七十五里。//

氐池去䝙得五十四里，䝙得去昭武六十二里，府下，

昭武去祁连置六十一里，祁连置去表是七十里。//

玉门去沙头九十九里，沙头去乾齐八十五里，

乾齐去渊泉五十八里。右酒泉郡县置十一，六百九十四里。[①]

　　根据学者们的研究，这里所记是越过今乌鞘岭进入河西走廊后的主要驿道：由苍松县（今古浪县龙沟乡）、鸾鸟县（今古浪县小桥堡东南），转西北，经小张掖（今武威市黄羊镇西），到姑臧县（今武威市）。然后西行经显美县（今武威市丰乐乡一带）、番和县（今永昌县焦家庄一带）、日勒县（今山丹县李桥乡附近），沿弱水（今山丹河）南岸，到氐池县（今张掖市）。再渡张掖河，转西北，经䝙得（张掖市西北西城驿沙窝北古城），至昭武县（曾一度为张掖郡治，今临泽县鸭暖乡昭武村一带），过祁连置（今临泽县蓼泉乡双泉堡一带），到表是县（今高台县宣化乡定平村一带）。西北行，经酒泉郡治禄福县（今酒泉市），到玉门县（今玉门市赤金乡一带），渡石油河，经沙头县（今玉门市玉门镇古城子一带）、乾齐县（今玉门市黄闸湾乡八家庄一带），渡籍端水，到渊泉县（今安西县三道沟镇四道沟堡子）。渊泉是敦煌郡下属的县，到了渊泉，就等于进入了敦煌。

　　这种我们称为"传置道里簿"的木牍，是汉朝中央官府和地方郡县行政运作所必备的文书，因为不同地点的官员要了解不同地方的使者或诏书移动的时间和速度，以便做出安排。这两件木牍结合起来，正可以复原出西汉时期从长安到敦煌的驿道和驿站设置情况[②]，它们是有关汉代丝绸之路的珍贵历

---

① 见国家文物局编《丝绸之路》，文物出版社，2014年，120页。

② 何双全《汉代西北驿道与传置——甲渠候官、悬泉汉简〈传置道里簿〉考述》，《中国历史博物馆馆刊》总30期，1998年，62—69页；郝树声、张德芳《悬泉汉简研究》，甘肃文化出版社，2009年，106—133页。

史文物。

渊泉以西的驿站和道路，目前还没见到相关的"传置道里簿"，但从20世纪初叶以来，敦煌长城沿线的烽燧下面，出土了大量的汉简，特别是1990—1992年在敦煌市东面汉代悬泉置遗址发现的大量简牍，也有不少交通信息的记录，使我们可以清楚地知道汉代的驿道在敦煌郡渊泉以西的走向：从渊泉向西北，沿籍端水西行再偏南，到广至县治（今安西县截山子南八棱墩，考古编号 A93），然后西行微偏南到鱼离置（今安西县苇草沟西南芦草沟墩，A87），出三危山，折西到效谷县的悬泉置。再西行，经遮要置（今敦煌市东空心墩，D108）、效谷县（今敦煌市郭家堡乡一带），渡氏置水（今党河），到敦煌郡治敦煌县（今党河西岸七里镇白马塔村）。

从敦煌郡治向西，道路分成两条。一条路向西北，在长城内侧（南侧）迤逦西行，中间重要的烽隧有仓亭燧（D32，斯坦因编号 T18），其北面二百米就是现在称作"大方盘城"的遗址，是汉代敦煌西北长城线上的粮仓，似名为"昌安仓"，唐朝名为"河仓城"，在敦煌写本《沙州图经》等地志中都有记载。再往西，就是玉门关（今称"小方盘城"）。另一条路从敦煌向西南行，经龙勒县（今南湖乡一带），到阳关。这两条路在凌胡燧（大煎都候官治所，D3、T6b）会合，再西行，经广昌燧（D1、T6d）南，西北行，进入西域范围，越三陇沙，经居卢訾仓，傍盐泽（罗布泊）北岸，到楼兰国都城（LA）[①]。

玉门关和阳关都在敦煌郡城的西面，一在西北，一在西南。玉门关就是今天的小方盘城，距今敦煌市区约71公里，它北面是东西向的长城主城墙，墙外是疏勒河，主城墙向南，有城墙通到玉门关城，然后继续向南，一直延续到阳关所在。可惜的是现在阳关的关城早已不存在了，今天游客们拍照的所谓"阳关遗址"，只不过是一座汉代的烽燧而已，阳关应当在更西边的地方。阳关是以玉门关为坐标的，名称就得自在玉门之南。这里扼守从于阗

① 吴礽骧《河西汉塞调查与研究》，文物出版社，2005 年。

（今和田）、且末来的丝路南道。

玉门关和阳关，守护着从西域进入河西、中原的两条主干道，是汉朝的西大门，迎接着西方的各国来客，送走汉朝前往西域的使臣。

三、悬泉置的西域各国使者

张骞第二次出使西域之后，汉武帝又派出许多使者，远到奄蔡（今高加索）、犁靬（托勒密王国）、条支（塞琉古王国）等国。使团的规模大者数百人，小者也有百余人。派遣的频率很高，一年中多者有十余辈，少者五六般，数年往返。此时不仅汉朝与中亚诸国从事大规模的贸易交往，而且北方的匈奴也继续做着同样的买卖。西域诸国因为直接受到北方匈奴的威胁，所以对待汉使和匈奴使者不完全相同，汉使"非出币物不得食，不市畜不得骑"①。直到公元前49年匈奴呼韩邪单于归降汉朝，匈奴衰弱，中亚诸国才对汉朝使者不那么苛刻。汉宣帝时，汉朝与中亚、西亚的贸易持续不断。

西汉末，王莽执政，中原动乱，与西域联系一度中断，匈奴重新控制西域。到东汉初，班超经营塔里木盆地西域诸国，汉朝与西域的联系时断时续。和帝永元六年（94），班超平定西域南北道。永元九年（97），班超派遣甘英出使大秦（罗马帝国），一直走到条支的大海边上。条支指叙利亚的安条克（Antiochia），大海一说指红海。安息（帕提亚）的船人极力夸张大海难渡，阻止甘英与罗马沟通。这显然有着经济的考虑，就是要由帕提亚来承担丝绸等货物的中转贸易，以赚取货物转贩过程中的高额利润。甘英虽然没有到达原定的目的地，但他仍可以说是自古以来中国走得最远的使者，是一位让人崇敬的时代英雄。他亲自走过了丝绸之路的大半段路程，还了解了从条支南出波斯湾，绕阿拉伯半岛到罗马帝国的航线。

大体上来说，从张骞开通西域邦交，汉朝与西域各国的外交往来、物产

---

① 《汉书》卷九六《西域传》，3896页。

交易，基本没有断绝，只是西汉末和东汉初，断断续续受到一些影响。汉朝与西域交往之频繁，也得到了新出土的悬泉汉简的印证。

前面说过，汉朝的驿道大多数是傍长城而行，但有时也有偏离长城较远的道路，沿城镇之间的最近道路行进，之所以如此，是因为在戈壁上行进，必须考虑水源所在。悬泉置位于今敦煌市东 61 公里甜水井附近的地方，离长城较远，为戈壁沙丘地貌，但靠近南山，在它南面不远的山沟（今名吊吊沟）里，有一处泉水，即所谓"悬泉"。敦煌写本《沙州图经》卷三有"悬泉水"条："右在州东一百卅里，出于石崖腹中，其泉旁出，细流一里许即绝。人马多至，水即多；人马少至，水出即少。《西凉异物志》云：汉贰师将军李广利西伐大宛，回至此山，兵士众渴乏。广乃以掌拓山，仰天悲誓，以佩剑刺山，飞泉涌出，以济三军。人多皆足，人少不盈。侧出悬崖，故曰悬泉。"[①] 可见，人们从很早的时候开始，就把悬泉和西汉武帝时伐大宛的李广利将军联系在一起。事实上，悬泉所接济的人，不仅有西征东归的将士，还有东往西来的外交使节。

1990 年 10 月至 1992 年 12 月，甘肃省文物考古研究所对悬泉置遗址进行了全面的清理发掘。悬泉置是考古发现中难得的一所驿站遗址（图 2-3），它

图 2-3　敦煌悬泉置遗址

① 李正宇《古本敦煌乡土志八种笺证》，甘肃人民出版社，2008 年，46 页。

占地面积总计 22500 平方米，主体建筑是带有对称角楼的坞堡院落，院内四周是各种不同规格的房舍，供不同等级身份的客使分别住宿和用餐，院外建有大型马厩，来安置客使的马匹，也是圈养驿站本身所养驿马的地方。可以说，这里是一个规模相当可观而且功能齐全的汉代驿站①。

悬泉置发掘获得了大量简牍，其中有文字的简牍共计两万三千余枚，这

个遗址主要是两汉时期使用的，所出纪年简牍最早者为汉武帝元鼎六年（前 111），最晚者为东汉安帝永初元年（108）十二月，大体可以分作早期（西汉武帝至昭帝）、中期（西汉宣帝至东汉初）、晚期（东汉中晚期）三段，魏晋时改作烽燧，以后废弃。遗址一间房子的内墙上，还抄写着西汉平帝元始五年（5）五月从长安颁发的《使者和中所督察诏书四时月令五十条》，出土简牍和帛书有驿站管理文件，中央和地方官府下达的诏书、命令，私人信函，使者的过所（通行证）和乘传公文，还有大量招待往来客使，包括外国使者食物的账簿。

悬泉不仅是兵站，更是客栈。悬泉置出土汉简现在还没有全部公布，我们根据已经公布的资料，选取其中若干接待外国使臣的记录，来看看当年中外交往的实况。因为引文有残缺，所以简文之后提示内容大要。（图 2-4）

图 2-4　悬泉置简牍

1. 大月氏、乌孙："神爵二年四月戊戌，大司马车骑将军臣□承制诏请□：大月氏、乌孙长□凡□□□富候臣或与斥候利邦国、侯君、侯国、假长□□□中乐安世归义□□□□□□□□□□。为驾二封轺传，十人共载。御史大夫□下扶风厩，承书以次为驾，当舍传舍如律令。十月□。"② 这里是说

---

① 甘肃省文物考古研究所《甘肃敦煌汉代悬泉置遗址发掘简报》，《文物》2000 年第 5 期，4—20 页。

② 张德芳《悬泉汉简中若干西域资料考论》，荣新江、李孝聪《中外关系史：新史料与新问题》，科学出版社，2004 年，138—139 页。

汉宣帝神爵二年（前60）四月戊戌，汉朝中央政府的御史大夫、大司马、车骑将军按照皇帝诏书的旨意，安排大月氏和乌孙的使臣、王侯回国，乘轺车返回。

2. 大月氏："出粟一斗八升……以食守属周生广送自来大月氏使者积六食食三升。"（胡平生、张德芳《敦煌悬泉汉简释粹》，上海古籍出版社，2001年，No.140。下引此书，仅给编号）这是供给大月氏使者食物的记账。

3. 康居："甘露二年止月庚戌，敦煌大守千秋、库令贺兼行丞事，敢告酒泉大守：……罢、军候丞赵千秋上书，送康居王使者二人、贵人十人、从者……九匹、驴卅一匹、橐他廿五匹、牛一。戊申，入玉门关已。阁下……"[1]甘露二年（前52）正月庚戌（二十日），敦煌大守千秋、库令贺兼行丞事向酒泉郡太守报告，康居王使者二人、贵人十人、从者若干人，以及马、驴、骆驼、牛等牲畜，于戊申（十八日）进入玉门关。

4. 莎车、罽宾、祭越："出钱百六十，沽酒一石六斗，以食守属董竝、叶贺所送莎车使者一人、罽宾使者二人、祭越使者一人，凡四人，人四食，食一斗。"[2] 这是大约西汉成帝以前某年汉朝使者董竝、叶贺送莎车、罽宾、祭越使者的供食记录。莎车王国在丝路南道塔里木盆地西南，今莎车；罽宾在今克什米尔；"祭越"一名此前未见记录，据考当为《汉书·西域传》中的"西夜国"，在今叶城县南山谷中，与莎车为邻，地当罽宾–乌弋山离道[3]。

5. 于阗："各有数，今使者王君将于阗王以下千七十四人，五月丙戌发禄福，度用庚寅到渊泉。"（No.145）这是某年使者王君引领于阗王以下一千七十四人，于五月丙戌日从禄福出发，预计庚寅日到渊泉。禄福是酒泉郡治所在，敦煌的人可以据上面提到过的《传置道里簿》，推算出这个以于阗王为首的庞大使团，需要经过多少行程到达悬泉置，以便接待好这个从长安

---

① 张德芳《悬泉汉简中若干西域资料考论》，145—146 页。
② 张德芳《悬泉汉简中若干西域资料考论》，131 页。
③ 参看罗帅《悬泉汉简所见折垣与祭越二国考》，《西域研究》2012 年第 2 期，42—43 页。

归去的使团。

6. 精绝："……送精绝王诸国客凡四百七十人。"（No.150）这是某年送精绝王等诸国客使凡四百七十人，也是一个不小的使团，以精绝土为首。汉代时，精绝为西域南道王国，在今尼雅遗址，这里也出土过有关精绝遣使汉朝的木简。

7. 大月氏、大宛、疏勒等国："客大月氏、大宛、疏勒、于阗、莎车、渠勒、精绝、扜弥王使者十八人，贵人□人……"（No.189）这是某年悬泉置接待来自大月氏、大宛、疏勒、于阗、莎车、渠勒、精绝、扜弥王的使者十八人，贵人□人。这组客使是由大月氏、大宛、疏勒和西域南道的若干王国一起组成的使团，说明来长安的西域使者常常结伴而行，一起住在悬泉置中。

8. 乌孙、大月氏："出粟四斗八升，以食守属唐霸所送乌孙大昆弥、大月氏所……"（No.203）这是某年出粟四斗八升，给汉使唐霸所送乌孙大昆弥、大月氏等国使者。大昆弥是乌孙的首领，这个使团由他带领，其中还有原本的宿敌大月氏人。

9. 乌弋山离："遮要第一传车，为乌弋山离使者。"这是某年悬泉置为乌弋山离使者安排传车去西边的遮要置（今敦煌市东空心墩，D108）。乌弋山离在罽宾西，安西、条支东面，今阿富汗西南锡斯坦地区，道路悬远，也有使者到来。

10. 折垣："……其一只，以食折垣王一人、师使者……只，以食钩盾使者，迎师子……□，以师使者弋君。"[1] 这里记载了一件重要的事情，就是大概在西汉的某年，折垣王一人、师使者等向汉朝贡献狮子，汉朝派钩盾使者去西域迎接狮子。"折垣"一名在史籍中没有见过，据考是《汉书·西域传》所记西域地区唯一出产狮子的乌弋山离的别名[2]。汉代的钩盾是少府下的官员，主管皇帝"近池、苑囿、游观之处"，西域一些国家向汉朝贡献狮子时，需要

---

[1]　郝树声、张德芳《悬泉汉简研究》，206 页。
[2]　罗帅《悬泉汉简所见折垣与祭越二国考》，38—42 页。

派钩盾使者前往迎接，带回长安。

以上举出数条悬泉汉简中的西域使者记录，以见一斑。在悬泉置出土汉简的记录中，既有葱岭以西的大月氏、康居、大宛、乌弋山离的使者，也有天山南北乌孙、疏勒、姑墨、温宿（今乌什）、龟兹、仑头（今轮台）、乌垒（今策大雅）、渠犁（库尔勒）、危须、焉耆、狐胡、山国、车师（今吐鲁番）、蒲犁、皮山、于阗、莎车、渠勒、精绝、扜弥、且末、楼兰（鄯善）的使者，甚至有于阗王本人和他所率一千多人的庞大使团。汉朝要安排这些使者的行程、接送、乘骑、食宿等，就悬泉置所提供给这些使者的食物来看，也是有相当数量的。我们过去读《史记·大宛列传》《汉书·西域传》《后汉书·西域传》等，比较多的内容是汉朝在西域地区的政治经营和武力攻占，而从悬泉置的汉简中有关西域各国的材料来看，汉朝与西域各国的物质文化交往，是两汉时期丝路往来的主体内容。

四、天马与汗血马

到了唐朝时期，悬泉置已经为沙土掩埋，但贰师将军李广利的故事却流传下来。"佩剑刺山，飞泉涌出"，固然是难以证实的传说，但李广利确实是与丝绸之路有关的重要人物。这还要从汉武帝的"天马"梦说起。

汉武帝曾披览《易经》，占卜的结果说有"神马当从西北来"，于是汉武帝派遣使者前往西域求取好马。先是得到乌孙的好马，命名为"天马"。以后又得到大宛的汗血马，比乌孙马更加强壮，于是更名乌孙马为"西极"，大宛马为"天马"。因为天子喜好大宛马，所以汉朝出使西域的使者相望于道。但使者中有些无赖之徒，往往利用汉朝的声威，贱买外国的奇货，一些西域王国很厌烦这些使者，常常不提供给他们食物。

一次，从西域回来的汉使向武帝报告说："宛有善马在贰师城，匿不肯与汉使。"喜好大宛马的汉武帝听说后，非常羡慕，于是让壮士车令等人持千金及金马（图2-5）往大宛，向大宛王交换贰师城的善马。大宛以为汉朝离自己很远，发兵不易；而贰师马是大宛的宝马，所以不肯给汉使。汉使怒骂，把携带来的金马击碎而去。大宛的贵人觉得汉使轻蔑自己，命令东边城镇郁成（Ush 或 Uzgent）的守将遮杀汉使，夺其财物。消息传到长安，汉

图 2-5　茂陵出土西汉鎏金铜马

武帝大怒，太初元年（前 104）秋，以李广利为贰师将军，率骑兵六千及恶少年数万人，出征大宛。

　　贰师将军李广利在路上得不到给养，到达郁成时，只有数千饥饿的士卒，被郁成守军击败。太初二年秋冬之际，李广利率领所剩十分之一的残兵败将，回到敦煌境内。武帝大怒，遣使者把李广利拦在玉门关外，说"军有敢入者辄斩之！"太初三年秋，武帝派李广利再次出征，从敦煌发兵六万人，牛十万头，马三万余匹，驴、骡、橐驼数以万计，奔赴前线。汉军顺利进至大宛都城，断其水源。围城四十余日，大宛贵人商议，共杀其王，与汉军约和，汉军停止攻击，大宛终于献出善马。于是，汉军选择其中善马数十匹，中等马以下牡牝三千余匹，收兵而回。虽然李广利因功封海西侯，食邑八千户，但因为领兵的军吏贪图财物，不爱护士卒，所以最后能入玉门关者才万余人，马千余匹，可谓损失惨重①。

　　这就是历史上有名的"李广利伐大宛"的真实历史，在李广利征行的路

---

① 《史记》卷一二三《大宛列传》，3824—3829 页。

程中，的确遇到很大的补给难题，但却和悬泉没有关系。只是因为有这样的历史背景，加上李广利涉流沙、行万里的壮举，所以敦煌百姓把沙碛中接济行人的甘泉的出现，附会到历史上的名人头上，这是许多民间传说的一贯做法。

丝绸之路的历史，是多姿多彩的，有绚烂的丝绸，也有神异的天马，有战争，也有死难。为什么汉武帝花费这样大的人力、物力，付出如此惨痛的代价，就为了那数十匹善马吗？历史学家对此做过几种不同的解释，有改良马种说，有宣扬国威说，等等，似乎都难做定论。太初四年初，汉武帝获得大宛的汗血宝马后，曾作《天马歌》，歌中唱道："天马徕，从西极……竦予身，逝昆仑。"① 清楚地表明汉武帝不惜一切代价来征伐大宛，是受当时盛行的方士思想的影响，他想要驾驭"天马"，做升仙的梦想。

实际上，在伐大宛之前，汉武帝就在寻觅天马了。《汉书》卷六《武帝纪》记载，元鼎四年（前 113 年）"秋，马生渥洼水中，作《宝鼎》《天马》之歌"，到元鼎五年十一月，武帝下诏，说"渥洼水出天马，朕其御焉"，说明天马是汉武帝要驾驭的乘骑。这里的渥洼水就在敦煌。唐代的《沙州图经》卷五记载："寿昌海，右出寿昌县东南十里，去沙州一百廿里，方圆可一里，深浅不测，地多芦荻。其水分流二道：一道入寿昌县南溉田，一道向寿昌东溉田。旧名渥洼水，元鼎四年……马生渥洼水……即此海也。"② 据里程推算，这里就在今南湖乡绿洲的东南角，原本是一个湖。唐代以后，湖水逐渐干涸，下方聚水成池，杂草腐殖，水生黄锈，所以名为黄水坝；民国时开始在此修水库，今天更建成为烟波荡漾的南湖水库。南湖水库就是渥洼水的嫡传，今天立有"渥洼池"的牌子。但清代敦煌官吏不知道这些掌故，错把渥洼水比定为月牙泉，在那里立了"汉渥洼池"碑，其实是错误的。

元鼎四年，汉武帝得渥洼水神马后，作《太一之歌》，歌词唱道："太一

---

① 《汉书》卷二二《礼乐志》，1060—1061 页。
② 李正宇《古本敦煌乡土志八种笺证》，161 页。

贡兮天马下，沾赤汗兮沫流赭。"① 又作《天马歌》，歌词唱道："太一祝，天马下。沾赤汗，沫流赭。"② 好像渥洼水的神马就像后来的大宛汗血马一样，是流的"赤汗"。显然，在汉武帝的眼中，敦煌渥洼水的天马也正是他心目中的"天马"。

大宛的"天马"，并不仅仅是武帝喜欢，直到西汉晚期，一直有"天马"通过敦煌送往都城长安。悬泉置出土汉简中就有这样的记录：昭帝"元平元年（前 74）十一月己酉，□□诏使甘护民迎天马敦煌郡，为驾一乘传，载御一人。御史大夫广明下右扶风，以次为驾，当舍传舍，如律令"（No.138）。连御史大夫田广明都参与其事，可见这次从敦煌迎来的天马，一定也非同小可。

中国历史上的秦皇、汉武都是雄才大略的君主，有着许多共同之处，其中一个特点就是都喜欢方士的升仙学说。不过两人又有所不同，秦始皇的目标是东方，所以派徐福入海寻找蓬莱等仙岛，自己还多次到东南沿海巡视，看什么地方可以入海成仙；汉武帝的目标显然主要在西方，所以派李广利伐大宛，希望获得汗血天马，能够乘之升仙，即所谓"竦予身，逝昆仑"也。正因为此，"天马"成为丝绸之路上一个特别的传播物，而且也成为今天"一带一路"国与国交往时的象征。

五、汉代的丝绸之路

从汉朝首都长安经河西走廊进入西域的道路，就是后来我们所说的"丝绸之路"的一部分。李希霍芬（F. von Richthofen）最早给"丝绸之路"下的定义是，汉代中国和中亚南部、西部以及印度之间的以丝绸贸易为主的交通路线。后来，赫尔曼（Herrmann）又扩展其含义为，中国古代经由中亚通往

---

① 《史记》卷二四《乐书》，1394—1395 页。
② 《汉书》卷二二《礼乐志》，1060 页。

南亚、西亚以及欧洲、北非的陆上贸易交往的通道。

其实，"丝绸之路"是张骞和他的副使所开通的，而且在汉代时期就基本上确定了这条东西交往道路的基本走向。东汉初班固所撰《汉书·西域传》，利用张骞以来出使西域人留下的文书档案，按照交通路线的顺序，首次明确记录了通往西域的道路，此即《汉书·西域传》开篇所述：

> 自工门、阳关山西域有两道。从鄯善傍南山北，波河西行至莎车，为南道；南道西踰葱岭则出大月氏、安息。自车师前王廷随北山，波河西行至疏勒，为北道；北道西踰葱岭则出大宛、康居、奄蔡焉。[1]

可见，西汉时的道路，从玉门关、阳关开始，分南北两道，最远到安息（波斯帕提亚王朝）和奄蔡（高加索）。

在这个提纲下面，基本按照从东到西，再由西到东的顺序，依次叙述每个国家的情况，首先是国名、都城、去阳关里数、去长安里数，然后是距西域都护府的里数，还有至紧邻国家的里数。阳关是西汉王朝直辖领地的西部边陲关城，而长安是都城，有了这两个数据，西汉王庭就可以知道出使要走多远，进贡要经过多少天到达。记载距西域都护府所在的乌垒城的里数，是为了一旦有事，西域都护的兵马几日能够到达。而至周边邻国的里程，则对交通往来至关重要。以下把《汉书·西域传》所记西域各国相互里程的内容摘录出来，以见交通道路的具体走向[2]：

> 出阳关，自近者始，曰婼羌。去阳关千八百里，辟在西南，不当孔道。西与且末接。西北至鄯善，乃当道云。
>
> 鄯善国，本名楼兰，王治扞泥城，去阳关千六百里，至山国千三百六十五

---

① 班固《汉书》卷九六《西域传》，3872 页。

② 以下引自《汉书·西域传》3875—3921 页范围内，不一一出注。

里，西北至车师千八百九十里。鄯善当汉道冲，西通且末七百二十里。

且末国，王治且末城，北接尉犁，南至小宛可三日行。西通精绝二千里。

小宛国，王治扜零城，东与婼羌接，辟南不当道。

精绝国，王治精绝城，南至戎卢国四日行，西通扜弥四百六十里。

戎卢国，王治卑品城，东与小宛、南与婼羌、西与渠勒接，辟南不当道。

扜弥国，王治扜弥城，南与渠勒、东北与龟兹、西北与姑墨接，西通于阗三百九十里。

渠勒国，王治鞬都城，东与戎卢、西与婼羌、北与扜弥接。

于阗国，王治西城，南与婼羌接，北与姑墨接，西通皮山三百八十里。

皮山国，王治皮山城，西南至乌秅国千三百四十里，南与天笃接，北至姑墨千四百五十里，西南当罽宾、乌弋山离道，西北通莎车三百八十里。

乌秅国，王治乌秅城，北与子合、蒲犁，西与难兜接。其西则有县度，县度者，石山也，溪谷不通，以绳索相引而度云。

西夜国，王号子合王，治呼犍谷，东与皮山、西南与乌秅、北与莎车、西与蒲犁接。

蒲犁国，王治蒲犁谷，东至莎车五百四十里，北至疏勒五百五十里，南与西夜子合接，西至无雷五百四十里。

依耐国，至莎车五百四十里，至无雷五百四十里，北至疏勒六百五十里，南与子合接。

无雷国，王治卢城，南至蒲犁五百四十里，南与乌秅、北与捐毒、西与大月氏接。

难兜国，西至无雷三百四十里，西南至罽宾三百三十里，南与婼羌、北与休循、西与大月氏接。

罽宾国，王治循鲜城，东至乌秅国二千二百五十里，东北至难兜国九日行，西北与大月氏、西南与乌弋山离接。

乌弋山离国，东与罽宾，北与扑挑，西与犁靬、条支接。行可百余日，乃至条支。自条支乘水西行，可百余日，近日所入云。自玉门、阳关出南道，历鄯善而南行，至乌弋山离，南道极矣。

安息国，王治番兜城，北与康居、东与乌弋山离、西与条支接。安息东则大月氏。

大月氏国，治监氏城，西至安息四十九日行，南与罽宾接。

康居国，王冬治乐越匿地。至越匿地马行七日。其康居西北可二千里，有奄蔡国。

大宛国，王治贵山城，北至康居卑阗城十五百一十里，西南至大月氏六百九十里。

休循国，王治鸟飞谷，至捐毒衍敦谷二百六十里，西北至大宛国九百二十里，西至大月氏千六百一十里。

捐毒国，王治衍敦谷，西北至大宛千三十里，北与乌孙接。

莎车国，王治莎车城，西至疏勒五百六十里，西南至蒲犁七百四十里。

疏勒国，王治疏勒城，南至莎车五百六十里。西当大月氏、大宛、康居道也。

尉头国，王治尉头谷，南与疏勒接，山道不通，西至捐毒千三百一十四里，径道马行二日。

乌孙国，大昆弥治赤谷城，西至康居蕃内地五千里。东与匈奴、西北与康居、西与大宛、南与城郭诸国相接。

姑墨国，王治南城，南至于阗马行十五日，北与乌孙接，东通龟兹六百七十里。

温宿国，王治温宿城，西至尉头三百里，北至乌孙赤谷六百一十里，东通姑墨二百七十里。

龟兹国，王治延城，南与精绝、东南与且末、西南与扜弥、北与乌孙、西与姑墨接，东至都护治所乌垒城三百五十里。

乌垒，其南三百三十里至渠犁。

渠犁，东北与尉犁、东南与且末、南与精绝接。西有河，至龟兹五百八十里。东通尉犁六百五十里。

尉犁国，王治尉犁城，西至都护治所三百里，南与鄯善、且末接。

危须国，王治危须城，西至都护治所五百里，至焉耆百里。

焉耆国，王治员渠城，西南至都护治所四百里，南至尉犁百里，北与乌孙接。

乌贪訾离国，王治于娄谷，东与单桓、南与且弥、西与乌孙接。

卑陆后国，王治番渠类谷，东与郁立师、北与匈奴、西与劫国、南与车师接。

郁立师国，王治内咄谷，东与车师后城长、西与卑陆、北与匈奴接。

狐胡国，王治车师柳谷，至焉耆七百七十里。

山国，西至尉犁二百四十里，西北至焉耆百六十里，西至危须二百六十里，东南与鄯善、且末接。

车师前国，王治交河城。至焉耆八百三十五里。

车师后国，〔王〕治务涂谷。

因为总是有人笼统地说古代没有关于"丝绸之路"的记录，那我们就不厌其烦地把《汉书·西域传》记载的西域各国间的里程全部摘录出来，看看西汉时的东西交通具体的情形是怎样的。这样更方便读者了解西汉时期西域交通路线的具体走向，就是先从西域南道从东往西记录，然后越葱岭到大月氏，再北上康居，东向到西域北道的尉头，一路则从天山北的乌孙到天山南的焉耆，最后是东天山的众多山谷小国，以车师后国结束。上述记录中，凡当道的国家，基本都有与相邻国家的里程记录，而不当道的山谷中国家，则有道路通往最近的当道国家，亦标有里程。这里给出的具体里数，说明是用记里鼓车测量过的数据。我们把这些东西相距的里程联结起来，就基本上可以得出汉朝通往西域的各条道路的具体里程，也包括这些西域国家之间的交通路线，这也就是汉代的"丝绸之路"。

简单说来，汉代的丝绸之路东起西汉的首都长安，经陇西或固原西行至金城（今兰州），然后通过河西走廊的武威、张掖、酒泉、敦煌四郡，出玉门关或阳关，穿过白龙堆到罗布泊西北的楼兰。汉代丝路分南道北道，南北两

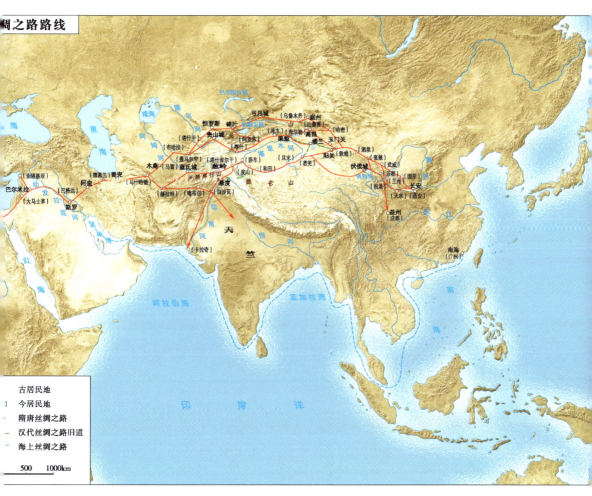

地图 1　汉唐丝绸之路地图

道的分岔点就在楼兰。北道西行，经渠犁（今库尔勒）、龟兹（今库车）、姑
墨（今阿克苏），至疏勒（今喀什）。南道自鄯善（今若羌），经且末、精绝
（今民丰尼雅遗址）、于阗（今和田）、皮山、莎车，至疏勒。从疏勒西行，越
葱岭（今帕米尔），至大宛（今费尔干纳）。由此西行可至大夏（在今阿富
汗）、粟特（在今乌兹别克斯坦）、安息（今伊朗），最远到达大秦（罗马帝
国东部）的犁轩（又作黎轩，在埃及的亚历山大城）。另外一条道路是，从
皮山西南行，越悬度（今巴基斯坦达丽尔），经罽宾（今阿富汗喀布尔）、乌

弋山离（今锡斯坦），西南行至条支（在今波斯湾头）。如果从罽宾向南行，至印度河口（今巴基斯坦的卡拉奇），转海路，也可以到达波斯和罗马等地。这是丝绸之路的基本干道，换句话说，狭义的丝绸之路指的就是上述这些条道路。

历史上的丝绸之路也不是一成不变的，随着地理环境的变化和政治、宗教形势的演变，不断有一些新的道路被开通，也有一些道路的走向有所变化，甚至废弃。比如敦煌、罗布泊之间的白龙堆，是一片经常使行旅迷失方向的雅丹地形。东汉初年，中原王朝打败蒙古高原的北匈奴，迫使其西迁，并牢固地占领了伊吾（今哈密）以后，开通了由敦煌北上伊吾的"北新道"[1]。从伊吾经高昌（今吐鲁番）、焉耆到龟兹，可以和原来的丝路北道会合。南北朝时期，中国南北方处于对立的状态，而北方的东部与西部也时分时合，在这样的形势下，南朝与西域的交往，大都是沿长江向上到益州（今成都），再北上龙涸（今松潘），经青海湖畔的吐谷浑都城，西经柴达木盆地到敦煌，与丝路干道合；或更向西越过阿尔金山口，进入西域鄯善地区，与丝路南道合，这条道路被称作"吐谷浑道"或"河南道"，今天人们也叫它作"青海道"[2]。还有一条路从中原北方或河西走廊向北到蒙古高原，再西行天山北麓，越伊犁河至碎叶（今吉尔吉斯斯坦托克马克南），进入中亚地区。这条道路后来也被称作"北新道"，它在蒙古汗国和元朝时期最为兴盛。

张骞开通汉朝与西域的直接交通路线后，西方各国的珍禽异物、宗教思想，陆陆续续流入中原。同时，以丝绸为代表的中国物品，也源源不断地运往西方。

用丝绸所制成的各种丝织品，无疑是从中国运往西方的最重要的产品。虽然丝绸质地薄，很容易腐烂，但由于中国西北以及中亚、西亚许多沙漠或

---

① 嶋崎昌《隋唐時代の東トゥルキスタン研究》，东京大学出版会，1977 年，467—493 页。

② 夏鼐《青海西宁出土的波斯萨珊朝银币》，《考古学报》1958 年第 1 期，105—110 页；周伟洲《古青海路考》，《西北大学学报（哲学社会科学版）》1982 年第 1 期，65—72 页；唐长孺《南北朝期间西域与南朝的陆道交通》，载唐长孺《魏晋南北朝史论拾遗》，中华书局，1983 年。

图 2-6　帕尔米拉遗址

半沙漠地区的气候干燥，使得许多丝绸制品经过两千多年的漫长岁月，仍然保存至今，有些还相当完整。考古探险队在敦煌长城烽燧沿线、楼兰古城、尼雅的精绝故地，乃至叙利亚沙漠城市帕尔米拉（Palmyra）（图 2-6），以及东欧的克里米亚半岛上的刻赤遗址，都发现了属于汉代时期的丝绸，印证了丝绸在丝绸之路上的传播。把这些丝绸制品发现的地点连缀起来，也就和我们上面所描述的丝绸之路大体相合。"丝绸之路"绝不只是丝绸向西方输出之路，但丝绸应当是最大宗，也最受西方世界欢迎的产品，所以"丝绸之路"是一个非常贴切的名称。

　　斯坦因（A. Stein）在玉门关遗址（T14）发掘的一件丝绸条带（见下页图 2-7），上写有如下汉字："任城国亢父绸一匹，幅广二尺二寸，长四丈，重二十五两，直钱六百一十八。"[①]任城国是东汉章帝元和元年（84）所封的诸侯

---

① Ed. Chavannes, *Les documents chinois découverts par Aurel Stein dans les sables du Turkestan oriental*, Oxford，1913，p. 118，pl. XV.

图 2-7　玉门关遗址发现的
汉代丝绸条带

国，在今山东济宁，表明这是古代山东地区出产的丝绸，上面写好长宽、重量以及时价，显然是为了出售时方便，类似今天的产品标签。无独有偶，斯坦因在玉门关遗址中，还发掘到一件带有印度佉卢文书写的梵文的丝绸，文字大意是："〔这条〕丝长四十虎口。"[1] 斯坦因据同出的汉文简牍文书，判断这件丝绢的年代在公元前 61 年至公元 9 年之间，另外也有学者断代在公元前 40 年左右。以上两件敦煌玉门关遗址发现的丝绸表明，当时来敦煌进行丝绸或丝织品向西方转运的人，除了汉朝的使者外，还有印度系的商人，他们为了出售这些丝织品时方便兜售，往往把长度甚至价钱写在外面，便于交易。而且，汉文和婆罗谜文题记所示的长度，换算起来是一致的，所以表明当时东西方是用同样的方式，来出售手中的丝绸货物。

在古代希腊、罗马的古典作家的记录中，也有不少有关早期丝绸传播的记录，比如公元 1 世纪时的罗马学者老普林尼（Gais Plimy the Elder）所著《博物志》，对位于陆地另一边临海的赛里斯人有了比较明确的认识，他说道："其（赛里斯）林中产丝，驰名宇内。丝生于树叶上，取出，湿之以水，理之成丝。后织成锦绣文绮，贩运至罗马。富豪贵族之妇女，裁成衣服，光辉夺目。"[2] 这里的赛

---

① A. Stein, *Serindia. Detailed report of explorations in Central Asia and Westernmost China*, Oxford, 1921, p. 703；季羡林《中国蚕丝输入印度问题的初步研究》，见季羡林《中印文化关系史论文集》，生活·读书·新知三联书店，1982 年，62 页。

② 张星烺《中西交通史料汇编》第 1 册，中华书局，1977 年，20 页。

里斯显然是指中国，表明丝绸成为罗马帝国时髦的服装原料。经过从中亚到西亚的层层倒卖，丝绸或丝织品到了罗马，变成非常昂贵的商品。罗马贵族喜欢穿上轻盈的丝绸服装，来显示自己拥有的财富；罗马贵妇也喜欢穿上这种轻薄的丝绸服装在社交场合抛头露面。这种风尚对罗马的社会、经济都带来影响，以至于公元 14 年，罗马元老院曾下令禁止男性臣民穿戴丝绸服装，对妇女使用丝绸也做了一定程度的限制。

在汉朝和罗马之间的安息，从丝绸的中转贸易中赚取了大量财富。公元 97 年，东汉的西域都护班超派遣甘英出使大秦（罗马帝国）。甘英一直来到波斯湾头的幼发拉底河和底格里斯河入海处的条支（Antiochia），准备渡海西行，但安息人为了垄断东方与罗马的贸易，向甘英夸大了阿拉伯海航行的艰险，结果阻止了甘英进一步西行，自条支而还。

从公元前 2 世纪到公元 2 世纪，沿着欧亚内陆交通干线，自西向东，有四大帝国并列其间，即欧洲的罗马（前 30—284）、西亚的安息（帕提亚，公元前 3 世纪中叶—226）、中亚的贵霜（约 30—226）、东亚的汉朝（前 206—220）。各个帝国中间，都有完善的交通驿路。汉朝通往西域有驿道和官道设施。月氏西徙，占领大夏（Bactria/ 巴克特里亚）之地，逐渐统一各个分裂小邦，最后由贵霜翕侯建立贵霜王国，东西南北拓地，成为公元 1 世纪时的中亚帝国。贵霜帝国除有跨越帕米尔高原的道路通向塔里木盆地的绿洲王国外，还从都城犍陀罗（Gandhāra）开通了到印度西北海岸的重要港口婆楼割车（Barygaza，在古吉拉特）的道路，从而与印度到罗马的海上通道相连。帕提亚王国从都城和椟城（Hecatompylos）到小亚细亚的以弗所（Ephesus）有"御道"沟通，东部则自巴比伦到巴克特里亚有驿道，设置驿站和旅馆，供使者和商人换马或休息。罗马帝国也有发达的交通网络，海道可以直达印度。

由于汉、贵霜、帕提亚、罗马各个大帝国在势力达到一定范围之后，都积极推动对外贸易，汉与贵霜、帕提亚之间，贵霜与汉、罗马之间，帕提亚与罗马、汉之间，罗马与印度、贵霜、帕提亚之间，都存在着一定规模的贸易往来。而由于大国作为这种贸易的坚强后盾与有力支撑，所以这个时期的贸易更多地是以官方贸易、长途贸易的方式进行，其贸易团队往往动辄数百人，甚至上千人，交换物以高档的奢侈品、丝绸、金银货币为主。不能排除当时有个体或家族商队从事丝路贸易，但他们往往也被视作是某个国家的贸易使团。

在公元前后，四大帝国都处在国势昌盛的时期，积极向外扩张，使东西方世界直接联系起来，中国、印度、西亚和希腊罗马四大古代文明有了直接的交流和影响。可以说，从此以后，任何文明的发展不再是相对孤立地进行了。

六、陆上与海上丝绸之路的拓展

汉武帝时开通了丝绸之路的基本干线，陆上从长安出发，经河西走廊、塔里木盆地，翻过帕米尔高原，进入印度、伊朗文化领域，甚至远到大秦罗马。海上从广州出发，最远到达印度次大陆东海岸的黄支国。到了魏晋南北朝时期，除了上述道路外，又开通了吐谷浑道、鄂尔多斯道等多条陆上丝路通道，海上丝路也有飞速发展，使得成都、青海、平城、邺城、青州、建康等地都受到不同外来文化的影响。

海上的丝绸之路是汉武帝时开辟的。武帝灭南越，设南海郡，以此为基地，经南海，与印度东海岸有了联系。《汉书·地理志》记南海船路，最远至黄支国，即印度东海岸的建志补罗（Kanchipuram）。据罗马佚名氏的《红海航行指南》，由红海越印度洋可到印度西海岸。印度南部曾发现大批罗马钱，表明海上商路的存在。

东汉称罗马为大秦。桓帝延熹九年（166），有大秦（罗马）王安敦（Marcus Aurelius Antonius，161—180 年在位）遣使自日南徼外，献象牙、犀角、玳瑁①。这个大秦使者一般认为是商人伪托，但其为罗马人当无疑义。说

---

① 《后汉书》卷一一八《西域传》，中华书局，1965 年，2920 页。

明汉末时，海路的直接交往甚至比陆路走得还远。汉代的丝绸，经印度由海路入大秦，绕过了安息人的阻绝。

孙吴黄武五年（226），又有大秦贾人名秦论，经交趾到建业[①]，说明孙吴时期的海上交往未断。而同时之陆上交通受北方战乱影响，有所衰落。曹魏时，西方遣使贡奉者限于月氏以东诸国。孙权为了加强海外交通，曾遣宣化从事朱应、中郎康泰出使海南诸国。他们回国后，朱应著《扶南异物志》，康泰著《吴时外国传》，记录所见所闻，可惜均已亡佚，但佚义还保留在一些书籍中，而且《道藏》所收《太清金液神丹经》中的康泰《外国传》佚文，大体上按照南海航行路线记录从交趾到大秦、安息诸国，可以知道前后经纬和相对位置[②]。

东晋南朝时期，南方经济发展，造船能力有了提高，海上交往更盛于前。东晋安帝义熙初（405），狮子国（斯里兰卡，也称师子国）来献玉佛像，以后往来不绝。428 年，天竺迦毗黎国遣使奉表。印度以及东南亚诸国遣使来华，尤以萧梁时期为盛。官方的使者之外，一些高僧也取海道入华传教，如孙吴时的康僧会，出身康居，经印度、交趾而来建业。慧皎《高僧传》记载，天竺的耆域、罽宾的昙摩耶舍和求那跋摩、中天竺的求那跋陀罗，都是循海道在广州上岸，然后到各地的。迦维罗卫国的佛驮跋陀罗经海道而来，在青州东莱郡上岸[③]。道宣《续高僧传》记，西天竺优禅尼国的拘那罗陀（真谛），也是由海道先抵南海，再到金陵的。

上面已经提到，南北朝时期，中国南北方处于对立的状态，东晋、南朝宋齐梁陈四朝与西域，甚至北亚柔然的沟通，都要沿长江逆流而上，经益州（今成都）、龙涸（今松潘）、伏俟城，再西经吐谷浑国，入西域南道。此道称

---

①　《梁书》卷五四《西北诸戎传》，中华书局，1973 年，798 页。

②　饶宗颐《〈太清金液神丹经〉卷下与南海地理》，《中国文化研究所学报》第 3 卷第 1 期，香港中文大学中国文化研究所，1970 年，31—76 页。

③　参见《高僧传》相关部分。

作"吐谷浑道""河南道"或"青海道"①。南北朝时不少西域僧人就是走这条路到南朝的，如"释明达，姓康氏，其先康居人也。以梁天鉴（监）初，来自西戎，至于益部"②；又如"释道仙，一名僧仙，本康居国人，以游贾为业。梁周之际，往来吴蜀"③。他们都是行走在建业到西域丝路上的僧人。

吐鲁番发现的一件《阚氏高昌永康九年、十年（474—475）送使出人、出马条记文书》，有一位刘宋的使者经过高昌到柔然汗国的记录，因为这位使者是和塔里木盆地南沿小国子合国（今叶城）使者一起到高昌的，所以相信这位刘宋使者是走吐谷浑道，在楼兰地区与东来的子合使相遇，一起到高昌，表明通过吐谷浑道，南朝可以与中亚、北亚、南亚诸国沟通。这件文书上还记录了经过高昌到柔然的使者有塔里木盆地北沿的焉耆国王，有北印度的乌苌（Udyāna）使，还有印度次大陆上的笈多（Gupta）王国使者④，给我们绘制了一幅 5 世纪后半丝路交通的宏伟画面。

439 年北魏灭北凉，进而控制整个河西走廊，势力甚至进入西域地区，于是打通了从河西走廊东北到薄骨律（灵州），再东行经过夏州（统万城），沿鄂尔多斯沙漠南缘路，最后到达北魏首都平城（大同）的道路。这是西域各国通向北魏前期丝绸之路东部起点平城的一条捷径，远自波斯、粟特的西域使者，纷纷到平城朝贡。如太安三年（457），"是岁粟特、于阗等五十余国并遣使朝贡"⑤。天安元年（466）三月，"高丽、波斯、于阗、阿袭诸国遣使朝献"⑥。皇兴二年（468）四月，"高丽、库莫奚、契丹、具伏弗、郁羽陵、日连、匹黎尔、叱六手、悉万丹、阿大何、羽真侯、于阗、波斯国各遣使朝献"⑦。同类的记载，史不绝书。

① 陈良伟《丝绸之路河南道》，中国社会科学出版社，2002 年。
② 道宣《续高僧传》卷三〇《梁蜀部沙门释明达传》，中华书局，2014 年，1199 页。
③ 《续高僧传》卷二六《隋蜀部灌口山竹林寺释道仙传》，1011 页。
④ 荣新江《阚氏高昌王国与柔然、西域的关系》，《历史研究》2007 年第 2 期，4—14 页。
⑤ 《北史》卷二《魏本纪》，中华书局，1974 年，69 页。
⑥ 《魏书》卷六《显祖纪》，中华书局，1974 年，126 页。
⑦ 《魏书》卷六《显祖纪》，128 页。

从贵霜到汉地
——佛法的传入与流行

沿丝绸之路传入中国的外来文化，最早而且影响最为深远的无疑是佛教。佛教入华最早的主要推动力是中亚贵霜的佛教，而不是印度佛教。敦煌悬泉置新发现的"小浮屠里"的记载，刷新了我们对佛教入华史的认知。东汉佛教虽然已经流行于汉地，但与黄老并行，直到汉末、魏晋、南北朝时期，随着佛教法师的东来和中国佛僧的西行求法运动，佛教教义才深入中土，而政治中心的分立，也为佛教从洛阳等中心向外扩散，起到了推波助澜的作用。

一、贵霜佛教

佛教刚入中国时，并没引起人们的广泛注意，也就没有详细的记载。但到了佛教广为传播之后，中国信徒引证周秦寓言，力图说佛教自古以来就为中国所知，或说阿育王时代已经入华。特别是在佛道之争中，为反击道教化胡说，佛教徒大造伪书，说佛陀早于老子即进入中华。对于这种种传说，汤用彤先生《汉魏两晋南北朝佛教史》已作了精辟的辨证[①]。佛教在印度、中亚

---

① 汤用彤《汉魏两晋南北朝佛教史》，中华书局，1983年，1—10页。

发展的轨迹，也可以证明伪说的不能成立，阿育王时代，佛教还未越过帕米尔和喜马拉雅，因此所谓伯益、孔子、秦始皇已知佛教诸说皆荒诞不经。又如《史记》、《汉书》、《世说新语》注、《魏书·释老志》等记霍夫病击匈奴，得休屠王"祭天金人"，立于甘泉宫事，时在公元前 120 年左右，当时还没有佛像制造，故金人只能是祭天神主，而不是佛像。

另一个常常作为中国佛教传入之始的传说，是东汉明帝感梦求法一事。此记载在《四十二章经序》《牟子理惑论》《老子化胡经》等书中都有，其主要内容是说：东汉明帝（58—75 年在位）夜梦神人飞在殿前，神人自称为天竺之佛，于是遣使到大月氏，写经图像而归。后人对此传说又有增补，如随使人回来的有译者西域沙门迦叶摩腾、竺法兰，取回的经放在洛阳白马寺等。但佛教传入不始于明帝，明帝时楚王英已信佛；感梦的说法显然不属实，而且传说中把使者说成迦叶摩腾、竺法兰也无旁证。因此，明帝求法之说实为可疑，难成信史，只是其中也有些原始的成分，反映佛教早期传播的情况。

佛教传入中国的确切记载，是《三国志》裴注引《魏略·西戎传》的记载：

> 昔汉哀帝元寿元年（前 2），博士弟子景卢受大月氏王使伊存口授《浮屠经》。[1]

在此之前的公元前 1 世纪后半，从河西经天山北路迁徙到大夏领地的月氏各部，正在逐渐合并，走向统一，大概在公元 30 年前后，贵霜翖侯丘就却（Kujula Kadephises，约 30—80 年在位）统一了五翖侯（叶护）各部，最后建立了势力强盛的贵霜（Kushan）王朝。因此，公元前 2 年来到中原的大月氏使，应当是出自某个信奉佛教的大月氏部族政权。

月氏人所在的巴克特里亚地区，曾发现希腊文和阿拉美文所写的阿育王（前 268—前 237）石柱，表明公元前 3 世纪时，佛教已经传到这一地区。这

---

[1] 《三国志》卷三〇《魏书·乌丸鲜卑东夷传》，中华书局，1982 年，859 页。

里经过了从希腊化的巴克特里亚王朝到大
月氏人建立的贵霜王朝的转化，其间还有
其他民族建立的大大小小的政权，佛教的影
响在某些地方延续下来。佛经中的《弥兰
陀王问经》透露出，这位印度—希腊君主
弥兰陀（Menander，又译作"米南德"，前
150—前 135 年在位）曾对佛教颇有热情。
而且，在希腊人占据犍陀罗地区的末期或
稍后，一位当地的总督梅里达赫·提奥多
鲁斯（Meridarch Theodorus）曾供奉斯瓦特
（Swat）地区的佛舍利（图3-1）[1]。而意大利
考古队在斯瓦特地区的发掘，以及学者们对
塔克西拉（Taxila，即坦叉始罗）遗址资料
的再评价，也使得某些学者把第一尊佛像的
出现时间定在公元前1世纪[2]。但迄今为止，
佛像起源的时间和地点，都还没有定论。

图3-1　斯瓦特地区发现的佛舍利

　　在塔里木盆地的西域绿洲王国范围内，
尚未发现确切属于汉代的佛教遗迹，因而有
些学者甚至以为中国佛教是从海路传入的。实际上，在印度和中国东南沿海
之间，有着许多无法解释的问题。但相对而言，两汉时期中国与中亚通过陆
路的交往，远比与印度通过海路的交往要频繁得多。

　　持海路说者往往以《后汉书·西域传》没有关于西域佛教的任何记载，
来论证东汉的西域没有佛教。其实，《后汉书·西域传》的资料来源于东汉经
营西域的名将班勇，所记为班勇 127 年从西域退出以前的事情。即使把汉朝

---

[1]　哈尔马塔主编《中亚文明史》第 2 卷，徐文堪等中译本，中国对外翻译出版公司，2002 年，
82 页。
[2]　《中亚文明史》第 2 卷，286 页。

势力完全退出西域的 175 年作为西域没有佛教记录的下限，也不能说明 175 年以后西域诸国是否已经有了佛教。因为安世高是 148 年到洛阳的，中原佛教考古资料的年代也大多在 147 年以后，因此，在 175 年以后佛教传入西域的可能性是完全存在的。按照佛教史学家许理和（Erik Zürcher）的说法，相对来讲，西汉和东汉前期的西域（塔里木盆地诸国）没有佛教，是因为那里没有高度发达的经济来维持僧伽这样的寄生组织。对比《汉书》和《后汉书》的《西域传》，可以知道 2 世纪时西域人口"大爆炸"，可能是汉代的密集型灌溉农业通过屯田传到那里的结果。农业的发达，推动了城市的出现、商业的发展和城市贵族的形成，具备了建立僧伽的条件[①]。所以，佛教在 2 世纪的后半，即东汉后期，在西域开始传播，已经是情理中的事了。

我们先来看看塔里木盆地的西面，即今巴基斯坦和阿富汗地区的古代大夏（巴克特里亚）和贵霜王国佛教的情形，因为文献记载公元前 2 年的大月氏王使伊存，就从这里来到洛阳，并口授《浮屠经》，而早期来中国的译经僧也大多数来自贵霜王国势力范围内。

说到大月氏的佛教，不能不提 20 世纪 90 年代以来阿富汗地区的一些新发现。

大约在 1990 年前后，东京"日佛交易社"的栗田功，曾在巴基斯坦的白沙瓦拍摄到几个陶罐，其中有书写在桦树皮上的佉卢文（Kharoṣṭhī）写经，陶罐上面有"属于法藏部所有"的字样，他把这些照片交给梵文学家定方晟教授，定方晟吃了一惊，居然是如此早的法藏部经典，他就这些照片显示的不完整资料，分别用日文和法文撰文加以介绍[②]。

[①]　E. Zürcher, "Han Buddhism and the Western Region", *Thought and Law in Qin and Han China. Studies dedicated to Anthony Hulsewe on the occasion of his eightieth birthday*, ed. by W. L. Idema and E. Zürcher, Leiden: E. J. Brill, 1990, pp. 158–182. 吴虚领汉译文《汉代佛教与西域》，《国际汉学》2，大象出版社，1998 年，291—310 页，惜删掉注释。

[②]　定方晟《西北印度的法藏部》，《春秋》1996 年 10 月号，20—23 页；A. Sadakata, "Inscrptions Kharoṣṭhī provenant du marche aux antiquites de Peshawar", *Journal Asiatique*, 28.4, 1996, pp. 301–324。

1994 年 9 月，这些内装有桦树皮写本的陶罐被人倒卖到伦敦，一位不愿透露姓名的善人把这些珍贵文物买下，捐赠给英国国家图书馆（下称英国图书馆）。1996 年 6 月，英国图书馆向外界报告了这一消息，称这些是用佉卢文字母书写的犍陀罗语（Gāndhārī）佛教文献，据说来自阿富汗，推测应具体出自位于贾拉拉巴德南的哈达（Hadda）地区。英国图书馆将这批写本交给美国华盛顿大学邵瑞祺（Richard Salomon）教授的团队加以整理。1997 年，邵瑞祺发表《英国图书馆最近所获一些早期佛教写本的初步研究》，介绍了初步整理结果①。1999 年，他又出版了《来自犍陀罗的古代佛教经卷——英国图书馆所藏佉卢文残卷》一书，全面介绍了这批写本的外观和内容②。

这是一批写在桦树皮上的古代经卷（图 3-2a），装在五个大陶罐中

① R. Salomon, "A Preliminary Survey of some early Buddhist Manuscripts Recently Acquired by British Library", *Journal of the American Oriental Society*, 117.2, 1997, pp. 353-358.
② R. Salomon, *Ancient Buddhist Scrolls from Gandhāra. The British Library Kharosthi Fragments*, Seattle: University Washington Press, 1999.

图 3-2a　最古老的桦树皮佉卢文写卷

（图 3-2b），罐上都有佉卢文的供养题记。写本总共有 13 捆，包含了 32 个残片，送到英国图书馆时，一共 29 件，编为 29 号，文字用佉卢文，语言是犍陀罗语（Gāndhārī），或称西北印度俗语（Prakrit）。邵瑞祺仔细分析了这种陶罐的产地和上面的题记、桦树皮写经及这种把佛经装在陶罐中的做法，还有此前已经发现的所有佉卢文写卷的情况，推测这批写卷主要来自阿富汗东部贾拉拉巴德地区，可能就是哈达（即

图 3-2b　装有桦树皮佉卢文写经的陶罐

《法显传》《大唐西域记》的醯罗）地区的一个法藏部的佛教寺院。这里曾经是佛教圣地，5 世纪以后受到嚈哒的破坏。法国考古队 20 世纪 20 年代曾在此发掘，所获艺术品十分丰富，皆为犍陀罗风格的雕像。

这些古老写本的内容包括"经"及注疏、"论"及注疏、"偈颂"文献、"譬喻"及相关文献、其他文体及梵文不知名医学文献。至于这批佛典的年代，根据陶罐上的供养人题记，再加上文字和语言特征的证据，邵瑞祺认为这批写卷写成的时间，应该是在公元 1 世纪早期，而且他更倾向于在公元 10 至 30 年之间[①]。根据陶罐上的佉卢文题记，这些经典原本应当是属于一个法藏部的寺院，它们是被有意存放起来的。这种做法和敦煌藏经洞最后的封存有些类似，可以称之为阿富汗的"藏经洞"。

如果以公元 30 年为贵霜王朝建立的起点，那么这批写卷就是贵霜王朝建立之前犍陀罗地区印度－月氏系小王国中佛教寺院的遗物了。如此早的佛典

---

① *Ancient Buddhist Scrolls from Gandhāra. The British Library Kharosthi Fragments*，pp. 141-155.

图 3-3　迦腻色迦大王（Kanishka I）雕像

图 3-4　带有佛像的迦腻色迦大王钱币

在大月氏地区的发现，证明了西北印度地区早期佛教寺院和佛典藏经的存在，而且当时的印度－月氏小王中，有不少是佛教的有力支持者。贵霜王迦腻色伽（Kanishka，即位年份从公元 78 年以下各家说法不同）是佛教史上继阿育王之后的又一大法王（图 3-3），在他的钱币上已经有完好的佛像和用巴克特里亚语拼写的"佛陀"字样（图 3-4）。迦王曾着力于佛教传播，于是贵霜帝国范围内的犍陀罗等地迅速发展起来的佛教雕像艺术，很快传布到印度、阿富汗和中亚各地，留下了哈达、贝格拉姆（Begram，喀布尔东北约 64 公里）等一系列遗址，出土了许多精美的佛教造像（图 3-5）。所以东汉后期的佛教图像较多，大概不是偶然的，应当与贵霜有着密切的关系。

图 3-5　犍陀罗佛教雕像

图3-6　和田出土的犍陀罗语《法句经》

　　在英国图书馆所获的这批写本中，有犍陀罗语《法句经》（*Dharmapada*），这个发现对于西域佛教的研究意义特别重大。我们知道，在19世纪末20世纪初，法、俄两国的考察队和外交官曾经从新疆和田地区获得一部写在桦树皮上的佉卢文犍陀罗语《法句经》（图3-6）[①]，是此前西域发现的最古老的佛教文献写本，但因为没有可资对照的材料，所以年代也不确定，从公元1世纪到公元3世纪，各种说法都有。与新发现的文本对照，和田出土《法句经》的语言是一种明显受到翻译过程影响的书面语言，而这批新发现的写卷，一部分也带有"翻译味"，但一部分则具有"口语"的特点。显然，和田的《法句经》要较哈达的《法句经》晚，但因为字体、语言、书写材料基本相同，也不会晚得太远[②]。既然哈达的写本是公元1世纪早期的，那么和田《法句经》的年代推测在公元2世纪是不无可能的。

　　于是，从现存的史料和考古发现的零散文物，我们看到这样的景象：被大月氏占领的大夏地区，在公元前3世纪已经有了佛教，到公元前1世纪，

① J. Brough, *The Gāndhārī Dharmapada*, London, 1962.
② R. Salomon, *Ancient Buddhist Scrolls from Gandhāra*, p. 91, pp. 119-120.

许多月氏小王是佛教的赞助者，并推动了佛教的传播。到公元 1 世纪，由于贵霜帝国的推动，以犍陀罗为中心的犍陀罗语佛典和犍陀罗风格的佛教艺术开始向外传播，大概在 2 世纪进入塔里木盆地的于阗等地[①]。

二、敦煌的"小浮屠里"

从大月氏使伊存口授《浮屠经》和明帝遣使到人月氏写经两条史料可知，中原地区接受的应当是从贵霜那里传来的佛教。这与贵霜王朝大力推广佛教的政策是相符的。

佛教应当是通过塔里木盆地传入内地的，但也不排除直接传入的方式，如使者伊存口授的情形。藏文《于阗国授记》（*Li yul lung bstan pa*）把佛教传入于阗的时间上推至公元前 1 世纪，但班超至于阗时（73），于阗仍信巫术，当时即使有佛教，也还没有成为普遍的信仰。目前在塔里木盆地范围内发现的最早的佛教遗物，大概就是上述出自和田的佉卢文写犍陀罗语《法句经》，一般说是公元 2 世纪即东汉晚期之物。因杂有塞语词汇，故为当地人抄写。值得注意的是，这部《法句经》代表着法藏部（Dharmaguptaka）的佛说系统。《牟子理惑论》记明帝永平求法，使人"于大月支写佛经四十二章"，同一故事又见于《四十二章经序》，该经的年代有争论，汤用彤认为是汉代的译本，吕澂则认为是东晋初抄自汉译《法句经》。此书固然有后代的窜改，但从襄楷已引用来看，应有一个汉代译本的存在[②]。重要的是吕澂考该经抄自法藏部的《法句经》，而于阗发现的最古的犍陀罗语《法句经》，也出自法藏部。另外，汉译早期佛典的许多音译字源自犍陀罗语，如"弥勒"；而且尼雅出土的《戒本》、吐鲁番出土的俗语化梵文写本《戒本》、汉文贝叶本《四分律比丘戒

---

① 关于佛教美术方面的讨论，参看 M. M. Rhie, *Early Buddhist Art of China and Central Asia*, vol. I, Leiden – Boston, 1999。

② 汤用彤《汉魏两晋南北朝佛教史》，22—27 页；吕澂《中国佛学源流略讲》，中华书局，1979 年，20—24 页。

本》，以及汉译《长阿含经》，都属于法藏部系统，透露出早期中原佛教是经西域地区传入内地，最早的教派之一是小乘的法藏部。

过去，学者们从敦煌等地西北边塞出土的汉简来看，内容主要是士兵的账簿、中央的诏令、地方官府的行政文书，还有识字课本，以及极少的儒家小经（如《论语》），认为西汉的敦煌、酒泉一带，主要是一个个贫民、士兵、遣犯屯戍的兵站，没有传播佛教的文化基础。

1991 年，敦煌悬泉置遗址发现一枚汉简，让我们多少改变上述传统的看法。该简编号为 Ⅵ 91DXF13C ②：30，简长 24.8 厘米，宽 1.6 厘米，厚 0.4 厘米。松木，基本完整，唯右下角四分之一处有残断。简文文字如下：

少酒薄乐，弟子谭堂再拜请。会月廿三日，小浮屠里七门西入。[①]

悬泉简最早者为西汉元鼎六年（前 111），最晚是东汉永初元年（108）十二月。该简出自悬泉置坞院内靠北墙的一间小房子里，发掘时编号 F13。这间房子是坞院北面一排房子的其中一间，发掘时出土简 128 枚，其中有明确纪年者 11 枚，最早为建武二十七年（51），最晚为永初元年十二月，该简具体年代应该在公元 51 年到公元 108 年及其前后。永初元年以后，"朝廷以其险远，难相应赴，诏罢都护。自此遂弃西域"[②]。西域进入"三绝"时期，正常的中西交通受到影响。因此，这枚简的时间当在东汉明帝（58）以后的半个世纪之内[③]。

按照学者们的解说，"少酒薄乐"字面意思是劝诫别人或者要求自己少饮酒，不耽于怡乐。"弟子"是佛教用语，当为自称和谦称。"谭堂"是人名，应当是汉人而非胡人。"再拜请"是汉人书信中的惯用语，汉简中经常可以见

---

① 郝树声、张德芳《悬泉汉简研究》，甘肃文化出版社，2009 年，186 页。
② 《后汉书》卷八八《西域传》，中华书局，1965 年，2912 页。
③ 郝树声、张德芳《悬泉汉简研究》，186—188 页。

到。"会月"有约定、限期、期会之意，也是汉简中常用语。"浮屠"一词最关键，这里是僧人或者佛塔之意，"小浮屠里"应当是指有僧人或佛塔的一个里[①]。这支简很可能是遗落在悬泉置的一封信件，弟子也不一定是佛家弟子，也可能是俗人，从谭堂的名字来看，应当是一个俗人，他写信请人来小浮屠里一聚。这个小浮屠里应当在敦煌城内或悬泉置附近，至少应当在敦煌的范围内，说明当时敦煌应当有了浮屠的建筑或有僧人居住。也就是说，早在公元 1 世纪下半叶，佛教就已传入敦煌，而且一开始就流行在民间。

小浮屠里简的发现意义重大，在贵霜与东汉之间的佛教传播链上增加了一个关键的点，填补了此前史料的空缺。"浮屠"一词的用法也和早期汉义典籍的用法一致，更说明佛法是经过敦煌传入内地的，虽然不排除有些西域的使者先于公元前 2 年把简单的佛教经义传给中原士人。

三、佛教在汉地的流布

两汉之际，佛教已经从大月氏人那里，经敦煌所在的河西地区传入中原，很快就和中国传统的神仙方术混在一起，在东汉都城洛阳和东南沿海一带流传开来。《后汉书》卷四二《楚王英传》记载，明帝永平八年（65），诏天下死罪者可以纳缣赎罪，明帝的异母弟楚王英封在彭城（今江苏徐州），也纳缣请罪。明帝下诏说，"楚王诵黄老之微言，尚浮屠之仁祠"，不是什么罪，将所纳还给他，"以助伊蒲塞（优婆塞）、桑门（沙门）之盛馔"[②]。这表明佛教在上层统治者中已有了一些信徒，而且这时的黄老（道教）与浮屠（佛教）没有什么区分，都被当作祈求现实利益和长生不老的神灵来祭祀和崇信。

到桓帝时（147—167），"宫中立黄老、浮屠之祠"[③]。献帝初平四年（193）

---

① 郝树声、张德芳《悬泉汉简研究》，190—191 页。
② 《后汉书》卷四二《楚王英传》，1428 页。
③ 《后汉书》卷三〇《襄楷传》，1082 页。

前后，丹阳人笮融在广陵（今江苏扬州）、丹阳（今安徽宣城）一带，"大起浮图祠，以铜为人，黄金涂身，衣以锦采，垂铜槃九重，下为重楼阁道，可容二千余人，悉课读佛经，令界内及旁郡人有好佛者听受道，复其他役以招致之，由此远近前后至者五千余人户"[①]。说明佛教已广布民间，而且开始铸造佛像，建立寺院。佛教在中国的早期传播，地点主要在洛阳和东南沿海地区，这里也是当时黄老道教最为盛行的区域，有着接受异教神仙的思想和宗教基础。

另外，考古工作者也在属于东汉时期的墓葬中，找到一些佛教的形象，1980 年俞伟超先生发表《东汉佛教图像考》，考释、归纳了一系列早期佛教图像材料[②]：

1. 内蒙古和林格尔小板申 M1 号墓前室顶部南壁，绘有白象上骑着身穿红衣的佛或菩萨像，有墨书榜题"仙人骑白象"；北壁绘有一盘状物，内放四个圆球形物品，有榜题"猞猁"（即舍利）。整个墓室顶部象征天空，东壁绘青龙和东王公，西壁绘白虎和西王母，南壁绘朱爵（雀）和仙人骑白象及凤凰从九韶，北壁绘玄武和舍利及麒麟、雨师。仙人骑白象、舍利与东王公、西王母等道教图像相对应，则是作为一种神仙来供奉的。此墓年代在东汉桓、灵帝时期。

2. 山东沂南画像石墓中室的八角擎天柱的四个正面上，东面和西面的顶端刻东王公和西王母，南面和北面的顶端是带项光的立像，该考古报告以为是童子像，但受到佛教艺术形式的影响[③]。俞先生从项光、腰带垂流苏、衣裙作垂幛状以及与东王公、西王母的相对位置上考虑，认为是佛像。他还对比其他东汉画像石墓，认为墓葬的年代在东汉桓帝前后，而不是有些学者认为

① 《三国志》卷四九《吴书·刘繇传》，1185 页。

② 俞伟超《东汉佛教图像考》，《文物》1980 年第 5 期，68—77 页。修订本载《向达先生纪念论文集》，新疆人民出版社，1985 年，330—352 页。

③ 曾昭燏、蒋宝庚、黎忠义《沂南古画像石墓发掘报告》，文化部文物管理局，1956 年，65—66 页。

的魏晋时期。

3. 山东滕县（今滕州市）出土的一块东汉画像石残块上，有两个六牙象的图像，表现的显然是佛教传说，年代属于东汉晚期。

4. 四川乐山城郊麻浩东汉崖墓中间后室的门额上，有用浅浮雕的技法刻出的一尊坐佛像，头带项光，结跏趺坐，手作施无畏印（图 3-7）。

5. 四川乐山柿子湾东汉崖墓两个后室门额上，也都刻一尊带项光的坐佛像。

图 3-7　四川乐山麻浩崖墓东汉佛像

6. 四川彭山东汉崖墓出土一陶座，系摇钱树之座，底部是双龙啣璧图像，身部中间是结跏趺坐佛像，有高肉髻，手作施无畏印，两旁为大势至和观音菩萨，年代为东汉后期。

7. 还有人认为孔望山摩崖造像也是东汉时期的佛教造像[1]，但也有许多反对的意见。

一些学者认为，从这些图像是否具有宗教功能上来看，它们只是汉代通俗艺术所随意吸收的佛教因素，而不是严格意义上的佛教艺术，是中国本土信仰和宗教崇拜对佛教因素的盲目吸收。山东沿海和四川、内蒙古发现的佛教图像，地理范围广泛，但与佛教传播无关，因为这些形象通过实物传播，易于进入边远地区，同时也易于丧失原本的含义。比如这些图像常常见于坟墓中，作为随葬品出现，这不是佛教的本义。但这些图像确实是佛像，四川的佛像更是具有犍陀罗艺术的风格，它们表现的是犍陀罗艺术的风格和汉代艺术传统的结合。这些考古资料说明，在以东汉宫廷为中心的洛阳及东南沿海的浮屠与黄老同祀这种混合崇拜之外，在东汉的边远地区，还有一些对于

---

① 连云港市博物馆《连云港市孔望山摩崖造像调查报告》，俞伟超、信立祥《孔望山摩崖造像的年代考察》，阎文儒《孔望山佛教造像的题材》，《文物》1981 年第 7 期，1—7、8—15、16—19 页。

佛教这种外来神祇的盲目崇拜[①]。

最后，以 148 年安世高至洛阳为标志，有了组织严密的寺院，有外国僧侣和中国居士，有正规的教义，以僧伽为核心的规范化佛教开始在中国内地传播，但这个教团与宫廷佛教没有关系[②]。佛教从印度本土向外的传播，得益于贵霜帝国对佛教的大力支持和弘扬，所以，最先前来中国译经传法的人，往往是来自贵霜帝国势力范围之内，比如西北印度的大月氏、粟特地区的康居、伊朗东部的安息各国的僧人甚至使者，如安世高、支娄迦谶、支谦、康僧会等。现在确知最早来中原译经的是安世高和支娄迦谶，两人来历不同，翻译的经典也大不一样，但都有深远的影响。

安世高，名清，原是安息国王子，让位于叔父，专心于佛教。他在汉桓帝建和二年（148）来到洛阳，在以后的二十年中，译出三十多部佛经，多属于小乘上座部的经典。安世高所处的桓、灵时代，正是佛教在中国已经传播了一段时间，但还没有独立于道法的阶段。安世高作为当时佛学界的大师，他所介绍的佛学正是能与道法思想相通的所谓"禅法"。释道安称"安世高善开禅数"，他翻译了大小《十二门经》《修行道地》《明度五十计校》等禅经，而以《安般守意经》最为盛行。这种禅法主要是长期进行"持息念"，即念安般。安般即指出息入息，禅心寄托于呼吸。这种禅法与方士的呼吸吐纳以出故纳新、长生不老的方法十分契合。所以，安世高推行的禅法，适应了汉朝神仙方术思想体系，因而被人们接受并传播开来，成为汉末佛教的主流。

事实上，在汉末佛法刚传入中国的时候，虽然争取到了一批徒众，但真正出家为僧的毕竟是少数，安世高的学生严浮调，恐怕是第一个出家的汉人，而且还写了《沙弥十慧章句》，以阐释安世高未能深入讲解的道理。但当时大部分中国人，对于佛教的教义应当是不甚了解，或说一知半解，也就难免用

---

① Wu Hung, "Buddhist Elements in Early Chinese Art (2nd and 3rd Centuries A.D.)", *Artibus Asiae*, 47.3-4, 1986, pp. 263-352.

② E. Zürcher, "Han Buddhism and the Western Region", pp. 167-171.

当时流行的道术来曲解佛教教义。

因此可以说，佛教作为一种外来文化刚传入中国的时候，是把那些适应于当时中国传统思想的部分嫁接过来。在汉末，佛与道的并行不悖正是汉代佛学的基本特点，汉末道教形成时产生的《太平经》，既反驳佛教，又不得不受佛教之影响，即是明证。这也是中外文化接触后在当时条件下的必然结果。在汉代，中国对佛学的接受是有限的，佛与道难以区分，而且因为中土佛教戒律尚不完备，佛被作为神人祭祀时，还要陈设二牲，按中国方式祠祀，说明许多与中国传统文化形式不同的东西还未被接受过来。

《四十二章经》的内容与汉代的道术有某些相符之处，佛教的传教也必然影响着道术，《太平经》就采用了佛教的某些教义。与佛教入华和《四十二章经》关系密切的另一部书《牟子理惑论》，传为汉灵帝时苍梧太守牟子所作，但此书真伪争论更大，有些学者认为是假的，也有一些认为是真的，大概是2世纪末撰著的，其中提出了反对百家、排斥方术，可以视作魏晋玄学清谈的发端，得到士大夫的赏识。其强调佛教的个性，和清谈接近，都体现了时代精神的转换。《四十二章经》和《牟子理惑论》代表了早期中国人对佛教的理解与想象。

与安世高大约同时来洛阳的译经僧支娄迦谶，简称支谶，本为月氏国人，所译主要是大乘般若经典，其中最重要的是《道行般若经》，又名《摩诃般若波罗蜜经》，十卷三十品（即《小品般若》）。支谶的弟子为支亮，支亮传支谦（字恭明）。支谦是生于中国的大月氏人，兼通胡语和汉文，融汇内典外书，用会译的方法，集合众经，比较其文，来弄明文义，而且所有的主要名词都不直译，宁肯失掉原意，也要辞藻文雅美观，力图用中国的固有名词和思想来表达佛经的意思。他翻译的《道行般若经》《首楞严经》等大乘经典，用佛、法身、涅槃、真如、空等名词来指本体，可以说从思想到形式，都与新兴起的魏晋玄学有共通之处。

总之，早在公元前1世纪末叶，中原王朝接待的月氏使者已经口授佛经，随后在公元1—2世纪，佛教经过敦煌所在的河西走廊，进入中原，在东汉首都洛阳和东南沿海地区慢慢流行开来，与黄老道教混在一起；而一些图像则随着物质文化的传播而进入边远地区，受到盲目地崇拜。到 2 世纪中叶，从安息、贵霜等地来的佛教高僧，在洛阳创立了正规的寺院，并开始大量翻译佛经。

四、魏晋南北朝时期的西行求法运动

早期来华的多是月氏、粟特地区的僧侣，这些人所带来的佛经，大多不是印度的梵本，而主要是中亚地区流行的犍陀罗语（梵文俗语）等西域胡语文字书写的文本，各种文本之间不无差异，于是产生了很多不同的解说。到了三国时期，中国的僧人也开始有了自觉意识，不满中原现有的佛典，而希望到西域、印度求得某些方面的真经。于是从曹魏时期的朱士行，开始了西行求法的历程，中国的僧人一批又一批前往中亚和印度取经，从魏晋南北朝到隋唐，一直没有中断，可以说是一项"西行求法运动"。

曹魏时的朱士行，因为《小品般若》文意往往不通，所以为了深入研究般若学说，于甘露五年（260）出发，西到于阗国，抄写梵文本《般若经》正品九十章，六十余万言，名为《放光般若经》（《大品般若》）。朱士行是西行求法的第一位汉族僧人，他虽身死于阗，但派弟子送回了《大品般若》梵本，在邺城译为《放光般若经》[①]，推动了般若学说的研究，使之成为很长一段时期佛学的正宗，直到鸠摩罗什（350—409）大量译出佛经，并宣传龙树中观学说为止。

继朱士行之后一位著名的求法僧是东晋的法显（约 342—423）。法显是平阳武阳（今山西临汾）人，三岁出家。他受大戒后，在长安修行，感叹中

---

① 僧祐撰，苏晋仁、萧炼子点校《出三藏记集》卷一三《朱士行传》，中华书局，1995 年，515—516 页；释慧皎撰，汤用彤校注《高僧传》卷四《朱士行传》，中华书局，1992 年，145—146 页。

国的佛教戒律不全，所以立志去印度访求。东晋隆安三年（399），他和慧景、道整、慧应、慧嵬四人一起从长安出发，到张掖后，遇智严、慧简、僧绍、宝云、僧景，一道行进至敦煌，停留一个多月。然后法显等五人随使先行，敦煌太守李暠供给他们渡过流沙到鄯善国，住两个多月，宝云等后至。然后，智严等三人返向高昌求资装，法显等继续西行，经焉耆，越大流沙，到于阗。此后经子合国，越葱岭，到北天竺陀历、乌苌、犍陀卫、弗楼沙等地。403 年入中天竺，巡礼八大圣迹，在巴连弗邑（巴特耶，阿育王都城）抄写律本，收集佛经，学习教法。道整留在当地，法显"本心欲令戒律流通汉地，于是独还"。408 年，沿恒河到多摩犁帝国（加尔各答南），住两年。410 年，渡海到师子国（斯里兰卡）。411 年，乘商船回国，绕马六甲海峡，漂至耶婆提洲（今爪哇），停五个月。412 年 4 月，北航广州，遇风暴；7 月中，漂至山东长广郡（今崂山县北）牢山岸边。413 年，入长安未果，南到建康译经，先后译出《摩诃僧祇律》《方等泥洹经》等。法显以六十多岁的年龄，前往印度取经，从中亚陆路去，从南海回，在外十三年，历三十四国，完成了绕行一周的壮举，开辟了中印交往史和中国佛教史的新纪元，为以后的求法僧作出了榜样。法显的行迹超过了张骞、甘英和此前的求法僧人，并且留下记载其旅行见闻的《佛国记》（一称《法显传》），大大增进了中国人对中亚、印度等地佛教王国的认识，也成为后来求法僧的指南[①]。法显带回的律本，对中国僧团的独立和发展作出贡献。其所译大乘经典，对顿悟学说的形成，也有很大的贡献。

法显之后，又有不少僧人西行求法，不少人写有行纪，但均已佚失，有的文字片段保存在其他书中，不得其详，只有个别人有简要记载。

智猛，姚秦弘始六年（404）从长安出发，走陆路，经鄯善、龟兹、于阗，越葱岭，同行十五人，有的退回，有的途中去世。只有四人翻过雪山，至罽宾、奇沙，西南到迦维罗卫国，进至华氏国（阿育王都），得《大泥

---

① 法显撰，章巽校注《法显传校注》，上海古籍出版社，1985 年。

洹经》《摩诃僧祇律》。424年循旧路返国，在凉州和建康译经①。智猛在外二十一年，著《游行外国传》一卷，可惜已佚，在《水经注》等书中留有残文。

法盛，本姓李，陇西人，寓居高昌。九岁出家，勤精读诵佛经。年十九，遇沙门智猛从外国还，讲述诸种神迹。于是立志西行求法，辞二亲，率师友，与二十九人同行，远诣天竺，经历诸国，寻觅释迦牟尼诸种灵迹及瑞应②。

慧叡，冀州人，少小出家，执节精峻。曾经游学至蜀之西界，为人抄掠，成为牧羊人。后来有信佛商客以金赎之，重服僧衣，游历诸国，寻访各方教义，曾远至南天竺界。后回国，栖止庐山，宋元嘉中（424—453）去世③。

法勇，又名昙无竭，刘宋永初元年（420）与僧猛、昙朗等二十五人同行，经吐谷浑国，出海西郡，入流沙，到高昌郡，经龟兹、沙勒，越葱岭、雪山，到罽宾，再南行中天竺、南天竺，最后经由海道，于443年回到广州④。法勇在外二十余年，著《外国传》五卷，已佚。

道泰，年少时游历葱岭以西诸国，得《毗婆沙论》梵本十万偈。回到北凉都城姑臧，于沮渠茂虔承和五年（437），请西域僧浮陀跋摩翻译此论，道泰笔受，成一百卷⑤。

智严，西凉州人，弱冠出家。立志要博事名师，广求经诰。于是越流沙，向西国取经。进到罽宾，入摩天陀罗精舍，从佛陀先比丘咨受禅法。修习三年，禅思有绪。于是请罽宾国禅法巨匠佛陀跋陀罗，一起东来传法。踰沙越险，抵达关中，住锡长安大寺。东晋义熙十三年（417）南入建康，后于都城东郊枳园寺，与沙门宝云一起翻译以前在西域所得梵本众经，到宋元嘉四年（427）共译出《普曜》《广博严净》《四天王》等⑥。

---

① 《出三藏记集》卷一五《智猛法师传》，579—580页；《高僧传》卷三《智猛传》，125—126页。
② 《名僧传抄·法盛传》，《续藏经》，358—359页。
③ 《高僧传》卷七《释慧叡传》，259页。
④ 《高僧传》卷三《昙无竭传》，93—94页。
⑤ 《高僧传》卷三《浮陀跋摩传》，97页。
⑥ 《高僧传》卷三《释智严传》，98—99页。

宝云，凉州人，少时出家，精勤有学行。立志往天竺巡礼灵迹，广寻经要，于是在晋隆安之初（399），远适西域，与法显、智严先后相随。涉履流沙，经于阗等国，登蹑雪岭，到达天竺，寻访释迦灵异，遍学天竺诸国梵书。后还长安，随禅师佛陀跋陀罗习禅进道。后南下建康，安止道场寺，译出新《无量寿经》。于晋宋之际，住六合山寺，译出《佛本行赞经》。宋元嘉二十六年（449）终于山寺①。

法献，本姓徐，西海延水人，在梁州出家。宋元嘉十六年依止于建康的定林上寺，博通经律，志业强捍。因听闻智猛西游天竺，备睹灵异，乃发誓忘身，于宋元徽二年（475）自金陵启程，沿长江西至巴蜀，寻河南道，经芮芮（柔然）境，进到于阗。本来打算越过葱岭，远赴天竺，但因为栈道断绝，于是从于阗返回。获原在乌缠国的佛牙一枚、舍利十五身，以及《观世音灭罪咒》《调达品》，又得龟兹国金锤鍱像，于是经芮芮回到萧梁②。

除此之外，据僧祐《出三藏记集》、慧皎《高僧传》等，还有法领③、道普④等人，可以说是前赴后继，不绝于途。

北魏神龟元年（518），胡太后派遣崇立寺比丘惠生往西域取经，以敦煌人宋云偕行。之所以选宋云出使，应当和他是敦煌人且熟悉西域情形有关。使者宋云和僧人惠生一行自洛阳出发，从青海西行，经吐谷浑到鄯善国，入西域南道，经于阗，度葱岭，经钵和国（今瓦罕），到乌场国（今印度河上游斯瓦特）。520年，入乾陀罗国（今白沙瓦地区）。宋云、惠生一行在西北印度寻访诸多佛教胜迹后，522年带着一百七十部大乘经典，返抵洛阳。他们的这次求法记录，部分保存在《洛阳伽蓝记》卷五"城北闻义里敦煌人宋云宅"条目下面。惠生赴西域的目的是求佛经，但此行也有政治目的，所以由宋云以官人身份充使，携带五色百尺幡千口、锦香囊五百枚等，沿途施舍。他们

① 《高僧传》卷三《释宝云传》，103 页。
② 《高僧传》卷一三《释法献》，488—489 页。
③ 《高僧传》卷六《慧远传》，216 页。
④ 《出三藏记集》卷一四《昙无谶传》，540 页。

记录了许多佛教遗迹情况，如乌场国的佛晒衣处、如来履石之迹、如来苦行投身饿虎处、阿育王塔、乾陀罗城的雀离浮图、伽罗阿国的佛顶骨、耆贺滥寺的佛袈裟、瞿罗罗鹿的佛影窟，等等，可与法显、玄奘的记载对照研究，是佛教史上不可多得的材料[①]。

五、国土分裂与佛教中心的扩散

公元 220 年，东汉灭亡，魏蜀吴三国分立，统一的帝国瓦解，三国分别立都于洛阳（魏王时在邺城）、成都、建业（西晋改称建邺、建康，今南京），形成三个政治、经济、文化中心。265 年，西晋建立，曾经短暂统一，晋末经过八王之乱、永嘉之乱，到 317 年最终灭亡。晋室南迁，317 年司马睿在建康称帝，是为东晋，大批北方士人随之南迁。北方则为十六国时期，各种政治势力的角逐和士人迁徙的结果，形成三个相对集中的政治文化区域：以关中为中心的匈奴刘汉、氐人苻秦、羌人后秦、羯人后赵等政权，以武威为中心的五凉政权，以河北、东北为中心的鲜卑诸燕政权。每个政治中心都聚集了一批士人和僧侣，代表着文化从原本长安、洛阳两京地区向更多的中心点扩散。

1. 凉州

314 年，张骏在凉州武威建立前凉，统辖范围直到吐鲁番的高昌郡。在张氏的号召下，许多中原大姓迁到河西，而凉州成为中原文化的传承中心之一。此时凉州的佛教也在"敦煌菩萨"竺法护的影响下，持续发展壮大。在 366 年，来自东方的乐僔和尚在敦煌莫高窟开凿了第一个洞窟。376 年，前秦灭前凉，控制了包括敦煌、高昌在内的河西和吐鲁番盆地。382 年，苻坚派吕光进

---

① 杨衒之《洛阳伽蓝记》卷五"城北闻义里敦煌人宋云宅"条，周祖谟《洛阳伽蓝记校释》，中华书局，1963 年，182—227 页；范祥雍《洛阳伽蓝记校注》，上海古籍出版社，1978 年，251—349 页。

攻龟兹，掠获大量珍宝和高僧鸠摩罗什。因为转年前秦就因淝水之战败于东晋而衰亡，385 年，氐人吕光带着他所获的西域财富在武威建立了后凉政权。397 年，汉人段业在酒泉建立北凉政权，与后凉分庭抗礼。400 年，李暠在敦煌建西凉，河西走廊分成三段。401 年，沮渠蒙逊代段氏为北凉王，403 年攻灭后凉，421 年又灭西凉，重新统一河西走廊，恢复前凉以来直到高昌的领地。

　　五凉之地，虽然战乱频仍，但人才汇聚，文化昌盛。北凉王沮渠蒙逊"素奉大法，志在弘通"[1]。421 年，他攻占敦煌，把在那里的中印度僧人昙无谶带回姑臧，翻译出影响中国佛教义理思想发展的《大般涅槃经》三十六卷。蒙逊在都城凉州南山川凿窟寺（即天梯山石窟），立一丈六尺高的石佛像（图 3-8）。沮渠茂虔（牧犍）继任北凉王前，"为酒泉太守，起浮图于中街，有石像在焉"[2]。宿白教授将北凉王室以武威为中心建造的佛教石窟模式命名为"凉

图 3-8　武威天梯山近景

①　《高僧传》卷二《昙无谶传》，77 页。
②　崔鸿撰，汤球辑补，聂溦萌等点校《十六国春秋辑补》，中华书局，2020 年，1080 页。

州模式"，并总结了这种模式的几个特征[①]。这种"凉州模式"的石窟和造像，一直影响到敦煌乃至高昌，吐鲁番发现的《凉王大且渠安周造祠碑》所记载的"于铄弥勒，妙识渊镜"，就是"凉州模式"的最佳表现[②]。

2. 中原

在中原，匈奴后裔刘曜建立前赵政权。这是自西汉后，长安重新立为国都。329 年为羯人石勒所灭。351 年，氐人苻坚在长安建立前秦政权，一度统一了北方大部分地区。384 年，羌人姚苌在长安建立后秦。前后秦立都长安近七十年，长安重新成为北方政治、文化中心。

发源于大兴安岭的鲜卑拓跋部，经过长途迁徙，3 世纪下半叶活动在以定襄盛乐为中心的地带。386 年，拓跋珪建北魏政权，398 年迁都平城（山西大同），发展壮大。431 年，北魏灭乞伏氏西秦、赫连勃勃的大夏政权，436 年灭北燕，439 年灭北凉，基本上统一了北方地区。

北魏夺取北凉都城姑臧，把北凉的世家大族、文化精英、粟特商人、高僧大德、技术工匠通通掠至平城，大大增强了北魏的实力，特别是提升了这个刚刚走出草原的游牧民族的文化水平，随后有了凉州僧昙曜主持下的云冈石窟的开凿（图 3-9）。大同周边北魏墓葬发现的萨珊波斯金银器，也表明西方物质文明的输入。445 年，北魏太武帝派万度归发凉州以西兵，出敦煌，西击鄯善。448 年，万度归继续西进，击破焉耆和龟兹，大获驼马而归，再次增强了北魏王朝的物质基础。平城作为北魏都城延续九十六年，平城的佛教造像和石窟建筑不仅随北魏迁都而进入洛阳，甚至影响到遥远的敦煌[③]。

493 年，北魏孝文帝迁都洛阳，这里自曹魏、西晋后，再度成为北方中国的中心。洛阳城内，伽蓝林立，永宁寺的高塔，耸入云霄。城外则开凿龙门

---

① 宿白《凉州石窟遗迹与"凉州模式"》，原载《考古学报》1986 年第 4 期，435—446 页；此据宿白《中国石窟寺研究》，文物出版社，1996 年，39—51 页。
② 荣新江《〈且渠安周碑〉与高昌大凉政权》，《燕京学报》新 5 期，北京大学出版社，1998 年，65—92 页。
③ 参看宿白《中国石窟寺研究》的相关篇章。

图 3-9　大同云冈石窟

石窟，成为这一时期中国石窟的代表。外来使臣、商旅不断，《洛阳伽蓝记》卷三记："自葱岭已西，至于大秦，百国千城，莫不款附。商胡贩客，日奔塞下，所谓尽天地之区已。乐中国土风因而宅者，不可胜数。是以附化之民，万有余家。"[①]

534年，北魏分裂为东西魏。西魏迁都到长安，继承了前后秦的都城，并延续到557年成立的北周王朝。东魏则迁都于邺城，这里是曹操的基业所在，并经后赵、冉闵、前燕的经营。550年高洋称帝，建立北齐，继续都邺。随着东西魏的分立，洛阳的贵族、士人、僧侣也分为东西，石窟造像的工匠也分别进入长安、邺城地区继续造作，产生了彬县大佛寺、邺城周边的响堂山等石窟，甚至北齐、北周的石棺床葬具的刻工，可能也都来自洛阳[②]。577年，北周灭北齐，北方复归统一。

从北魏经东西魏到北齐、北周，虽然有北魏道武帝和北周武帝两次灭佛，

①　周祖谟《洛阳伽蓝记校释》，中华书局，1987年，132页。

②　林圣智《北朝晚期汉地粟特人葬具与北魏墓葬文化——以北齐安阳石棺床为主的考察》，《历史语言研究所集刊》第81本第3分，2010年，513—596页；又《北周康业墓围屏石棺床研究》，荣新江、罗丰主编《粟特人在中国——考古发现与出土文献的新印证》，科学出版社，2016年，237—263页。

但大多数最高统治者和地方官民，都把佛教作为最为热衷的信仰。此时进入中国的佛教，真正地独立于儒、道，成为中国最主要的宗教信仰。从洛阳、长安、邺城辐射出去的影响，东抵山东的青州、河北的曲阳，西到陇右的麦积山、炳灵寺，乃至河西尽头的敦煌，佛教石窟、雕像在多个地点生根、开花、结果。

581 年，隋代北周，589 年灭陈，统一全国。618 年，唐朝建立。隋唐两朝立都新的长安城，以关中为中心，形成统一的帝国文化，影响所及，更深更远。

3. 南方

大体上同一时期的南方，立都建康的东晋王朝经过一百年的统治，420 年为刘裕建立的刘宋政权取代。此后，479 年萧齐代刘宋，502 年萧衍建立梁朝，557 年陈代梁，到 589 年为隋所灭，南朝的都城一直没变。以建康为中心的东晋、南朝，继承了中原汉魏以来的传统文化，魏晋玄学与佛教交互为用，佛学思想也得到进一步的升华和发展。佛教除了从北方或西域进入南方外，海路的开拓，也为佛教僧侣往来、经像传播提供了方便，如孙吴时中亚康居出身的康僧会，就是经印度、交趾而来到建业的。

四川盆地的益州（成都），曾经是三国时蜀国和十六国时成汉的国都，较两汉时期进一步发展。东晋、南朝时期，成都属于南方诸政权，553 年以后西魏、北周控制蜀地。在南北对立的时期，南朝与西域的交通，都是从建业出发，逆长江而上到成都，再北上松潘，到河西走廊，或经青海吐谷浑王国，到西域塔里木盆地绿洲王国。成都发现过不少南朝时期的佛教造像，在不同时期分别受到西域、建康、长安的影响[1]。

---

[1] 吴焯《四川早期佛教遗物及其年代与传播途径的考察》，《文物》1992 年第 11 期，40—50 页；山名伸生《吐谷浑と成都の仏教》，《佛教艺术》第 218 号，1995 年，11—38 页；姚崇新《成都地区出土南朝造像中的外来风格渊源再探》，《华林》第 1 卷，中华书局，2001 年，245—258 页；雷玉华《四川南北朝造像的分期及渊源诸问题》，四川博物院、成都文物考古研究所、四川大学博物馆编著《四川出土南朝佛教造像研究》，中华书局，2013 年，210—227 页。

　　两汉是统一帝国，魏晋南北朝则是分裂局面，使得文化呈现多元形态，这对于文化发展来说，未必是件坏事。汉代学官制度的崩溃，儒家文化走向私家。大家族传承的文化随着士族的迁徙，而形成多个中心。这些次生的文化中心，在所属的政治势力范围内，再次向外传播，形成更多的较小的文化中心。佛教在汉代是依托黄老道法而流行。魏晋以后，则与玄学合流，但还没有独立。南北朝时期，佛教才脱离儒、道，唯我独尊。西晋以后，"五胡乱华"，士族南迁，胡人统治地区对丁西来的佛法特意加以扶植，也造成了佛教的兴盛。除长安、洛阳两京外，这个时期的河西、长江以南、山东、河北、四川等地都较此前有了长足的发展，凉州、平城、建康、成都、青州、邺城等城市及其周边，因为某种历史的机缘，成为某一时段佛教和佛教艺术的中心。

　　总之，公元 400—600 年间，中原战乱频仍，政权交替很快，大多数时间是处在分裂局面下的，但一个客观的结果，是产生了多个政治、文化中心，有利于佛教文化艺术的扩散。

　　这一政权间对立的局面并没有影响中西之间已经开拓的往来。五胡十六国时期河西走廊诸凉势力的凝聚和中原大族南迁，以及江南建立王朝，使得绿洲之路和海上丝路都得到维护、发展。而南朝与西域的交通，因为回避北朝的阻截，使得吐谷浑路兴盛一时。

　　在中原战乱频仍的情况下，佛教得到空前的发展，从中亚、印度来的传法僧不断增加，佛教经典大量翻译出来。中国的僧侣也开始一批又一批地前往印度、西域，追寻佛法的真谛，收集佛藏的经本。而这些中国僧侣在印度所见，多是笈多王朝留下的真迹，求法僧对这些佛教造像的记录甚至模拟，必然影响到中国佛教艺术品的制作，魏晋南北朝时期也是中国佛教造像最为繁盛的时代，这些造像直接或间接地受到了印度造像的影响。

第
四
讲

纸对佛典在丝路上
传播的贡献

汉武帝时张骞出使西域，正式打通了中国与西方的联系通道，今日我们称之为"丝绸之路"。由此，中外交流从商品贸易，扩大到政治、外交、文化等各个方面。到西汉末东汉初，佛教典籍、雕像和思想开始传入中国。

书籍是文明传播极为重要的一种形式，所以观察书籍的传播是探索佛教文明在丝绸之路上传播的重要视角。这一讲从物质载体的角度，来看中国发明的纸张对于佛教典籍作为一种文化在丝绸之路上传播的重要意义。

一、早期东西方书籍的载体

不论东方还是西方，早期的书籍书写材料都是比较笨重的，埃及的纸草、西亚的羊皮、印度的桦树皮、中国的简牍，都不利于传输，特别是远距离传递。

从河西走廊到西域地区，丝绸之路上也出土过一些早期的书籍。

作为河西走廊发现的丝绸之路上最早的一些书籍，1956 年甘肃武威东汉墓出土的《仪礼》木简（图 4-1），计 469 枚，27298 字。木简为松木制成，简

长 54—58 厘米，宽 0.8 厘米，厚 0.28 厘米①。这些木简尺寸颇长，如果在古代的车子上运载的话，极易折断。还有斯坦因（A. Stein）在敦煌西北长城烽燧下掘得的汉简，其中有《仓颉》《急就篇》《力牧》《算术》《阴阳》《占书》《相马经》《兽医方》及历谱，年代在西汉武帝天汉三年（前 98）至东汉顺帝永和二年（137）之间②。另外，1972 年，武威旱滩坡东汉墓出土木简 78 枚，木牍 14 枚，内容全是医方类，也可以说是一种典籍③。2008 年，甘肃永昌县水泉子 5 号汉墓出土一批西汉木简，较为完整者有 700 多枚，内容一为《仓

① 收录于甘肃省博物馆、中国科学院考古研究所《武威汉简》，中华书局，2005 年。
② 见以下两书相关部分：Ed. Chavannes, *Les documents chinois découverts par Aurel Stein dans les sables du Turkestan oriental*, Oxford, 1913；罗振玉、王国维《流沙坠简》，上虞罗氏宸翰楼，1914 年。
③ 简报见甘肃省博物馆、甘肃省武威县文化馆《武威旱滩坡汉墓发掘简报——出土大批医药简牍》，《文物》1973 年第 12 期，18—23 页；整理本见甘肃省博物馆、甘肃省武威县文化馆《武威汉代医简》，文物出版社，1975 年。

图 4-1　在武威发现的《仪礼》木简

颉篇》，二为日书[①]。

　　更西面的新疆尼雅遗址，1993年，考古工作者曾采集到汉简2支，内容为《仓颉篇》[②]。可见，两汉时期汉文典籍的载体是简牍，因此不利于传播，所见遗存多是字书、医方、方术类的小本书籍。

　　虽然汉代也有用绢帛书写典籍的例子，如马王堆出土帛书《周易》《老子》等等，但在西北地区还没有发现。目前我们在敦煌悬泉置遗址发现过一些帛书，年代在汉武帝元鼎六年（前111）至东汉安帝永初元年（107）之间，内容基本上是书信[③]，表明这里还不用绢帛书写典籍，大概是因为绢帛昂贵，在比较穷困的地区不能大量用来写书，只是偶尔用于书信，往来传递，携带轻便。

　　从丝绸之路的另一个文明中心印度来看，早期印度（含西北印度）、中亚等地的佛典是以桦树皮为主要的物质载体。我们目前所见最早的佛教典籍，是英国图书馆所藏阿富汗发现的公元1世纪前半叶用犍陀罗语（Gāndhārī）书写的佛经和偈颂类经典，都是用桦树皮写成，虽然封存在五个陶罐中，但极易破碎（图4-2）。

图4-2　尚未展开的最早桦树皮写经

① 简报见甘肃省文物考古研究所《甘肃永昌水泉子汉墓发掘简报》，张存良、吴荭《水泉子汉简初识》，《文物》2009年第10期，52—61、88—91页。参看张存良《水泉子汉简七言本〈仓颉篇〉蠡测》，中国文化遗产研究院编《出土文献研究》第9辑，中华书局，2009年，60—75页。
② 王樾《略说尼雅发现的"仓颉篇"汉简》，《西域研究》1998年第4期，55—58页；林梅村《尼雅汉简与汉文化在西域的初传——兼论悬泉汉简中的相关资料》，刘东主编《中国学术》2001年第2辑，商务印书馆，2001年，240—258页。
③ 甘肃省文物考古研究所《甘肃敦煌汉代悬泉置遗址发掘简报》，《文物》2000年第5期，4—20页；王冠英《汉悬泉置遗址出土元与子方帛书信札考释》，《中国历史博物馆馆刊》1998年第1期，58—61页。

英国图书馆对这批桦树皮写经做了修复，其图片可以从邵瑞祺（R. Salomon）所著《来自犍陀罗的古代佛教经卷——英国图书馆所藏佉卢文残卷》中看到[1]。

　　这类桦树皮的早期写经，在贵霜王朝大力推广佛教的动力下而向外传播，西到土库曼斯坦的木鹿（Marv），东到中国新疆的和田，都有用佉卢文（Kharoṣṭhī）犍陀罗语书写的桦树皮经卷出土。和田出土的犍陀罗语《法句经》，一般说是公元 2 世纪的写本，因为其中有塞语词汇，所以是当地所写[2]，表明桦树皮这种书籍载体已经传入新疆的丝路南道，但数量不多。

　　和田东面属于鄯善王国的精绝遗址尼雅，曾出土大量公元 3—4 世纪的官私文书，基本上都是木简和木牍，典籍类有犍陀罗语《解脱戒本》《温室洗浴众僧经》，也都是写在木牍上的[3]。

二、早期佛典的传播方式

　　印度早期的书籍主要是靠背诵来流传，事实上，佛教最初的传播是以传法僧的口头翻译完成的，因此不需要携带笨重的桦树皮经书，就可以达到传播的目的。按照汤用彤先生的看法，最真实可信的佛教传入中国的记录，是《三国志》裴注引《魏略·西戎传》的下述记载："昔汉哀帝元寿元年

①　R. Salomon, *Ancient Buddhist Scrolls from Gāndhārī. The British Library Kharoṣṭhī Fragments*, University Washington Press, 1999.

②　John Brough, *The Gāndhārī Dharmapada*, London, 1962. Cf. Timothy Lenz, Bhiksu Dharmamitra and Andrew Glass, *A New Version of the Gāndhārī Dharmapada and a Collection of Previous-Birth Stories: British Library Kharoshtī Fragments 16 and 25*, University of Washington Press, 2002.

③　林梅村《新疆尼雅遗址所出犍陀罗语〈解脱戒本〉残卷》，《西域研究》1995 年第 4 期，44—48 页；收录于林梅村《汉唐西域与中国文明》，文物出版社，1998 年，142—150 页；林梅村《尼雅出土佉卢文〈温室洗浴众僧经〉残卷考》，华林编辑委员会编《华林》第 3 卷，中华书局，2003 年，107—126 页；收录于林梅村《松漠之间——考古新发现所见中外文化交流》，生活·读书·新知三联书店，2007 年，110—136 页。

（前 2），博士弟子景卢受大月支王使伊存口授《浮屠经》。"这里用"口授"，非常贴切，就是大月氏使者没有带佛经的经本，而是背诵出来的，东汉博士弟了名景卢者，据口授记录下来。

中国的传统是以书本来传承文化，这种做法到了春秋战国时期已经确立，逐渐成为传统，秦汉以来，书籍就是书本。但印度早期的书籍主要是靠背诵来流传，佛教经典也是靠背诵的方式而传承的，佛典翻译也主要是用口诵的方式。我们可以举出很多例子：

慧皎《高僧传》卷一《安清传》记："于是宣译众经，改胡为汉。出《安般守意》《阴持入》《大小十二门》及《百六十品》。"[1] 安清即东汉末来洛阳最早组织翻译佛经的安息（帕提亚）人安世高，他的"宣译"，可以理解为"口宣"佛经，转胡语为汉语的。又《高僧传》卷一《支楼迦谶传》记："讽诵群经，志存宣法。汉灵帝时游于雒阳，以光和、中平之间（178—189），传译梵文，出《般若道行》《般舟》《首楞严》等三经。"[2]《高僧传》卷一《安玄传》："时又有优婆塞安玄，安息国人，性贞白，深沈有理致，博诵群经，多所通习，亦以汉灵之末，游贾雒阳，以功号曰骑都尉，性虚靖温恭，常以法事为己任。"[3]《高僧传》卷一《帛尸梨蜜传》："俄而颛遇害，密往省其孤，对坐作胡呗三契，梵响凌云；次诵咒数千言，声音高畅，颜容不变。"[4] 这些来自月氏、安息、龟兹的僧人，显然都是秉承"讽诵"的传统，他们用这种口传方式传播佛教典籍的内容。

直到东晋十六国时期，这种由背诵来传经的做法仍然是印度、西域僧人的特长。《高僧传》卷二《鸠摩罗什传》记："什既至止，仍请入西明阁及逍遥园，译出众经。什既率多谙诵，无不究尽，转能汉言，音译流便。"[5] 可见著

---

① 释慧皎《高僧传》卷一《安清传》，中华书局，1992 年，4—5 页。
② 释慧皎《高僧传》卷一《支楼迦谶传》，10 页。
③ 释慧皎《高僧传》卷一《安玄传》，10 页。
④ 释慧皎《高僧传》卷一《帛尸梨蜜传》，30 页。
⑤ 释慧皎《高僧传》卷二《鸠摩罗什传》，52 页。

名的翻经大师龟兹人鸠摩罗什来到长安译经传法，也是以"谙诵"为主，从口中诵出，音译为汉文。又《高僧传》卷二《弗若多罗传》记："以伪秦弘始六年（404）十月十七日集义学僧数百余人，于长安中寺，延请多罗诵出《十诵》梵本，罗什译为晋文，三分获二。"①可见，《十诵律》的翻译，也是西域罽宾僧人弗若多罗口中诵出，由鸠摩罗什转译为汉文的。

更能说明问题的例子是僧祐《出三藏记集》卷三《新集律来汉地四部记录》所记一事："初，〔罽宾三藏法师佛陀〕耶舍于罽宾诵《四分律》，不赍胡本而来游长安。秦司隶校尉姚爽欲请耶舍于中寺安居，仍令出之。姚主以无胡本，难可证信，众僧多有不同，故未之许也。罗什法师劝曰：'耶舍甚有记功，数闻诵习，未曾脱误。'于是姚主即以药方一卷、民籍一卷，并可四十许纸，令其诵之三日，便集僧执文请试之。乃至铢两、人数、年纪，不谬一字。于是咸信伏，遂令出焉。"②这里充分表明中国的传统是书写，觉得没有胡语文本，难以凭信。而罽宾三藏法师佛陀耶舍是印度传统，不赍胡本，只凭背诵，最后经过鸠摩罗什的推崇和姚主的测试，才同意他以诵出的方式翻译《四分律》。

《出三藏记集》卷三同上文引《法显记》："显本求戒律，而北天竺诸国皆师师口传，无本可写。是以远涉，乃至中天竺，于摩诃乘僧伽蓝得一部律，是《摩诃僧祇》。复得一部抄律，可七千偈，是《萨婆多众律》。又得《杂阿毗昙心》，可六千偈。又得一部《綖经》，二千五百偈。又得一部《方等泥洹经》，可五千偈。又得《摩诃僧祇阿毗昙》。法显住三年，学梵书梵语，悉写之，于是还。又至师子国二年，更求得《弥沙塞律》梵本。"③可见法显西行取经，按照中国的习惯，一定要寻到文本，但因为印度的传统是口诵佛典，所以在北天竺无本可写，只好远涉前往中印度，才找到律本以及其他佛典，抄

---

① 释慧皎《高僧传》卷二《弗若多罗传》，61 页。
② 僧祐《出三藏记集》卷三《新集律来汉地四部记录》，中华书局，1995 年，117—118 页。
③ 僧祐《出三藏记集》卷三《新集律来汉地四部记录》，119—120 页。

写而归。

当然，也不能否定早期亦有带着梵本或胡本来华的僧人，如《高僧传》卷一《支楼迦谶传》记："时有天竺沙门竺佛朔，亦以汉灵之时，赍《道行经》来适雒阳，即转梵为汉。"[1] 这里明确记载是带着《道行经》来到洛阳的。又《高僧传》卷一《维祇难传》："以吴黄武三年（224），与同伴竺律炎来至武昌，赍《昙钵经》梵本。"[2] 也是带着梵本来到孙武的。到了西晋时，《高僧传》卷一《竺法护传》记："遂随师至西域，游历诸国，外国异言三十六种，书亦如之，护皆遍学，贯综诂训，音义字体，无不备识。遂大赍梵经，还归中夏。"[3] 可见竺法护是带着大批梵本佛经回到中原的。但总括这些带来的经本，大多数是篇幅不大的经典，因为桦树皮的写经，携带不便。而到了竺法护时期，其实中原的纸张已经传到西域，所以他能够"大赍梵经"而回，也有可能是因为他是用中原制造的纸去西域写经的。

总之，早期佛教在西域乃至中原地区的传播主要是靠背诵，不必携带笨重的桦树皮写经而来，翻译则用口译，然后笔录下来。

三、纸对佛典传播的贡献

中国对于世界文化的最大贡献之一是纸。

中国为什么能发明出纸，原因在于中国养蚕缫丝业的发达较早。按段玉裁的说法，纸的发明始于漂絮，所以纸字是左形右声的形声字。《东观汉纪》卷二十、《后汉书》卷七八都有记载，纸是宦官蔡伦在东汉和帝元兴元年（105）发明的，他当时任尚方令，用树皮、蔽布、麻头、渔网来造纸，因此被认为是纸的发明者。但事实上，根据考古发现的资料来看，纸在蔡伦之

① 释慧皎《高僧传》卷一《支楼迦谶传》，10 页。
② 释慧皎《高僧传》卷一《维祇难传》，22 页。
③ 释慧皎《高僧传》卷一《竺法护传》，23 页。

前就已经存在了 ①。1957 年西安东郊出土了所谓 "灞桥纸"，时间为汉武帝时（前 2 世纪）的纸，但这是否是纸还有争议。1978 年陕西扶风县中颜村又发现了西汉宣帝时（前 73—前 49）的纸，敦煌悬泉置遗址曾出土过纸，有字的是书信，没有典籍，说明西汉时有纸的结论是无可非议的。蔡伦的贡献在于技术的改进和原料的扩大，使纸得以较大量的生产，纸开始得到普遍应用，渐渐用作诗赋、典籍的书写材料，故天下咸称 "蔡侯纸"。西晋时，左思撰《三都赋》，"于是豪贵之家竞相传写，洛阳为之纸贵"②。由此可见，西晋时纸已经成为普遍地传抄文学作品的材料，但也说明纸的生产还是有限的，抄写一篇赋文，竟然使得首都的纸张都紧俏起来。

纸张的发明，促进了魏晋时期书籍的传播，如中国本土典籍的西进。1900 年，瑞典探险家斯文·赫定（Sven Hedin）在楼兰发现 252—310 年间的晋朝古纸，其中有纸本书写的《仓颉篇》《战国策》（图 4-3）等 ③，吐鲁番发现纸

图 4-3　在楼兰发现的《战国策》

①　关于纸张发明和早期的考古学证据，参看王元林《考古学视野下的简纸并用时代——兼谈古纸的起源与使用》，张德芳编《甘肃省第二届简牍学国际学术研讨会论文集》，上海古籍出版社，2012 年，360—374 页。

②　《晋书》卷九二，中华书局，1974 年，2377 页。

③　参看富谷至《3 世纪から 4 世纪にかけての書写材料の変遷——樓蘭出土資料を中心に》，載氏編《流沙出土の文字資料》，京都大学学術出版会，2001 年，477—526 页。

本的《春秋左氏传》《前汉纪》《三国志》等①，都是属于东晋十六国时期的写本，代表着中国传统的经史典籍西传到西域地区。

纸成为典籍的抄写材料之后，西域地区的汉文佛教经典也很快采用纸张来书写。目前所见最早的有纪年的写经，是日本大谷探险队在吐鲁番吐峪沟发现的晋元康六年（296）《诸佛要集经》写本（图4-4）②。近年来，属于同一写本的其他残片在旅顺博物馆藏卷中又有发现③，表明抄经在当时已经具有一定规模。

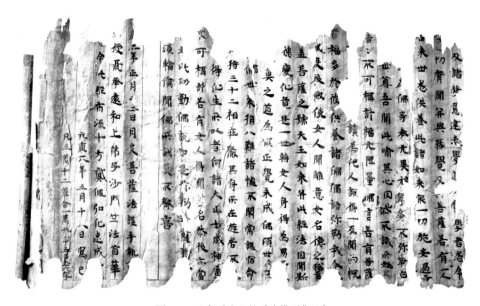

图4-4　吐鲁番出土的《诸佛要集经》

---

① 参看白石将人《書道博物館藏吐鲁番出土〈左伝〉服虔注残卷について》，高田时雄编《敦煌写本研究年报》第7号，京都大学人文科学研究所，2013年，347—360页；又《西陲出土日藏〈左传〉昭公残卷两种》，刘玉才主编《国际汉学研究通讯》第12辑，北京大学出版社，2016年，105—120页；余欣《写本时代知识社会史研究——以出土文献所见〈汉书〉之传播与影响为例》，荣新江主编《唐研究》第13卷，北京大学出版社，2007年，469页；收录于余欣《中古异相：写本时代的学术信仰与社会》，上海古籍出版社，2011年，36页；片山章雄《吐鲁番·敦煌發見の〈三国志〉写本残卷》，《东海史学》第26号，1991年，33—42页。
② 香川默识编《西域考古图谱》下，国华社，1915年，图1。
③ 参看三谷真澄《旅顺博物館所藏〈诸佛要集經〉写本について》，旅顺博物馆、龙谷大学合编《旅顺博物馆藏新疆出土汉文佛经研究论文集》，龙谷大学，2006年，64—73页。

属于早期吐鲁番佛典的，还有安徽博物院藏吐鲁番出土《贤劫九百佛名品》卷第十写本，有北凉神玺三年（399）正月二十日僧宝贤写经题记[①]。

德国国家图书馆藏高昌城出土《正法华经》卷十，有神玺三年七月十七日张施写题记[②]。

日本京都国立博物馆藏大谷探险队所获《优婆塞戒经》卷七，有丁卯岁（427）河西王世子且渠兴国请译经记[③]。

日本书道博物馆藏（王树枏旧藏）《妙法莲华经·方便品》，有己巳年（429）六月十二日令狐炭写经题记[④]。

新疆维吾尔自治区博物馆藏《金光明经》卷二，为庚午岁（430）四月十三日为索将军合家所写[⑤]。

俄藏 Φ.320《大方等无想大云经》卷六，有延和三年（434）九月五日比丘法融写经题记[⑥]。

中国国家博物馆藏吐鲁番出土《佛说首楞严三昧经》卷下，题太延二年（436）史良奴写[⑦]。

日本书道博物馆藏吐鲁番鄯善出土大凉承平七年（449）凉王且渠安周供养《持世》第一，标"用纸廿六枚"[⑧]。

---

① 林世田、刘波《国家珍贵古籍特展：跨越千年的对话》，《中华读书报》2009 年 6 月 24 日；王丁《佛教东传早期的佛名经——北凉神玺三年宝贤写千佛名号与汉译贤劫经》，《敦煌学辑刊》2015 年第 4 期，31—37 页。
② 《トゥルファン古写本展》，朝日新闻社，1991 年，No. 3；饶宗颐《柏林印度艺术博物馆藏经卷小记》，《九州学刊》4-4，1992 年，161—162 页。
③ 《西域考古图谱》下，图 18。
④ 王树枏《新疆访古录》卷一，叶 9—10。
⑤ 图版见《新疆维吾尔自治区博物馆》（《中国博物馆丛书》9），文物出版社，1991 年，图版 84。
⑥ 图版见孟列夫、钱伯城主编《俄罗斯科学院东方研究所圣彼得堡分所藏敦煌文献》第 5 册，上海古籍出版社、俄罗斯科学出版社东方文学部，1994 年，168 页。
⑦ 黄文弼《吐鲁番考古记》，科学出版社，1958 年，图 9。
⑧ 王树枏《新疆访古录》卷一，叶 20—22。

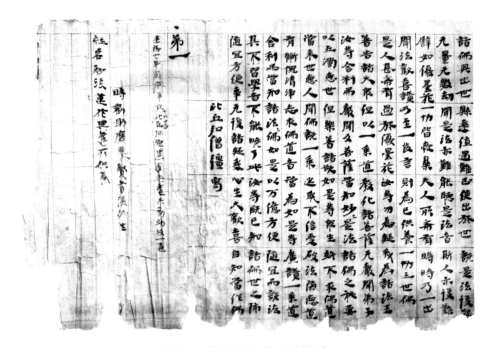

图 4-5　库车出土的《妙法莲华经》

又承平十五年（457）且渠安周供养《佛说菩萨藏经》卷一，题"廿六纸半"[1]。

又且渠安周供养《十住论》卷七，题"用纸廿三张"[2]。

又安周供养《华严经》卷二十八，题"廿纸"[3]。特意标出用纸数量，表明纸张的金贵。

比吐鲁番更西的龟兹国地区，也有早期汉文写经出土，即大谷探险队所获《妙法莲华经》卷一（图 4-5），有西凉建初七年（411）七月二十一日比丘弘施、惠度、兴达等题记[4]。可见用纸抄写佛经很快进入西域地区，并成为惯用的习俗，一直延续下来，简牍已经退出历史舞台。虽然敦煌、吐鲁番也有

---

[1]　王树枏《新疆访古录》卷一，叶 22—23。
[2]　池田温《中国古代写本识语集录》，东京大学东洋文化研究所，1990 年，87—88 页。
[3]　池田温《中国古代写本识语集录》，88 页。
[4]　《西域考古图谱》下，图 5。

高级的绢本写经，但一般人是使用不起的，所以无法与纸张同日而语。总之，纸张虽在西汉时即已发明，但到公元 3 世纪，方才取代简牍，成为书写的主要载体。

从魏晋到唐初，中国僧人掀起一股西行求法运动，去中亚、印度抄写佛典，中国发明的轻便纸张为这项求法抄经运动作出巨大贡献。甘露五年（260），朱士行出塞，西至于阗，写得《放光经》正品梵书胡本九十章，六十万余言[1]。隆安五年（401），法显发自长安，西度流沙，往西天取经。404 年，智猛从长安出发往西天取经，所著《游外国传》云："此《大涅槃经》，初十卷有五品。其梵本是东方道人智猛从大竺将来，暂憩高昌。"[2] 又，《出三藏记集》卷九《华严经记》云："《华严经》胡本凡十万偈。昔道人支法领从于阗得此三万六千偈，以晋义熙十四年（418）岁次鹑火三月十日，于扬州司空谢石所立道场寺，请天竺禅师佛度跋陀罗手执梵文，译胡为晋，沙门释法业亲从笔受。至元熙二年（420）六月十日出讫。"[3] 这些都是从中原到西域的僧侣，大概使用中原制造的纸张来抄写佛经，才能抄写较为大部头的经书。这种做法的推广，也在一定程度上取代了西域的口口相传的传统。

以上讨论的都是汉文材料和文献记载，胡语文献的情况如何呢？感谢近代以来的考古发现，让我们可以一窥胡人使用纸张作为书写材料的情况。

斯坦因 1907 年在敦煌西北一座长城烽燧（编号 T.Ⅻ.a）下发现了几封粟特文古信札（Ancient Letters）（见下页图 4-6）。因为这些纸质信札发现在汉代烽燧下面，所以斯坦因认为其年代在 105—137 年或 153 年间[4]。如果是这样，那么在蔡伦造纸之后纸张马上被粟特人带到西方。但 1948 年，专门研究粟特文的恒宁（W. B. Henning）解读了其中一封信，认为所记洛阳被烧的情形指

---

① 僧祐《出三藏记集》卷七《放光经记》，264—265 页。
② 僧祐《出三藏记集》卷八《二十卷泥洹经记》，315 页。
③ 僧祐《出三藏记集》卷九，326 页。
④ A. Stein, *Serindia*, Ⅱ, Oxford, 1921, pp. 671–677.

图 4-6　粟特文古信札 1、3 号

的是西晋末年的永嘉之乱，年代在 313 年前后 ①。虽然后来仍有学者主张东汉末年说，如匈牙利学者哈玛塔（J. Harmatta），认为是汉献之乱时产生的文献 ②。但大多数学者都采用了西晋末年说，特别是葛勒耐（F. Grenet）与辛维廉（N. Sims-Williams）合撰《粟特语古信札的历史内容》一文，全面考察了与断代相关的考古、纸张、内容、字体等各方面的情况，结论是写于 312 年后不久 ③，使得西晋末年说基本上被学界所公认。

　　这些是粟特商人在 312 年后不久从河西走廊东端的武威等城镇寄出的信函，邮包不慎掉在长城烽燧下面。这些信札的纸张质地很好，甚至有的纸张专家认为是公元 6 世纪的产物。实际上，粟特商人采用了当时上佳的好纸来作为他们的通信材料，因为他们有钱买最好的纸。这批粟特文古信札中的 2 号信札，是从武威寄到粟特本土撒马尔干（Samarkand）的一封 ④，虽然没有寄

①　W. B. Henning, "The Date of the Sogdian Ancient Letters", *Bulletin of the School of Oriental and African Studies*, XII, 1948, pp. 601-615.

②　J. Harmatta, "The Archaeological Evidence for the Date of the Sogdian 'Ancient Letter'", *Studies in the Sources on the History of Pre-Islamic Central Asia*, Budapest, 1979, pp. 75-90.

③　F. Grenet and N. Sims-Williams, "The Historical Context of the Sogdian Ancient Letters", *Transition Periods in Iranian History*, Leuven, 1987, pp. 101-122. 王平先译《粟特语古信的历史背景》，《敦煌研究》1999 年第 1 期，110—119 页。

④　N. Sims-Williams, "The Sogdian Ancient Letter II", *Philologica et Linguistica: Historia, Pluralitas, Universitas. Festschrift für Helmut Humbach zum 80. Geburtstag am 4. Dezember 2001*, ed. M. G. Schmidtaund W. Bisang, Wissenschaftlicher Verlag Trier, 2001, pp. 267-280.

达，但可以推断同时代当有入华粟特人的纸本书信送到了粟特地区。换句话说，就是中原生产的好纸作为书写材料在魏晋时期已经到达粟特地区，也就是阿姆河和锡尔河之间的河中地区。

　　书信毕竟尺幅较小，用纸不多，要用纸来书写典籍，还需要一个过程，这里有纸张的供给问题，也有传统的改变和宗教信仰的接受问题。西域北道（新疆塔里木盆地北沿）发现的早期佛典写本，用的还是从西北印度传过来的树皮作为书写材质。公元 5 世纪以降，人概出于嚈达南下，截断西北印度与塔里木盆地绿洲王国之间的联系，印度的书写材料无法输入，梵文（Sanskrit）佛典开始用纸张来书写，但形制仍然是印度的贝叶形（图 4-7）。与此同时，北道的龟兹语（Kuchean）、焉耆语（Agnean），南道的于阗语（Khotanese）佛典，都采用纸张来书写了[1]。焉耆硕尔楚克（Shorchuk）出土的一件龟兹语讲"头陀行"（Dhūtaguṇas）的写本（THT 558-562），为此地纸张的使用提供了一个时间点。这件写本是把一件鸠摩罗什于后秦弘始六年（404）前后在长安所译《十诵律》的汉文写本剪切成贝叶形，将有汉字的一面面对面糊起来，形成外面是两面空白的"贝叶"，用来书写龟兹语佛典[2]。汉文佛典的译出年代，为这件胡语佛典的书写年份定了一个上限，因此可以说公元 5 世纪初叶以后，西域开始使用中原

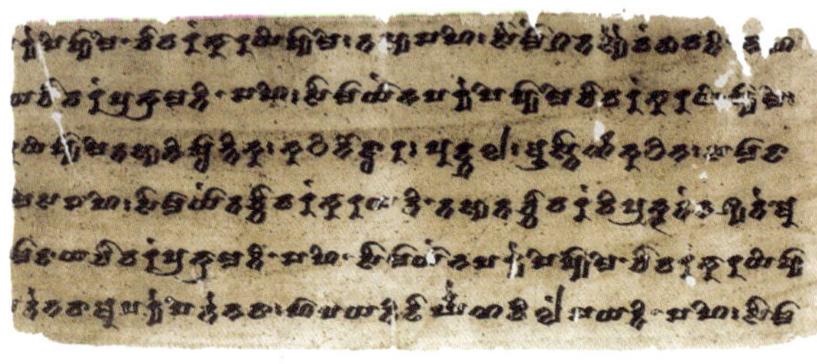

图 4-7　克孜尔十佛洞出土的梵语律藏写本

---

①　Lore Sander, "Brāhmī Scripts on the Eastern Silk Roads", *Studien zur Indologie und Iranistik*, vol. 11/12, 1986, p. 162; idem., "Remarks on the Formal Brahmi Script from the Southern Silk Route", *Bulletin of the Asia Institute*, New Series, vol. 19, 2005〔2009〕, pp. 133-143.

②　L. Sander, "Was kann die Paläographie zur Datierung tocharischer Handschriften beitragen?", in: Y. Kasai et al. (eds.), *Die Erforschung des Tocharischen und die alttürkische Maitrisimit: Symposium anlässlich des 100. Jahrestages der Entzifferung des Tocharischen Berlin*, 3. und 4. April 2008, Turnhout: Brepol, 2013, pp. 277-305.

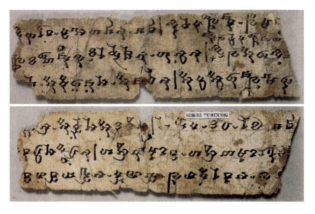

图 4-8　克孜尔千佛洞出土的龟兹语佛典

的纸张来书写胡语经典（图4-8）[1]。丝路南道的于阗王国使用的于阗语佛教文献，最早的译本如《僧伽咤经》（Sanghāta-sūtra）[2]，年代应当在5世纪（图 4-9）[3]。

此后，这一做法成为新的传统，一直延续不断。西域地区可以抄写大量的佛典，纸张厥功至伟。我们可以举这样一个例子，唐人僧详《法华传记》卷一引《西域志》云："昔于阗王宫有《法华》梵本，六千五百偈。东南二千余里有遮拘盘国，彼王累世敬重大乘。王宫亦

图 4-9　和田出土的于阗语佛典

① 庆昭蓉、江南和幸《唐代安西大都护府时期之龟兹当地用纸》，朱玉麒主编《西域文史》第12辑，科学出版社，2018年，162—164页。

② G. Canevascini, *The Khotanese Sanghātasūtra. A Critical Edition*, Wiesbaden, 1993; idem, "New Readings and New Words in the Khotanese *Sanghātasūtra*", *Studia Iranica* 19: 1, 1990, pp. 13–20; M. Maggi, "Notes on The Khotanese *Sanghātasūtra*", *Bulletin of the School of Oriental and African Studies* 59.1, 1995, pp. 119–124.

③ 参看 P. O. Skjærvø, *Khotanese Manuscripts from Chinese Turkestan in the British Library. A Complete Catalogue with Texts and Translations*, London: British Library, p. lxix. 但作者把于阗语《金光明经》也作为最早的写本，似乎有些不妥，因为有些段落与义净译《金光明最胜王经》更为符合。参看段晴《新发现的于阗语〈金光明最胜王经〉》，《敦煌吐鲁番研究》第9卷，中华书局，2006年，7—22页; Duan Qing, "Two New Folios of Khotanese *Suvarnabhāsottamasūtra*", *Annual Report of the International Research Institute for Advanced Buddhology*, Soka University, 10 (2006), 2007, pp. 325-336+ pl.

有《华严》《大集》《摩诃般若》《法华》《涅槃》等五部大经，并十万偈。又东南二十余里，有山甚崄难，峰上有石窟，口狭内宽，其内《华严》《大集》《方等》《宝积》《楞伽》《方广》《舍利弗陀罗尼》《华聚陀罗尼》《都萨罗藏》《摩诃般若》《大云经》等，凡一十二部，皆十万偈，国法相传，防护守掌。"①可见塔里木盆地西南于阗、遮拘盘（叶城）等大乘佛国，都拥有大量的经典，应当是纸提供了书写的方便媒介。

总之，不同的载体所承载的文本在长短、结构、内涵等方面都会有所不同，不同物质的载体承载量的多少，对于知识文明在丝绸之路上传播的广远有极大的关系；传播的数量大而且快捷，自然会促进知识的不断进步和文明之间的交往。

早期的书写材质多是木质（桦树皮、松木）的，书写面积小，容易破碎，所以必然是要写最精炼的内容，比如西域发现的早期佛典多为《法句经》《法集要颂经》一类，就是这个缘故。随着纸张的使用，文本的物质性改变，使得书写面积加大加宽，页码加长，文本承载的内容越来越多。纸传入中亚，被佛教徒使用之后，可以抄写、传播更大篇幅的佛典，于是我们可以看到一些大部头的佛典，如《华严经》《大集经》《般若经》《法华经》《涅槃经》等，都开始传抄起来。一些文字更多的论部经典，也流传起来，为省纸张，甚至要用小字书写。

另外，因为纸质书籍远较木质书籍为轻，因此书籍的运载量也自然增加。从佛典就可以看出，早期的桦树皮写经，只能带一些小经流转，而使用纸张以后，才可能驮载大部头的佛典长途跋涉，从印度、中亚，运载到中国。

随着书籍运载量的增大，知识也可以传播得更多、更远，也更加系统。原本在较小篇幅写不下的内容，以及不易操作的表格、图像，由于纸张提供的书写面积大幅度增加，因此也就可以把想用不同方式表达的思想全都表现出来。

---

① 《大正藏》第51卷，50页。

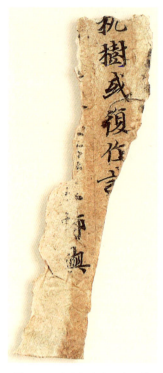

图 4-10　在高加索山区发现的
义净译经抄本

纸用于佛典的抄写之后，对于佛教从印度到西域，再到中国中原地区的传播，起到了决定性的推动作用。如果没有纸的介入，佛教在西域、中国，不可能流传如此广远。

在帕米尔以西，我们目前没有发现唐朝之前的纸本原物的留存。今撒马尔罕以东 120 公里的木格山（Mt. Mugh）上，有一个因躲避阿拉伯人攻击而建的城堡，康国王曾在这里流亡，其中出土了一批写在皮革上的粟特语、阿拉伯语文书，还有几件汉文文书，年代在 709 至 722 年之间[①]。这些属于武威地区的官文书应当是作为废纸被带到那里的，但这也代表着纸传播到粟特地区的情形。

在更远的高加索山区莫谢瓦亚·巴勒卡（Moshchevaya Balka）的墓葬中，曾出土过三件汉文文书残片，其中一件应当是商人买卖时的计账，一件似是什物账，一件残片是义净翻译的《根本说一切有部苾刍尼毗奈耶》卷十五（图 4-10）[②]，书法绝佳，是标准的唐人写经，由此可以推知其他两件也是唐朝文书。这是迄今发现的流传到西边最远地方的纸本文书了。

---

① 　Richard N. Frye, "Ṭarxūn–Türxūn and Central Asian History", *Harvard Journal of Asiatic Studies*, 14.1–2, 1951, p. 123.

② 　仝涛《北高加索的丝绸之路》，罗丰主编《丝绸之路上的考古、宗教与历史》，文物出版社，2011 年，102—114 页；陈明《义净的律典翻译及其流传——以敦煌西域出土写卷为中心》，《文史》2015 年第 3 期，145—176 页。

第
五
讲

丝绸之路也是一条
"写本之路"

在计算机时代，特别是手机时代到来之前，一个人要出门旅行，都要带上纸笔，商人要记账目，外交使者要写公文，考察人员要做记录，文人要写诗文，一些更为细心的人要每天写日记，与口语不通的人有时要用笔交谈，如此等等，是离不开写本的。从汉代到元朝，是陆上丝绸之路比较兴盛的时期，由于西北、中亚一带气候条件干燥，丝路沿线保存下来大量的写本，其中有丝路上从一地运送到另一地的图书文献或官府诏令文书，也有直接反映丝绸之路运营的各种写本资料。这些写本的物质形态，有竹木简牍、羊皮纸、纸草、桦树皮、绢布、麻纸等等，其中保存最多且信息量最大的，要数吐鲁番、敦煌等地保存的纸本文书。丝绸之路的运作离不开写本，从某种意义上来说，丝绸之路也是一条"写本之路"。

一、公验与过所

行走丝绸之路，首先要得到公验或过所，即通行证。我们知道，唐太宗贞观十四年（640）灭吐鲁番的高昌国，同时也赶走了与高昌国呼应的天山北可汗浮图城的西突厥部，设立庭州。到贞观二十二年（648），庭州、西州间已经建立了完善的唐朝边塞烽燧体系，负责检查过往行人。吐鲁番出土的《唐贞观廿二年庭州人米巡职辞为请给公验事》给我们展示了一个简单的公验的样子①：

1　贞观 廿二 　　　　 庭州人米巡职辞：

2　　米巡职年叁拾　奴哥多弥施年拾伍

3　　婢娑蜀年拾贰　驼壹头黄　铁勤敦捌岁

4　　羊拾伍口。

5　州司：巡职今将上件奴婢驼等，望于西

6　州市易。恐所在烽塞，不练来由。请乞

7　公验。请裁，谨辞。

8　　　　　　　　巡职庭州根民，任往

9　　　　　　　西州市易，所在烽

10　　　　　　塞勘放。怀信白。

11　　　　　　　　　　　廿一日

由此可以了解到，因为是在和平的环境下、在唐朝本土的州县间往来，所以对于这样的个体商队，手续比较简单，发给公验，即可上路。米巡职是庭州本地人，庭州官员怀信批示，可以任其前往西州市易，沿路烽塞，予以放行。

而吐鲁番文书中保存下来的过所，往往都是申请过所时的案卷，有过所本身，也有申请过所时附带呈递的其他一些文书。《唐垂拱元年（685）康尾义罗施等请过所案卷》残存的四片文书，告诉我们一队中亚吐火罗商人和一队粟特商人在西州申请过所的故事②：

---

① 唐长孺主编《吐鲁番出土文书》叁，文物出版社，1996年，306页。参看姜伯勤《敦煌吐鲁番文书与丝绸之路》，文物出版社，1994年，187—188页。
② 《吐鲁番出土文书》叁，346—350页。参看程喜霖《唐代过所研究》，中华书局，2000年，246—258页。

（一）64TAM29：17（a），95（a）

1　　　　 垂拱元年四月　日

2　　　　　 译翟那你潘｜｜｜（指节划线）

3　　　　 连　亨　白

4　　　　　　 十九日

……………………………………（纸缝背押"亨"字）

5 ▢▢▢义罗施午卅　　｜｜｜（指节划线）

6 ▢▢▢钵年六十　　｜｜｜（指节划线）

7 ▢▢▢拂延年卅　　｜｜｜（指节划线）

8 ▢▢▢色多年卅五　　｜｜｜（指节划线）

9 ▢▢▢▢被问所请过所，有何来文，

10 仰答者！谨审：但罗施等并从西

11 来，欲向东兴易，为在西无人遮得，更

12 不请公文，请乞责保，被问依实，谨

13 □（牒）。 亨

14　　　　　　 ▢▢▢月　日

（二）64TAM29：108（b）

1　　　　　　 四月　日游击将军▢▢▢

2　　　　　 连　亨　白

3　　　　　　 十九日

……………………………………（纸缝背押"亨"字）

4 ▢▢▢兴生胡纥槎年五十五　　　　｜｜｜（指节划线）

5 ▢▢▢笃潘年卅五　　｜｜｜（指节划线）

6 ▢▢▢达年卅六　　｜｜｜（指节划线）

7 ▢▢▢延年六十　　｜｜｜（指节划线）

8 ▢▢▢被问所请过所，有何公文？

9 ▢▢▢▢审，但笃潘等并从西

10 ⬚⬚⬚⬚⬚⬚⬚汉官府，所以更不请

11 ⬚⬚⬚⬚⬚⬚等，并请责保，被

（三）64TAM29：107

1 你那（那你）潘等辩：被问得上件人等辞，请将

2 家口入京，其人等不是压良、诙诱、寒盗

3 等色以不？仰答者！谨审：但那你等保

4 知不是压良等色，若后不依今

5 款，求受依法罪，被问依实，谨□（牒）。｜　｜　｜（指节划线）

6 亨　　　　　垂拱元年四月　日

7 　　　　连　亨　白

8 　　　　　　　十九日

（四）64TAM29：24、64TAM29：25

1 保人庭、伊百姓康阿了⬚⬚⬚⬚⬚｜　｜　｜（指节划线）

2 保人伊州百姓史保年卅⬚⬚⬚⬚｜　｜　｜（指节划线）

3 保人庭州百姓韩小儿年卅⬚⬚⬚⬚｜　｜　｜（指节划线）

4 保人鸟（焉）耆人曹不那遮年⬚⬚⬚⬚｜　｜　｜（指节划线）

5 保人高昌县史康师年卅五⬚⬚⬚⬚｜　｜　｜（指节划线）

6 　康尾义罗施年卅　作人曹伏磨⬚⬚⬚⬚

7 　婢可婢支　驴三头　马一匹⬚⬚⬚

8 　吐火罗拂延年卅　奴突蜜⬚⬚⬚

9 　奴割逻吉　驴三头⬚⬚⬚

10 　吐火罗磨色多⬚⬚⬚

11 　奴莫贺咄⬚⬚⬚

12 　婢頡　婢⬚⬚⬚

13 　驼二头　驴五头⬚⬚

14 　何胡数刺　作人曹延那⬚⬚⬚

15 　驴三头

16　康纥槎　男射鼻　男浮你了

17　作人曹野那　作人安莫延　康☐

18　婢桃叶　驴一十二头

19　阿了辨：被问得上件人等牒称，请将

20　家口入京，其人等不是压良、诱、寒盗、

21　冒名假代等色以不者？谨审：但了等保知

22　不是压良，假代等色，若后不依今款，

23　求受依法罪，被问依实，谨☐（牒）。

24　　　　　　垂拱元年四月　日

25　　　　　　连　亨　☐（白）

　　第一残片内容表明，垂拱元年四月十九日，西州官府通过译语人翟那你潘（应当是个粟特人）寻问粟特来的商人康尾义罗施和吐火罗斯坦来的商人吐火罗拂延、吐火罗磨色多等四人有关过所的来文在哪里，他们回答称在西边没有遇到唐朝关津烽燧的遮拦，所以没有申请过过所。第二残片是另一组兴生胡（也就是粟特胡）纥槎、笃潘等一行四人，也是没有来文，虽然文字已残，但大概应当与前面康尾义罗施一行相同，因为没有遇到唐朝的官府，所以没有过所。据王炳华先生的看法，这两个商队从中亚进入西域，没有走塔里木盆地北沿的官道，而是从天山腹地中穿行，经阿拉沟进入吐鲁番盆地（图5-1），所以没有遇

图5-1　穿越阿拉沟古道的现代公路

105

到唐朝的关城，也就没有申请过过所[①]。为此，西州官府对他们的来历加以调查，并找人给他们担保。第三残片是询问一个叫那你潘的胡人（可能就是前面当译语人的翟那你潘）的辩词，他声称这些人打算带家口去长安兴生贩易，他们一行人中没有被违法压良、詃诱、寒盗之类的人，都属于良民。第四残片是庭、伊百姓康阿了、伊州百姓史保、庭州百姓韩小儿、焉耆人曹不那遮、高昌县史康师等各地的胡汉居民出面担保，证明这些人以及他们所带的奴婢、牲口都不是压良、詃诱、寒盗、冒名假代等类的人。然后详细登记了这些粟特和吐火罗商人姓名、年龄及他们所携带的奴婢姓名、牲口数量，基本上都是过所上需要明确登记的内容。经过这样的详细盘查和保人担保，确定没有问题，西州官府就发给这些商人过所。从最后一件罗列的名目来看，西州官府把上述两批人重组为一支商队，前往京城长安。

垂拱元年时，唐朝已经将安西都护府从西州交河城移至塔里木北沿的龟兹王国，下辖安西、于阗、疏勒、焉耆四镇，并开通道路，列置馆驿[②]，所以从西边粟特或吐火罗地区来的商旅，经过安西四镇地区时，一般都会在首次抵达的唐朝官府处申请过所。康尾义罗施和康纴槎分别率领的两个商队因为走天山谷道，没有遇到唐朝官府，所以到了西州后，受到严格盘查，然后重新给予过所，组成商队，再前往中原。

在申请过所时，除了商队人员要确定是良民外，也要交代清楚所携带的奴婢、牲口的数量和来历，必要时需要提供相关的买卖契约文本，作为证据。对此，《唐开元二十一年（733）唐益谦请给过所案卷》是一个很好的例子[③]。这件文书是说福州都督府前长史唐循忠的侄子唐益谦（唐荣，小字意奴）一行从安西四镇地区回福州老家，要路过玉门、金城、大震、乌兰、潼关、蒲

---

① 王炳华《"天山峡谷古道"刍议》，荣新江主编《唐研究》第20卷，北京大学出版社，2014年，11—29页。

② 参看荣新江《唐代安西都护府与丝绸之路——以吐鲁番出土文书为中心》，新疆龟兹学会编《龟兹学研究》第5辑，新疆大学出版社，2012年，154—166页。

③ 唐长孺主编《吐鲁番出土文书》肆，文物出版社，1996年，268—274页。

津等关，本来是有尚书省发的过所，并有粮马递送。但在开元二十一年正月从西州出发时，被检查出婢女失满儿、绿珠（一作绿叶）和马四匹没有登记在过所上，因此官府加以审查。唐益谦出示给官府从兴胡米禄山手上购买女婢的市券，并得到保人宋守廉等人担保"前件马并是唐长史家畜，不是寒盗等色"，经过西州官府的勘合无误后，他们获得西州勘发的过所，带着奴婢和牲畜，沿河西走廊入关，经至少六个关城以及无数烽塞，一路往福州而去。他们所买的两个女婢，绿珠和失满儿，都是胡族出身。由此可见，在漫长的丝绸之路上，商旅行人一定要有过所以及证明自己所携人口、牲畜来历的写本文书。

至于唐朝丝路沿途官府查验过所的情形，吐鲁番文书中也有一件典型的例子，即《唐开元二十年（732）瓜州都督府给西州百姓游击将军石染典过所》，文字如下①：

1　　　家 生奴移□□ 　□□□

2 安西已来，上件人肆、驴拾。今月　　日，得牒

3 称：从西来，至此市易事了。今欲却往安

4 西已来，路由铁门关，镇戍守捉不练行由，

5 请改给者。依勘来文同此，已判给，幸依勘

6 过。

7　　　　　　　　　　府

8 户曹参军亘

9　　　　　　　史杨只

10　　　　开元贰拾年叁月拾肆日给。

………………………………………………………

11 三月十九日，悬泉守捉官高宾勘西过。

---

① 《吐鲁番出土文书》肆，275—276 页。

12 三月十九日，常乐守捉官果毅孟进勘西过。

13 三月廿日，苦水守捉押官年五用勘西过。

14 三月廿一日，盐池戍守捉押官健儿吕楚珪勘过。

……琛………………………………………

15　　作人康禄山　石怒忿　家生奴移多地

16　　驴拾头 沙州市勘同，市令张休。

17 牒，染典先蒙瓜州给过所，今至此市易

18 事了，欲往伊州市易。路由恐所在守捉不

19 练行由。谨连来文如前，请乞判命。谨牒。

20 印　开元廿年三月廿 日，西州百姓游击将军石染典牒。

21　　　任 去。琛示。

22　　　　　廿五日。

23 印

24 四月六日伊州刺史张　宾　押过

　　石染典，从姓名来看，原本是出身中亚石国（Tashkend）的粟特人，但已著籍为西州百姓，并获得游击将军的武散官衔。他从安西四镇地区到河西的瓜州市易，事了后打算回安西，于是陈牒申请过所，得到瓜州都督府的准许，开元二十年三月十四日获得过所。过所上有三月十九至二十一日瓜州、沙州之间的悬泉、常乐、苦水、盐池四个守捉官的勘放记录，四月六日经过伊州的记录。从这件文书可以真切地看到丝绸之路沿线唐朝各级军政机构的勘验记录，是商人在丝路上往来的真实写照。

　　汉唐时期的行人出关、入关之前，都要先申请过所，有了过所，就可以在丝绸之路上畅通无阻。与申请过所相关的市券、契约，也是丝路商人手上必要的文书，加上有关申请、检查、记录过所的各种写本，都是丝绸之路不可或缺的写本文献。

二、旅行指南和会话练习簿

旅行者在出行之前的准备中，还会尽可能地准备自己经行路线的指南类书籍，特别是那些有专门巡礼目的的僧人，不仅仅要有交通道路的指南，最好还有关于沿途佛教圣迹的说明书。其实，佛教之外的景教、摩尼教的传教士，也都是如此。商人则有所谓"商业指南"类的书籍，有的"珍宝书"其实也是"寻宝指南"。在中古时期，这些书籍都是手抄本，特别是那些纸质写本，带上也比较轻便，是理想的旅行装备。

唐朝初年经过西域巡礼五印度的玄奘法师，他的《大唐西域记》无疑是以后前往西天取经者的最佳指南书。在敦煌写本中，P.2700《大唐西域记》（图 5-2）卷一写本书法比较草率，没有天头地脚，顶栏书写，每行字数也不等[①]；P.3814《大唐西域记》（见下页图 5-3）卷二写本书法虽然稍微好点，但也不是标准的经生体，而且每行 19、20 字不等，基本顶栏书写[②]。这两个写本都不像是图书馆的藏书，而像是旅行者的手

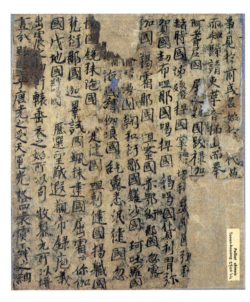

图 5-2　P.2700《大唐西域记》

册。S.2659V《大唐西域记》写本一面写有《摩尼教下部赞》与《僧羯磨》卷上，另一面抄有《大唐西域记》卷一、《往生礼赞文》、《十二光礼忏文》

---

① 图版见上海古籍出版社、法国国家图书馆编《法藏敦煌西域文献》第 17 卷，上海古籍出版社，2001 年，301 页。余欣《〈大唐西域记〉古写本述略稿》认为此卷很可能和下文讨论的 S.2659 是一卷之裂，见《文献》2010 年第 4 期，30—31 页。
② 图版见《法藏敦煌西域文献》第 28 卷，2004 年，156—161 页。

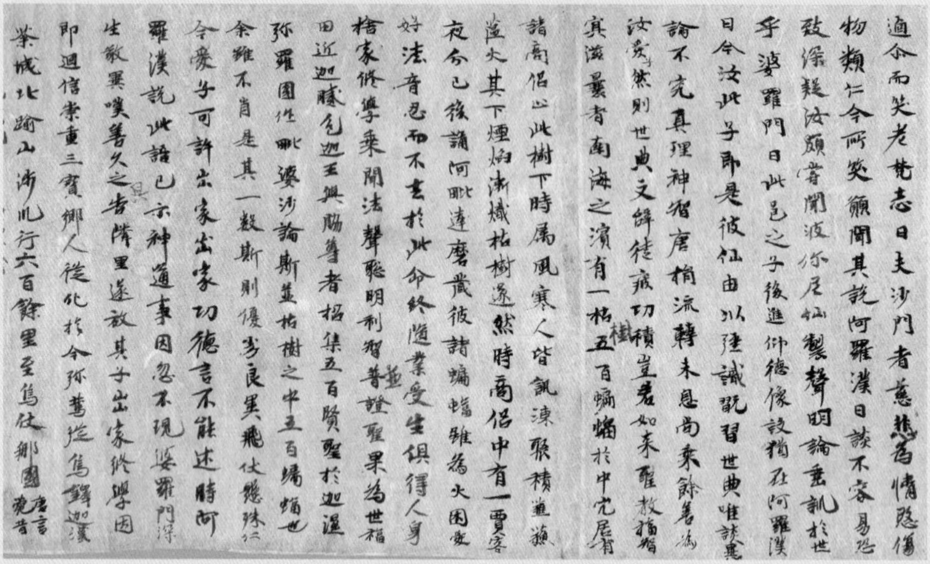

图 5-3　P.3814《大唐西域记》

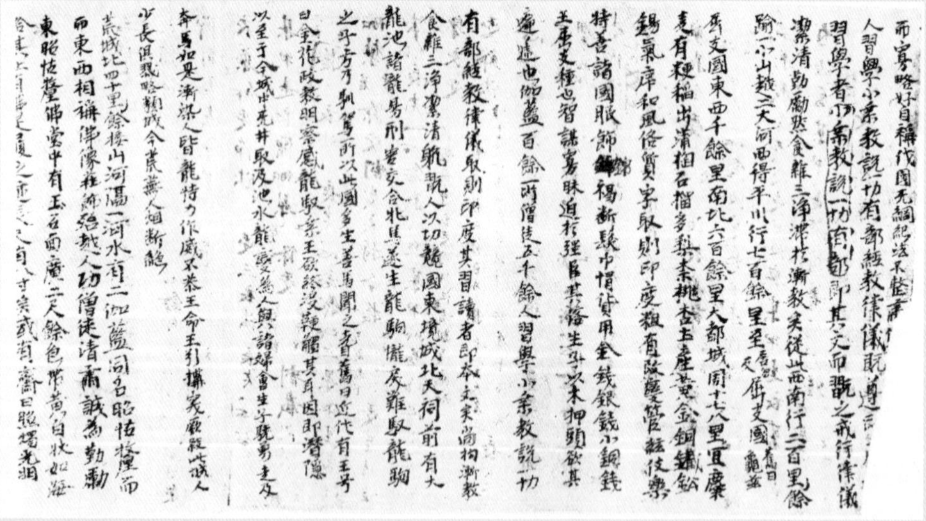

图 5-4　S.2659V《大唐西域记》

（图 5-4）①，据《大唐西域记》题记，这些文本是一位叫智严的僧人所写。据 S.5981，智严在沙州巡礼圣迹后留下的题记，可以知道他是鄜州（今陕西富县）开元寺观音院主，号临坛持律大德。在同光二年（924）三月初，往印度

---

① 有关该卷的简况和图版，见向达辑《大唐西域记古本三种》，中华书局，1981 年；《英藏敦煌文献（汉文佛经以外部分）》第 4 卷，四川人民出版社，1991 年，143—176 页。

求法，到达沙州佛教圣地①。S.2659《大唐西域记》卷一写本，也应当是他作为旅行指南从关中带到敦煌，最后留在敦煌的。

此外，一个旅行者在准备做长途跋涉、进入自己语言不通的地区时，先要把最相关的词汇或短句用双语的形式写在纸本上，这种简单的会话练习簿，是经过语言环境复杂的丝绸之路时所不可或缺的。在敦煌文书中曾见到过梵文—于阗文双语对照会话练习簿（P.5538 背第 9—87 行），共 171 个短语或词汇，都是先写梵文，然后接着写于阗文的翻译②，现摘引苦干段落如下：

A.4［你从］何处来？

　5［我从］瞿萨旦那（于阗）国来。

　6［你从］印度何时来？

　7 已有两年。

　8［你］在瞿萨旦那国住何处？

　9 寄住在一所寺院。

B.13 今者你将何往？

　14 我将前往中国。

　15 在中国做何事？

　16 我将前往参拜文殊师利菩萨。

　17 你何时回到此地？

　18 我将巡礼全中国，然后回还。

C.26［你］是否有书籍？

　27 有。

　28 什么书？经、论、律还是金刚乘［文献］？这些书属于哪一类？

---

① 荣新江《敦煌文献所见晚唐五代宋初的中印文化交往》，李铮、蒋忠新主编《季羡林教授八十华诞纪念论文集》下册，江西人民出版社，1991 年，956—957 页。

② 熊本裕《西域旅行者用サンスクリット＝コータン語会話練習帳》，《西南アジア研究》28，1988 年，58—61 页。

29［你］喜爱哪部书？

30 喜爱金刚乘，教授［此部经典］。

　　这是一个从印度经于阗到中国中原的五台山巡礼来的梵僧使用的手册。他的母语是梵文，所以先写出梵文可能要说的句子，然后让懂于阗语的人写出于阗文，因为两者都用婆罗谜字母拼写，所以他可以看着梵文的意思，来念于阗语，这样在经过于阗、敦煌等通行于阗语的地方，他可以介绍自己的来由、住所、目的，以及相关的一些情况。

　　另外，敦煌写本中还保存有几种汉语—于阗语双语对照词汇表（S.5212背，共 8 行；Or.8212/162 前 12 行；P.2927 第 4—25 行），形式是先用于阗语所使用的婆罗谜文字拼写汉语词句，再写于阗语对译词，内容多是旅行、食物、身体各部位的词汇①。这应当是于阗人要到汉地出使或经商时所使用的词汇手册，即根据于阗语词的内容，用婆罗谜文字的拼写发出汉字的音，多少能够在一个陌生的语言环境中，先有些沟通，直到找到一个通双语的译语人。

三、商人的账本、记事簿

　　丝绸之路是一条商业贸易之路，商业运营离不开纸笔记账，不论是大队人马的官方商队，还是一人独行的小商贩，他们的写本账单是丝路上最为常见的一类文书。《唐译语人何德力代书突骑施首领多亥达干收领马价抄》［72TAM188：87（a）］②，文字如下：

1　□钱贰拾贯肆伯文

2　　右酬首领多亥达干马三匹直。

① 高田时雄《敦煌·民族·语言》，钟翀等译，中华书局，2005 年，213—305 页；P. O. Skjærvø, *Khotanese Manuscripts from Chinese Turkestan in the British Library*, London: British Library, 2002, pp. 35–36, 44–46。

② 《吐鲁番出土文书》肆，41 页。

3　　十二月十一日付突骑施首领多亥达

4　　干领。

5　　　　　　译语人何　德力

通过丝绸之路的北方游牧民族和农耕居民的贸易持续不断，农耕社会最需要的是北方牧区的马匹，或以绢换，或用钱买。这件文书就是唐朝官府通过译语人何德力书写的付给北方突骑施首领多亥达干购买马匹的价目收据，翻译人正是经常在这两者之间做生意的粟特人。文书出自吐鲁番阿斯塔那188号墓，据同墓出土文书的年代，该文书应当在神龙二、三年（706—707）前后。文书用汉语书写，应当是交给唐朝官府留存的一份，同时也应当有胡语（突厥语或粟特语）的一份，交给来卖马的突骑施首领。

《唐开元十六年（728）西州都督府请纸案卷》（Ot. 5840）也提供了一个很好的例证^①：

（前缺）

1　　　　　　　开元十六年八月十六日，典 梁思忠牒。

2　　　　　　　首领阙俟斤朱耶波德（画押）

3　付　司。　楚　珪　示。

4　　　　　　　　　　十九日

9牒检案连如前，谨牒。

10　　　　八月　日，史李艺牒。

11　　　　朱耶部落所请次、案共

12　　　　壹伯张，状来，检到不

13　　　　虚，记咨。沙安白。

14　　　　　　　　十九日

19　　　　依判。楚珪示。

---

① 小田義久编《大谷文書集成》叁，法藏馆，2003年，209—210页，图版10。

20　　　　　　　　　　十九日

21　　　　　　　开元十六年八月十九日

22　　　　　　　　　史 李 艺

28 案为朱耶部落检领纸到事。

　　这是开元十六年二月至八月间西州都督府处理几次请纸事宜的牒文案卷之一，上面钤有"西州都督府之印"，记首领阙俟斤朱耶波德向西州都督府申

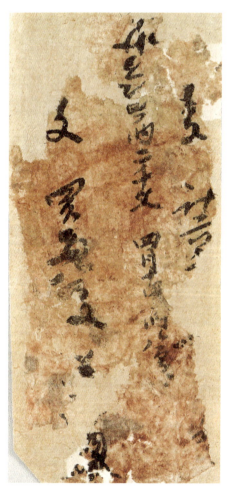

图 5-5　莫谢瓦亚·巴勒卡（Moschevaya Balka）
出土的汉文计账

请次纸、案纸共计"壹伯张"，经过检核文案，应当给付，于是四等官批准支付，最后签署的"楚珪"，是当时的西州都督张楚珪。

　　申请者首领阙俟斤朱耶波德，应当属于天山北部西突厥沙陀部下属的朱耶部落，其部落首领来西州，恐怕也是来做卖马的生意，这对唐朝应当是一笔好买卖，所以供给纸张，作为买卖时使用，其数量不在少数，可见交易的量也不小。我们从中也可以看出市马过程中纸的消耗量是不少的，因此同样会产生大量的纸本文书。

　　在高加索山区莫谢瓦亚·巴勒卡（Moschevaya Balka）的墓葬中出土的三件汉文文书残片（图 5-5），其中一件应当是商人买卖时的计账。

　　到了公元 10 世纪，丝绸之路并没有断绝，各个绿洲王国间的中转贸易十分繁盛。敦煌发现的一件突厥化粟

特文买卖记账文书（P. 3134），就是一个毛织物匹段的交换账单，它是一个在沙州的粟特或突厥化粟特商人的记账[1]。P.2024背则是一件于阗文的买卖账单，共72行，记录于阗商人在敦煌购买马匹、羊、织物等的每一笔账目[2]。

四、买卖契约

丝绸之路上的商人做买卖，要订立契约，在丝路沿线发现过很多商人买卖契约，这里选取几件比较有代表性的例证。《阚氏高昌永康十二年（477）闰月十四日张祖买奴券》（97TSYM1：5）[3]：

1 永康十二年润［月］十四日，张祖从康阿丑

2 买胡奴益富一人，年卅，交与贾行缣百三

3 拾柒匹。贾即毕，奴即付，奴若有人仍（认）

4 名，仰丑了理，祖不能知。二主和合，共成券

5 义之后，各不得返悔，悔者罚行缣贰

6 百柒拾肆匹，入不悔者。民有私要，要

7 行［二主］，沽各半。　　　请宋忠书信，

8 时见祖强、迦奴、何养、苏高昌、

9 　唐胡。

这是吐鲁番洋海墓葬出土的一件契券文书的原件，背面有大字隶书"合同文"的左半墨迹，也就是订立契约的一方——张祖所持有的契券，带有

---

[1]　N. Sims-Williams and J. Hamilton, *Turco-Sogdian Documents from 9th–10th Century Dunhuang*, London，2015，pp. 27–36, pls. 1–3.

[2]　H. Kumamoto, "Miscellaneous Khotanese Documents from the Pelliot Collection", *Tokyo University Linguistics Paper*，14，1995，pp. 229–238.

[3]　荣新江、李肖、孟宪实主编《新获吐鲁番出土文献》，中华书局，2007年，125页。

"合同文"另一半文字的同一契券的另一件，则由卖主持有。这位出卖胡奴的卖主，是一位来自撒马尔罕的康国胡商，汉名康阿丑，他把从西域带来的一个三十岁的胡奴，出售给高昌人张祖，获得行緤一百三十七匹，然后带着棉织物和契约离开。如果有人出来指认这个胡奴是从其他人家拐骗出来的，则要由卖方处理，与买方无关。契约一旦成立，则不得反悔，反悔者会受到很重的处罚。最后有若干保人具名担保。这样的契约文书，是丝绸之路上私人之间进行买卖、借贷时所必不可少的，它们是公平交易的记录和保障。在很长一段时间里，契约都会被买卖双方所保存。如上所述，商人在申请过所、经过关津时都要有契约来证明所带奴婢、牲畜的来历，而地方居民也同样要保有购买人口、牲畜的凭证，以备有人来认领。

　　吐鲁番还出土过一件粟特文的契约，是麹氏高昌国末叶延寿十六年（639）所写，记录一个高昌人从一位来自撒马尔罕的康国粟特人手中，购买一个突厥地区生的女奴婢，证人分别来自粟特的米国、康国、石国、何国[①]。

这件契约说明这种商人买卖文书也同样用其他语言文字来书写，而纸质契约是商人远行时携带最为方便的纸本文书，尽管我们现在看到的往往是留存在高昌当地买者手中的一份。

　　到了唐朝，丝绸之路上这种买卖契约更多起来。这里举一个例子，即《唐开元二十一年（733）石染典买马契》（图5-6）[②]：

图5-6　《唐开元二十一年（733）石染典买马契》

① Y. Yoshida, "Translation of the Contract for the Purchase of a Slave Girl found at Turfan and dated 639", Appendix to V. Hansen, "New Work on the Sogdians, the Most Important Traders on the Silk Road, A.D. 500–1000", *T'oung Pao*, LXXXIX/1–3, 2003, pp. 159–161.
② 《吐鲁番出土文书》肆，279 页。

1　马壹匹，骝敦六岁

2　开元廿一年正月五日，西州百姓石染典，交用大练拾捌

3　匹，今于西州市，买康思礼边上件马。其马

4　及练，即日各交相分付了。如后有人寒

5　盗识认者，一仰主、保知当，不关买人之事。恐

6　人无信，故立私契。两共和可，画指为记。

7　　　　　　　　练主

8　　　　　　　马主别将康思礼年卅四

9　　　　　　　保人兴胡罗世那年卌

10　　　　　　保人兴胡安达汉年卌五

11　　　　　　保人西州百姓石早寒年五十

这件契约的买主，就是上面讨论过所时提到的已经入籍为西州百姓的石国粟特商人石染典，他在开元二十年四月六日经过伊州前往西州。该文书则记录了他在开元二十一年正月五日，于西州市场上，用高档的大练十八匹，从康国胡人康思礼手边买马一匹。不论是买卖双方，还是担保的罗世那、安达汉、石早寒，从姓名两方来看，都是粟特胡人，但是使用的却是汉文契约，表明到 8 世纪上半叶，也就是唐朝鼎盛的开元后期，汉语和粟特语一样，已经是丝绸之路上国际贸易中的通用语了。

五、旅途书信

商人或其他出门在外的人，都要写信回家，或者联系前方官人、熟人来给予照顾。一般的书信不会保留，但敦煌、吐鲁番、于阗等地出于种种原因，保留下来很多书信，有的是草稿，有的是收到的正式书信，其中也有丝路商人的信札。

丝路上出土的商人书信，最著名的要属斯坦因在敦煌西北长城烽燧下发

掘到的粟特语古信札，在一个送信人不小心掉下来的封袋中，总共有七八封用粟特语写的书信。根据其中文字比较完整的第二封信札，得知这组书信写于公元 4 世纪初叶，是以武威为中心的粟特商团中的商人寄往撒马尔罕、楼兰、于阗等地的书信，讲述了他们东到邺城（安阳）、洛阳，西到撒马尔罕的经商以及其他事情①。

图 5-7　和田出土的希伯来文新波斯语书信

在和田东北沙漠深处的丹丹乌里克遗址（唐朝杰谢镇），曾出土过两封用希伯来文所写的新波斯语书信（图 5-7），是一批犹太商人留下的文字。其中比较完整的一件信札的 38—44 行译文如下②：

我要寄非常多的信给你们。但我不知道（这些信）会不会到你们那里。五月十八日，Šabilī 进来了。二十五日，地主把两个筋脚送往（他）女儿那里。我正是通过这些筋脚之手寄了三十封信给你们。我写了除喀什噶尔外所有城市的情

① N. Sims-Williams, "The Sogdian Ancient Letter II", *Philologica et Linguistica : Historia, Pluralitas, Universitas. Festschrift für Helmut Humbach zum 80. Geburtstag am 4. Dezember 2001*, eds. M. G. Schmidt and W. Bisang, Trier, 2001, pp. 267-280；F. Grenet, N. Sims-Williams, and É. de la Vaissière, "The Sogdian Ancient Letter V", *Bulletin of the Asia Institute*, XII, 1998, pp. 91-104；N. Sims-Williams, "Towards a New Edition of the Sogdian Ancient Letters : Ancient Letter 1", *Les Sogdiens en Chine*, eds. É. de la Vaissière and É. Trombert, Paris, 2005, pp. 57-72；毕波《粟特文古信札汉译与注释》,《文史》2004 年第 2 辑，88—93 页。

② 张湛《粟特商人的接班人？——管窥丝路上的伊朗犹太商人》，荣新江、罗丰主编《粟特人在中国：考古发现与出土文献的新印证》，科学出版社，2016 年，663—664 页。

况。喀什噶尔的情况是这样的：（下略）

　　这位发信人总共写了三十封信给收信人，可见书信对于丝路商人的重要性。根据丹丹乌里克遗址废弃的年代，推测这些书信大概写成于8世纪末叶，地处塔克拉玛干沙漠深处的杰谢镇，当时与西面的神山堡（Mazar Tagh），南面的质逻（今策勒），东面的尼壤（尼雅）等地，都有道路相通，是丝路商人所走的捷径之一。因此不论此前的粟特商人，还是后来的犹太商人，都在这里留下了遗迹，而且利用书信沟通信息，报告各地的军政状况，特别是有无威胁经商的战乱发生，商队首领利用书信指示派到各地的商人把物品如何转移运输。可以说，书信是商人不可或缺的经商手段。

　　到了10世纪，敦煌文书中保留了各种商人、僧侣活动的记录。S.529号写本上就有定州（今河北省定县）开元寺僧归文信札六封（图5-8），现移录其中内容较多的三封如下：

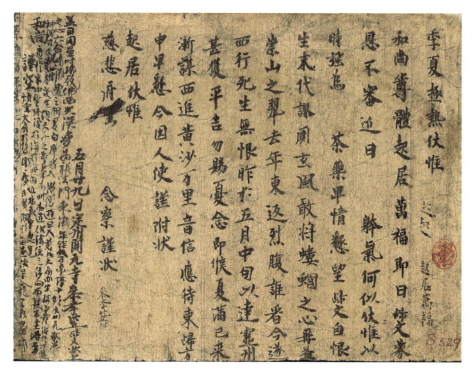

图5-8　S.529 开元寺僧归文信札（部分）

A1　季夏极热，伏惟

2　和尚尊体起居万福。即日归文蒙

3　恩，不审近日体气何似？伏惟以

4　时强为茶药，卑情恳望。归文自恨

5　生末代，谬闻玄风，敢将蝼蚁之心，再答

6　崇山之翠。去年东返，烈腹谁看？今遂

7　西行，死生无恨。昨于五月中旬，以达灵州，

8　甚获平吉，勿赐忧念。即候夏满已来，

9　渐谋西进。黄沙万里，音信应待东归，方

10　申卑恳。今因人使，谨附状

11　起居，伏惟

12　慈悲，府垂念察，谨状。

13　　　五月廿九日定州开元寺参学比丘归文状上。

14　和尚几前谨空

　　（中略）

E1　归文启：归文伏自

2　　辞违后，虽曾有状，难忘攀恋之怀。

3　　况寄塞途，谁是堪依之者？终期再叙，

4　　方遣愁眉，未遂寸心，故难东返。昨于

5　　四月廿三日已达灵州，兼将缘身衣物，买得

6　　驼两［头］，准备西登碛路。此后由恐平沙万里，雪

7　　峤千寻，鱼鸟希逢，归文罕遇，切望相时

8　　度日，以道为怀。

F1　敕旨往诣西天取经。近届

2　府庭，已经旬日。今因巡礼圣迹，得寄

3　　贵封，于宝胜寺安下讫。谨专诣

4　　衙，祇候

5　　起居

6　　尚书，伏听处分。

7　牒件状如前，谨牒。

8　　　　同光二年五月　日定州开元寺僧归文牒。

　　归文在同光元年（923）曾经西行，但半路退回。同光二年再起征程，于四五月间到达灵州，购买骆驼，继续西行。这六件书信应当是归文西行途中分别寄给或在当地上给沿途所经之地的和尚、令公、评事、尚书等僧俗官人，受文者的姓名和地点都不得而知，推测当在沙州以东地区[1]。这些信件基本上是每信一纸，但有些没有收尾部分，个别还有习字在上面，说明是书信的底稿，而正式的信已经寄走。第一封书信第十三行后面，到第二封书信第一行的后面，是归文用很草的小字，撰写的一篇斋文类的稿子，应当是他在路上做佛教法事时所据的文本。这一写本多次利用的特征，也说明这些书信应当是草稿，因此作了另外的用途。S.529 号写本不仅说明书信在求法僧行进过程中联络的功能，而且书信的废纸也还可以留作他用。当归文抵达敦煌之后，大概有了更好的纸张供给，于是把这前面所写的书信留在了敦煌，辗转进入藏经洞，而为我们今人所知。

六、巡礼行记与诗文创作

　　与商人不同的是，巡礼求法的僧人一般都是要写巡礼行记的，而文人则必然有所创作，这些巡礼记和创作的诗文，也是丝绸之路上常常可以见到的写本遗存。P.3552 号写本慧超《往五天竺国传》应当就是慧超从西域回来，路过敦煌时留下来的巡礼行记了。P.3931 号写本是印度普化大师巡礼五台山的行记。S.383 号写本《西天路竟》是宋朝初年的求法僧行记。此外，敦

---

[1]　参看荣新江《敦煌文献所见晚唐五代宋初的中印文化交往》，958—959 页。

煌写本中还有丝
绸之路上某一段
的旅行记录，如
P.3973 号写本是
某人从晋北入
代州，经雁门关
而到五台山的
日记；P.4648 号
写本是某人自怀
州、泽州、潞州
到太原的日记；

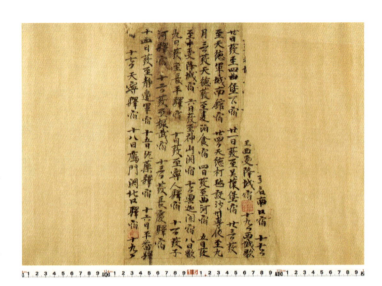

图 5-9　羽 032《驿程记》

S.397 号写本则是从太原，经忻州到五台山的日记；日本大阪杏雨书屋藏《驿
程记》（图 5-9），可能是一组敦煌使者从西受降城到雁门关的行记。

　　如果是一个文人，那么他必定会在旅途中触景生情，写作诗文。这样的
诗文草稿我们也在西域、敦煌出土的写本中找到。S.6234 号与 P.5007 号写本
可以直接缀合，P.2672 号写本不能直接缀合，都是一位唐咸通十二年（871）
至乾符三年（876）任河西都防御判官的翁郜所撰，他把别人寄给他的书信用
作拟诗的草稿纸，后来把纸粘连起来，用背面誊写自己的诗集（图 5-10），随

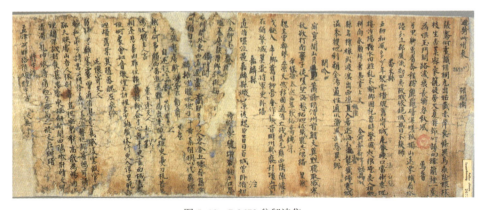

图 5-10　P.2672 翁郜诗集

后又有修改。他的行踪是从河西东部的凉州番和，经河西走廊、吐鲁番盆地，最远到焉耆的铁门关[①]。这个写本其实就是他沿路吟诗、抄录、修改的记录，也让我们看到一个诗人带着写卷，一路创作的场景。我们透过几首诗，来看看作者对丝绸之路的吟咏：

《胡桐树》：“张骞何处识胡桐，元出姑臧赤岸东。萂异乌桑阴㩕㰌，枝生杏叶密蒙笼。”这是作者在武威地区看到的胡桐树，密叶蒙笼，传说中张骞在西域所见的胡桐树，可能就在姑臧。“为恨玉门关□路，泪痕长滴怨秋风”一句，表明作者也像大多数唐朝文人一样，到了西北荒凉之地，不免有秋风萧瑟的愁感。

《敦煌》：沙州敦煌是汉河西四郡或唐河西五郡最西面的一个。诗云：“万顷平田四畔沙，汉朝城垒属蕃家。歌谣再复归唐国，道舞春风杨柳花。”这四句清楚地叙述了敦煌从唐朝领地而为吐蕃占领，大中二年（848）又重新回归唐朝的情况。作者用比较轻快的笔调，对归义军的新世界颇有赞奖之词：“仕女尚采天宝髻，水流依旧种桑麻。”这和P.3451号写本《张淮深变文》所记情形有相近之处：“天使入开元寺，亲拜我玄宗圣容。天使睹往年御座，俨若生前。叹念敦煌虽百年阻汉，没落西戎，尚敬本朝，余留帝像。其余四郡，悉莫能存。又见甘、凉、瓜、肃，雉堞雕（凋）残，居人与蕃丑齐肩，衣着岂忘于左衽。独有沙州一郡，人物风华，一同内地。”[②]最后两句“雄军往往施鼙鼓，斗将徒劳猃狁夸”，这是对归义军兵将的表扬，在翁郜眼里，这是一支具有很强战斗力的队伍，曾经夺取了吐蕃重镇凉州。

《西州》：诗题中的“西州”和诗句中的“交河”，原本都写作“轮台”，后用粗笔涂改。轮台是唐朝边塞诗人最喜欢吟咏的对象，但作者很快意识到时过境迁，到了他这个时代，西迁回鹘的新都城西州，远比轮台更为重要，

① 参看荣新江《唐人诗集的钞本形态与作者蠡测——敦煌写本S.6234+P.5007、P.2672综考》，四川大学中国俗文化研究所编《项楚先生欣开八秩颂寿文集》，中华书局，2012年，141—158页。

② 黄征、张涌泉《敦煌变文校注》，中华书局，1997年，192页。

所以及时地改作西州。"交河虽远地，风俗易中华。绿树参云秀，乌桑戴□花。"这里的"易"字从意思上似乎正相反，原本的意思应当是说，交河虽然距离中华本土很远，但风俗不易；自然景观也不是西域荒漠的情景，而是和中原地区类似。然而，"〔□□〕居猃狁，芦酒宴胡笳"，因为后来这里迁居来了回鹘（诗人往往用古代北方民族猃狁代称），所以风俗也为之一变，饮芦酒，听胡笳。到了作者的时候，"大道归唐国，三年路不赊"，与此相近的历史事实应当是咸通七年（866）二月，北庭回鹘仆固俊尽取西州、北庭、轮台、清镇等城，遣使米怀玉入朝报捷[1]。这个使者应当经过凉州一带而和诗人相遇，于是有了这样一首难得的晚唐咏西州诗。

《焉耆》：西州还不是诗集作者最远的视线，我们看诗人歌咏焉耆的句子："万里聘焉耆，奔程踏丽龟。碛深嗟狐媚，山远象峨眉。水陆分三郡，风流效四夷。故城依绝域，无日不旋师。"从"奔程"到"旋师"，表明作者确实曾到过焉耆，而这次出使的使命是"聘焉耆"，为唐朝焉耆历史添上了一笔。作者提到所经过的地方有"狐媚"碛。此名又见于蒙古高原发现的三语合璧《九姓回鹘可汗碑》，其中汉文部分记："□□（北）庭半收半围之次，天可汗亲统大军，讨灭元凶，却复城邑。率土黎庶，含气之类，纯善者抚育，悖戾者屏除。遂〔奔逐至狐〕媚碛，凡诸行人及于畜产□□□□□□□□□□□□□□□□□遗弃。后吐蕃大军攻围龟兹，天可汗领兵救援，吐蕃夷灭，奔入于术。四面合围，一时扑灭。"[2] 这说的是漠北回鹘怀信可汗与吐蕃争夺西域北道之事，其中狐媚碛就在北庭与龟兹之间，

---

① 《新唐书》卷二一七下《回鹘传》，6133—6134 页。参看荣新江《归义军史研究》，上海古籍出版社，1996 年，356—357 页。

② 碑文诸家录文各有优劣，参看程溯洛《从〈九姓回鹘毗伽可汗碑〉汉文部分看唐代回鹘民族和祖国的关系》，《中央民族学院学报》1978 年第 2 期，20—28 页；森安孝夫、吉田丰、片山章雄《カラニバルガスン碑文》，森安孝夫・オチル《モンゴル国现存遗迹・碑文调查研究报告》，中央ユーラシア学研究会，1999 年，209—224 页；华涛《西域历史研究》，上海古籍出版社，2000 年，15—17 页；林梅村、陈凌、王海城《九姓回鹘可汗碑研究》，《欧亚学刊》第 1 辑，1999 年，160—162 页。

大概接近于术的地方，而于术则在焉耆西七十里处，出焉耆五十里先到铁门关，再西行二十里即于术守捉城①，可见狐媚碛在焉耆周边。"狐媚"，突厥语作kümüš，即"银山"之意，汉字音译作"狐媚"，今称库米什②。可知翁郜去焉耆，走的是从西州经银山道往焉耆的道路，也是最主要的通往焉耆的路线。

《铁门关》：关在焉耆西五十里，是西域中道往来的重要关隘。过去这里"过尽前朝多少人"，但作者眼前的景象，却是"客舍丘墟存旧迹"，昔日招待往来客使的房舍已经成为遗迹，此处的情景，已经没有像岑参诗所咏"铁门关西月如练"那么美妙，而只有"山川犹自迭鱼鳞"。铁门关是诗人走得最远的地点。

丝绸之路是东西方共同造就的一个伟大的交往通道，通过这条道路，东方的丝绸、漆器、茶叶、瓷器源源不断地运往西方，而西方的玻璃、金银器、珍禽异兽、宗教信仰也陆陆续续进入中国。然而，这条持续两千多年的丝绸之路的运营，离不开纸张。不论是商人记账目，还是文人做诗文；不论是传教士沿途的记录，还是求法僧巡礼圣迹的记载，都离不开纸本。在中国发明的纸张成为丝绸之路上主要的书写材料以后，因为轻便易于携带，成为旅行者必要的装备，而纸张很快成为书信、账单、契约、行记等等的书写载体。大量的纸质文书方便了丝路旅人的相互联系，也为旅行者的财产提供法律保证，写本让丝绸之路的运营更加迅捷和通畅。可以说，丝绸之路离不开写本，换句话说，丝绸之路也是一条"写本之路"。

---

① 《新唐书》卷四三《地理志》引贾耽《皇华四达记》，1151 页。
② 林梅村《西域地理札记》三《狐媚碛》，所著《古道西风——考古新发现所见中西文化交流》，生活·读书·新知三联书店，2000 年，272—278 页。

第

六

讲

商胡、萨保与
粟特贸易网络

粟特人是中古时期丝绸之路上最活跃的商胡，他们组成商队，由商队首领萨保率领，从粟特本土向四面八方去经商。由于粟特以东丝绸之路沿线大量文书和图像的出土，特别是敦煌、吐鲁番文书的详细记载，我们今天可以比较清晰地勾勒出粟特商队的构成，由粟特商队建立的胡人聚落的功用，粟特人的商业活动与贸易网络，以及由商业活动带来的东西文化交流情形，而这些丰富的内容是我们原本在东西方传世材料里所不能获知的。

一、从粟特文古信札谈起

1907 年，第二次来中国西北地区探险的斯坦因（Aurel Stein），在敦煌西北的一座长城烽燧（编号 T.XII.a）下，发现了一个邮袋，里面装着八封用中亚粟特民族的文字所写的粟特语信件，其中五封相对完整，其余的则残破不已，学界称之为"粟特文古信札"（Sogdian Ancient Letters）（图 6-1）。因为粟特语属于已经灭绝的语言，又是世俗文书，所以解读起来有一定的难度。经过几代学者一百多年来的努力和研究，其中部分编号的古信札（I—V）已经得

以通读，而完整的译文也就是在最
近若干年才发表出来。这些信是粟
特商人从姑臧（武威）、金城（兰
州）和敦煌发送出来的，有的是写
给家乡撒马尔罕（Samarkand，在
今乌兹别克斯坦）的，有的可能是
寄到丝绸之路沿线的楼兰、于阗等
西域地区的，不知什么原因，邮包
失落，埋藏在敦煌长城脚下。从这
些信中可以了解到，这个以姑臧为
大本营的粟特商团，活动范围东到
洛阳、邺城，西到撒马尔罕，他们
长途贩卖，经营的商品有黄金、麝
香、胡椒、樟脑等贵重物品，还有
麻织物，以及小麦等粮食作物，当
然重要的是来倒卖的中国丝绸[①]。
这组书信写于西晋末年（312 年前

图6-1 粟特文古信札

后）[②]，真切地反映了当时丝绸之路上的商品交易活动。

尽管目前的翻译还没有达到完全令人满意的程度，也还有一些残片没有
解读出来，但粟特文专家提供给我们的古信札译文和解说，有助于我们理解 4
世纪初叶来到中国的粟特商人的状况。这些信札有从武威和敦煌寄出的，说

---

① N. Sims-Williams，"The Sogdian Ancient Letter Ⅱ"，*Philologica et Linguistica: Historia*，*Pluralitas*，*Universitas. Festschrift für Helmut Humbach zum 80. Geburtstag am 4. Dezember 2001*，ed. M. G. Schmidt and W. Bisang，Trier，2001，pp. 267–280；F. Grenet，N. Sims-Williams，and E. de la Vaissière，"The Sogdian Ancient Letter V"，*Bulletin of the Asia Institute*，Ⅻ，1998，pp. 91–104.

② W. B. Henning，"The Date of the Sogdian Ancient Letters"，BSOAS，Ⅻ，1948，pp. 601–615；F. Grenet & N. Sims-Williams，"The Historical Context of the Sogdian Ancient Letters"，*Transition Periods in Iranian History*，Paris，1987，pp. 101–122.

明武威和敦煌都是粟特商人在河西走廊的聚居地。这些粟特人是由"萨保"（*s'rtp'w*）统领的，即他们有自己的"商队首领"（"萨保"一词的本意）。从已经确定的粟特文古信札的内容来看，早在 4 世纪初叶，这些粟特商胡在十六国时期的兵荒马乱之际，仍然活跃在丝绸之路上。

自东汉末年，中原战乱频仍，秩序混乱。作为中西交通的咽喉之地敦煌，甚至二十多年没有太守，当地豪强大姓雄张，兼并土地，使小民无立锥之地，前来贸易的西域商胡也备受欺诈。据《三国志》卷一六《魏书·仓慈传》记载，三国曹魏明帝太和年间（227—231），仓慈出任敦煌太守，对当地豪族欺辱"西域杂胡"的情况加以整顿，商胡"欲诣洛者，为封过所；欲从郡还者，官为平取，辄以府见物与共交市，使吏民护送道路"，有力地抑制了豪强的兼并和勒索，为西域商人前往内地买卖提供种种方便。西域商胡以敦煌为根据地，有的前往洛阳兴贩贸易，有的由此返回家乡。敦煌成为汉族与西域各族民众密切交往的一个国际贸易都会。

西晋末年以武威为大本营的这批粟特商人，与仓慈治理敦煌时商胡的活动范围正好大体相同，可以说是一脉相承，从中可见粟特商人在丝绸之路上的执着追求。

那么，这些粟特人又是一个什么样的民族呢？

二、粟特人的故乡

粟特人，在中国史籍中又被称为"昭武九姓""九姓胡""杂种胡""粟特胡"等等。从人种上来说，他们是属于伊朗系统的中亚古族；从语言上来说，他们操印欧语系伊朗语族中的东伊朗语的一支，即粟特语（Sogdian），文字则使用阿拉美文的一种变体，现通称粟特文。

粟特人的本土位于中亚阿姆河和锡尔河之间的泽拉夫珊河流域，即西方古典文献所说的粟特地区（Sogdiana，音译作"索格底亚那"），其主要范围在今乌兹别克斯坦，还有部分在塔吉克斯坦和吉尔吉斯斯坦。从公元前 5 世纪中叶开始，这里相继出现了玛拉干达（Maracanda）、阿弗拉西阿卜（Afrāsiāb）、瓦拉赫沙（Varakhsha）、阿滥谧（Ramīthan、Ramitan）等城镇。前 545—前 539 年之间，波斯阿契美尼德王朝的居鲁士二世（Cyrus II，前 559—前 530 年在位）征服索格底亚那，并建立行省。公元前 334 年，马其顿国王亚历山大大帝（Alexander the Great，前 336—前 323 年在位）东征，于前 327 年攻占索格底亚那。但亚历山大很快去世（前 323），帝国瓦解，粟特地区先后受制于希腊化的塞琉古（Seleucus）帝国、巴克特里亚（大夏）王国、康居行国、大月氏等。贵霜帝国没有直接占领粟特，使得这里的城邦绿洲王国得以发展。公元 224 年建立的波斯萨珊王朝很快东扩，在沙普尔一世（Shapur I，242—272 年在位）时占领粟特地区。4 世纪末嚈哒在中亚兴起，占领索格底亚那，不断扩张，为中亚强国。直到 558 年，新兴的突厥与萨珊联盟，攻灭嚈哒帝国，以阿姆河为界瓜分嚈哒领土，粟特成为西突厥汗国的附属。658 年唐朝灭西突厥汗国，粟特各国又归属大唐帝国的统辖[①]。

图 6-2　阿弗拉西阿卜遗址

在粟特地区大大小小的绿洲上，分布着一个个大小不同的城邦国家，这些国家包括：

康国，又称萨末鞬、飒抹建，都城在今乌兹别克斯坦撒马尔罕（Samarkand），古称玛拉干达（Maracanda），都城在阿弗拉西阿卜（Afrāsiāb）（图 6-2），在

① 　B. I. Marshak and N. N. Negmatov, "Sogdiana", *History of Civilization of Central Asia*, vol. III. Paris: UNESCO Publishing, 1996, pp. 233–258. 汉译本《中亚文明史》第 3 卷，中国对外翻译出版公司、联合国教科文组织，2003 年，195—238 页。

诸国中最大，常常是粟特各城邦国家的代表。撒马尔罕作为粟特第一大城，"其原因首先在于它的地理位置适当来自印度（经过巴里黑 /Balkh）、来自波斯（经过马鲁 /Merv）以及来自突厥人地区的几条商路干线相会之处。次则撒马尔罕的土地异常肥沃，足以供养集中于一地的数量庞大的人口"[①]。

米国，又称弭秣贺（Māymurgh），当位于康国东南。有的学者认为其都城钵息德即今撒马尔罕东约 70 公里处的片吉肯特（Panjkent）（图 6-3）[②]，对音合适，但主持发掘的俄罗斯学者并不认可。

曹国，或称中曹，都城劫布呾那（Kaputana）、伽不单（Kaboudhan），在今撒马尔罕东约 12.5 公里处。

东曹国，又称苏对沙那、率都沙那（Sutrūshana/Ushrūsana），位于今撒马尔罕东 220 公里处，在锡尔河以南，费尔干纳盆地西部出口。

西曹国，又称瑟底痕（Ishitikhan），隋代时的曹国，在今撒马尔罕西北百里的伊什特汗。

图 6-3　片吉肯特遗址

---

① W. Barthold, *Turkestan down to the Mongol Invasion*, third edition, London, 1968, p. 83；张锡彤、张广达汉译《蒙古入侵时期的突厥斯坦》，上海古籍出版社，2007 年，99 页。
② 马小鹤《米国钵息德城考》，《中亚学刊》第 2 辑，中华书局，1987 年，65—75 页。

图 6-4　沙赫里夏勃兹的卡费尔 – 卡拉古城

石国，又称赭时、者舌、柘支，均为粟特文 Chach 的音译，都城在今乌兹别克斯坦塔什干（Tashkent）东南 15 公里处的阿克·特帕（Ak-Tepa）。塔什干在锡尔河的东面，原本不属于粟特的领土，随着粟特人的殖民扩张，这里也成为粟特地区，并且成为一个重要的绿洲王国。

史国，又称羯霜那（Kashana）、乞史（Kish）、佉沙，在今乌兹别克斯坦沙赫里夏勃兹（图 6-4），位于撒马尔罕南 75 公里，为康国南下吐火罗斯坦的必经之地。《新唐书·西域传》称，史国有城五百，隋大业中"号最强盛，筑乞史城，地方数千里"。隋炀帝曾派韦节、杜行满出使西域史国，得十个舞女、狮子皮、火鼠毛等物[1]。

何国，又称屈霜你伽、贵霜匿（Kushānika），在撒马尔罕西北约 75 公里处。

安国，又称忸蜜（Numijkat）、副货、布豁、捕喝（以上均为 Bukhār 对音），都城阿滥谧（Ramīthan），在今乌兹别克斯坦布哈拉（Bukhara）城郊，是仅次于康国的粟特王国。

毕国，在今布哈拉西 55 公里处的拜坎德（Baikand）。

戊地国，又称伐地（Vardanze，Bitik），或名西安国，在今乌兹别克斯坦布哈拉的西面。

---

[1] 《隋书·西域传》，中华书局，1982 年，1841 页。

火寻国，又称货利习弥（Khwrāizmik），今称花剌子模，在今阿姆河下游一带。

穆国，又称木鹿、木禄（Merv），在今土库曼斯坦马里，或译马鲁、谋夫。

不同时期，这些国家或有分合，中国史籍称他们为"昭武九姓"，其实有时候不止九个国家[1]。这些国家的人进入中国，按照以国为姓的原则，往往被赋予中国式的姓氏：康、安、石、米、史、何、曹、贺（火寻）、翟（戊地？）、穆、毕等。根据这些姓氏来判断是否粟特人，有的容易分辨，有的需要甄别。

历史上的粟特人从未形成一个统一的帝国，因此长期受其周边强大的外族势力控制。粟特人在各异族统治下，非但没有灭绝，反而更增强了自己的应变能力，不仅保存了独立的王统世系，而且成为中古时代控制陆上丝绸之路的一个独具特色的商业民族。

三、粟特商队

在公元 3 至 8 世纪之间，也就是大体上相当于中国的汉唐之间，出于商业利益的驱使，以及粟特地区的动乱和战争等原因，粟特人沿传统意义上的陆上丝绸之路大批东行，经商贸易，有许多人就此移居中国，一去不复返。

粟特人东来贩易，往往是以商队（caravan）的形式，由商队首领 *s'rtp'w*（caravan-leader，音译为"萨保"）率领。他们结伙而行，少者数十人，多者数百人，并且拥有武装以自保。我们在敦煌莫高窟第 420 窟窟顶东坡上部的一幅隋代绘制的《观世音菩萨普门品》图像中，就可以看到这样的商队在丝绸之路上行进的情形，虽然画家绘制的是产生于印度的佛经故事，但人物形象却是以敦煌画家常见的中亚粟特商队为原型的，这种画法在龟兹、高昌和

---

[1]   关于粟特王国的古地今名，参考张广达为《大唐西域记校注》（中华书局，1985 年）所写的相关条目。

图 6-5　史君石椁
商队行进图

图 6-6　史君石椁
商队休息图

敦煌都是一样的 [①]。

　　近年来考古发现的一些北朝末年的粟特首领墓葬中的石棺或石椁图像，为我们提供了难得的和十分细致的粟特商队的情况。

　　北周凉州萨保史君（葬于大象二年，即 580 年）的石椁西壁第三幅（W3）画面下部，描绘了一幅商队行进图（图 6-5）。商队最前面是两个骑马的侍卫，其中一位可以看见腰间悬挂着箭袋。后面是两头驮载货物的骆驼，再后面是一位头戴船形帽骑着马的粟特商队首领，右手上举握着望筒，正在瞭望，观察前方的动静。在两头骆驼的右上方，有两匹马和一头驴驮载着货物并行，后面一持鞭胡人正驱赶前行。紧挨着这幅图像，转到石椁北面的第一幅（N1）（图 6-6），上部中心位置的帐篷内盘腿坐一位游牧民族（嚈哒）的首领，头戴

---

① 荣新江《萨保与萨薄：佛教石窟壁画中的粟特商队首领》，荣新江等编《粟特人在中国——历史、考古、语言的新探索》，中华书局，2005 年，59 页。

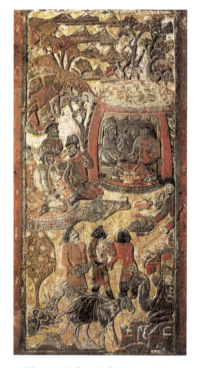

图 6-7　安伽石屏商队图（原图）　　　　　　安伽石屏商队休息图（绘图）

宝冠，着翻领窄袖长袍，腰束带，右手握一长杯，脚穿长靴。帐篷前铺设一椭圆形毯子，上面跪坐的应当是前来拜访的粟特商队首领，头戴毡帽，着翻领窄袖长袍，腰束带，悬挂腰刀，右手握长杯，与帐内首领对坐饮酒。帐篷两侧有三位侍者。画面的下部是一个正在休息的商队，中间有两位商人正在交谈，其中一人肩上还背着钱袋，不肯放下来。还有一位商人牵着载货的马，一位照料着两匹驮载货物的骆驼卧地休息，后面还有两头驮着包裹的驴子[①]。

　　北周同州萨保安伽墓（大象元年葬）石棺床后屏左边第五幅（图 6-7），上部绘两人在虎皮圆形帐篷内席地而坐，左边头戴虚帽者为粟特萨保，右边是披发的突厥首领。帐外有四位从者，有的戴波斯冠，有的戴突厥皮帽。下

---

① 　西安市文物保护考古所《西安北周凉州萨保史君墓发掘简报》，《文物》2005 年第 3 期，4—33 页，图版 37。

部绘三个穿紧身长袍的胡商，其中一个背负钱袋，一个手持胡瓶，身后有两头背负口袋的驴，还有一峰骆驼背负高大的包裹，跪地休息，旁边还有鹿、羊在歇凉①。这种上下构图，和史君石椁北壁第一幅非常相像，上面表现粟特萨保出行中访问游牧民族的首领，下面是随行商队休息图像。

　　日本 Miho 美术馆藏粟特首领石棺床编号 D 的石板上（图6-8），也刻画有胡商牵驼而行，骆驼背上驮有高大的包裹，骆驼右侧和后面各有一商人随行，下面有三个披发的游牧民族（嚈哒和突厥人）侍卫，骑马护行②。

　　山东益都发现的粟特系统的石棺床（葬于武平四年，即573年）围屏，也有一幅"商旅驼运图"（图6-9），绘一仆人牵着一匹骆驼和供主人骑坐的骏马向右方行进。仆人深目高鼻、短发，上穿翻领衫，腰系革带，右佩香囊，左挂短剑，下着紧腿裤，脚穿软底尖头皮鞋。骆驼背驮成捆的织物，悬挂着水囊③。

图6-8　Miho 美术馆藏粟特石屏商队图

图6-9　益都石屏商队图

---

① 陕西省考古研究所《西安北周安伽墓》，文物出版社，2003年，32页，图29，图版57。
② 参看荣新江《Miho 美术馆粟特石棺屏风的图像及其组合》，《艺术史研究》第4辑，中山大学出版社，2002年12月（2003年7月），213—214页，图8a。
③ 夏名采《益都北齐石室墓线刻画像》，《文物》1985年第10期，49—50页，图1。

在上面展示的史君、安伽或其他商队的图像上，我们看到的商队人数很少，不过这大概是画面空间有限的缘故。在这些构图非常紧凑的画面上，人数虽然不多，但很可能每个人都代表着商队中的一类人员。从现存的其他材料，我们可以看出这种粟特商队的一般规模。

《周书》卷五〇《吐谷浑传》记西魏废帝二年（553），"是岁，夸吕又通使于齐氏，凉州刺史史宁觇知其还，率轻骑袭之于州西赤泉，获其仆射乞伏触扳、将军翟潘密、商胡二百四十人、驼骡六百头、杂彩丝绢以万计"[①]。这是一个以青海为中心的吐谷浑国派到北齐通使后返回的使团。这个使团除了负有政治使命外，显然同时是一个商贸队伍，因此使团的首领是吐谷浑的官人仆射乞伏触扳和将军翟潘密，而队伍的主体是商胡。从翟潘密的名字来看，他可能就是商队首领（萨保），同时又是使团的将军——军事首领。这次被西魏凉州刺史俘获的商胡有二百四十人，如果这一商团是全军覆没，那么其规模也是相当大的——二百四十人加上"驼骡六百头、杂彩丝绢以万计"。而如果被俘的只是其中一部分，则其总人数必然在二百四十人以上，那么可以想见这支商队的壮观了。

其实，从情理上来讲，我们也可以想象当年粟特商队带着许多金银财宝，一定是要结成较大的团队，才敢通过一些人烟稀薄的地区。人数多的目的之一，就是抵御路上的强盗甚至敌对的官军的劫掠，如上述属于吐谷浑的粟特商团遇上的西魏官军，以及敦煌壁画上常常描绘的胡商所遇到的强盗。《大慈恩寺三藏法师传》卷二也曾记录了一件悲惨的事情：在从高昌经银山道往焉耆的路上，本来与玄奘等人同行的一队商胡十余人，"贪先贸易，夜中私发，前去十余里，遇贼劫杀，无一脱者"。可见必须成群结伙，一起行动，才能度过险要之地。

中古时期丝绸之路上的某些路段常有强盗出没，为了抵御路上的强盗，以及某个敌对政治势力的官军的劫掠，粟特商队除了要人多势众外，还要有

[①] 《周书》，中华书局，1971年，913页。

图 6-10　乌恰
出土的萨珊银币

武装人员护卫。在史君石椁图像上我们就可以看到处在最前面的人，腰悬箭袋，全神贯注地看着前方，而不像其他人那样要照料牲口或货物，他们应当就是这种武装卫士。在 Miho 美术馆藏粟特石屏商队图上，担当卫士的是披发的游牧民族武士，吐鲁番文书《康尾义罗施等请过所案卷》上担任保卫的，则都是出身粟特的人。

　　尽管有武装护卫，粟特商人仍然会在路上遇到危险的情形，正像敦煌莫高窟第 45 窟所绘的那幅著名的胡商遇盗图一样，商人只好把货物摆在强盗面前，请求免死。对于这样的突发情况，粟特商人一定有一些应急的措施，只是我们不清楚具体的方法。1959 年在新疆克孜勒苏柯尔克孜自治州乌恰县一个山崖缝隙间，曾发现 947 枚波斯银币、16 根金条（图 6-10）[①]，可能就是商人遇到强盗时紧急掩埋的结果。当然，最好的方法是事先探知危险的存在，我们看到史君图像上的粟特商队首领，手中拿着一支望筒，观察远处动静，

---

① 李遇春《新疆乌恰县发现金条和大批波斯银币》，《考古》1959 年第 9 期，482—483 页。详细报告见《新疆出土のサーサーン式銀貨——新疆ウイグル自治区博物館蔵のサーサーン式銀貨》，《シルクロード学研究》第 19 号，奈良シルクロード学研究センター，2003 年。

这无疑是防患于未然的最好手段。

粟特商队图像上的商队休息图，描绘了他们时常要在野外休整或者露宿。Miho 美术馆藏粟特石屏商队图像上骆驼背负的大型包裹，里面可能就是用于露宿的毡帐[①]。他们对于休息或露营的地方是有选择的。在露营的时候，商队也是有一定的制度。比如玄奘和商人一起从疏勒（今喀什）到沮渠（今叶城）中间，"同伴五百皆共推〔玄〕奘为大商主（即大萨保），处为中营，四面防守"[②]，表明在露营时，要四面防守，而且分作若干营，商队首领处在中间的位置，大概是便于指挥应敌。

这种有组织的粟特商队的首领，粟特文叫作 s'rtp'w，汉文音译北周、隋朝作"萨保"，北齐作"萨甫"，唐朝作"萨宝"等，意译就是"商队首领"[③]。结合汉文文献中大量的有关萨保的记载，我们知道萨保不仅是粟特商队行进中的领袖，而且也是粟特人建立的胡人聚落的统治者，由于大多数早期东来的粟特人信奉的是粟特传统的琐罗亚斯德教（中国称为祆教、拜火教），所以聚落中往往立有祆祠，萨保也就成为粟特聚落中的政教大首领。

过去因为材料缺乏，有一些学者把粟特的"萨保"和印度的"萨薄"等同起来，甚至认为与祆教关系密切的萨保也与佛教信仰有关，造成很多误解。事实上，"萨保"和"萨薄"的原语是有关联的，而且意思都是"商队首领"，但两个词汇在印度 – 伊朗语（Indo-Iranian）的发展过程中有所演变和分离。具体说来，如果我们把这两个汉文译名回到原始文献，就可以发现"萨薄"只见于佛典或与印度有关的文献，而"萨保"则只见于与粟特相关的文字材料。

"萨薄"即梵文 sārthavāha 的音译，意为"商队首领"。Sārthavāha 一词是由 sārtha- 和 -vāha 两个部分组成的，前者意为"商队"（caravan），后者意为

---

① 郑岩《魏晋南北朝壁画墓研究》（增订版），文物出版社，2016 年，242 页。
② 《续高僧传》卷四《玄奘传》，中华书局，2014 年，118 页。其同伴为商侣，见《大慈恩寺三藏法师传》卷五，中华书局，1983 年，118 页。
③ 吉田豊《ソグド語雑録》(Ⅱ)，《オリエント》第 31 卷第 2 号，1989 年，168—171 页。

"首领"（leader）。在汉译佛典中，*sārthavāha* 意译有时作"商主""大商主"，有时作"导首""导帅""众之导师"，还有时翻译作一般的"贾客""商人"①。除《法显传》中的萨薄是指师子国（今斯里兰卡）城中的真实人物外，佛典中的萨薄基本上都出现在本生故事当中，其基本形象是富有的商人，置办船具，然后率众商人入海寻宝，或从事买卖贸易，在遇到各种危险时，萨薄救助众生，有时甚至献出自身性命。这个救助众生的商主不是别人，实际就是佛的前身。因此，在印度文献里，"萨薄"的意思就是商人首领，即"商主"的意思，因为印度近海，所以这个商队往往是入海经商的团体。

"萨保"的早期中古音（EMC）是 *sat-paw*，其原文最早是吉田丰教授在粟特文古信札第 V 号信札中找到的 *s'rtp'w*，对音完全吻合，现在由于北周大象二年史君的汉文和粟特文双语墓铭中"凉州萨保"与"*kc'nc'n'k srtp'w*"（姑臧萨保）的对应，已经没有任何疑问。该词也由两部分组成，即词根 *s'rt-* 和后缀 *-p'w*。*s'rt-* 也拼作 *s'rth-*，作为一个独立的词，意为"商队"。后缀 *-p'w* 对应于古波斯文的 *-pavan-*（protecting），见于 *xsacapavan-*（satrap）一词中。古波斯文的 *xsacapavan-* 是"州长""总督"的意思，也就是守护一个地方的首长②。据此，粟特文的 *s'rtp'w* 实际上是一个复合词，即由古印度语的 *s'rth-* 和古伊朗语 *-p'w* 组合而成，应当有"保护商队的首长"和"商队的首领"的含义，而这个后缀赋予了梵语 *-vāha* 所没有的"长官"的意思。*sārthavāha* 没有由商队首领发展出来的聚落首领的含义，而"萨保"在汉文史料中可以确证其为以粟特胡人为主的聚落的大首领，所以，*s'rtp'w* 的意思，也从一个单纯的"商队首领"之义发展为"聚落首长""一方之长"之义。在古代文献中，

① 参看荻原云来《汉译对照·梵和大辞典》下，新文丰出版公司，1988 年，1465 页；中村元《佛教语大辞典》（缩印版），东京书籍社，1987 年，352、717、1018 页。

② Cf. R. Schmitt, "Der Titel 'Satrap'", *Studies in Greek, Italic, and Indo-European Linguistics Offered to Leonard R. Palmer on the Occasion of his Seventieth Birthday June 5, 1976*, eds. by A. M. Davies and W. Meid, Innsbruck, 1976, pp. 373–390.

"萨保"和"萨薄"是严格区分的，从未混淆过[①]。

四、胡人聚落

粟特商人在丝绸之路上的一些便于贸易和居住的地点留居下来，建立自己的殖民聚落，一部分人留下来，另一部分人继续前行，去开拓新的经商地点，建立新的聚落。久而久之，这些粟特聚落由少到多，由弱变强，少的几十人，多者达数百人。在中原农耕地区，被称为聚落；在草原游牧地区，则形成自己的部落。因为粟特商队在行进中也吸纳许多其他的中亚民族，如吐火罗人、西域（塔克拉玛干周边绿洲王国）人、突厥人加入其中，因此不论是粟特商队还是粟特聚落中，都有多少不等的粟特系统之外的西方或北方的部众，所以，我们把粟特聚落有时也称为"胡人聚落"，可能更符合一些地方的聚落实际的种族构成情况。

从十六国到北朝时期，这样的胡人聚落在塔里木盆地、河西走廊、中原北方、蒙古高原等地区都有存在，散布十分广泛。通过学者们历年来对粟特文古信札、敦煌吐鲁番发现的汉文和粟特文文书、中原各地出土的汉文墓志材料的钩稽与解说，我们已经可以清晰地描绘出一条粟特人东行所走的丝绸之路，这条道路或者从粟特本土出发，经怛罗斯、碎叶、弓月到北庭，或者从粟特本土进入费尔干纳盆地，越过帕米尔高原到疏勒（喀什），然后沿塔里木盆地分两道。从西域北道经据史德（今新疆巴楚东）、龟兹（库车）、焉耆、高昌（吐鲁番）、伊州（哈密），从南道则经于阗（和田）、且末、石城镇（鄯善），最后都进入河西走廊，经敦煌、酒泉、张掖、武威，再东南经天水、原州（固原），入长安（西安）、同州、洛阳，或东北向灵州（灵武西南）、夏州（统万城）、并州（太原）、云州（大同东），乃至幽州（北京）、营州（朝阳），或

---

① 荣新江《萨保与萨薄：北朝隋唐胡人聚落首领问题的争论与辨析》，叶奕良编《伊朗学在中国论文集》第3集，北京大学出版社，2003年，128—143页。

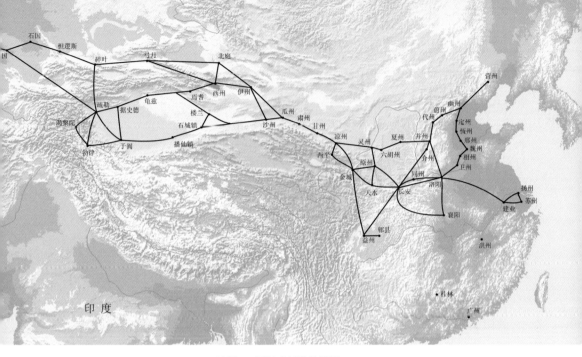

地图 2　粟特人迁徙路线图

者从洛阳往东北，经卫州（汲县）、相州（安阳）、魏州（大名北）、邢州（邢台）、定州（定县）、幽州（北京），再到营州。另外，还有经西平（鄯州，今西宁）南下吐蕃之路，也有从并州南下介州的南北道路。（地图 2）在这些道路上的各个主要城镇，几乎都留下了粟特人的足迹，有的甚至形成了聚落[①]。

　　粟特人建立的殖民聚落，可以举蒲昌海（罗布泊）地区的聚落作为典型。据敦煌文书《沙州伊州地志》和《沙州图经》记载，这是"贞观中（627—649），康国大首领康艳典东来，居此城（鄯善城），胡人随之，因成聚落"[②]。这也正是我们称这类胡人殖民地为"聚落"的根据。在鄯善（后称石城镇）一带，还有随康艳典而来的粟特移民建筑的新城、蒲桃城、萨毗城，反映了

① 荣新江《西域粟特移民聚落考》，马大正等编《西域考察与研究》，新疆人民出版社，1994年，157—172 页；又《北朝隋唐粟特人之迁徙及其聚落》，《国学研究》第 6 卷，北京大学出版社，1999 年，27—85 页；又《西域粟特移民聚落补考》，《西域研究》2005 年第 2 期，1—11 页；又《北朝隋唐粟特人之迁徙及其聚落补考》，《欧亚研究》第 6 辑，中华书局，2007 年，165—178 页。
② P. Pelliot, "Le 'Cha tcheou tou tou fou t'ou king' et la colonie sogdienne de la region du Lob nor", *Journal Asiatique*, 11 serie 7, 1916, pp.111–123；冯承钧译《沙州都督府图经及蒲昌海之康居聚落》，《西域南海史地考证译丛七编》，商务印书馆，1957 年，25—29 页。

粟特人城居生活形态和善于种植葡萄的本性，而且，这里还有维系胡人精神生活的祆教寺院——祆舍一座。

像这样还没有被唐朝中央政府和地方政府控制的粟特聚落，自有其自身的文化生活。近年来由于一系列粟特石棺床图像的发现，特别是安伽、史君墓的图像，使我们了解到粟特聚落内宴饮、狩猎、会客、出行等日常生活场景，也获得了他们婚姻、丧葬、信仰等方面的信息[①]。从粟特文古信札的记录来看，这些粟特聚落具有很强的自治性，而祆教的神职人员"祠主"（βγnpt）的存在，表明聚落当中一般都有由粟特人建立的祆祠。粟特原本是政教合一的国家，《魏书》卷一〇二《西域传》所记粟特康国的风俗云："有胡律，置于祆祠，将决罚，则取而断之。重者族，次罪者死，盗贼截其足。"祆祠也有处理行政事务的功能。粟特文古信札中的 I 号和 III 号信札记载了一件事，就是一个随丈夫到了敦煌的妇女，因为丈夫出外经商，多年不回，她们母女无法生存，于是向祆祠的祠主求助，祆祠就安排她们母女随其他商队回国[②]。可见粟特商队和聚落有一整套运作系统，萨保和祆祠的首领们可以处理各种事务，以保证贸易的运行和日常生活的维持。

北朝、隋、唐时期的中央和地方政府为了控制这些胡人聚落，把聚落首领萨保纳入中国传统的官僚体制当中，以萨保为一级职官，作为视流外官，专门授予胡人首领。同时设立萨保府，其中设有萨宝府祆正、萨宝府祆祝、萨宝府长史、萨宝府果毅、萨宝府率、萨宝府史等官吏，来管理聚落行政和宗教事务，达到控制胡人聚落的效果。

从北魏开始，中原王朝就在都城洛阳设京师萨保，而在各地设州一级的萨保，史籍和墓志中有雍州、凉州、甘州等地萨保的称号。以后西魏、北周、东魏、北齐都继承了此制度。北齐有京邑萨甫、诸州萨甫。《康元敬墓志》里

---

① 荣新江《北朝隋唐粟特聚落的内部形态》，荣新江《中古中国与外来文明》，生活·读书·新知三联书店，2001 年，111—168 页。

② 尼古拉斯·辛姆斯－威廉姆斯（N. Sims-Williams）《粟特文古信札新刊本的进展》，荣新江等编《粟特人在中国——历史、考古、语言的新探索》，中华书局，2005 年，72—87 页。

还有"九州摩诃大萨宝"的称号①。北周有京师萨保，墓志材料还有凉州、酒泉、同州、并州、代州、介州等州一级的萨保，如新发现的史君墓主人是凉州萨保，安伽是同州萨保，还有中央政府派出的检校萨保府的官员，即虞弘。隋代有雍州（京师）萨保和诸州萨保。

唐朝建立后，把正式州县中的胡人聚落改作乡里，如西州的胡人聚落设为崇化乡安乐里，敦煌则以粟特聚落建立从化乡，两京地区城镇中的胡人同样不会以聚落形式存在，但边境地区如六胡州、营州柳城等地的胡人聚落，应当继续存在，因此萨保府制度并未终结，所以《通典》卷四〇《职官典》以及其他唐朝典制书中仍有萨宝府职官的记录。事实上，北朝隋唐的中央政府对粟特聚落的控制是一个漫长的过程，各地的胡人聚落向乡里的转变也是不同时期完成的，甚至有些胡人一直就在汉人眼界之外的聚落中生存，直到晚唐时突然冒了出来，比如那些后来加入沙陀中的索葛（粟特）部人。

至于被中原王朝或地方政府改造成乡里的粟特聚落，由于敦煌藏经洞发现了大量的汉文文书，使我们今天对于敦煌地区从聚落到乡里的情形有比较透彻的了解。根据敦煌文书《天宝十载（751）敦煌县差科簿》和相关敦煌写本，唐朝沙州敦煌县十三乡之一的从化乡，就是在粟特聚落的基础上形成的，其位置恰好就在敦煌城东一里的祆舍所在地，这里又称安城，是当地粟特民众精神信仰的中心。从化乡居民种族构成以粟特人为主，也有吐火罗人、汉人等，其中有不少人的官方徭役是从事非农业劳动，比如敦煌市场的管理者就出自该乡粟特百姓，表明他们的商业特性。8世纪中叶开始，由于粟特地区的动荡、唐朝的内乱、吐蕃对河西的占领，从化乡居民渐渐减少，到8世纪末吐蕃占领敦煌后最终消亡②。

---

① 荣新江、张志清主编《从撒马尔干到长安：粟特人在中国的文化遗迹》，北京图书馆出版社，2004年，图版34及荣新江解说。
② 池田温《8世纪中叶における敦煌のソグド人聚落》，《ユーラシア文化研究》第1号，1965年，49—92页。

五、粟特的商业活动与贸易网络

目前所见最早的有关粟特商人在中国活动的记录，是上面提到的粟特文古信札。这是一组住在武威、敦煌的粟特商人写给家乡撒马尔罕或西域楼兰等地的粟特商人的信件，据其内容得知，公元 4 世纪初叶，有一批粟特商人以凉州武威为大本营，商队首领派出各路商人前往洛阳、邺城、金城（兰州）、酒泉、敦煌等地从事贸易活动，把不同的货物倒卖到另一个地方。因为晋末中原的动乱，致使其中有些经商的粟特人也蒙受打击，特别是匈奴南下，攻入洛阳，正在当地的粟特商人饥寒交迫，陷于困境。通过这组古信札所述的内容，我们了解到粟特人的经商方式，他们是以自己建立的聚落为基地，派出一批批商人，到不同的地方去经营，相互之间有信使沟通情报，并随时回馈到聚落首领那里，而聚落首领也就是商队首领与粟特本土的出资人也保持着联络。

粟特人经过长时间的经营，在撒马尔干和长安之间，甚至远到中国东北边境地带，建立了一系列大大小小的殖民聚落，这些聚落既是他们的落脚点，也是货物的储存地。他们通过这些点，用中转贸易的方式，步步推进，逐渐形成了自己的贸易网络。换句话说，在这个贸易网络的交会点上所建立的聚落，成为他们东西贸易的中转站。

吐鲁番出土的麴氏高昌国时期的一件《高昌内藏奏得称价钱帐》（编号 73TAM514）（图6-11），就反映了

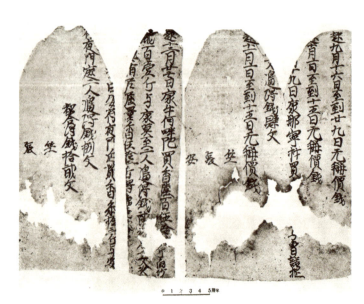

图 6-11 《高昌内藏奏得称价钱帐》（局部）

粟特人在高昌地区进行贵金属、香料等贸易情况。这件文书记录了麹氏高昌某年从正月一日到十二月末高昌市场中的货物交易及交易双方向官府所交的"称价钱"数[①]。称价钱是高昌王室收入（内藏）的进出口贸易管理附加税，在整个三十多笔交易中，买卖双方主要是康、何、曹、安、石五姓的粟特人，卖者当来自西方，买者在高昌本地，但双方都是粟特人。买卖的商品有金、银、丝、香料、郁金根、硇砂、铜、鍮石、药材、石蜜，除了丝之外，大多数是西方的舶来品。其中金、银、鍮石等为波斯、粟特产品；鍮石是自然铜，可作首饰，与玉石一样珍贵；硇砂是龟兹等地所产，系火山喷出之氯化铵气体凝固而成，可以药用；香料主要来自印度；石蜜以波斯出产的最佳；丝则为中原产品。双方交易的量很大，如康炎颠一次买香料 362 斤，硇砂 241 斤。康莫至一次买香料 650 余斤，硇砂 201 斤，说明他们是一种批发商。而生丝一斤等于银一两六钱，金四钱，大大低于罗马的丝价，说明这种贸易是极其有利可图的[②]。文书表明，从西方来的粟特商人把大宗货物运载到高昌，由高昌的粟特商人买下来，再分散或整批运至河西或中原地区兴贩，在高昌交易的双方基本上都是粟特人。从这个片段保留下来的文书残卷可以推之，高昌城一带肯定有粟特商人的聚落，住在其中的粟特商人把从西方来的粟特商人转运的贵金属、香料收购下来，存入聚落，再进行转运。结合吐鲁番文书中的其他记载，这个聚落应当就位于高昌城的东面，那里也立有一座祆祠，供奉着胡天神。

1979 年开始，德国和巴基斯坦两国的考古学者在中巴友谊公路（Karakorum Highway）巴基斯坦一侧，沿着印度河上游的古代丝绸之路，进行细致的考古调查，在奇拉斯城（Chilas）和夏提欧村（Shatial）之间的河两岸，发现

---

① 唐长孺主编《吐鲁番出土文书》壹，文物出版社，1994 年，450—453 页。

② 朱雷《麹氏高昌王国的"称价钱"》，《魏晋南北朝隋唐史资料》第 4 辑，1982 年，17—24 页；姜伯勤《敦煌吐鲁番文书与丝绸之路》，文物出版社，1994 年，138—139、175 页；钱伯泉《从〈高昌内藏奏得称价钱帐〉看麹氏王朝时期丝绸之路的商人和商品》，《西北史地》1992 年第 3 期，48—56 页。

图 6-12　中巴友谊公路粟特文题记

超过六百条粟特文题记（图6-12），此外在更北边的洪札（Hunza）地区，也有少量发现，与粟特文同时发现的，还有佉卢文、婆罗谜文、汉文、藏文、大夏文、帕提亚文、中古波斯文，甚至叙利亚文和希伯来文的题记。这些粟特文的题记很短，大多数是一些过往行人的题名，没有明确的年代记载，但根据粟特文的正字法和其他题记的年代，大体上可以判断这些题记书写的年代在公元4—6世纪[1]。解读这些粟特铭文的辛维廉（N. Sims-Williams）教授指出，在这些题名中，有来自粟特本土的塔石干（Tashkent）的石国人、弭秣贺（Maymurgh）的米国人、片吉肯特（Panjikent）附近的 Farn-mēthan 人、瑟底痕（Ishtikhan）的西曹国人、撒马尔罕（Samarkand）的康国人、屈霜你迦（Kushanika）的何国人等等，表明粟特商人经巴克特里亚地区来到这里，与印度人贸易。他还讨论了马雍先生研究过的洪札地区发现的一则"大魏使谷巍龙今向迷密使去"的北魏时期的汉文题记，认为这个北魏使者可能是陪同出使北魏的米国使者回国，但为了与印度人贸易而选择了经过勃律的这条偏南的道路[2]。这些粟特文题记的发现，说明在粟特商人大举向塔里木盆地和中国本土进发的同时，也越过吐火罗斯坦，向印度、西藏方向挺进，但吉尔吉特的夏提欧是否就是粟

---

① 　N. Sims-Williams, "The Sogdian Inscriptions of the Upper Indus: a preliminary report", *Antiquities of Northern Pakistan. Reports and Studies*, 1: Rock inscriptions in the Indus Valley, ed. K. Jettmar, Mainz, 1989, pp. 131-137. 这些题记已由同一作者刊布：*The Sogdian and Other Iranian Inscriptions of the Upper Indus*, I, London, 1989, II, 1992。

② 　N. Sims-Williams, "The Sogdian Merchants in China and India", *Cina e Iran da Alessandro Magno alla Dinastia Tang*, ed. A. Cadonna and L. Lanciotti, Firenze, 1996, pp. 55-57.

特商人在这个方向所走的尽头[①]，恐怕还不要就此下结论，因为我们从汉文史料得知，重利的粟特商人是"无远弗至"的。

辛维廉据此指出，粟特人不仅仅是粟特与中国之间贸易的担当者，也是中国与印度之间的贸易担当者[②]。结合吐鲁番阿斯塔那古墓发现的粟特文买卖突厥地区女婢的契约[③]，我们也可以说，粟特人还是中国与北方游牧民族之间贸易的担当者。姜伯勤教授也曾强调，粟特人实际上是中古时期丝绸之路上的贸易担当者[④]。

大概正是因为从北朝到隋唐，陆上丝绸之路的贸易几乎被粟特人垄断，所以我们在史籍中很少看到波斯商人的身影。现代舞剧《丝路花雨》所描写的丝绸之路上的波斯商人，在唐朝时期更多是活跃在东南沿海，而非武威、敦煌、高昌等陆上丝绸之路上，因此，舞剧中的波斯商人应当改成粟特商人，才符合历史事实。在北方丝路沿线发现的大量的波斯银币和少量的东罗马金币，应当是粟特人贸易的印证，而不是钱币源出国的波斯人和拜占庭人[⑤]。

六、入华粟特人与东西文化交流

中古时期大批入华的粟特人并非都居住在以粟特人为主的胡人聚落里，他们有的进入漠北突厥汗国，有的入仕北魏、北齐、北周、隋、唐不同时代

---

① 这是主持这项考古调查的 K. Jettmar 教授的看法，见所撰 "Introduction", *Antiquities of Northern Pakistan. Reports and Studies*, 1: Rock inscriptions in the Indus Valley, pp.xlii–xlix; idem., "Sogdians in the Indus Valley", *Histoire et cultes de l'Asie centrale préislamique*, ed. P. Bernard and F. Grenet, Paris, 1991(1992), pp. 251–253.
② N. Sims-Williams, "The Sogdian Merchants in China and India", pp. 45–67.
③ 吉田豊、森安孝夫、新疆博物馆《麹氏高昌国時代ソグド文女奴隷売買文書》,《内陸アジア言語の研究》Ⅳ, 1988 年, 1—50 页、图版 1。
④ 姜伯勤《敦煌吐鲁番文书与丝绸之路》, 150—226 页。
⑤ 荣新江《波斯与中国：两种文化在唐朝的交融》, 刘东编《中国学术》2002 年第 4 辑, 商务印书馆, 2002 年, 61—64 页。

的各级军政机构，其中尤以从军者居多。固原南郊发现的两个史姓墓地的家族成员，基本上就是以军功彰显于世的。史射勿于北周保定四年（564），就跟从晋荡公宇文护东讨北齐。天和元年（566），又从平高公镇守河东。二年正月，蒙授都督。同年二月，从郯国公王轨征玉璧城。建德五年（576），又从申国公李穆击破轵关，大蒙优赏。宣政元年（578），从齐王宪掩讨稽胡。隋开皇二年（582），从上开府、岐章公李轨出凉州，与突厥战于城北。三年，随上开府姚辩北征。十年正月，从驾辇到并州。十四年，转帅都督。十七年，迁大都督。十九年，又随越国公杨素绝大漠，大歼凶党，即蒙授开府仪同三司，以旌殊绩。同年十一月，敕授骠骑将军。二十年，又从齐王入碛[①]。仅此一位的事迹，即可看出粟特人随中原王朝将领南征北战的艰难历程。史射勿的子孙辈后来任唐朝监牧官，管理马匹，有的任中书省译语人，虽然都表现了粟特人擅长的技能，但他们都已经脱离粟特聚落的主体，逐渐融合到中原汉文化当中去了。

　　唐朝大一统的帝国建立后，大多数在唐朝直辖的州县区域内的粟特聚落基本上演变成乡里，聚落的粟特民众必然分散开来。这些进入乡里的粟特人虽然逐渐汉化，但他们的粟特人特征还是非常明显的，我们可以根据他们的姓名、婚姻、出身郡望、封爵地点、本人的技能等方面，来判断他们是否是粟特后裔。目前，已经出土的大量唐朝墓志被刊布出来，与其他外来民族比较，粟特人或粟特后裔的人数要远远多于波斯人、印度人、吐火罗人，甚至塔里木盆地周边的西域诸国人，这不能不说是数百年来大批粟特人入华，并且入仕中原王朝的结果。

　　安史之乱以后，由于发动叛乱的安禄山、史思明都是粟特人，因此在中原地区形成了一种排斥胡化、憎恨胡人的社会风潮，影响到一些粟特胡人的生存，他们有的用改变姓氏、郡望的方法极力抹掉自己的胡人特征，有的则迁徙到安史旧将所建的河北三镇，在那里没有对胡人的排斥，有的粟特人，

---

① 罗丰《固原南郊隋唐墓地》，文物出版社，1996年，7—30、185—196页。

如史宪诚、何进滔，在进入河北魏博节镇后得以发展，最后坐到了节度使的宝座上。在中原地区已经看不到的祆教祭祀活动，在中唐的河北地区，却仍在延续，甚至有新的祆祠被建立起来①。晚唐时，河北以及原六胡州的粟特胡人，加入强劲的北方民族沙陀当中，在沙陀三部落里，有两部的主体都是粟特人。这些粟特人又成为五代王朝的中坚力量，甚至像石敬瑭那样，当上了皇帝。

作为丝绸之路上的商业民族，粟特人把东西方物质文化中的精粹，转运到相互需要的一方。中古中国许多舶来品，大到皇家狩猎队伍中的猎豹②、长安当垆的胡姬③，小到宫廷贵妇人玩耍的波斯犬④、绘制壁画使用的胡粉香料⑤，其实都是粟特人从西方各国转运而来的。薛爱华（E. H. Schafer）教授用"撒马尔罕来的金桃"来涵盖唐朝所有的外来物品⑥，是极有见地的看法。而粟特人用他们擅长的语言能力，在丝绸之路沿线传播着各种精神文化，这包括他们的民族信仰祆教和后来皈依的佛教，安伽、史君、虞弘墓的祆教形象和敦煌出土的一批粟特文佛典，是最好的证明；而且，还有一些粟特人成为从波斯向中国传播摩尼教、景教的传教士，吐鲁番发现的粟特文摩尼教和景教文献，应当是出自他们之手。此外，能歌善舞的粟特人以及他们翻领窄袖的衣着，也深深影响着唐朝的社会，引导着时代的风尚，成为繁荣昌盛的大唐文化的一个形象标志。

---

① 荣新江《安史乱后粟特胡人的动向》，《暨南史学》第 2 辑，2003 年，102—123 页。

② 张广达《唐代的豹猎——文化传播的一个实例》，《唐研究》第 7 卷，北京大学出版社，2001 年，177—204 页。

③ 林梅村《粟特文买婢契与丝绸之路上的女奴贸易》，《文物》1992 年第 9 期，49—54 页；芮传明《唐代"酒家胡"述考》，《上海社会科学院学术季刊》1993 年第 2 期，159—166 页。

④ 蔡鸿生《唐代九姓胡与突厥文化》，中华书局，1998 年。

⑤ 郑炳林《〈康秀华写经施入疏〉与〈炫和尚货卖胡粉历〉研究》，《敦煌吐鲁番研究》第 3 卷，1998 年，191—208 页。

⑥ E. H. Schafer, *The Golden Peaches of Samarkand: a study of Tang exotics*, Berkerley, Los Angeles, 1963；谢弗《唐代的外来文明》，吴玉贵译，中国社会科学出版社，1995 年。

祆神东来与
祆祠祭祀

祆教又称火祆教、拜火教，即中国古代对波斯古代宗教琐罗亚斯德教（Zoroastrianism）的称呼。波斯阿契美尼德王朝时期，帝国扩张到巴克特里亚和犍陀罗地区，波斯的国教琐罗亚斯德教也传入西北印度，而且更远到达天山地区的斯基泰人（塞人）部落。这应当是祆教传播的第一浪潮，但似乎没有进入玉门关。

琐罗亚斯德教的再次传入中国，应当是和粟特商人东来贸易有关。

一、萨珊银币上的祆神——祆教的传入

粟特地区在阿契美尼德王朝时期就归属波斯帝国，虽然经过希腊化的洗礼和信奉佛教的贵霜王朝的影响，但粟特地区的正统宗教信仰，是发源于波斯地区的琐罗亚斯德教。萨珊波斯统治时期（224—651），这种信仰更加坚固。《通典》卷一九三引韦节《西蕃记》云："康国俗事天神。"唐朝时去印度取经的新罗僧慧超《往五天竺国传》说，"安国、曹国、史国、石国、米国、康国……总事火祆，不识佛法"，讲的就是直到8世纪初粟特地区的宗教情形。

随着粟特商人的东来贩易，粟特人所信奉的袄教也传入中国。敦煌发现的粟特文古信札，是粟特人在 312 年前后在河西走廊所写的一组信札，其中第一号信札中提到的 βγnpt，被认为是当年敦煌袄教神祠中的一位神职人员[1]，可译作"祠主"。其他信札中的一些人名里，包含了古代伊朗神祇的名称，如第二号信札的发信人 Nanai-Vandak，意为"娜娜女神之仆"；又如 Artixw-Vandak，意为"袄教《阿维斯塔经》中 Ašiš-vaγuhi 之仆"；还有 Druvāspa（Druvāspā？）和 Taxsīc，都是伊朗万神殿中的神祇名字[2]，表明这些来华的粟特商人的信仰，都是袄教，没有其他宗教的因素。因为这种宗教入华后，主要在胡人中流行，而且袄教僧侣也不翻译经典，所以没有留下汉文的译本。因此我们对袄教传播的了解，远不如对佛教的了解，甚至也不如较之更晚进入中国的景教和摩尼教。特别是有关袄教早期流行的情形，我们在汉文史料中很难看到确切的记载。

考古发现的资料或许可以提供一些线索。根据对考古、钱币和敦煌吐鲁番文书的研究，我们知道随着 4 世纪初叶以后粟特商人控制了沿丝绸之路的贸易后，他们所使用的萨珊波斯银币取代了其他各种货币，成为丝绸之路上最重要的等价物。魏晋南北朝时，"河西诸郡，或用西域金银之钱，而官不禁"（《隋书·食货志》）。这里所说的金钱是指东罗马（拜占庭）金币，而银钱就是萨珊银币。从目前考古已经发现的资料看，东罗马金币尚不能说是一种流通的货币，而萨珊银币则一定进入了流通领域。从 20 世纪初叶以来，越来越多的萨珊波斯帝国制造的银币在中国境内的丝绸之路沿线被发现，其中比较著名的有新疆乌恰的山间石缝中、吐鲁番盆地的高昌城内、敦煌莫高窟北区石窟、青海西宁的窖藏、宁夏固原南郊的胡人墓地、河北定县的塔基等等，都有出土。敦煌佛经题记表明，北魏王室派到敦煌的统治者元荣，就用银币

---

[1]　W. B. Henning, "The Date of the Sogdian Ancient Letters", *Bulletin of the School of Oriental and African Studies*, XII, 1948, pp. 602–605.

[2]　W. B. Henning, "A Sogdian God", *Bulletin of the School of Oriental and African Studies*, XXVIII.2, 1965, pp. 252–253.

大量施舍。玄奘在河西重镇凉州（武威）为道俗讲经，"散会之日，珍施丰厚，金钱、银钱、口马（奴隶和牲口）无数，法师受一半然（燃）灯，余外并施诸寺"[①]。到 7 世纪末、8 世纪初，随着萨珊波斯的灭亡，粟特本土逐渐被阿拉伯人占领，以及唐朝势力进入西域地区，粟特原有的贸易网络逐渐无法维持，萨珊银币也渐次退出历史舞台，丝绸之路的东部开始流行唐朝的铜钱和布帛，西方则用阿拉伯仿制的阿拉伯－萨珊银币或阿拉伯金币。

为什么要大讲特讲萨珊银币呢？我们先来看一看这种钱币铸造的基本模式：正面为发行该货币的国王头像，头冠上有三个雉形饰物，象征祆教最高神阿胡拉·马兹达（Ahura Mazda）；背面中间为拜火祭坛，两边各立一个祭司或其他神职人员，火坛上方的火焰之上，有阿胡拉·马兹达的侧面像（图 7-1）。流入异域的萨珊银币，上面清晰的拜火教图像必然引起当地人的兴趣，并由此了解祆教的基本说教。

图 7-1　吐鲁番高昌城出土的阿尔达希二世银币

1950—1957 年，在吐鲁番高昌故城中，总共发现三批共三十二枚萨珊波斯银币，是沙卜尔二世（Shapur II，309—379 年在位）、阿尔达希二世（Ardashir II，379—383 年在位）和沙卜尔三世（Shapur III，383—388 年在位）时期铸造的。值得注意的是 1955 年发现的一组十枚，是装在一个用煤精制成的黑色方盒内，夏鼐先生因而推测它们是十个一组供奉在宗教场所的，但所

---

① 慧立、彦悰《大慈恩寺三藏法师传》，孙毓棠、谢方点校，中华书局，1983 年，10—11 页。

供为何种宗教并未说明[①]。不排除这些钱币是用作佛寺的供品，当然更有可能是袄祠的献祭。至少随着这些萨珊钱币到来的袄神图像，表明在 4 世纪的前半，袄教信仰已经进入高昌地区。

再向东传播，十六国之一的后赵石勒时（4 世纪前半），《晋书》卷一〇七《石季龙载记》下附《石鉴传》记有"龙骧孙伏都、刘铢等结羯士三千，伏于胡天"，表明出身胡族的石赵所供奉的"胡天"，就是西域的袄神[②]。

到了北魏时，袄教不仅流行于民间，也进入统治阶级最高层。《魏书》卷十三《宣武灵皇后胡氏传》记载："灵太后幸嵩高山，从者数百人，升于顶中，废诸淫祀，而胡天神不在其列。"可见袄神已经是北魏灵太后供祠的神祇之一，与一般的淫祀不同。

二、袄教的丧葬礼俗与祭祀

粟特人传统的信仰是波斯的琐罗亚斯德教。根据琐罗亚斯德教的经典《阿维斯塔》中的《闻迪达德》（Vendidad，即《伏魔法典》）的记载和考古学者在粟特本土的考古发现，粟特人去世后，尸体由专门负责处理尸首的人运送到山头或高台的葬尸台（Dakhma）上（图 7-2），让狗或其他

图 7-2　伊朗亚斯德地区的琐罗亚斯德教寂静塔

[①]　李遇春《新疆吐鲁番发现古代银币》，《考古通讯》1957 年第 3 期，70 页；夏鼐《新疆吐鲁番最近出土的波斯萨珊朝银币》，《考古》1966 年第 4 期，211—214 页；又《中国最近发现的波斯萨珊朝银币》，《考古学论文集》，科学出版社，1961 年，117—121、124—126、127 页。
[②]　唐长孺《魏晋杂胡考》，《魏晋南北朝史论丛》，生活·读书·新知三联书店，1955 年，416—417 页。

图7-3a　国立乌兹别克斯坦文化史博物馆
藏粟特瓮棺

图7-3b　乌兹别克斯坦撒马尔罕卡塔库尔干
出土的粟特瓮棺

猛禽把尸肉吃掉，然后再把剩下的骨骸放入一种被称作"骨瓮"或纳骨器（Ossuary）的罐子当中（图7-3a、7-3b），放置在山脚或高台下的小屋里，或埋入地下 [①]。

从3世纪开始，粟特人就进入塔里木盆地和河西走廊，甚至远到洛阳、邺城，但我们目前只在新疆地区发现一些祆教徒的纳骨瓮，而在河西和中原，尚未发现任何祆教徒的丧葬遗物。这也从另一方面说明，入华粟特人采用的是"天葬"，而没有留下多少痕迹。

目前看到的最早按照中原丧葬方式埋葬的粟特人，集中在北朝末年。北周天和六年（571）入葬的康业，是最早的一例。康业显然出身康国（Samarkand），和他的父亲都曾任职"大天主"。天主应当就是后来的祆主（βγnpt），即祆祠的主持人 [②]。该墓为斜坡土洞墓，

----

① 关于祆教的葬俗，参看 F. Grenet, *Les pratiques funéraires dans l'Asie centrale sédentaire de la conquête grecque à l'islamisation*, Paris: Editions du CNRS, 1984；蔡鸿生《唐代九姓胡与突厥文化》，中华书局，1998年，25—26页；张广达《祆教对唐代中国之影响三例》，《法国汉学》第1辑，清华大学出版社，1996年，143—145页。

② 罗丰、荣新江《北周西国胡人翟曹明墓志及墓葬遗物》，荣新江、罗丰主编《粟特人在中国：考古发现与出土文献的新印证》，科学出版社，2016年，283—285页。

墓室内有中原式的围屏石榻，图像主体也是汉式形象，还有石刻方形汉文墓志，表明最早按汉地方式入葬的粟特胡人领袖，几乎都是由北周官府来安排葬事的，因此墓葬的内容反倒不如此后的安伽、史君墓那样具有更多的胡人气息。

到了北周大象元年（579）十月入葬的同州萨保安伽，虽然地点也和康业一样埋在北周长安城东郊，但已经有了更多的胡人色彩。安伽是源出安国（Bukhara）的粟特人，经凉州而进入关中，其墓门上方的门额上，刻画着三匹骆驼托起着一个火坛，火坛喷射着火焰，两旁是半鸟半人形的祆神斯洛沙（Sroš）。俄罗斯最权威的粟特美术史家马尔沙克（B. I. Marshak）教授指出，在粟特地区，祆神的宝座通常都是用一匹或两匹骆驼托着的，因为骆驼的化身 Washaghn（即《阿维斯塔》的 Verethraghna）是胜利之神，"在粟特艺术中，骆驼托举的宝座上的神常常负责守护主要的火坛。在伊朗，最高等级的火坛称为'Wahrām 火'，这个名称源于 wahrām 神（Verethraghna 的巴列维语形式）。安伽墓门楣上承托火坛的骆驼似乎更像是 Washaghn"[1]。他由此认为，这幅图像的画家很有可能来自中亚。至于这种人面鸟身的斯洛沙神，根据琐罗亚斯德教教义，他在死者去世后的"第四天"早上，帮助其灵魂通过善恶筛选的钦瓦特桥。安伽墓门主体画面下方两侧是两位典型的粟特供养人，供养人前又各有一个小型的火坛[2]（见下页图 7-4a、7-4b）。这幅图像清楚地表明墓室内的同州胡人首领安伽的祆教信仰。在他的墓室里，有一套围屏石榻，其中刻绘了十二个画面，描绘了萨保的日常生活[3]。

史君是埋葬在长安东郊的另一位入华粟特首领，出自史国（Kish），其汉

[1]　B. I. Marshak, "La thèmatique sogdienne dans l'art de la Chine de la seconde moitié du VIe siècle", *Académie des Inscriptions & Belles-Lettres*, *Comptes rendus des seances de l'annee 2001 janvier-mars*, Paris, 2001, pp. 244-245.

[2]　陕西省考古研究所《西安发现的北周安伽墓》，《文物》2001 年第 1 期，5—7 页。

[3]　荣新江《有关北周同州萨保安伽墓的几个问题》，张庆捷等主编《4—6 世纪的北中国与欧亚大陆》，科学出版社，2006 年，126—139 页。

图 7-4b　安伽墓门线图

图 7-4a　安伽墓门

名残渤，粟特语的名字是 Wirkak（尉各伽），生前为凉州萨保，死后应当是被北周皇帝赐葬于此，葬于大象二年（580）正月，与安伽墓埋葬时间相距不到半年，但因为来自更西的河西武威，所以墓葬也更有胡味，这从墓志采用粟特文汉文双语来看，就与纯用汉语的安伽不同。史君墓的墓室内，采用的是被墓志称作"石堂"的石椁，与传统的石椁形制没有两样，但刻画的图像却完全与中国传统的图像不同。石椁南壁中间是两扇石扉构成的石门，门楣上是长条石板，上面刻写着粟特文和汉文的双语墓志铭。门的两边对称刻画着脚踏小鬼的四臂守护神；再外是窗户，窗户上面是伎乐人物，下面是半人半鸟的斯洛沙神（Srōš）护持着火坛（图 7-5a、7-5b、7-5c）。整体来看，南壁是典型的琐罗亚斯德教送葬时的祭祀场景。在史君石椁的东壁上，更是绘制了一幅完整的祆教信徒的升天图像：史君夫妇走过钦瓦特桥，女神 Dēn（Daēnā，姐厄娜）代替最高神阿胡拉·马兹达审视人的行为奥秘，把这两位善人接引过来，让他们的灵魂走过宽阔的筛选之桥而进入"中界"（天堂），最后是史君夫妇乘骑着有翼天马前往天国，周边是伎乐天神伴随而行。

　　同类的祆教图像，我们还可以在其他粟特人的墓葬中见到，如安阳出土

图 7-5a　史君石椁

图 7-5b　史君石椁南侧图像局部

图 7-5c　史君石椁南侧线图局部

的粟特首领墓的石阙上，日本 Miho 美术馆所藏粟特石棺床的围屏石榻上，太原发现的隋检校萨保府官员虞弘墓石椁等，展现了入华粟特胡人与华夏不同的丧葬习俗与祆教的信仰方式，尽管采用了斜坡土洞的汉式葬法，但仍然用其他方式表明自己的宗教信仰。

三、胡天与祆祠——从河西经两京到河北

随着粟特商队大量进入中国，建立自己的殖民聚落，他们也把本土的祆教寺庙移植过来。于是，我们可以在丝绸之路沿线的城镇内外，看到一连串的祆教祠庙，里面供奉着胡天神。《新唐书》卷四六《百官志·祠部》记，"两京及碛西诸州火祆，岁再祀而禁民祈祭"，并非虚言。以下就大致按照由西向东的顺序，叙述一下从塔里木盆地，经河西走廊、两京腹地，到河北地区的祆祠及与之相关的祭祀活动。

塔里木盆地的东南，原是汉晋时期的楼兰鄯善王国，其后荒废。这里是西域南道的必经之地，隋朝曾设置鄯善镇，隋末动乱，其城废弃。到唐朝贞观年间（627—649），康国大首领康艳典率众东来，占居鄯善城，胡人随之，并形成较大的聚落。除了又称作"典合城"的鄯善外，胡人所居还有屯城（伊循城），并新建了弩之城（新城）、蒲桃城、萨毗城等，可见是以鄯善城为中心多个城镇组成的不小的聚落。敦煌写本 P.5034《沙州图经》卷五记载，在鄯善城内，胡人设立了"一所祆舍"，作为他们的信仰崇拜中心。唐高宗上元年间（674—676），这里改为石城镇，隶属沙州敦煌。

天山东部地区的吐鲁番盆地，是西域交通要道，几条丝绸之路都经过此地。1965 年，吐鲁番安乐城发现的《金光明经》有这样一条题记（图 7-6）："庚午岁八月十三日，于高昌城东胡天南太后祠下，为索将军佛子妻息合家写此《金光明》一部。"[①] 这里的庚午是 430 年。因为魏晋南北朝时期还没有发

---

① 图版见《新疆维吾尔自治区博物馆》，文物出版社，1991 年，图版 84。

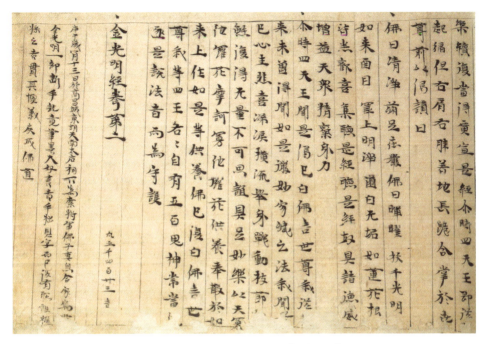

图 7-6　吐鲁番安乐城发现的《金光明经》

明"祆"这个字，所以"胡天"或者指祆神，或者指祆祠，这里即指祆教祠
庙。我们不难推想，在 430 年高昌胡天见载于史料之前很长时间，祆教已经
传到高昌，供奉胡天的祆祠也已经建立，到了 430 年的时候，这座胡祆祠已
经成为高昌城东一座标志性的建筑，甚至用来指称可能曾经十分重要的佛寺
太后祠的方位了。

　　吐鲁番东边的哈密，隋朝大业六年（610）曾设置伊吾郡。隋末战乱，无
人驻守，被东来的粟特胡人据有。唐朝贞观四年（630），东突厥汗国破灭，
附属突厥汗国的伊吾胡人首领石万年（当来自粟特石国），率领所属七个城镇
的部众投降唐朝。从七城的数字来看，这里的胡人也不在少数。唐朝随即设
置西伊州，贞观六年改为伊州，成为唐朝的直辖州郡。在伊州州治所在的伊
吾县，胡人立有火祆庙，其中有"素书（画）形像无数"，供奉着各种祆神。
敦煌发现的唐朝的伊州地志（S.367）中，还记录了一个生动的故事：

祆主翟槃陀者，高昌未破以前，槃陀因入朝至京，即下祆神，因以利刀刺腹，左右通过，出腹外，截弃其余，以发系其本，手执刀两头，高下绞转，说国家所举百事，皆顺天心，神灵〔相〕助，无不征验。神没之后，僵仆而倒，气息奄〔奄〕，七日即平复如旧。有司奏闻，制授游击将军。

祆教在中国的传播方式比较民俗化，这位胡人祆主（祆祠主持人）翟槃陀在长安时，用演杂技的方式，传达神意，借着这种取信于人的反常做法，来讲说唐朝的各种举措都是顺应天心的。"神灵相助，无不征验"，实际是为唐朝进军高昌王国做政治舆论宣传。

上面已经提到过，大约写于312—313年的粟特文古信札中提到一个祆教神职人员的称呼——βγnpt，相当于汉文史料中的"祆主"，表明那时候他们已经在敦煌建立了祆祠①。到了唐朝，敦煌的祆教祠庙被正式列入地方政府官修的志书《沙州图经》中，与其他中国传统的风神、雨师等一起，列为敦煌县的"四所杂神"。在唐高宗时开始编纂的这部《图经》卷三中记载：

祆神：右在州东一里，立舍，画祆主，总有廿龛。其院周回一百步。

州东一里，正是敦煌十三乡之一的从化乡的位置。这个乡是由粟特移民聚落改变而成的，也可能最初以安国人居多，所以又称"安城"②。在这座周回一百步的祆教庙宇里，绘制有祆神图像，总共有二十龛，至少有二十个祆教神像被供奉在那里。

这所祆神祠渐渐变成敦煌地区的一处名胜，在歌咏敦煌胜迹的《敦煌廿咏》中，就特别有一首《安城祆咏》。诗中唱道：

---

① W. B. Henning, "The Date of the Sogdian Ancient Letters", pp. 602-605.
② 池田温《8世紀中叶における敦煌のソグド人聚落》，《ユーラシア文化研究》1，1965年，49—92页；辛德勇汉译文载池田温《唐研究论文选集》，中国社会科学出版社，1999年，3—67页。

板筑安城日，神祠与此兴。一州祈景祚，万类仰休征。

苹藻来（采）无乏，精灵若有凭。更看雩祭处，朝夕酒如绳（渑）。[①]

　　这里说这所祆教神祠是和安城聚落一同修建起来的，可见起源之早。它是沙州人们祈求美好愿景的地方，百姓借此期盼好的征兆。而且，祆教信仰此时已经与唐朝礼仪相结合，祆神也成为这个干旱地区祈雨的对象。

　　到了晚唐的归义军时期，经过佞佛的吐蕃王朝的统治，敦煌的祆祠可能已经拆毁，但官方和民间的赛祆活动却没有终止。在藏经洞发现的敦煌归义军官府的入破历（支出账）中，经常可以见到赛祆的记载，如 P.3569《光启三年（887）四月归义军官酒户龙粉堆牒》记有："四月十四日，夏季赛祆，用酒肆瓮。"[②] P.4640 背《己未至辛酉年（899—901）归义军军资库司布纸破用历》记有："辛酉年三月三日，东水池及诸处赛祆，用粗纸壹帖。"[③] 敦煌研究院藏卷 +P.2629《归义军官府酒破历》记有："四月廿日，城东祆神，酒壹瓮。""七月十日，城东祆赛神，酒两瓮。"[④] 此时赛祆的地点东水池，很可能就在位于城东的安城祆祠原本的位置上，甘泉水经此北流，是赛祆祈雨的地方，而三四月份正是敦煌缺雨的季节。不过归义军时期的赛祆活动，可能已经是一种民俗化的祭祀祆神的活动。赛祆时往往用酒，这正是祆祠祈雨必备之物，这种做法一直保持到宋朝初年。

　　在莫高窟藏经洞出土的纸本绘画中，有一幅图上绘两尊女神相向而坐，左边的女神坐于莲瓣上的方座上，右手持碗，左手端盘，盘上蹲一犬；右侧女神坐于一犬背上，四只手臂各持日、月、蝎、蛇。左边的形象可能是象征着祆教的女神妲厄娜（Daēnā，一译达埃纳），右侧的形象可能表现的是粟特

① 徐俊《敦煌诗集残卷辑考》，中华书局，2000 年，165 页。
② 唐耕耦等编《敦煌社会经济文献真迹释录》三，书目文献出版社，1990 年，623 页。
③ 池田温《中国古代籍帐研究》，东京大学东洋文化研究所，1979 年，610 页。
④ 施萍亭《本所藏〈酒帐〉研究》，《敦煌研究》创刊号，1983 年，142—155 页。

图 7-7　敦煌藏经洞出土的祆教女神像

女神娜娜（Nana）[①]（图 7-7）。这幅年代大概在 10 世纪的祆教图像，很可能就是敦煌地区赛祆时所用的图像。

河西走廊东部的凉州武威，是魏晋南北朝直到中唐时期河西最大的都市，也是粟特胡人集中居住的地方。粟特文古信札所记的粟特商团的大本营，就在凉州。前面提到的下葬在长安的史君，就是北周时的凉州萨保；同州萨保安伽，也是从姑臧（武威）昌松迁到关内的；隋末唐初武威胡人首领安修仁、安兴贵兄弟，推翻李轨政权，把河西之地奉献给了唐朝。可以说，从北朝到隋唐，凉州都是胡人最为集中的地方。唐人张鷟撰《朝野佥载》卷三记录了凉州祆祠的故事：

凉州祆神祠，至祈祷日，祆主以铁钉从额上钉之，直洞腋下，即出门，身轻若飞，须臾数百里，至西祆神前舞一曲即却，至旧祆所，乃拔钉，无所损。卧十余日，平复如初。莫知其所以然也。

这位祆主与伊州翟槃陀一样，用西域幻法的表演，作为向神祈祷的方式。而且他还能身轻若飞，一会儿工夫，即可飞行数百里。据武威西至张掖有大约五百里来推算，这里说的西祆神应当是张掖（甘州）的祆神祠。上面的记录，可以见出祆教与佛教不同的祭祀方式。

[①]　姜伯勤《敦煌白画中的粟特神祇》，《敦煌吐鲁番学研究论文集》，汉语大词典出版社，1991年，269—309 页；张广达《唐代祆教图像再考》，荣新江编《唐研究》第 3 卷，北京大学出版社，1997 年，1—17 页。

唐朝的都城长安，是波斯、粟特胡人大量聚集之地，其外郭城内，总共有五所祆祠，分别在布政、醴泉、普宁、崇化、靖恭五个坊中[①]。其中布政坊的胡祆祠是唐高祖武德四年（621）所立，宋敏求《长安志》卷十载："祠内有萨宝府官，主祠祆神，亦以胡祝充其职"；《通典》卷四〇《职官典》载："常有群胡奉事，取火咒诅"。唐人韦述《两京新记》卷三说，祠内供奉着"西域胡天神，佛经所谓摩醯首罗也"。这句话常常被误解为祆教的胡天神就是佛教的摩醯首罗天（Mahesvara，大自在天）。其实"所谓"二字的意思，是说西域的胡天神，就如同你们所熟悉的佛经中的摩醯首罗天一样。我们知道，印度－伊朗文化有共同的祖源，有些神祇在不同的宗教里的形象是基本相同的，而教义是不同的。祆教的胡天神，应当指风神（Weshparkar），其形象见于粟特本土片吉肯特发现的粟特壁画上，有三头，表情各不相同[②]。他对应的是佛教的摩醯首罗天，是宇宙的八大守护神之一，一般的形象是三头、四臂、骑双牛。而佛教的摩醯首罗天来源于印度教的湿婆（Shiva），湿婆的基本形象也是三个头（Trimurti）。斯坦因从和田丹丹乌里克遗址中，曾发现摩醯首罗天的清晰画面（D. Ⅶ. 6 正面，见下页图 7-8），可以让我们略窥长安祆祠供奉的胡天神的样貌：中间的头上有第三只眼，象征着他的至高无上与深远莫测；左侧的头呈女性面孔，微带笑容，代表湿婆的配偶铄乞底（Shakti），表现他的活力；右面的头呈愤怒状，表现他的凶暴与毁灭。他上举的双手握着日轮和月轮，下面的双手，左手握着的可能是石榴，右手一般握的是金刚（Vajra）；双腿下卧着一头或两头黑牛，是他的坐骑（Nandi）。

长安崇化坊的祆祠是唐太宗贞观五年（631）建立的，据说当时"有传法穆护何禄，将祆教诣阙闻奏，敕令长安崇化坊立祆寺"[③]。可见这是因为粟

---

①　向达《唐代长安与西域文明》，生活·读书·新知三联书店，1957年，89—92页；林悟殊《波斯拜火教与古代中国》，新文丰出版公司，1995年，139—149页。

②　G. Azarpay, *Sogdian Painting. The Pictorial Epic in Oriental Art*, with contributions by A. M. Belenitskii, B. I. Marshak, and M. J. Dresden, University of California Press, 1981, p. 29, fig. 5.

③　姚宽《西溪丛语》卷上，中华书局，1993年，42页。

特何国人何禄的到来而建的，穆护
（Mogu 或 Magi）是祆教祭司的称号。

　　长安这五所祆祠的位置，布政、
醴泉、崇化坊在西市周边，这里是胡
人最集中居住的地方，也是胡商的落
脚点；普宁坊在长安西北门——开远
门内，也是从西而来的胡人集中之
区；只有靖恭坊在街东，位于东市东
南方，在市场附近，应当也是胡人
聚集的地方。祆祠作为胡人宗教信仰
的中心，在它的周边必定会有一批信
徒的存在，就像现代西北地区的古
老清真寺，周边必定是穆斯林的集
居地。

图7-8　在和田丹丹乌里克发现的
摩醯首罗天木板画

　　在东都洛阳，有四座祆祠，分
别在北市附近的立德坊，南市西坊，
以及近旁的修善坊、会节坊，为群胡奉祀之地[①]。唐人张鹭《朝野佥载》卷三
记载了立德坊及南市西坊祆教的祭祀活动场景：

　　每岁商胡祈福，烹猪羊，琵琶鼓笛，酹歌醉舞。酹神之后，募一胡为祆
主，看者施钱并与之。其祆主取一横刀，利同霜雪，吹毛不过，以刀刺腹，刃
出于背，仍乱扰肠肚流血。食顷，喷水咒之，平复如故。此盖西域之幻法也。

[①]　参看刘铭恕《洛阳出土的西域人墓志》，《洛阳——丝绸之路的起点》，中州古籍出版社，
1992年，204—213页；卢兆荫《唐代洛阳与西域昭武诸国》，洛阳文物工作队编《洛阳考古
四十年——1992年洛阳考古学术研讨会论文集》，科学出版社，1996年，372—377页。

可见，这种祭祀活动是在专门的祈祷日进行的，袄主也如同伊州、凉州的袄主一样表演一番西域的幻术。而商胡祈福时，要杀猪宰羊，洒酒祭神，群胡演奏琵琶、鼓、笛等乐器，醋歌醉舞。

几乎与此同样的一幕场景，也在幽州节度使安禄山的导演下展现出来。《安禄山事迹》卷上记载：

〔安禄山〕潜于诸道商胡兴贩，每岁输异方珍货计百万数。每商至，则禄山胡服，坐重床，烧香列珍宝，令百胡侍左右。群胡罗拜于下，邀福于天。禄山盛陈牲牢，诸巫击鼓歌舞，至暮而散。

《新唐书·安禄山传》也说道："引见诸贾，陈牺牲，女巫鼓舞于前以自神。"[①]安禄山在接见前往唐朝各道进行贸易活动的商胡时，完全是一副胡人的装扮，而他们所邀福的"天"，其实就是"袄"，而"盛陈牲牢""击鼓歌舞"，与洛阳袄祠的祭祀活动没有两样。《新唐书》还特别提到有"女巫鼓舞于前以自神"，这让我们想起日本 Miho 美术馆所藏粟特围屏刻画的娜娜（Nana）女神像前的乐舞（图 7-9）：画

图 7-9　Miho 美术馆藏粟特石屏娜娜女神像

---

① 参见荣新江《安禄山的种族与宗教信仰》，荣新江《中古中国与外来文明》，生活·读书·新知三联书店，2001 年，234—236 页。

面的上方是半身的四臂女神娜娜，坐在一个浅刻着双头狮子的神坛上，下面是两个伎乐天人，立在莲花上，一个在弹琵琶，一个在拨箜篌。再下面是乐舞图，中间是一个女子正在跳舞，两旁是席地而坐的乐队，人物形象要比上面的神像和天人小得多，表现的应当正是女巫在神殿前跳舞祭祀的场景。这块画像石板为我们提供了一个直观的供奉娜娜女神的祆祠情形，要知道，娜娜是粟特人最为崇敬的女神。

唐朝后期的河北地区，是曾经发动叛乱的安禄山、史思明余部建立的藩镇割据地区，与安、史同源的粟特胡人，在安史之乱后的这一地区不受歧视，因此大量胡人迁居于此，也随之建立了新的祆祠。

在恒州西南五十里的获鹿县，原名鹿泉县，唐宝历二年（826）四月立鹿泉胡神祠①。火祆教的寺庙多称作祠，此处的胡神祠很可能是所祆祠。

定州东面的瀛州寿乐县，也有祆神庙，唐长庆三年（823）置，"本号天神"②。表明河北地区直到中晚唐时期，还有粟特民众不断建立新的祆祠，供奉他们的天神。

唐宣武节度使衙所在的汴州开封府，五代时的梁、晋、汉、周四朝都定都于此，北宋继承后周，也以开封为都城，号为"东京"。宋人张邦基《墨庄漫录》卷四记载开封城北有祆庙，"盖胡神也，俗以火神祠之。京师人畏其威灵，甚重之"。他还特别提到，祆庙的神职负责人（庙祝）姓史，名世爽，自称一家几代担任庙祝，还收藏着先世每任祆祝的任职文书，包括：唐咸通三年（862）宣武节度使令狐绹给史怀恩者，后周显德三年（956）端明殿学士权知开封府王朴给史温者，显德五年枢密使权知开封府王朴给史贵者，前后四代相继，担任祆祝过二百年③。从姓名看，这家史姓祖源当出自粟特史国（Kish），但名字早已汉化，可是却坚持自己的宗教信仰，自唐以来，一直在

---

① 陈思《宝刻丛编》卷六，《石刻石料新编》第 24 册，18177 页。
② 王瓘《北道刊误志》，参看神田喜一郎《祆教琐记》，《史林》第 18 卷第 1 号，1933 年，16 页。
③ 张邦基《墨庄漫录》卷四，中华书局，2002 年，110 页。

汴州维系着这所祆神庙，而且得到官府的承认和保护。在张邦基看来，"斯亦异矣"，他觉得真是有点不可思议。

开封府的祆教圣火垂二百年不灭，显然是有它的灵异之处。宋人董逌《广川画跋》卷四记载了这样一件事："元祐八年（1093）七月，常君彦辅就开宝寺之文殊院，遇寒热疾，大惧不良。及夜，祷于祆神祠。明日良愈，乃祀于庭。又图像归事之，且使世知神之休也。"这是说北宋汴京（开封）一位叫常彦辅的人，在佛寺中遇寒，感冒发烧，很是害怕。到晚上，祈祷于祆神祠，结果第二天就痊愈了。于是，他就在自己的庭院里祭祀祆神，并把祆祠中的神像画下来，带回家来供奉。作者好像是想说，这里的祆神比佛、菩萨还要灵。

四、《穆护歌》与《祆神急》

佛教高僧道安认为，"不依国主，则法事不立"，所以中国佛教的发展更多地依赖统治者的扶持。但祆教在中国的流传，却是走了一条民俗化的民间发展道路，所以在社会下层有着广泛的影响，这些影响只是偶尔会被留意的文人记录下来。我们可以从《穆护歌》来看看这种流传的情形[1]。

宋代的文人黄庭坚（山谷）说，他曾经见到唐朝诗人刘禹锡（梦得）作夔州刺史时所写的乐府，有《牧护歌》，似是赛神曲，但不可解[2]。但在现存的《刘梦得文集》中，我们没有看到这首《牧护歌》。"牧护"就是"穆护"，上面提到过，这是祆教祭司的称呼，那么《牧护歌》这首赛神曲，应当就是祆教的祭祀歌曲。夔州在今重庆市奉节县白帝城，那么祆教赛神曲怎么跑到蜀

① 参看神田喜一郎《祆教杂考》，原载《史学杂志》第 39 篇第 4 号，1929 年；此据《神田喜一郎全集》第 1 卷，同朋舍，1986 年，72—84 页；饶宗颐《穆护歌考》，饶宗颐《选堂集林·史林》，香港中华书局，1982 年，472—509 页；吴玉贵《中国风俗通史·隋唐五代卷》，上海文艺出版社，2001 年，584 页。
② 参看《豫章黄先生文集》卷二五。

地去了呢？

　　另一位宋代文人洪迈说他听到过《穆护歌》，歌词有"听说商人木瓠，四海五湖曾去"，还说"中有数十句，皆叙贾人之乐"，是唱诵五湖四海到处买卖的商人的乐趣。《墨庄漫录》卷四记，张邦基说他从黄鲁直那里听说："黔南、巴僰间赛神者，皆歌《穆护》。"文辞大略云："听唱商人穆护，四海五湖曾去。"显然，"木瓠"是"穆护"的同音假借，因为文人逐渐不清楚"穆护"的含义，就曲解为"木瓠"了。

　　到了南宋的姚宽，介绍其长兄姚宏（伯声）对《牧护歌》的考证，正确地和祆教联系起来，指出："祆之教法盖远，而穆护所传，则自唐也。且祆有祠庙，因作此歌以赛神。"[1] 由此可知，《穆护歌》原本是祆教祭司穆护的赛神曲，由信奉祆教的粟特商人带到黔南、巴僰地区，带到五湖四海，进入民间的乐府，甚至成为下里巴人歌颂商贾之乐的民间曲子了。

　　魏晋南北朝到唐朝，从河陇或长安，都有路通往巴蜀盆地，这些道路也是粟特商人和祆教传法穆护南下通途，所以巴蜀地区也留下许多祆教流传的痕迹，比如《山堂肆考》卷三九"公主"条引《蜀志》记有"祆庙"，《蜀梼杌》提到前蜀王衍曾"珠冠金甲赛祆神"，而"百姓望之，谓如灌口祆神"（清吴省兰《十国宫词》）。灌口城在今四川都江堰市，当地有民间信奉的"二郎神庙"，有人怀疑二郎神也来自祆教[2]。

　　《穆护歌》的影响，不仅在民间的乐府，也曾为隋唐教坊所引用，有教坊曲名《牧护字（子）》；又为五行家所用，李燕撰《牧护词》，以六言口诀形式，说五星灾福；还为地理风水家所用，有六言《穆护歌》，是堪舆歌诀；甚至为佛教禅师所用，嘉州（今四川乐山）僧苏俣作《穆护歌》，六言三十四句；后代还演化为词曲，北曲有《穆护砂》《祆神急》。方以智《通雅》卷

① 《西溪丛语·家世旧闻》，中华书局，1993 年，41—43 页。
② 参看黎国韬《二郎神之祆教来源——兼论二郎神何以成为戏神》，《宗教学研究》2004 年第2 期，78—83 页。

二九总结说："始或以赛火祆之神起名，后入教坊乐府，文人取其名作歌，野人歌以赛神，乐人奏以为水调。"其实，流传至广且泛，还不仅于此。

元朝时，祆教早已不再流行，但"祆神"仍然在文学作品中留下痕迹。前面提到元曲的曲名有"祆神急"，如《辍耕录》的《杂剧曲名》下有《祆神急》，《太和正音谱》卷首所列乐府名也有《祆神急》，《元史·礼乐志》也记有《祆神急》之曲，应当都是元曲中歌咏祆神的前奏曲。在元杂剧、散曲中，也有"火烧祆庙""祆庙火"等描述，常常与"水淹蓝桥"对举，表明祆庙被视作祈祷灵应之所，但意涵逐渐成为爱情故事的反面，如张凤翼《红拂记》（图 7-10）有云："只合蓝桥水断，祆庙延烧，怎比得奔月姮娥，怅望天香云外飘。"[①] 与祆教本意已经相去甚远，只有祆教寺庙中长年不灭的火，还留在人们的记忆当中。

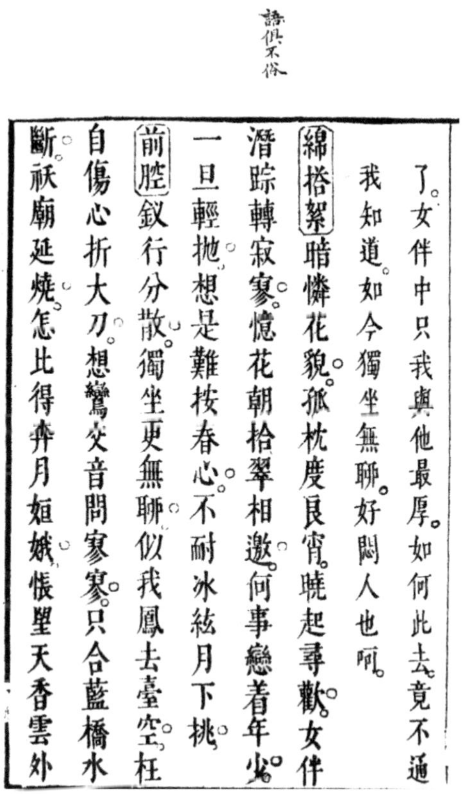
語俱不俗

了。女件中只我與他最厚。如何此去竟不通
我知道。如今獨坐無聊。好悶人也呵。
綿搭絮 暗憐花貌。孤枕度良宵。曉起尋歡。女件
潛踪轉寂寥。憶花朝拾翠相邀。何事戀着年少。
一旦輕拋。想是難按春心。不耐冰絃月下挑。
前腔 釵行分散。獨坐更無聊。似我鳳去臺空。枉
自傷心折大刀。想鸞交音問寥寥。只合藍橋水
斷。祆廟延燒。怎比得奔月姮娥。悵望天香雲外

图 7-10　明刊本《红拂记》"蓝桥水断，祆庙延烧"

① 参看刘铭恕《元人杂剧中所见之祆教》，《边疆研究论丛》1942—1944 年卷，35—50 页。

波斯与中国：政治
声援与文化影响

　　波斯萨珊王朝曾与中国北朝、隋唐王朝有过密切的交往，在萨珊波斯受到阿拉伯势力的攻击而灭亡之际，唐朝也曾给予波斯王国政治声援，并接受了流亡的波斯王族及大批贵族。他们进入长安、洛阳，有相当一些人入仕唐朝，在唐朝的外交、军事、科技领域发挥作用并产生深远影响。而波斯地区的商人通过海路来华兴贸，促进了中国东南沿海地区与波斯、阿拉伯世界的海上丝绸之路的往来。

一、萨珊波斯与北朝、隋的交往

　　萨珊波斯（224—651）和中国是分别位于西亚和东亚的两大帝国，北朝隋唐时期，双方有过密切的交往。

　　北魏文成帝太安元年（455），在直接的交往断绝了很长一段时间后，波斯与北魏王朝建立了直接的联系。此前，398年从大兴安岭经过草原地区迁徙而来的拓跋部，建都平城（山西大同），史称北魏，很快发展壮大。431年北魏灭乞伏氏的西秦和赫连勃勃的大夏政权，升始向西发展，并积极联络西域各国。《魏书》卷四上《世祖纪》载，太武帝太延元年（435）五月，遣使者二十辈出使西域。八月，太武帝巡幸河西，粟特国遣使朝献。太延二年（436）八月，北魏又遣使六辈使西域。太延三年（437）三月，龟兹（今库车）、悦般（Avar，天山北游牧部族）、焉耆、车师（今吐鲁番）、粟特、疏勒（今喀什）、乌孙、渴槃陀（在今塔什库尔干）、鄯善（今若羌）诸国各遣使朝献。十一月，破洛那（今费尔干纳）、者舌国（今塔什干）也遣使来朝，进奉汗血马。太延初年来朝献的西域国家，从塔里木盆地到天山以北，从葱岭山区到中亚索格底亚那的绿洲王国，范围十分广泛，表明北魏在西域经营的成功，而汗血马的进奉，更是具有标志性的意义。

439 年，北魏灭掉占据河西走廊直到高昌地区的北凉王国，基本上统一了北方地区，并且打通了从河西走廊经过薄骨律（灵州）、夏州（统万城），沿鄂尔多斯沙漠南缘路到达北魏首都平城的捷径[①]。于是，远自波斯、粟特的西域使者，更加便于到平城朝贡。据《魏书》本纪及卷一〇二《西域传》的记载[②]，太延五年（439）十一月，粟特、渴槃陀、破洛那、悉居半（子合，今叶城县治哈尔噶里克/Karghalik）诸国各遣使朝献。太平真君五年（444）十二月，粟特国遣使朝贡。太安元年（455）十月，波斯、疏勒国并遣使朝贡。和平二年（461）八月，波斯国遣使朝献。三年（462）三月，疏勒、石那、悉居半、渴槃陀诸国各遣使朝献。六年（465）四月，破洛那国献汗血马。献文帝天安元年（466）三月，波斯、于阗（今和田）诸国各遣使朝献。皇兴元年（467）九月，于阗、普岚（伏卢尼）、粟特诸国各遣使朝献。二年（468）四月，于阗、波斯国各遣使朝献。孝文帝延兴三年（473）十月，悉万斤国（今撒马尔干/Samarkand）遣使朝献。承明元年（476）二月，蠕蠕（柔然）、波斯诸国，并遣使朝贡。九月，悉万斤国遣使朝贡。太和三年（479）十二月，

---

① 关于这条道路的详细讨论，见前田正名《平城历史地理学研究》，李凭等汉译本，书目文献出版社，1994 年，134—161 页。

② 有关北魏与西域交通史料的详细整理，见余太山《两汉魏晋南北朝与西域关系史研究》，中国社会科学出版社，1995 年，177—184 页。

图 8-1　封和突墓出土的波斯银盘

图 8-2　平城出土的北魏多曲长银杯

图 8-3　平城出土的北魏鎏金錾花银碗

粟特、叠伏罗（Zabulistan）、悉万斤等国各遣使朝贡。其中有五个波斯使团曾经到达北魏都城平城。

考古文物对此也有所印证。1981年大同西郊北魏正始元年（504）封和突墓出土的波斯银盘（图 8-1），1970年大同北魏城址出土的多曲长银杯、银碗（图 8-2），1988年大同北魏墓葬出土的银碗（图 8-3），都是典型的萨珊式波斯银器[①]，其中应当有波斯使者带来的波斯本地制品，当然也有可能是北魏得自西域的萨珊或中亚所制作的波斯器皿。

493年孝文帝迁都洛阳后，与西域诸国的往来仍未断绝。宣武帝正始四年（507）十月，波斯遣使朝魏。孝明帝熙平二年（517）四月，波斯、疏勒、嚈哒（Hephthalite）诸国并遣使朝献。神龟元年（518）闰七月，波斯、疏勒、乌苌（Uddyāna）、龟兹诸国并遣使贡献。正光二年（521）闰五月和三年（522）七月，波斯又遣使来朝。

---

① 参看夏鼐《北魏封和突墓出土萨珊银盘考》，《文物》1983年第8期，5—7页；马雍《北魏封和突墓及其出土的波斯银盘》，《文物》1983年第8期，8—12、39页；齐东方《唐代金银器研究》，中国社会科学出版社，1999年，255—258页，后者认为是中亚产萨珊式银器。

到洛阳的波斯人，我们可以从《洛阳伽蓝记》卷三中了解他们的情况：

永桥以南，圆丘以北，伊洛之间，夹御道，东有四夷馆，一曰金陵，二曰燕然，三曰扶桑，四曰崦嵫。道西有四夷里，一曰归正，二曰归德，三曰慕化，四曰慕义。……西夷来附者，处崦嵫馆，赐宅慕义里。自葱岭已西，至于大秦，百国千城，莫不款附；商胡贩客，日奔塞下，所谓尽天地之区已。乐中国土风而宅者，不可胜数。是以附化之民，万有余家。①

　　这里说的是西夷归附者，应当也包括波斯人在内。而且，比正规使臣还要多的西域人，是"商胡贩客"，有些就留在洛阳不归，他们先被处之于名为崦嵫馆的客馆，以后入籍，则赐宅在慕义里，四方移民，多至万有余家。

　　波斯的使者也深入到南朝。梁武帝中大通二年（530），波斯国遣使献佛牙。五年（533）八月，遣使献方物。大同元年（535）四月又献方物②。南京博物院（现存中国国家博物馆）的题为梁元帝萧绎的《职贡图》残卷（图8-4），波斯国条题记引释道安《西域诸国志》残文，有"中大通二年遣中（使）经犍陀越奉表献佛牙"。犍陀越即犍陀罗，在

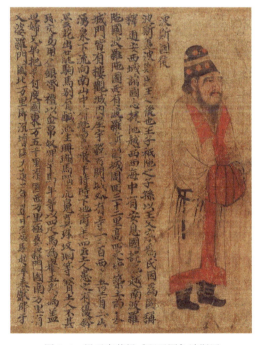

图 8-4　梁元帝萧绎《职贡图》波斯国

---

① 周祖谟《洛阳伽蓝记校释》，中华书局，1963年，130—132页。
② 见《梁书》卷五四《西北诸戎传》，中华书局，1973年，815页；卷三《武帝本纪》，77、79页。

西北印度，可知波斯之通使南朝，走的也是西域经吐谷浑境而南下益州（四川）再顺长江而下到建康（今南京）的道路，而不是走的海路。

534 年北魏分裂为东、西魏后，西域形势也不安宁，以蒙古高原为中心的柔然汗国控制着西域与中国往来的道路，波斯与西魏、东魏的交往一度中断。据新发现的《虞弘墓志》记载，大约就在 546 年，柔然曾派遣年轻的虞弘出使波斯和吐谷浑[①]，表明与西域的交往实际都在柔然的控制之下。552 年，突厥兴起，大破柔然，柔然汗国衰亡。西魏废帝二年（553），波斯使者到访西魏都城长安[②]，大概就是柔然破灭的结果。565 年，萨珊波斯与突厥汗国联合攻灭中亚游牧强国嚈哒，但不久突厥又通过粟特商人为首的使团与拜占庭结盟，夹攻萨珊波斯，波斯东来的道路仍不畅通。此后终南北朝之世，未见波斯再度遣使。

隋朝统一了中国南北，到隋炀帝即位（605）后，又开始与西域的交往。他曾派遣云骑尉李昱出使波斯，波斯国王库萨和（Khusrau II，胡司洛二世，591—628 年在位）也遣使随李昱入隋，进贡方物[③]。帮助隋炀帝联络西域的裴矩在他所撰写的《西域图记》中，记载了通向波斯的丝绸之路"中道"。原本中国与波斯的交往即将迎来一个辉煌时期，但隋朝很快内乱，大概受到隋末战乱的影响，双方的交往又停顿下来。

二、唐朝对萨珊波斯的政治声援

唐朝建立（618）并逐步稳定中国南北局势以后，唐太宗开始着眼于西域。贞观四年（630），唐朝灭掉称雄蒙古高原的东突厥汗国，原本附属于东突厥的伊吾（今哈密），在出身粟特石国的胡人首领石万年的率领下归降唐

[①]　张庆捷《虞弘墓志考释》，荣新江主编《唐研究》第 7 卷，北京大学出版社，2001 年，153 页。

[②]　《周书》卷五〇《异域传》，中华书局，1971 年，920 页。

[③]　《隋书》卷八三《西域传》，中华书局，1973 年，1857 页。

朝，唐朝在其地设西伊州，贞观七年（633）改为直辖的伊州。大约同时，波斯的伊嗣俟（Yazdgard Ⅲ，耶兹德格德三世）于632年即位为萨珊国王，随后受到来自阿拉伯半岛的大食人的大举进攻。637年，大食人在卡迪西亚之战中打败波斯军队，次年占领萨珊首府泰西封（Ctesiphon）。波斯在639、647、648年连续遣使入唐[①]，显然是请求援助。但其时西突厥汗国仍然控制天山南北、葱岭东西，唐朝不可能越界驰援。不过，贞观十四年（640）唐朝出兵灭掉吐鲁番的高昌王国，并赶走天山北可汗浮图城（北庭，今吉木萨尔）的西突厥叶护，建立了西州、庭州两个直辖州，牢固掌握了天山东部地区，并曾在644、648年两度越过天山，一度攻占焉耆、龟兹，影响远到于阗，但没有继续西进。此后不久，伊嗣俟被大食击败，651年逃到伊朗东部呼罗珊（Khorasan）地区的首府木鹿（Merv，木禄，今谋夫）城。根据阿拉伯史家泰伯里（al-Tabari）的记载，伊嗣俟于回历31年（651/652）写信给中国君主（sāhib）、拔汗那王、迦布罗（Kābul，今喀布尔）王和可萨（Khazars）王求援，但最终还是无法抵抗，被一个磨坊主杀害[②]。至此，萨珊波斯帝国实际上已经灭亡。

随后，伊嗣俟之子卑路斯（Peroz）避居在吐火罗地区，由于当地人民反抗大食的统治，加之内乱，阿拉伯势力暂时后退，卑路斯得以在吐火罗斯坦与波斯交界处的疾陵城（Zaranj，今阿富汗与伊朗交界处之札兰杰附近）维持流亡政权。永徽五年（654），卑路斯遣使入唐告难，并请兵救援。其时唐朝因太宗去世，高宗懦弱，西突厥阿史那贺鲁举兵叛乱，控制西域，唐朝当然无力出兵葱岭以西。直到658年，唐朝经过反复征战，最终击败阿史那贺鲁，西突厥汗国随之破灭，葱岭东西原属西突厥的各个小国的宗主权转归唐朝，唐朝设置羁縻府州来加以统治。龙朔元年（661），卑路斯再次遣使唐朝，请

[①] 《册府元龟》卷九七〇，凤凰出版社，2006年，11230—11231页。

[②] *The History of al-Tabari*, v.5, tr. by C. E. Bosworth, New York, 1999, p. 398, n. 978；pp. 400-401, 403-407, 409-411；v. 15（tr. by R. S. Humphreys），pp. 82-83；沙畹著，冯承钧译《西突厥史料》，商务印书馆，1935年，126页。

兵救援。唐朝此时已经控制从波斯东境以来的所有领土，于是在同一年派遣陇州南由县令王名远和在唐朝的波斯大首领阿罗憾一道充使，到吐火罗地区设置羁縻都督府州，其中也以卑路斯所在的疾陵城设波斯都督府，任命卑路斯为都督[①]。龙朔二年（662）正月，又正式册封卑路斯为波斯王[②]。

661 年，穆阿威叶（Mu'awiya I）在阿拉伯的内战中获胜，成为公认的倭马亚（乌玛亚，伍麦叶）王朝（唐朝称白衣大食）第一位哈里发，他随即派军出征中亚，兵锋所向，就是卑路斯的大本营疾陵城。据唐朝方面的史料记载，667、671 年曾有波斯使者入贡于唐[③]，这些使者大概应当是退守吐火罗斯坦的卑路斯所派遣的求援使臣。674 年，在大食的进一步侵逼下，卑路斯无法在中亚立足，于是逃入唐朝都城长安[④]。唐朝收留了这位流亡国君，授其右武卫将军，同时收留的应当还有随之而来的一批波斯贵族。677 年，波斯王卑路斯奏请于醴泉坊建"波斯胡寺"。醴泉坊在长安紧挨着西市的北边，胡寺位于坊内十字街南之东。一般来说，"波斯胡寺"这个名字是指景教寺院，而信奉波斯正统琐罗亚斯德教的寺庙一般叫"祆祠"，所以醴泉坊这所寺不是一所祆祠，而是一所景教寺院，这大概是因为卑路斯的王后是信仰叙利亚东方基督教的[⑤]。在醴泉坊西门之南，还有一所祆祠，这恐怕是卑路斯和其他入华波斯流亡贵族们从事宗教活动的场所。

678 年，卑路斯客死在中国。唐朝于同年册立留在长安的卑路斯之子泥涅师师（Narses）为波斯王，表明继续承认波斯流亡政权，维系萨珊波斯的王统。679 年，唐高宗任命吏部侍郎裴行俭为"安抚大食使"，发"波斯道"行军，护送泥涅师师回国。唐朝的目的之一是想在途中袭击西突厥余部与吐蕃

---

① 《旧唐书》卷一九八《西域传》，中华书局，1975 年，5313 页；《册府元龟》卷九九五，11521 页；卷九六四，11170 页。

② 《册府元龟》卷九六四。

③ 《册府元龟》卷九七〇，11233 页。

④ 《册府元龟》卷九九九，11555 页。

⑤ D. D. Leslie, "Persian Temples in T'ang China", *Monumenta Serica*, 35, 1981–83, p. 286.

图 8-5　碎叶纪功残碑

的联合军事力量[①]。我们在吐鲁番出土文书中，可以看到一些为波斯军调兵遣将的文书记录[②]。当裴行俭率军在热海（今伊塞克湖）西面的碎叶（Ak-Beshim）地区擒获了西突厥余部的首领，平定叛乱以后，唐军主力随即立碑纪功而还。这块碑的部分石刻残片在碎叶城遗址为考古学者所发现，上面有"西顾而授钺""遂别蹛林""远望阴山"等文字（图 8-5）[③]，应当是用文学的语言描述裴行俭率军西征到碎叶的情形。另据吐鲁番出土汉文文书记载，大概在 680 年，唐朝派有一支部队，经护密（瓦罕走廊）到吐火罗，把泥涅师师护送到了吐火罗地区，继续抗击大食[④]。泥涅师师一行当中，应当有部分波斯贵族随行。

　　泥涅师师在吐火罗地区坚持与大食抗战二十余年，在此期间，683、706 年都有波斯使者来到唐朝，或许是泥涅师师所遣。705 年大食的屈底波（Qutayba ibn Muslim）任呼罗珊总督之后，阿拉伯帝国开始计划牢固占有中亚河中（Transoxania）等地。到 708 年，泥涅师师再也无法抵抗大食人的步伐，最后还是选择回到唐朝，被授予左威卫将军称号，不久后即病死于长安。因为唐朝一直把卑路斯和泥涅师师看作是萨珊波斯的正统王权的代表，所以等

---

① 《旧唐书》卷八四《裴行俭传》，2802—2803 页。《新唐书》卷二二一《西域传》，中华书局，1975 年，6259 页。

② 姜伯勤《吐鲁番文书所见的"波斯军"》，《中国史研究》1986 年第 1 期，128—135 页。

③ Ak-Beshim 发现之汉文残碑，周伟洲认为就是裴行俭所立之碑，见所撰《吉尔吉斯斯坦阿克别希姆遗址出土残碑考》，收录于周伟洲《边疆民族历史与文物考论》，黑龙江教育出版社，2000 年，307—313 页。

④ 荣新江《吐鲁番文书〈唐某人自书历官状〉所记西域史事钩沉》，《西北史地》1987 年第 4 期，54—55 页。

到泥涅师师去世后，唐朝才最终认定"其国遂灭"[1]。

在萨珊波斯走向灭亡的过程中，唐朝从与波斯的传统友谊出发，从地缘政治关系考虑，给予波斯相当程度的政治声援，并且接纳了波斯流亡政权，从国王到贵戚，应当有大批波斯社会上层人士被唐朝庇护起来，以礼相待，让他们颐养天年。唐朝还曾希望把波斯王送回本国，恢复萨珊波斯昔日的光辉，但阿拉伯东进的步伐势不可挡。

三、入华波斯商人的商贸活动

从公元 4 世纪初，到公元 8 世纪上半叶，粟特人经过长期的经营，在中亚到中国北方的陆上丝绸之路沿线，通过一系列的殖民聚落或货物中转站的建立，已经构筑起完善的商业贩运体系和贸易网络。在这种情况下，萨珊波斯的商人就很难插足其间，来争夺中亚和中国本土的商业利益。我们从吐鲁番留存的大量麴氏高昌国时期（501—640）和唐朝时期（640—803）的文书中，可以看到粟特商人在高昌地区从事商贸活动的真实写照，但我们却没有发现任何波斯商人的身影[2]，敦煌文书和出土石刻材料也反映了同样的情形。由此也可以认为，敦煌吐鲁番文书所记载的和丝绸之路沿线发现的大量萨珊波斯银币，应当是粟特人带来的，而不是波斯商人。

从另一方面来看，粟特商人的东方商贸活动，先后受到自己的宗主国嚈哒和突厥（Turk）汗国的庇护，当然他们也为宗主国带来了不菲的商业利益。波斯的东方贸易受到粟特人的阻拦，但是它也同样阻碍着粟特商人及其所代表的突厥汗国与波斯以西的地中海国家，特别是拜占庭的贸易往来。在粟特人力图直接通过萨珊波斯与西方贸易的努力失败后，568 年由突厥汗庭出发的

---

[1]　《旧唐书》卷一九八《西戎传》，5313 页。
[2]　参看荣新江《高昌王国与中西交通》，余太山编《欧亚学刊》第 2 辑，中华书局，2000 年，73—83 页。

突厥粟特使团到达君士坦丁堡（Constantinople），从此建立了绕过波斯本土、经高加索地区与拜占庭交往的新道[1]。一向与波斯人争夺陆上商贸道路控制权的粟特商人，在 4 世纪初叶以后已经牢固地掌握了东方的贸易网。这样就使得 5 世纪中叶以来通过陆路而来中国的波斯人，他们的商业活动仅仅局限在波斯使臣的朝贡贸易的范围内，而我们很少看到陆上丝绸之路有成群结队的波斯商人。

在中晚唐时期的都城长安，也有一些波斯商人的身影，但我们不清楚他们从何处而来。牛僧孺（780—848）的《玄怪录》卷一有这样一则记事：北周到隋朝时期，有一个名叫杜子春的人，曾在长安西市波斯邸与一老人约会[2]。波斯邸即波斯商人所开商店，说明在粟特商人占压倒多数的地盘上，波斯商人也在夹缝中生存。玄宗时人元澄所著《秦京杂记》中，提到过西市有波斯客[3]。戴孚作于大历、贞元年间的《广异记》，记有这样一则传奇：一波斯胡人至关内道扶风的一家旅店，买一方石块，实为径寸宝珠，于是随船泛海而去[4]。《旧唐书》卷一七《敬宗本纪》记穆宗长庆四年（824）九月，有波斯大商人李苏沙进沉香亭子材。这是难得的波斯商人的记录，说明他们也和粟特人一样，倒卖香料。另外，长安东、西市上也有识宝的波斯老胡，唐末段安节《乐府杂录》中记载过这样一则故事：长安有一位富家子，名叫康老子，应当是一个出身康国的粟特商人后裔，因为不事生计，使家产荡尽，偶而遇到一个老妪，持旧锦褥货卖，康老子以 500 文的价钱买下，随即被一波斯人看见，以为至宝，并以 1000 万文买下[5]。这里故事的讲述者想告诉读者的是，波斯商人显然比粟特商人更胜一筹，这大概是长安社会的一种成见，就是波

① Cf. J. A. Lerner, "The Merchant Empire of the Sogdians", *Monks and Merchants*, *Silk Road Treasures from Northwest China*, *4th-7th Centuries CE*, p. 223.

② 《太平广记》卷一六"杜子春"条，题出自《续玄怪录》，中华书局，1961 年，109 页。

③ 《类说》卷四引元澄《秦京杂记》"压惊钱条"条，《影印四库全书文渊阁本》第 873 册，58—59 页。

④ 《太平广记》卷四〇二"径寸珠"条，3237 页。

⑤ 《乐府杂录》"康老子"条，中华书局，2012 年，144 页。

斯人总是比粟特商人要高贵、有见识。还有，五代时孙光宪著《北梦琐言》卷十记录：长安东市原有一低洼隙地，有人填平立店，提供给波斯商人作为交易之所。

　　上述波斯人在长安及其周边的事迹中，有一条提到波斯人购得宝物之后，泛海而去。的确，波斯商人在陆上丝路的损失，大概通过海上丝路得到部分的补偿。由此我们看到，文献上出现的波斯商人或他们所开设的店铺，更多的是在中国东南沿海一带。在中晚唐的一些传奇小说中，就有不少活动于东南沿海的波斯商人的形象，这些传奇故事有时是编造的，但故事发生的地点是真实的，这里可以举一些典型的例子[①]。

　　《广异记》中有一则传奇故事讲道，有一个波斯胡人在洪州（今江西南昌），从一位僧人手中买到一个小瓶，大如合拳。后来胡人到了扬州，长史邓景山闻知其事，来问胡人，胡人说："瓶中是紫羊末羯，人得之者，为鬼、神所护，入火不烧，涉水不溺。"[②]唐卢肇著《逸史》，提到扬州有波斯店、波斯商人[③]。薛用弱在长庆四年（824）成书的《集异记》中说道：开元初，李勉游扬州，遇到波斯老胡要求搭乘他的船只，自称"我本王贵种也，商贩于此，已逾二十年"。老胡身上有传国宝珠，途中因病而死。李勉到达扬州之后，于市场旗亭处见群胡相随，其中就有已故的商胡之子[④]。这些都是扬州胡人的身影。唐代扬州，是仅次于长安、洛阳两京的大都会，所谓"扬一益二"，来经商的波斯胡人，必然集中于此。《旧唐书》记载，安史之乱后，刘展作乱，扬州长史、淮南节度使邓景山引平卢副大使田神功率兵马讨贼，"至扬州，大掠百姓商人资产，郡内比屋发掘略遍，商胡波斯被杀者数千

---

① E. H. Schafer, "Iranian Merchants in T'ang Dynasty Tales", *Semitic and Oriental Studies. A Volume Presented to William Popper on the Occasion of His Seventy-Fifth Birthday October 29, 1949*, ed. by W. J. Fischel, Berkeley and Los Angeles: University of California Press, 1951, pp. 403-422.

② 《太平广记》卷四〇三"紫末羯"条，3251 页。

③ 《太平广记》卷一七"卢李二生"条，119 页。

④ 又见《太平广记》卷四〇二"李勉"条，3240 页。

人"①。邓景山为什么乘乱要大掠波斯商胡，显然因为他知道这些商胡手中往往拥有稀世之宝。

乾元元年（758）九月癸巳，"广州奏大食国、波斯国兵众攻城，刺史韦利见弃城而遁"②。这些所谓大食、波斯国兵众，应当是由阿拉伯、波斯商人组成的，他们有能力进攻偌大的广州城，而且逼迫刺史弃城而逃，说明人数之众。晚唐时裴铏所著《传奇》中讲，贞元中（785—805），崔炜于广州波斯邸鬻宝珠，有老胡人一见，遂匍匐礼拜说："郎君的入南越王赵佗墓中来；不然者，不合得斯宝。"③ 这里说广州有波斯邸，即波斯人开的商店，与当时广州有波斯、大食人聚居的蕃坊是相关的。有意思的是传奇小说反映一种社会观念，而当时的胡人认为，汉代南越王赵佗的墓中，是有珍稀的宝物的。赵佗是公元前 203 年在岭南建立南越国的第一代国王，前 137 年赵佗病死，其孙赵眜即位为南越文王。1983 年，广州考古工作者发掘了赵眜的陵墓，里面出土了一千二百多件（套）文物，其中包括 一些西方的舶来品——列瓣银盒、蜻蜓眼玻璃珠、香料、非洲象牙等等（图 8-6）④，表明唐朝岭南胡人中传说南越王墓中有珍宝，不是凭空乱讲的。

图 8-6　南越王墓出土的舶来品

① 《旧唐书》卷一二四《田神功传》,3533 页。《旧唐书》卷一一〇《邓景山传》作"商胡大食、波斯等商旅死者数千人"，3313 页。
② 《旧唐书》卷一〇《肃宗本纪》，253 页。
③ 《太平广记》卷三四"崔炜"条，216—220 页。
④ 参广州市文物管理委员会等《西汉南越王墓》，文物出版社，1991 年。

　　咸通年间（860—874）李伉撰《独异志》，卷下记有一个名叫李灌的人，在洪州建昌县（今江西奉新县西）岸边，救助了一位卧病的波斯人。波斯人临终前送给他一颗宝珠，有径寸长①。徐铉（917—992）著《稽神录》卷五记：临川人岑氏尝游山，于溪水中得二白石，大如莲实，后至豫章（今江西南昌），有波斯胡人以三万钱市去②。这些都是长江中游洪州及其周边的胡人身影。洪州虽然远离沿海，但道路四通八达，在唐朝时是重要的一大都会。"大历六年（771），回纥请于荆、扬、洪、越等州置大云光明寺。"③其实这是粟特摩尼教徒借助回纥汗国的势力，把自己的商业和宗教扩大到唐朝江南的举措，他们选定洪州，也说明洪州在商业贸易上的重要地位。

　　"扬一益二"的益州（成都），也同样有波斯人的踪迹。生活在晚唐五代时的李珣，"其先波斯国人"，后入蜀中（四川），善诗词，预宾贡，著有《海药本草》，专记海外名香奇药④。其弟李玹，字廷仪，以鬻香药为业，后任前蜀率府率⑤。李珣还有一妹，名舜弦，被前蜀王衍纳为昭仪，有诗存世⑥。北宋人赵抃《蜀郡故事》记："石笋在衙西门外，二株双蹲，云真珠楼基也。昔有胡人，于此立寺，为大秦寺，其门楼十间，皆以真珠翠碧，贯之为帘。后摧毁坠地，至今基脚在，每有大雨，其前后人多拾得真珠、瑟瑟、金翠异物。"可见成都有胡人所建大秦寺，颇具规模，特别是楼阁以珠宝装饰，颇为壮观。这是长江上游成都胡人活动的情形。

　　从史书上零星留下的记录来看，波斯商人主要活跃于唐代都城西京长安，距长安不远的扶风也有波斯人行迹，但东都洛阳却没有记载，说明武则天以后，洛阳对于胡商的吸引力减弱。更多的波斯胡人出现在扬州、洪州、广州

---

① 《太平广记》卷四〇二"李灌"条，3240—3241 页。

② 《太平广记》卷四〇四"岑氏"条，3261 页。

③ 志磐撰，道法校注《佛祖统纪校注》，上海古籍出版社，2012 年，962 页。

④ 参看罗香林《系出波斯之李珣及其海药本草》，《香港大学五十周年纪念论文集》第 2 集，1964 年，217—239 页。按：《海药本草》有尚志钧辑校本，人民卫生出版社，1997 年。

⑤ 《茅亭客话》卷二；《鉴诫录》卷四。

⑥ 《全唐诗》卷七九七，中华书局，1960 年，8968—8969 页。

等江南都市，以及江西、四川等地，他们的分布十分广泛。从时间上来看，波斯人主要活跃在安史之乱以后。

从广州等沿海口岸经南海西行到波斯的海上交通道路，很早以来就已开通。1984 年广东省遂溪县边湾村发现了一批南朝的窖藏，其中有镌刻粟特文的萨珊银器和 20 枚萨珊银币（图 8-7a、8-7b、8-7c、8-7d），应当是 5 世纪波斯商舶来到南中国海沿岸的证据①。但波斯商船频繁来到中国东南沿海，应当是从 7 世纪中叶以后的事情。咸亨二年（671），唐朝取经僧义净就是从广州搭波斯舶起程前往印度的②。到开元年间（713—741），广州"江中有婆罗

图 8-7a 遂溪窖藏波斯萨珊王朝银手镯

图 8-7b 遂溪窖藏波斯萨珊银币

图 8-7c 遂溪窖藏金花饰件

图 8-7d 遂溪窖藏素面金碗

① 遂溪县博物馆《广东遂溪县发现南朝窖藏金银器》，《考古》1986 年第 3 期，243—246 页。参看姜伯勤《广州与海上丝绸之路上的伊兰人——论遂溪的考古新发现》，《广州与海上丝绸之路》，广东省社会科学院，1991 年，21—33 页。

② 义净著，王邦维校注《大唐西域求法高僧传校注》，中华书局，1988 年，152 页。

门、波斯、昆仑等舶，不知其数，并载香药珍宝，积聚如山，舶深六七丈"[1]。可以看出，波斯商舶是 8 世纪中叶活跃在印度洋和中国南海的重要船队，唐朝笔记、小说中描写的波斯商胡，大概主要是从海上来到中国的。

上述史料更多地把波斯商人与"乘舶泛海"联系在一起（图 8-8）。元稹《和乐天送客游岭南二十韵》中有诗"舶主腰藏宝"句，自注称："南方呼波斯为舶主。胡人异宝，多自怀藏，以避强丐。"[2] 是说南方人称波斯人为商船的舶主，他们大多自己怀揣异宝，以防被盗。求法僧义净到广州后，也是"与波斯舶主期会南行"[3]。这说明唐人把波斯人看作是海上而来的商船"舶主"的代称了。相反，粟特人主要是以陆上的商队形式东来的，他们有自己的商队首领，即"萨保"。

在广州等沿海城市里，由于外来蕃人较多，"蕃獠与华人错居，相婚嫁，多占田，营第舍"[4]。大概在肃宗或代宗时期（756—779），波斯人李志曾被唐朝任命为"朝散大夫守广州别驾"，即仅次于都督的地方长官[5]。唐朝让一位波斯人出任广州地方官，显然是为了管理当地人数众多的波斯等外来蕃人。或许其时还没有蕃坊的定职，所以主要是由地方官来管理蕃人。大概到文宗时期（827—840），开始设立专门居住蕃人的蕃坊[6]。在广州、扬州等大都市里，波斯、大食商

图 8-8 "岭南道税商"银铤

[1] 《唐大和上东征记》，汪向荣校注本，中华书局，1979 年，68 页。

[2] 《全唐诗》卷四〇七，4533 页。

[3] 义净《大唐西域求法高僧传校注》，152 页。

[4] 《新唐书》卷一八二《卢钧传》，5367 页。

[5] 荣新江《一个入仕唐朝的波斯景教家族》，《伊朗学在中国论文集》第 2 集，北京大学出版社，1998 年，84 页。

[6] 刘健明《从对外贸易看唐代岭南发展的特点》，《岭南文化新探究论文集》，香港现代教育研究社，1996 年，243—244 页。

胡大概主要居住在蕃坊当中。但我们从上述有关波斯商人的史料当中，除了一些大都市的波斯邸店外，看不出这些波斯商人始终固定在一个地点上，而能经常发现他们到处找宝的形象。粟特商人的经商活动往往是成群结队式的，和江南波斯老胡的形象颇不相同。

在唐人心目中，波斯人是善于经商的，尤其精于识宝，往往不惜重金以求宝，最终均会得手，而且在老病垂死之际，也要把宝物留给后人。因此，唐人把波斯商人看作是怀有宝物的富人。民间流行有"不相称"语，其中的"穷波斯"与"先生不认识字"并列[①]，即是说波斯商人根本是不可能穷的。在经商的本领上，粟特人也同样是高手，唐人传奇中往往用"商胡"来指称伊朗种的商人，他们既指波斯，也指粟特。然而，我们从前述康老子的故事似乎可以看出，在唐人眼中，粟特人在识宝方面还是较波斯人略逊一筹。

四、波斯人的入仕唐朝

除了大量的波斯商人之外，唐朝时期在华的波斯人还有不少王族、首领、使者，他们大多以入仕的方式，进入唐朝的官僚体制，逐渐融入唐朝的社会。与此同时，他们自身的文化也给中国带来不同程度的影响。

因为萨珊波斯的灭亡，大多数波斯的王族、首领和使者都留在唐朝，个别如波斯王卑路斯被优养起来，而其他人则入仕唐朝，为唐朝效力。与粟特胡人相比，波斯人留下名字、事迹的人物极少，这里就以目前所知两方波斯人墓志及相关资料，来考察不同身份的波斯人入仕唐朝的情形。

第一位是波斯国大酋长阿罗憾（616—710）。

据洛阳早年出土的《阿罗憾墓铭》[②]，阿罗憾原为波斯国的"望族"。过去都将他的名字还原为犹太、基督教的 Abraham（亚伯拉罕），并把他看作是一

---

① 《义山杂纂》"不相称"条，《说郛三种》第 6 册，上海古籍出版社，1988 年，3543 页。
② 墓志原文见周绍良编《唐代墓志汇编》上，上海古籍出版社，1992 年，1116 页。

个景教徒。但近年来有学者指出，阿罗憾是波斯人，应当构拟其原名为波斯文，所以 Abraham 这种复原不妥，他的名字应当复原为波斯文的 Wahrām（瓦赫兰），在萨珊王朝的中古波斯语碑铭中通常写作 wlhl'n 或 wlhl'm，希腊文作 Baramos 或 Barame，阿拉伯文作 Bahrām，是波斯王族常用的名字，与"阿罗憾"的对应相符。波斯末代国王伊嗣俟（Yazdegerd Ⅲ，631—651 年在位）有两个儿子，卑路斯的一个兄弟就叫瓦赫兰（Wahrām）。但从阿罗憾的年龄推算，他不太可能是伊嗣俟的儿子，而有可能是库萨和（Khusrau Ⅱ，591—628年在位）的孙子，至少是波斯的王族成员[①]。

656—661 年，阿罗憾正在随卑路斯国王在吐火罗地区抵抗大食军队，唐高宗以其"功绩可称，名闻遐迩"，所以"出使召来"，授予右屯卫将军，在宫城北门侍卫，其将职品级不低于后来唐朝授予波斯国王卑路斯和泥涅师师者，可见其地位之崇。显庆三年（658），唐朝打败西突厥并占领西域后，于661 年派遣陇州南由县令王名远赴吐火罗地区设立羁縻府州，与之随行的阿罗憾则被任命为"拂林国诸蕃招慰大使"，到中亚宣传唐朝声威。这里的"拂林"，不是指称拜占庭的"拂菻"，而是中古波斯语 Hrōm 的音译，即"吐火罗"，《新唐书·西域传》和《旧唐书·西域传》记载的罽宾国王拂菻罽婆，碑铭上就写作 Frōm Kesar，意为"罗马恺撒"[②]。在中古波斯文的《本达希申》（Bundahisn，《创世记》）中，瓦赫兰是作为第四千年末的救世英雄出现的："此时将有一个荣耀（xwa-rrah）所归、出自王族的人从迦布罗斯坦（Kāwulestān）地区前来，他们将叫他凯－瓦赫兰（kay Wahrām），所有的人都会和他一起回来。他将夺取信德（Hindūgān）、拂林（Hrōm，吐火罗？）、突

① A. Forte, "On the So-called Abraham from Persia. A case of mistaken identity", Paul Pelliot, *L'inscription nestorienne de Si-ngan-fou*, edited with supplements by A. Forte, Kyoto and Paris, 1996, pp. 375-428；idem, "On the Identity of Aluohan（616-710）, a Persian Aristocrat at the Chinese Court", *La Persia e l'Asia Centrale da Alessandro al X Secolo*, Roma, 1996, pp. 187-197.

② J. Harmatta, "Late Bactrian Inscriptions", *Acta Antiqua Academiae Scientiarum Hungaricae*, 17, 1969, pp. 297-432, 410-411；H. Humbach, *Baktrische Sprachdenkmäler*. 1. Wiesbaden, 1966, pp. 11-24.

厥斯坦（Turkestān）和每一个地区的权力。他将连根铲除（ul dārēd）所有罪恶的信仰，复兴苏鲁支（Zardušt）的宗教，没有任何人再敢坦承其他任何信仰。"[1] 阿罗憾的这种身份在唐朝设置吐火罗道羁縻府州的活动中发挥了至关重要的作用，最后于"拂林西界立碑"而还。这块碑据考就是王应麟《玉海》卷一九四所著录的《唐西域纪圣德碑》[2]。《阿罗憾墓铭》称："宣传圣教，实称蕃心。诸国肃清，于今无事。"这也可能是《唐西域纪圣德碑》中的文字。

武则天延载元年（694）八月，在都城洛阳皇城的端门（正南门）外，武三思率四夷酋长请铸铜铁为天枢，为武则天"铭纪功德，黜唐颂周"。此时的波斯国王泥涅师师还在吐火罗斯坦抗击大食，阿罗憾作为流亡波斯贵族的领袖人物，"为则天大圣皇后召诸蕃王，建造天枢"，出资出力。他的一举一动，无疑为来华波斯贵族树立了榜样。翌年四月，"天枢成，高一百五尺，径十二尺，八面，各径五尺，下为铁山，周百七十尺，以铜为蟠龙麒麟萦绕之；上为腾云承露盘，径三丈，四龙人立捧火珠，高一丈。工人毛婆罗造模，武三思为文，刻百官及四夷酋长名，太后自书其榜曰'大周万国颂德天枢'"。[3] 天枢上刻名的四夷酋长，肯定有阿罗憾之名。

景云元年（710）四月一日，阿罗憾以 95 岁高龄卒于东都洛阳自己的宅第里，其最终的结衔为"大唐波斯国大酋长、右屯卫将军、上柱国、金城郡开国公"。阿罗憾在高宗时前往西域，宣扬唐朝的"圣教"声威；武则天上台后，又率领胡人资助天枢的建立，为武则天"铭纪功德"，同时也是表现"万国颂德"的盛世景象。阿罗憾为了报答唐朝对波斯流亡政权和抵抗大食运动的支持，入仕唐朝后，也尽心尽力为唐朝和武周政权奋斗了五十年之久。

---

[1]　C. G. Cereti, "Again on Wahrāmī warzāwand", *La Persia e l'Asia Centrale da Alessandro al X Secolo*, p. 633 ; C. G. Cereti, "Central Asian and Eastern Iranian Peoples in Zoroastrian Apocalyptic Literature", *in Kontakte zwischen Iran*, *Byzanz und der Steppe* (Proceedings of the Conference held in Rome 25–28/9/1993), ed. Cs. Balint, Budapest 2000, pp. 200–201.

[2]　参看吴玉贵《突厥汗国与隋唐关系史研究》，中国社会科学出版社，1998 年，418、432—433 页，注 53。

[3]　《资治通鉴》卷二〇五。

第二位是翰林待诏、司天监李素（744—817）。

1980 年在西安东郊发现的波斯人李素及其夫人卑失氏的墓志（图 8-9）[①]，展示了一个波斯家族入仕唐朝的完整画面。据志文，李素字文贞，出身波斯贵裔，是本国王的外甥，家族"荣贵相承，宠光照灼"。他的祖父李益，天宝中（742—756）受君命而来通国好，作为质子，留在中国，宿卫京师，被授予银青光禄大夫、检校左散骑常侍、兼右武卫将军、赐紫金鱼袋的职衔，而且还特赐唐朝皇家的"李"姓，封陇西郡，与李唐皇家相同，以后子孙即以此为姓。李素的父亲李志，出任朝散大夫、守广州别驾、上柱国，上文已经说过，是广州地方官。

李素早年即随父在广州生长，在天文历算方面有特殊的才能，能够"握算枢密，审量权衡，四时不忒，二仪无忒"。大概是执掌唐朝司天台的印度籍司天监瞿昙譔于大历十一年（776）去世[②]，瞿昙家族历经三代，至此后继无人。于是，唐朝皇帝亲下诏旨，不远万里从广州把李素"追赴阙庭"，而且经过了"人莫能测"的众多考试，随后以翰林待诏身份，供奉在皇帝身边。

李素到长安后，其先三年在内廷供奉，

图 8-9 李素墓志

① 《全唐文补遗》第 3 册，三秦出版社，1996 年，179、186 页。
② 参看晁华山《唐代天文学家瞿昙譔墓的发现》，《文物》1978 年第 10 期，49—51 页。

累授恩荣，还蒙皇帝敕赐妻王氏，封太原郡夫人，显然是出身太原王氏的士族家庭。皇帝还给这位从外地来的波斯人赐以庄宅、店铺，地点在靖恭坊，位于长安城朱雀门街街东第四街，是文人官员比较集中居住的地方，如有名的"靖恭杨家"，就在同一坊里。靖恭坊在东市的东南，李素家还有皇帝赐予的店铺，或许有商业上的经营和收入。李素与夫人到私第居住后，皇帝在翰林待诏之外，以"晋州长史"的兼官表其品位，"仍令高品四人监临奏对"，就如同皇帝身边的画待诏、诗待诏、棋待诏一样，随时做皇帝有关天文历算方面的待诏。贞元六年（790），王夫人不幸去世。两年后，李素续娶开府仪同三司、守朔方节度衙前兵马使、御史中丞卑失嗣先之女为继室，皇帝封其继室为陇西郡夫人。李素的这次自主娶妻，找的是朔方军系统的突厥系卑失部的武将之女，表明胡人与胡人联姻的传统仍在继续。

李素任职于司天台，"恪勤无替"，前后共五十余年，经历了代宗、德宗、顺宗、宪宗四朝皇帝，最后成为唐朝负责天文历算的机构——司天台的最高长官司天监（从三品），同时兼翰林待诏，仍然有备皇帝顾问的身份。直到元和十二年（817）在长安去世，享年七十四岁。

李素先娶王氏，生子二人，名景伓（又作位）、景伏（又名复）。续娶卑失氏，生子四人，名景亮、景弘（又作直）、景文、景度。李素和卑失氏墓志对三个儿子的名字记载有异，或许是避讳之类的原因，也可能有改名的情况，不得而知。这些生长在长安的波斯人后裔，借助父辈的身份和地位，也都入仕唐朝，进入中央或地方官僚系统当中。

长子李景伓（景位），先任河中府（今山西永济市西南蒲州镇）散兵马使。河中府为河东道首府，原为蒲州，开元九年（721）改为河中府。景伓后调回长安，任神策军散兵马使兼正将。贞元三年（787），唐朝曾有检括西域胡客的举措，目的是把原由鸿胪寺供给而已在长安有田宅者停止供给，使之分隶于神策两军，"王子、使者为散兵马使或押牙，余皆为卒"[1]。依李素的生

---

① 《资治通鉴》卷二三二，中华书局，1956 年，7492—7493 页。

年和其王夫人去世的年份，李景优任神策军散兵马使的时间可大体上推测在贞元三年以后，而他家正好曾被敕赐庄宅、店铺，则他也可能是被当作波斯使者的后人而编入神策军，受封散兵马使。

次子李景伏（景复），任晋州（今山西临汾市西南）防御押衙。晋州在河东道，隶属于河中府，李景伏任此职或许和兄长在当地任职有关。

三子李景亮继承家学，"袭先君之艺业，能博学而攻文，身没之后，此乃继体"，是李素去世后诸子中唯一继承父业的天文历算专业人士。《李素墓志》记：李素去世时（817），"帝泽不易，恩渥弥深，遂召子景亮，诘问玄微，对扬无怍，擢升禄秩，以续阙如，起服拜翰林待诏襄州南漳县尉。再立门庭之贵，复登禁掖之荣，冠盖联绵，形影相吊"。宪宗皇帝亲自过问，李景亮擢升为翰林待诏襄州南漳县（今湖北南漳）尉。襄州在山南道，他的县尉一职是检校官，标明品位，其实际身份和他父亲一样，是翰林待诏，供职于皇帝身边。在长庆元年或二年（821或822），因为他"待诏宫闱，饬躬晨夜"，穆宗颁下"翰林待诏李景亮授左司御率府长史依前待诏制"[1]，给以东宫的加官。后来以右威卫长史、翰林待诏、赐绯鱼袋的身份，一直在京城任职。至迟到宣宗大中元年（847）八月时，李景亮和他父亲一样，担任了唐朝的司天监，李商隐曾说道："司天监李景亮奏：八月六日寅时，老人星见于南极，其色黄明润大者。"[2]到了大中九年（855），他仍在司天监位上，史载这一年"日官李景亮奏云：文星暗，科场当有事"[3]。此事致使负责科目选的尚书省吏部、刑部、御史台多名官员被贬[4]，可见司天监的重要性和李景亮的地位。

四子李景弘（景直），宝应元年（762）到贞元十二年（796）间先任朝议

---

① 谢思炜《白居易文集校注》第2册，中华书局，2017年，722页。

② 刘学锴、余恕诚《李商隐文编年校注》第4册，中华书局，2002年，1563页。

③ 钱易《南部新书》戊卷，黄寿成点校，中华书局，2002年，70页。以上三事，参看赖瑞和《唐代的翰林待诏和司天台——关于〈李素墓志〉和〈卑失氏墓志〉的再考察》，荣新江主编《唐研究》第9卷，北京大学出版社，2003年，316、326页。

④ 参看钱易著，梁太济笺证《南部新书溯源笺证》，中西书局，2013年，230—231页。

郎、试韩王府司马。韩王名迥，为代宗第七子。后李景弘转为威远军（在今四川荣县）押衙。

五子李景文，先为太庙斋郎，后为乡贡明经。作为唐朝皇家太庙里的斋郎，李景文已经进入唐朝皇家礼仪的核心部分，而其后来成为乡贡明经，表明这个家庭的波斯人后裔已经完全汉化。

六子李景度，先是丰陵的挽郎。丰陵是唐顺宗李诵的陵墓，805 年入葬，则李景度在此后一段时间里在丰陵任挽郎，也是唐朝礼制中的角色。在长庆三年（823）其母去世时，已转为太庙斋郎。

李素一家作为波斯贵裔，其祖父来到中国后，先是和其他许多外国质子一样，作为京城宿卫的军官。以后两代分别出任地方官和中央政府司天台的技术官。李素诸子则逐渐从中央或地方低级武官，变成文职人员，以及皇家礼仪中的配角。其子辈从武职军将渐渐转为唐朝礼仪中的角色，甚至成为乡贡明经，正是逐渐汉化的表征[①]。

波斯上层人士的入仕唐朝，经过几代人对中国文化的逐步认同，逐渐与汉人无异。李素一族从波斯质子，最后成为太庙斋郎，甚至乡贡明经，是一个最好的例证。波斯商胡在江南地区的广泛活动，也使得他们越来越融入中国社会。李珣兄弟原以卖香药为业，后来成宾贡进士，以诗词名家，则是深入中国南方腹地的波斯人迅速中国化的典型。来到中国的波斯人一旦进入这样一个富有深厚传统文化的社会当中，必然受到中国文化的影响，逐渐脱离本来文化的束缚，最后变成面貌虽异，而心态相同的中国人了。但波斯胡人经商的本性，仍然通过那些识宝的波斯商胡故事，直到唐末也没有在文人心目中有任何改变，甚至随着唐人传奇小说的不断重复和改写[②]，成为永远留存在中国人心目中的波斯文化符号。

---

① 荣新江《一个入仕唐朝的波斯景教家族》，82—90 页。
② 例如明人凌濛初《拍案惊奇》卷一《转运汉遇巧洞庭红，波斯胡指破鼍龙壳》。

第
九
讲

条条大路通长安

唐朝建立后，丝绸之路重新畅通。从官方文献和出土墓志等记载来看，不像玄奘在自己的个人传记中所描述的丝路艰险，唐朝与西域的官方往来从贞观初年就已开始，而且持续不断，真可谓是"条条大路通长安"。随着唐朝灭掉东西突厥汗国，重建丝绸之路的交通馆驿体系和路政设施，更加促进了东西方的交往。我们也可以通过北庭流人裴仙先的故事，了解到当时边陲城镇北庭和东都洛阳之间迅捷的交通往来。

一、丝绸之路的重新开通

隋朝在文帝时期，主要还是在统一南北，平定内乱。到605年隋炀帝即位后，开始经营西域。除了派云骑尉李昱出使波斯外，还让黄门侍郎裴矩往来于张掖、敦煌之间，通过西域商胡，联络各国首领，"至者十余国"。大业五年（609），隋炀帝西巡到张掖，"高昌王、伊吾设等及西蕃胡二十七国谒于道左。皆令佩金玉，被锦罽，焚香奏乐，歌舞喧噪。复令武威、张掖士女盛饰纵观，骑乘填咽，周亘数十里，以示中国之盛"[1]。西域国家来朝贡者，最多时有三十余国，炀帝设西域校尉以应接来客。

在河西的裴矩，通过采访胡人等方式，了解到西域四十四国情形，虽然其中有些国家并没有来过隋朝。《隋书·裴矩传》保存了裴矩撰写的《西域图记序》，记载了当时的丝绸之路走向：从敦煌出发，直到西海（地中海），有三条路。北道从伊吾（哈密）越过天山，沿草原之路西行，经过铁勒、突厥等游牧民族地区，一直到达东罗马；中道从高昌（吐鲁番）西行，经焉耆、龟兹、疏勒，翻过葱岭，经瓦罕山谷，进入粟特地区，再到波斯，最后到达地中海沿岸；南道从鄯善到于阗、朱俱波（叶城）、喝槃陀（塔什库尔干），逾过葱岭，经瓦罕山谷，过吐火罗地区（阿富汗），进入印度。三条道路，分别以伊吾、高昌、鄯善为门户，但"总凑敦煌，是其咽喉之地"[2]。这使我们了解到当时丝绸之路通向东罗马、波斯、印度的情况，也说明敦煌在隋唐时期中西文化交往中的重要地位。

隋末，中原地区又陷入混乱，北方突厥汗国强大起来，东西方的往来更多的是由突厥属下的粟特人来承担的。

618年唐朝建立后，开始时着力在平定内乱，整备国家制度。627年唐太宗即位后，开始着眼于外。与此同时，玄奘也踏上了他西天取经的路程。

玄奘俗姓陈，名祎，11岁在东都净土寺出家，20岁受具，年轻时遍访名师学习，但诸师所讲"隐显有异，莫知适从，乃誓游西方，以问所惑"[3]，遂决心去印度求学，访寻佛典。他的具体目的，则是想学习大乘瑜伽论说。贞观元年（627），玄奘从长安出发，过河西走廊，在粟特人石槃陀的帮助下，从瓜沙州之间的第五道偷渡边境，穿过最为艰难的莫贺延碛，到达伊吾。原本

① 《隋书》卷六七《裴矩传》，中华书局，1973年，1580页。
② 《隋书》卷六七，1579—1580页。关于此三道的具体情况，余太山《裴矩〈西域图记〉所见敦煌至西海的"三道"》有详细考证，余太山《早期丝绸之路文献研究》，商务印书馆，2013年，101—120页。
③ 慧立、彦悰《大慈恩寺三藏法师传》，中华书局，1983年，10页。

图 9-1　玄奘经过的高昌佛寺

打算从天山北路西行，结果被高昌王麴文泰招至高昌国（吐鲁番）讲经（图9-1）。在高昌王的大力支持下，继续西行，经丝路北道龟兹，翻天山，取道素叶水城（碎叶），拜见西突厥可汗。在西突厥的护佑下，一路畅通，经粟特地区，南下吐火罗斯坦，入印度北境，抵南亚次大陆。在印度五天竺，他巡礼各处佛教圣地，留学最高学府那烂陀寺，与印度法师切磋佛教教义，并参加曲女城等地的无遮大会，与其他高僧辩论佛理。贞观十七年（643），玄奘循陆路回国，经瓦罕走廊入塔里木盆地南道于阗，原本打算到高昌报答麴文泰，此时方知高昌国已在贞观十四年（640）被唐朝所灭，麴文泰已死；于是上表唐太宗，请求入关归国。太宗表示热烈欢迎。贞观十九年（645）玄奘回到长安，总共携带有佛典 657 部和一些模制的印度各地佛教瑞像。他回来的第一件事，就是应太宗的要求，将亲身见闻写成《大唐西域记》一书，于次年完成[1]。

因为慧立、彦悰所撰《大慈恩寺三藏法师传》对玄奘从瓜州到伊吾一段的艰难行程做了详细的铺陈，给后人留下深刻印象，觉得当时的交通道路就是这样的艰难险阻，难以逾越[2]。事实上，玄奘是违犯当时不许私渡边境的禁令，才落得这样的地步。如果是正当的唐朝使者，道路仍然是畅通的。

几乎与玄奘出行同时，贞观元年（627），唐太宗命令右卫仓曹参军张弼

---

[1]　季羡林等《大唐西域记校注》，中华书局，1985 年；关于玄奘西行过程，参看慧立、彦悰《大慈恩寺三藏法师传》。

[2]　参看慧立、彦悰《大慈恩寺三藏法师传》，14—17 页。

出使西域（图 9-2）。张弼历聘三十国，行程四万里，于贞观六年（632）返回长安 [①]。据《旧唐书》卷一九八《西戎传》"波斯国"条，波斯距唐朝首都长安一万五千三百里，来回三万六百里。从张弼"经涂四万里"来推想，他在西域地区一定不是直线而行，因为那样即使他到达波斯，也不足"四万里"之数。他不一定非要到达波斯，但他访问了三十国，应当是纵横交错地行走，所访问的西域王国应当包括塔里木盆地诸绿洲王国，以及西突厥所控制的粟特地区和吐火罗斯坦，可见这不是一件简单的事情。张弼的出使，可以说是唐代初年丝绸之路上的一个壮举 [②]。

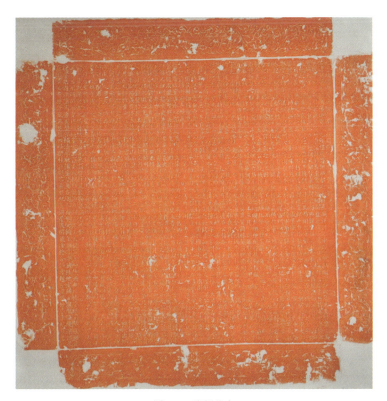

图 9-2　张弼墓志

①　《张弼墓志》，胡戟、荣新江主编《大唐西市博物馆藏墓志》上，北京大学出版社，2012 年，224—226 页。

②　荣新江《唐贞观初年张弼出使西域与丝路交通》，《北京大学学报》2020 年第 1 期，113—118 页。

图 9-3　唐长安城金光门遗址

事实上，唐朝与西域之间的交通并不像玄奘所描写的那样艰难。贞观元年已降，西域的使者可以说是不绝于途，这其中有西域诸国主动与唐朝交往的原因，也有的可能是张弼出使的成果。今天我们设想自己站在长安城西城墙上的开远门或金光门上（图 9-3），来看看贞观初期沿着丝绸之路从西而来的使者情况[1]。

贞观元年（627）正月，西突厥汗国遣使朝贡；闰三月，高昌国、吐谷浑等朝贡；五月，何国、康国来贡；十月，西突厥又来朝贡。西突厥的使者应当来自楚河流域，高昌国来自吐鲁番，吐谷浑来自青海地区，而何国、康国则来自粟特地区。

贞观二年（628）四月，西突厥遣使贡方物。

贞观三年（629）二月，高昌国遣使朝贡。到十一月，西突厥、高昌国并遣使朝贡。因为诸国来朝贡者甚众，"服装诡异"，不易识别。闰十二月，中书侍郎颜师古奏请图写使者形象，作《王会图》（图 9-4）。宋人董逌曾见过原图，他说从西而来的有"吐蕃、高昌、月氏（吐火罗）、车师（高昌）、党项、轩渠（大秦）、嚈哒、叠伏罗、丁令、师子、短人、掸国"[2]，有些是西域古国名，可能是文人借古喻今的做法，图中有些图像也可能是承袭自此前的《职贡图》。

贞观四年（630）发生了一件大事，就是唐朝灭掉了东突厥汗国，颉利可汗率众十万投降，"其入居长安者万有余家"[3]。姓名可考者，有突厥首领颉利

---

[1]　以下除特别注明出处者，皆据《册府元龟》卷九七〇，《旧唐书》卷一九八《西戎传》，《新唐书》卷二二一《西域传》，《资治通鉴》卷一九三。

[2]　《广川画跋》卷二，安澜编《画品丛书》（二），河南大学出版社，2014 年，366—368 页。参看汤开建《唐〈王会图〉杂考》，《民族研究》2011 年第 1 期，77—85 页。

[3]　《旧唐书》卷六一《温彦博传》，2361 页。

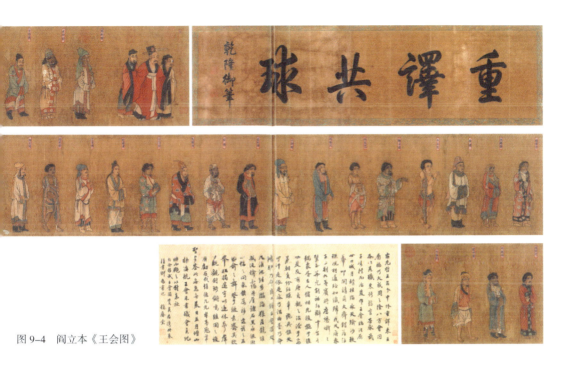

图 9-4　阎立本《王会图》

可汗、夹毕（伽芯）特勒李思摩；还有粟特首领安肬汗、安国大首领安菩等。同年，西域北道大国龟兹国王苏伐叠遣使献马，自此朝贡不绝。同年冬，高昌王麴文泰亲自来长安朝贡，五年正月十四日，太宗专门"宴高昌王文泰及群臣"。等他准备回国时，唐朝赐遗甚厚，并下诏赐高昌王妻宇文氏改姓李，成为唐朝宗亲，封常乐公主。麴文泰向太宗表示，"西域诸国咸欲因文泰遣使贡献"，但宰相魏徵以为，如果十个国家的使团一起入贡，使人不下一千人，沿边州县无法接济。太宗听从魏徵建议，回绝了这些国家的使者[①]。

贞观五年（631），长安迎来了另类的客人，"有传法穆护何禄将祆教诣阙奏闻，敕令长安崇化坊立祆寺"[②]。这是粟特何国出身的琐罗亚斯德教传教士来到长安，并被允许在西市附近建立祆祠。

贞观六年（632），张弼从西域出使回来，很可能带来了唐朝对西域方针

①　《旧唐书》卷七一《魏徵传》，中华书局，1975 年，2548 页。
②　姚宽《西溪丛语》卷上，中华书局，1993 年，42 页。

的战略转折。本年内，西域南道大国于阗的国王尉迟屋密遣使献玉带。七月，塔里木盆地北道大国焉耆国王龙突骑支始遣使来朝，请求开辟大碛路，避开高昌，让西域使者直接从焉耆到敦煌，使焉耆垄断西域与唐朝往来的贸易。唐朝支持焉耆，而把高昌视作敌对势力，准备加以打击。八月丁酉，唐朝终止对西突厥汗国内部纷争的中立态度，派遣刘善因前往西域，册封与肆叶护可汗对立的泥孰为西突厥奚利邲咄陆可汗，支持泥孰来控制西突厥政权。

贞观七年（633）十月，西突厥奚利邲咄陆可汗遣使朝贡。粟特安国与东安国（喝汗）均遣使献方物。

贞观八年（634）十二月，粟特石国遣使朝贡。本年龟兹、高昌、女国亦遣使朝贡。

贞观九年（635）四月，康国献狮子。五月，吐火罗遣使贡方物。八月，西突厥遣使贡方物。本年，长安又迎来一个从更远的波斯来的客人——景教传教士阿罗本。经过考察，唐太宗允许这个新来的叙利亚东方教会在长安立寺传教，寺址就在开远门内的义宁坊。

仅从贞观元年到九年之间唐朝与西域的往来，就可以看出中西交通之路并不像玄奘所述那样艰辛，而且没有停止。此后丝绸之路上的往来使者、僧侣、商人，络绎不绝，下面仅举两个人物为例。

王玄策曾经在贞观十七年（643）至龙朔元年（661）之间，三次出使印度。贞观十五年（641），印度摩揭陀（Magadha）国王曷利失尸罗迭（逸）多（Harsha Śīlāditya，戒日王）致书唐廷通好。唐朝命云骑尉梁怀璥回报，尸罗迭多遣使随之来中国。贞观十七年三月，唐朝派遣行卫尉寺丞李义表为正使、前融州黄水县令王玄策为副使，伴随印度使节报聘，十二月入其国。贞观十九年正月抵达王舍城（今比哈尔西南拉杰吉尔），在耆阇崛山刻铭，于摩诃菩提寺立碑，次年回国。贞观二十一或二十二年，升任右卫率府长史的王玄策作为正使，与副使蒋师仁一道出使印度。未至，尸罗迭多去世，帝那伏帝（今比哈尔邦北部蒂鲁特）王阿罗那顺（Arunasva）自立为王，发兵拒唐使入境。王玄策从骑30人全部被擒，他本人奔吐蕃西境求援。泥婆罗（今

尼泊尔）王那陵提婆
（Narendradeva，一说是
Aṃśuvarman）发兵7000
骑，吐蕃赞普松赞干布
发兵1200人，以及西
羌章求拔兵，共助玄
策，俘阿罗那顺而归。
高宗显庆三年（658）
六月，王玄策以左骁卫
长史身份第三次出使印

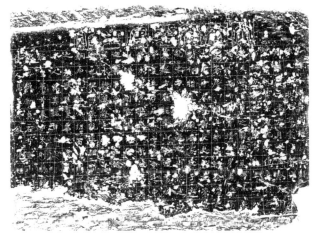

图9-5　"大唐天竺使之铭"拓片

度，走新开辟的吐蕃道，从青海至逻些（拉萨），沿雅鲁藏布江西行至小杨童
（小羊同），过涌泉，西至萨塔（日喀则市萨嘎县）；南渡雅鲁藏布江到咀仓法
关（今吉隆县），摩崖刻铭（图9-5），时在显庆四年五月；东南入藏布溪谷，
抵泥婆罗境；再经达婆栗阇国（今达班加北部），显庆五年九月访摩诃菩提
寺，礼佛而归；龙朔元年（661）春初回国，带来迦毕试国佛顶骨舍利一枚，
于宫中供养[①]。

　　王玄策几度出使印度，带回了佛教文物，他曾专门带有画师匠人，摹写
印度瑞像真迹，对中印文化交往也作出了贡献。他著有《中天竺国行记》十
卷，图三卷，可惜散佚，今仅存片断文字，散见于《法苑珠林》《诸经要集》
《释迦方志》中。

　　高宗时期，另一位去印度的求法僧也留下了详细的记录，这就是义净。
他和玄奘不同，走的是海路。义净在高宗咸亨二年（671）从广州出发，循海
道往印度。673年到达东印度耽摩立底国（今Tamluk），巡礼印度各地佛教圣

---

①　列维（S. Lévi）《王玄策使印度记》，冯承钧译，《西域南海史地考证译丛七编》，中华书局，
1957年；冯承钧《王玄策事辑》，《西域南海史地考证论著汇辑》，中华书局，1957年；孙修身《王
玄策事迹钩沉》，新疆人民出版社，1998年。关于第三次出使事迹，主要依据霍巍《青藏高原
考古研究》，北京师范大学出版社，2016年，256—280页。

图 9-6　义净留学的那烂陀寺

迹，收集戒律文本，又在那烂陀寺学法十年（图 9-6）。685 年仍取海道东返，归途中在室利佛逝国（今苏门答腊岛）停留六年多。其间为求纸墨和寻找译经助手，义净曾于永昌元年（689）返回广州，邀请四位僧人，随他赴室利佛逝翻译佛典（特别是律藏），并将印度和南海等地佛教状况和求法经历，写成《大唐西域求法高僧传》和《南海寄归内法传》两书[①]。天授二年（691），义净遣僧人大津将此二书并新译经论十卷送到长安；长寿二年（693）夏，他本人返回广州，计得梵本经律论近 400 部，合 50 万颂，并金刚座真容一铺、舍利300 颗。695 年，义净抵达东都洛阳，受到武则天的盛情款待。后来在洛阳、长安两地译经，共译出 107 部 428 卷，直到 713 年去世。

　　义净的《大唐西域求法高僧传》，叙述了 641 年至 691 年间共 61 位僧人赴印度求法的情况，详略不一。其中大约有 39 位是从海道往返南亚各地的，他们所走的路线又不尽相同，如明远是从交趾出发，经诃陵国（爪哇岛），到狮子国，再入南印度；义朗从乌雷（今广西钦州县）登舟，经扶南（今印度

---

① 　义净著，王邦维校注《大唐西域求法高僧传校注》，中华书局，1988 年；义净著，王邦维校注《南海寄归内法传校注》，中华书局，1995 年。

支那半岛），到郎迦戍（马来半岛北部）上岸，再到师子洲①。由此可知，当时中国通南亚的海路不止一条。这些记载及《南海寄归内法传》，加上义净自己的活动，反映了7世纪经佛教僧侣构建的从海路赴南亚的交通情况，以及南海、印度的历史、文化和地理知识的增加。

可见，到高宗、武则天时期，唐朝与印度、中亚地区的交往，通过陆上和海上丝绸之路，密切联系起来，这种趋势一直延续，造就了唐朝中外文化交流的盛况。中间虽然有安史之乱，吐蕃占领河陇，但东西方的往来并没有中断，而海路往来更加密切。

二、唐朝对丝绸之路路政设施的建立与维护

高宗显庆三年（658），唐朝灭西突厥汗国，将安西都护府从西州交河城迁至塔里木盆地北沿的龟兹王城，下辖安西（龟兹）、于阗、疏勒、焉耆四镇，龟兹成为唐朝统治西域地区的军政中心。随着唐朝对西域地区的控制，"开通道路，列置馆驿"②的工作也延续到这些地区。《新唐书》卷四〇《地理志》"西州""北庭"条和卷四三《地理志》"安西入西域道"条保存了贞元年间（785—805）贾耽所撰《皇华四达记》的片段，所依据的应当是唐朝中央政府保存的文书档案，记录了唐朝盛期西域地区交通道路的情况。

我们把这些片段记录按照道路的顺序略作调整，可以清楚地把西域地区道路的走向区分为若干段落，略掉其中的里程，道路所经路线和城镇大体如下：

①从西州出发，经西南的南平、安昌两城，进入天山山谷，经礓石碛、银山碛，到焉耆界吕光馆。又经张三城守捉、新城馆，渡淡河，至焉耆镇城③。

---

① 参见义净著，王邦维校注《大唐西域求法高僧传校注》相关传记。
② 《唐会要》卷七三"安西都护府"条，上海古籍出版社，1991年，1567页。原文"别"字当作"列"字。
③ 《新唐书》卷四〇《地理志》"西州"条，中华书局，1975年，1046页。

②从焉耆西行，过铁门关，经于术守捉城、榆林守捉、龙泉守捉、东夷僻守捉、西夷僻守捉、赤岸守捉，最后到安西都护府（龟兹，今库车）。

③安西西出柘厥关，渡白马河，过俱毗罗碛。经苦井，再经俱毗罗城、阿悉言城，至拨换城（今阿克苏），又称威戎城，或曰姑墨州。

④从拨换西北渡拨换河、中河，至小石城。又经葫芦河，至大石城，又称于祝，或曰温肃州。又西北至粟楼烽，翻越拔达岭。经顿多城（赤山城），渡真珠河，西北越乏驿岭，渡雪海，至碎卜戍，傍碎卜水至热海（伊塞克湖）。经冻城、贺猎城、叶支城，至碎叶川口，再到裴罗将军城（布拉纳古城）。西行经碎叶城（阿克贝西姆遗址）、米国城、新城、顿建城、阿史不来城、俱兰城、税建城，最后到怛罗斯城（今江布尔）。

⑤从拨换向西南，渡思浑河，到济浊馆，故和平铺。又经故达干城、谒者馆，到据史德城（今图木舒克），又称郁头州，在赤河北岸孤石山。渡赤河，经岐山，至葭芦馆。又经达漫城，至疏勒镇（今喀什）。

⑥自拨换向南再往东，经昆岗，渡赤河，又西南经神山（麻札塔格）、睢阳、咸泊，再南经疎树，到于阗镇城（今和田）。

⑦从于阗西行有苇关，又西经勃野，西北渡系馆河，到郅支满城，又称碛南州。又西北经苦井、黄渠，至双渠，故羯饭馆。又西北经半城，至演渡州，又北至疏勒镇。自疏勒西南入剑末谷、青山岭、青岭、不忍岭，最后到葱岭守捉（今塔什库尔干），故羯盘陀国，开元中置守捉。

⑧于阗东行有坎城镇、兰（蔺）城镇、且末镇，与沙州东来路线相合。

⑨自沙州寿昌县西至阳关故城，经蒲昌海南岸，西经七屯城（汉伊修城）、石城镇（汉鄯善城）、新城（弩支城）。又西经特勒井，渡且末河，至播仙镇（且末城）。又西经悉利支井、祆井、勿遮水，至于阗东兰（蔺）城守捉。又西经移杜堡、彭怀堡、坎城守捉，最后至于阗[①]。

⑩自庭州西延城，经沙钵城守捉、冯洛守捉、耶勒城守捉、俱六城守捉

---

① 《新唐书》卷四三《地理志》"安西入西域道"条，1149—1151 页。

至轮台县。又经张堡城守捉，渡里移得建河，有乌宰守捉。又渡白杨河，有清镇军城。又渡叶叶河，有叶河守捉。又渡黑水，有黑水守捉、东林守捉、西林守捉。又经黄草泊、大漠、小碛，渡石漆河，踰车岭，至弓月城。过思浑川、蛰失蜜城，渡伊丽河，至碎叶界。又西行至碎叶城①。

上述《皇华四达记》所记道路上主要的"城"，大多数在传统的名称之外又有了唐朝羁縻州的名称，其他则是唐朝军事系统的镇、守捉、戍、堡、烽、铺，也有馆驿系统的馆，说明这是显庆三年后唐朝在西域地区设置羁縻府州、建立镇戍守捉等军事防御体系的结果。

传世典籍和出土文书表明，从658年到8世纪末叶唐朝统治西域期间，馆驿一类的交通设施一直存在。一些零散记录如下：景龙二年（708）突骑施酋长娑葛攻四镇，曾"擒吕守素于僻城，缚于驿柱"②，表明西域僻城内设有驿站；边塞诗人岑参有诗题《银山碛西馆》《宿铁关西馆》③，二馆都在焉耆界内；吐鲁番文书记有"礌石馆""银山馆"④，应当就是设在《皇华四达记》的礌石碛、银山碛上的馆驿，在西州至焉耆路上。库车出土文书中有"大井馆"之名⑤，还提到"馆马三匹"⑥"烽馆之人"⑦，是龟兹范围内的馆以及管理人员和蓄养的牲畜。和田发现的文书中，有神山堡（麻札塔格）以北四馆的名字——草泽馆、欣衡馆、连衡馆、谋常馆（图9-7）⑧，正是在《皇华四达记》

① 有关这些道路的考证，参看张广达《碎叶城今地考》，《北京大学学报》1979年第5期，70—82页；陈戈《新疆古代交通路线综述》，《新疆文物》1990年第3期，55—92页；王炳华《唐置轮台县与丝绸之路北道交通》，荣新江主编《唐研究》第16卷，北京大学出版社，2010年，151—168页。

② 《资治通鉴》卷二〇九，中华书局，1956年，6628页。

③ 刘开扬《岑参诗集编年笺注》，巴蜀书社，1995年，179、181—182页。

④ 《吐鲁番出土文书》肆，文物出版社，1992年，447、462页。

⑤ 小田义久编《大谷文书集成》第1卷，法藏馆，1984年，73页。

⑥ E. Trombert, *Les manuscrits chinois de Koutcha. Fonds Pelliot de la Bibliothèque Nationale de France*, Paris, 2000, p. 66.

⑦ 小田义久编《大谷文书集成》第3卷，法藏馆，2003年，227页。

⑧ 见《吐鲁番古写本展图录》，朝日新闻社，1991年，图版7及解说（池田温执笔）。

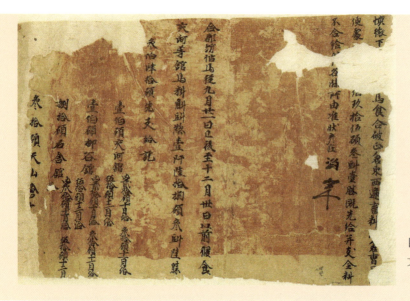

图 9-7 吐鲁番
文书记有银山路
的马料账

所记从拨换到于阗的路上；还有"纳馆家草"①"馆子王仵"②的记录。

连接这些西域羁縻府州、唐朝军事镇戍之间的道路，并不是普通的道路，而是具有唐朝法令意义的"官道"或者"驿路"，一旦确立，就有一套制度保证。按照唐制，官道上三十里置一所驿，非通途大道则立馆。西域道路多非坦途，所以馆多驿少。我们可以根据唐朝的制度，把隐含在零星的馆驿材料背后的内涵推导出来，换句话说，唐朝在西域地区建立了大致三十里一所馆驿的路政设施，并配合镇、戍、守捉、烽、铺等一系列的军事设施，以保证道路的安全和通畅，为官方使者往来提供食宿、马匹等交通运输保障方面的便利。

随着安西、北庭两大都护府的设立，唐朝在天山南北建立了以都护府为中心的驿路系统；随着馆驿制度在西域地区的建立，唐朝军政人员、公文、物资往来得到强有力的保障。研究唐代交通的严耕望先生称：从长安经河西走廊越西州、焉耆到龟兹的道路，"即为唐代长安西通西域中亚之大孔道也。全线行程皆置驿。……使骑较急之文书，约一月可达"③。与此同时，这条驿道

---

① 吉田豊《コータン出土 8—9 世紀のコータン語世俗文書に関する覚え書き》，神户市外国语大学外国学研究所，2006 年，27 页。

② 沙知、吴芳思编《斯坦因第三次中亚考古所获汉文文献（非佛经部分）》卷一，上海辞书出版社，2005 年，188 页。

③ 见《唐代交通图考》第 2 卷，中研院史语所，1985 年，488 页。

也为丝绸之路上兴贩贸易的商人，提供了有安全保障的通畅道路，这在吐鲁番出土的一些过所类文书中，有真切的反映①。反观此前西域王国分立状态时，商旅往来有诸多不便，如高昌与焉耆为争商道甚至兵戎相见，对于东西往来贸易十分不利。

安西都护府作为整个西域地区的最高军政机构，保障了其辖区内商人的往来和正当的贸易活动，如有违规的行为，将受到追究。在吐鲁番出土文书中，我们有 个鲜活的例子，即《唐西州高昌县上安西都护府牒稿为录上讯问曹禄山诉李绍谨两造辩辞事》②。这是官府审讯一个案件时双方辩词的记录，虽然残缺不全，但所记事件可以整理如卜：

乾封二年（667）有曹炎延等粟特商人从长安出发，与汉商李绍谨同行，往西域经商。他们经安西（龟兹）到弓月城，同行的还有曹果毅及曹二（又名曹毕娑）等胡商以及炎延外甥居者。总章三年（670）年初，李绍谨在弓月城举借曹炎延 275 匹绢练，曹毕娑及曹果毅为知见人作证。二月或稍前，李绍谨与曹炎延一起从弓月城往龟兹进发，中间遇到安西有唐朝使者四人向玉河军而去。炎延的兄弟曹禄山随后赶到弓月，发现兄长不在，而曹果毅及曹二则留住在弓月城，后来二人更向西去，不知所在。于是禄山追赶其兄往龟兹。咸亨元年（670）四月，吐蕃进攻西域，安西陷蕃，李绍谨和曹禄山等人也先后随安西都护府人员从龟兹撤回高昌。咸亨二年，曹禄山因不见其兄，故于高昌县状告李绍谨。因为曹禄山知道李绍谨等从弓月往龟兹途中见到唐朝的使人，所以请高昌县行文安西都护府，了解唐朝使人是否见到曹炎延、李绍谨等胡汉商人一行。文书后残，结果不得而知。

由此可见，以龟兹为中心，北通弓月，东向高昌，是当时胡人经商的常用道路。由于咸亨元年吐蕃入侵，这些胡汉商人退回到西州。所以，曹禄山

---

① 参看程喜霖《从唐代过所文书所见通 "西域" 的中道》，《敦煌研究》1988 年第 1 期，58—67 页；又《唐代过所与胡汉商人贸易》，《西域研究》1995 年第 1 期，97—103 页；又《唐代过所研究》第 5 章《唐代公验过所与交通贸易》，中华书局，2000 年，219—265 页。
② 《吐鲁番出土文书》叁，文物出版社，1992 年，242—247 页。

的报告是从高昌县递交给安西都护府。而安西都护府接受这样的诉状，去查找两年前唐朝使者及胡汉商人的行踪，是因为安西都护府有着强大的功能，他们办案的范围可以覆盖到弓月城乃至以西的碎叶、怛罗斯等地。按照唐朝制度的规定，所有商人在经过唐朝的关隘、守捉、馆驿的时候，都要登记，包括他们的随从人员和牲畜，都有案可查。安西都护府可以按照馆驿的记录，来判断曹炎延何时失踪，是否与李绍谨有关，也可以追踪到后来去弓月城以西的曹果毅及曹二，来了解李绍谨举借绢练的事情。

图 9-8a　吐鲁番出土的黄地小联珠团花锦

长寿元年（692），唐朝再次收复四镇后，大量内地驻军以及随军而来的家属、服务人员、僧尼大众等，在唐朝中央政府的有力支持下，移住西域地区。随之而来的是大量的可以用作钱币的布帛（图 9-8a、9-8b），需要从凉州、秦州等地调运到西域地区，此即人们常常引用的张籍《凉州词》所诵："无数铃声遥过碛，应驮白练到安西。"包括丝绸在内的大量物资运送到了安西地区，也大大促进了丝绸之路上的贸易往来。

唐安西都护府的建立和对四镇地区的稳固统治，加之北庭都护府的建立，使得分立的西域绿洲王国及天山北路草原游牧部族成为一体，各自之

图 9-8b　吐鲁番出土的烟色地狩猎纹印花绢

间的道路通畅无阻，又有馆驿传递制度的保障，这为唐朝兴盛时期维持了一个东西交通的辉煌阶段。从西域到长安的大道也通畅无阻，各种人员和各色物品，也随之进入长安。

三、从北庭到洛阳——裴伷先的故事

唐朝为两京体制，除了西京长安，在某些时段，特别是武则天在位时期，东都洛阳成为天下中心，这段时间就成为"条条大路通洛阳"了。这里，我们举裴伷先的事迹为例。

裴伷先是个传奇性人物，他是高宗朝宰相裴炎的侄子。684年，武后废黜中宗李显，改立睿宗李旦，把持政事，裴炎忤旨被杀，裴伷先上封事指责武后，几被杖死，流放岭南瀼州①。裴伷先在岭南娶妻生子，后潜逃回乡，一年后被发现，再次流放到北庭。

裴伷先在北庭的事迹，主要记载在宋人李昉等编《太平广记》卷一四七定数二"裴伷先"条，出自唐人牛肃所撰《纪闻》。宋人欧阳修等撰《新唐书》、司马光等撰《资治通鉴》，都自《纪闻》该条加以取舍，《新唐书》以摘要为主，《资治通鉴》则对相关史事加以系年，可资参考。

今人关注裴伷先在北庭事迹者不多，依笔者管见所及，专门论说者只有两文。一是葛承雍、李颖科《西安新发现唐裴伷先墓志考述》，根据新出墓志，对裴伷先事迹有所梳理②；另一是薛宗正《裴伷先蒙难贬流与北庭流人血案》，对比《太平广记》《新唐书》《资治通鉴》，于裴伷先生平事迹加以考证，

① 瀼州，《太平广记》两种本子都作"攘"，《新唐书》卷一一七《裴炎传》附《裴伷先传》作"坐流岭南"，"长流瀼州"（中华书局，1975年，4249页），《资治通鉴》卷二○三光宅元年九月条作"瀼州"，胡注在岭南（中华书局，1956年，6428页）。按，岭南无攘州，作瀼州是，治所在临江县，即今广西上思县西南，为唐朝流放犯人的边州之一。
② 载荣新江主编《唐研究》第5卷，北京大学出版社，1999年，453—462页。

重点在诸事件发生时间的确认[1]。上述两文重点在政治史方面，我们这里则关注史料中所透露出来的北庭与丝路的点滴信息。

首先把包含信息最全的《太平广记》卷　四七定数二"裴伷先"条录出：

工部尚书裴伷先，年十七，为太仆寺丞。伯父相国炎遇害，伷先废为民，迁岭外。

伷先素刚，痛伯父无罪，乃于朝廷上封事请见，面陈得失。天后大怒，召见，盛气以待之，谓伷先曰："汝伯父反，干国之宪，自贻伊戚，尔欲何言？"伷先对曰："臣今请为陛下计，安敢诉冤？且陛下先帝皇后，李家新妇。先帝弃世，陛下临朝，为妇道者，理当委任大臣，保其宗社。东宫年长，复子明辟，以塞天人之望。今先帝登遐未几，遽自封崇私室，立诸武为王，诛斥李宗，自称皇帝。海内愤惋，苍生失望。臣伯父至忠于李氏，反诬其罪，戮及子孙。陛下为计若斯，臣深痛惜。臣望陛下复立李家社稷，迎太子东宫。陛下高枕，诸武获全。如不纳臣言，天下一动，大事去矣。产、禄之诚，可不惧哉！臣今为陛下计，能用臣言，犹未晚也。"天后怒曰："何物小子，敢发此言！"命牵出。伷先犹反顾曰："陛下采臣言实未晚。"如是者三。天后令集朝臣于朝堂，杖伷先至百，长隶瀼（瀼）州。伷先解衣受杖，笞至五十而伷先死，数至九十八而苏，更二笞而毕。伷先疮甚，卧驴舆中，至流所，卒不死。

在南中数岁，娶流人卢氏，生男愿。卢氏卒，伷先携愿潜归乡。

岁余事发，又杖一百，徙北庭。货殖五年，致资财数千万。伷先贤相之侄，往来河西，所在交二千石。北庭都护府城下，有夷落万帐，则降胡也，其可汗礼伷先，以女妻之。可汗唯一女，念之甚，赠伷先黄金马牛羊甚众。伷先因而致富，门下食客，常数千人。自北庭至东京，累道致客，以取东京息耗。朝廷动静，数日伷先必知之。

时补阙李秦授寓直中书，进封事曰："陛下自登极，诛斥李氏及诸大臣，

① 薛宗正《北庭历史文化研究——伊、西、庭三州及唐属西突厥左厢部落》，上海古籍出版社，2010年，193—198页。

其家人亲族流放在外者，以臣所料，且数万人。如一旦同心，招集为逆，出陛下不意，臣恐社稷必危。谶曰：'代武者刘。'夫刘者，流也。陛下不杀此辈，臣恐为祸深焉。"天后纳之，夜中召入，谓曰："卿名秦授，天以卿授朕也，何启予心。"即拜考功员外郎，仍知制诰，敕赐朱绂，女妓十人，金帛称是。与谋发敕使十人于十道，安慰流者。（其实赐墨敕与牧守，有流放者杀之。）敕既下，仙先知之。会宾客计议，皆劝仙先入胡，仙先从之。

日晚，舍于城外。束装时，有铁骑果毅二人，勇而有力，以罪流，仙先善待之。及行，使将马装（牛）橐驼八十头，尽装金帛，宾客家僮从之者三百余人。甲兵备，曳犀超乘者半。有千里足马二，仙先与妻乘之。装毕遽发，料天晓人觉之，已入虏境矣。即而迷失道，迟明，唯进一舍，乃竟驰驼。既明，候者言仙先走，都护令八百骑追之，妻父可汗又令五百骑追焉，诫追者曰："舍仙先与妻，同行者尽杀之，货财为赏。"追者及仙先于塞，仙先勒兵与战，麾下皆殊死。日昏，二将战死，杀追骑八百人，而仙先败。缚仙先及妻于橐驼，将至都护所。既至，械系阱中，具以状闻。待报而使者至，召流人数百，皆害之。仙先以未报，故免。天后度流人已死，又使使者安抚流人曰："吾前使十道使安慰流人，何使者不晓吾意，擅加杀害，深为酷暴。其辄杀流人使，并所在锁项，将至害流人处斩之，以快亡魂。诸流人未死，或他事系者，兼家口放还。"由是仙先得免，乃归乡里。

及唐室再造，宥裴炎，赠以益州大都督。求其后，仙先乃出焉，授詹事丞。岁中四迁，遂至秦州都督，再节制桂、广。一任幽州帅，四为执金吾，一兼御史大夫，太原、京兆尹，太府卿，凡任三品官，向四十政。所在有声绩，号曰"唐臣"。后为工部尚书、东京留守，薨，寿八十六。（出《纪闻》）[1]

---

[1] 李昉等编《太平广记》卷一四七定数二"裴仙先"条，中华书局，1961年，3册，1058—1060页；张国风《太平广记会校》，燕山出版社，2011年，6册，2088—2090页。又见李时人编校《全唐五代小说》第1册，陕西人民出版社，1998年，224—226页；李剑国辑校《唐五代传奇集》第1册，中华书局，2015年，348—353页。诸家整理本，以李剑国校订最精，本文标点略有改订。

　　上面把《纪闻》中流放北庭前的一段保留，目的是想让读者体会裴伷先其人的刚强性格和不屈不挠的精神，这是他在北庭流放之地顽强生存，并有所作为的内在原因。

　　至于其流放北庭的时间，史料没有明确说明。薛宗正先生认为裴伷先能够从岭南逃归，应当是神功元年（697）酷吏来俊臣被杀后的结果，因此其逃归在圣历元年（698），再次流放北庭则在一年后的圣历二年（699）。《裴伷先墓志》（下简称《墓志》）是最原始的材料，其中称："属高宗宫车在辰，伯父仓卒受祸，于是公坐流于安西。公去夏适裔，修词立诚，兰幽更芳，水寒增洁，僶俛用晦廿许年。逮中宗晏驾，睿后当宁，追念功臣，博访鄒侯之胤；言思旧德，更抚叔敖之子。公始应辟，授詹府主簿。"[①] 可知裴伷先从北庭回归，是中宗晏驾、睿宗登基的景云元年（710），《资治通鉴》卷二一〇也系"求炎后，独伷先在，拜詹事丞"于此年[②]。从710年上推二十多年，裴伷先流放北庭之年，至少在690年以前。因此，裴伷先在岭南时间很短，大概在684年至688年之间，其潜回家乡和来俊臣被杀无关。《墓志》没有提到其流放岭南，也说明时间很短，以致可以不算其生平事迹的重要一环。又说"流于安西"，因为此时还没有成立北庭都护府，庭州隶属于显庆三年（658）迁至龟兹的安西都护府，到长安二年（702）以庭州为北庭都护府，才脱离安西。裴伷先经历了庭州和北庭都护府两个时期，文献材料中的"北庭"，是《纪闻》作者使用的后来的称呼。

　　裴伷先在北庭，《墓志》记载简略，只说他"修词立诚"，"僶俛用晦"，因而"兰幽更芳，水寒增洁"，实则有着丰富的事迹，幸赖《纪闻》得以保存。《纪闻》说，裴伷先到北庭后，第一个值得称道的事迹就是"货殖五年，致资财数千万"。一个流人，在五年内货殖达到这个规模，除了个人能力之外，更重要的是北庭为裴伷先提供了经营活动的场所，换句话说，就是北

① 葛承雍、李颖科《西安新发现唐裴伷先墓志考述》，453—454 页。
② 《资治通鉴》卷二一〇"景云元年十一月"条，6558 页。

图9-9 唐轮台遗址乌拉泊古城

庭在当时丝绸之路贸易上具有重要的地位[1]，没有北庭，也就没有他的各种作为。

庭州或北庭都护府，即今吉木萨尔县北面的古城，地处天山北麓，面对北方大草原，西面沿草原丝绸之路，经沙钵城守捉、冯洛守捉、耶勒城守捉、俱六城守捉、轮台县、张堡城守捉、清镇军城、弓月城，直到葱岭西的碎叶；向东南，经过伊州（哈密）与河西走廊的大道相连；向东北，有路直通蒙古高原的游牧汗国核心地带；向南有数条道路通向西州（吐鲁番）和天山南路的焉耆、龟兹[2]。其中最平缓的道路是经白水涧道（今白杨沟）越天山往南的路，隶属北庭的轮台县（今乌拉泊古城）就在这条道路偏北的一侧。《新唐书》卷二二一《西域传》"焉耆"条记：开元时"诏焉耆、龟兹、疏勒、于阗征西域贾，各食其征。由北道者轮台征之。"[3]即所有经过天山北路的商人，都要在轮台纳税，这一方面说明，西域商人往来之多，商税成为一项重要的国家收入；另一方面也说明，北庭所属的轮台（图9-9），扼守丝绸之路的咽喉，成

---

① 荣新江《丝绸之路上的北庭（公元7—10世纪）》，陈春声主编《海陆交通与世界文明》，商务印书馆，2013年，64—73页。

② 孟凡人《唐北庭城与外界的交通》，《北庭史地研究》，新疆人民出版社，1985年，134—166页。

③ 《新唐书》卷二二一上《西域传》上，6230页。

为丝路北道商人往来最重要的必经之地[1]。

作为轮台县的上司北庭都护府所在地，也必然是东西往来的商人聚集地。从京都藤井有邻馆所藏《唐开元十六年（728）庭州金满县牒》，可以得知北庭都护府郭下县金满县当时的户数总共是 1760 户，其中百姓、行客（从内地来的各类流动人口）和兴胡（粟特商胡）各占三分之一[2]，而金满县户数是庭州总户数的二分之一强。由此可见，外来的粟特商人和行客中的汉地或其他地方的商人，都不在少数。

裴伷先出身河东闻喜裴氏大家族，祖为凤州刺史，父为蓝田县令，而伯父裴炎任宰相，其家资一定雄厚。虽然流放边裔，但身份、地位并没有降低，资产仍然非当地一般人所比。《纪闻》说他因为是"先贤相之侄"，所以"往来河西，所在交二千石"。这里的"二千石"是借汉代制度来指称河西的达官显贵，而"河西"当指河西道全境，包括凉、甘、肃、瓜、沙、西、伊、庭八州之地。唐代流人在流放之地并不拘禁，有一定的活动自由。因此，裴伷先可以和河西官人广泛交往，庭州及其所属的轮台县，自然是他经营的重点。他利用多种手段货殖，作为一个外来户，恐怕主要是做买卖并放高利贷，五年之内，积累资财数千万。由于丝绸之路带来了大批商人，才使得裴伷先有买卖可做，他在短时间内暴富，和经过庭州的丝绸之路的通畅关系密切。

北庭之地，原本是西突厥统叶护可汗的南北王庭之一，又叫"可汗浮图城"。贞观十四年（640）唐灭高昌国，在山北声援高昌的西突厥部退走，唐朝在可汗浮图城设直辖的庭州。高宗永徽二年（651），西突厥阿史那贺鲁闻太宗去世，举兵反叛，一度攻陷庭州。后经反复争夺，显庆三年（658）唐朝平息叛乱，重新恢复了庭州的建置，西突厥各部归降，有些部落就安置在庭

① 参看王炳华《唐置轮台县与丝绸之路北道交通》，《唐研究》第 16 卷，北京大学出版社，2010 年，151—168 页。

② 池田温《中国古代籍帐研究》，东京大学出版会，1979 年，354 页。参看沙知《唐开元十六年庭州金满县牒小识》，《敦煌吐鲁番学研究论文集》，汉语大词典出版社，1990 年，187—195 页。

州侧近地区，主要部族有三。

（一）沙陀：《新唐书》卷二一八《沙陀传》记：“沙陀，西突厥别部处月种也。始，突厥东西部分治乌孙故地，与处月、处蜜（密）杂居。（中略）处月居金娑山之阳，蒲类之东，有大碛，名沙陀，故号沙陀突厥云。”①《旧五代史》卷二五《武皇纪》有类似记载：“太宗平薛延陀诸部，于安西、北庭置都护属之，分同罗、仆骨之人，置沙陀都督府。盖北庭有碛曰沙陀，故因以为名焉。”②

可见西突厥别部处月种的沙陀，就居住在金娑山（博格达山）之阳，蒲类海（巴里坤湖）之东，在北庭所辖范围之内。其归属唐朝后，被立为羁縻州府。《新唐书》卷二一八《沙陀传》记：“又明年（永徽五年，654），废瑶池都督府，即处月地置金满、沙陀二州，皆领都督。”③《新唐书》卷四三《地理志》载：“金满州都督府：永徽五年（654）以处月部落置为州，隶轮台。龙朔二年（662）为府。”④ 因此，沙陀部设立的羁縻州府，就隶属于北庭的轮台县。

《新唐书·沙陀传》又记：“龙朔初，以处月酋沙陀金山从武卫将军薛仁贵讨铁勒，授墨离军讨击使。长安二年（702），进为金满州都督，累封张掖郡公。金山死，子辅国嗣。先天初避吐蕃，徙部北庭，率其下入朝。开元二年（714），复领金满州都督，封其母鼠尼施为鄯国夫人。辅国累爵永寿郡王。”⑤ 可知龙朔年间沙陀随薛仁贵东讨铁勒，因此驻牧于河西，故朱邪金山有墨离军讨击使、张掖郡公的职衔和封号，但因为吐蕃攻打河西，沙陀在玄宗初年又迁回到北庭。

（二）哥逻禄 / 葛逻禄：曾经追随阿史那贺鲁叛乱的哥逻禄部，在显庆二

---

① 《新唐书》卷二一八《沙陀传》，6153 页。

② 《旧五代史》卷二五《武皇纪》，中华书局，1076 年，331 页。

③ 《新唐书》卷二一八《沙陀传》，6154 页。

④ 《新唐书》卷四三《地理志》，1131 页。

⑤ 《新唐书》卷二一八《沙陀传》，6154 页。

年（657）贺鲁败亡后再次归降唐朝。《新唐书》卷二一七《葛逻禄传》记："显庆二年，以谋落部为阴山都督府，炽俟部为大漠都督府，踏实力部为玄池都督府，即用其酋长为都督。"[1]葛逻禄部所居之地，应当在庭州以北、金山西麓的额尔齐斯河畔。

根据我们整理的吐鲁番出土文书《唐龙朔二、三年（662—663）西州都督府案卷为安稽哥逻禄部落事》得知，大概在龙朔元年十一月以前，原居金山（阿尔泰山）的哥逻禄步失达官部落被反叛的漠北回纥等铁勒部打散，有一千帐百姓从金山南下，停住在金满州地域（今乌鲁木齐乌拉泊古城北方）。唐朝得到金满州刺史沙陀某氏的报告后，遣人往哥逻禄步失达官部落，安排哥逻禄百姓返回大漠都督府原居地。龙朔二年三月，哥逻禄首领咄俟斤乌骑支陈状说，部落百姓在奉到龙朔元年敕令之前，已经在迁移之地种了麦田，而且放养的羊马没有充足的草料度山入碛，所以无法返回大漠都督府住地。到龙朔三年正月，由于阻隔通往金山道路的铁勒部已被唐朝击败，哥逻禄部落百姓在收麦之后，由首领六人率五十帐百姓移向金山。与一千帐相比，回去的人数不是很多[2]。文书后残，不知后续的情况，但可以肯定的是，有些哥逻禄部落也就因此留住于北庭一带。

（三）西突厥余部：显庆三年唐朝灭西突厥汗国后，将天山北麓的西突厥各部分立为各个羁縻州府，仍然在原居地畜牧。垂拱元年（685）十一月，武后册封兴昔亡可汗阿史那弥射之子元庆为左玉钤卫将军兼昆陵都护，袭兴昔亡可汗，以庭州为治所，统辖西突厥五咄陆部落[3]。但好景不长，不足一年就败归内地。此时突骑施势力兴起，其首领乌质勒统有西突厥左右厢大多数部众。长安二年（703）十二月十六日，武周朝廷以庭州为北庭都护府，加

---

① 《新唐书》卷二一七《葛逻禄传》，6143 页。

② 荣新江、李肖、孟宪实主编《新获吐鲁番出土文献》，中华书局，2008 年，308—325 页。参看荣新江《新出吐鲁番文书所见唐龙朔年间哥逻禄部落破散问题》，沈卫荣主编《西域历史语言研究集刊》第 1 辑，科学出版社，2007 年，13—44 页。

③ 《资治通鉴》卷二〇三，6435 页。

强对漠北的经营。长安三年，以阿史那元庆之子阿史那献为右骁卫大将军、兴昔亡可汗，从都城洛阳派往北庭，统率西突厥左厢各部。景龙二年（708）又进而以阿史那献为十姓可汗，意在使其为所有西突厥部落的共主。但翌年，唐朝转而册命突骑施乌质勒子娑葛为十四姓可汗，淹有整个西突厥及其别部，十姓可汗位置被取代。到了景云二年（711），娑葛被东突厥汗国俘获并杀害，突骑施汗国一时灭亡，十姓无主。先天元年（712）八月，玄宗即位，十一月即以阿史那献出任北庭大都护、伊西节度使、瀚海军使。因此，在景云元年（710）裴伷先回中原之前，西突厥余部主要在十姓可汗阿史那献的统辖之下。

《纪闻》说："北庭都护府城下，有夷落万帐，则降胡也，其可汗礼伷先，以女妻之。可汗唯一女，念之甚，赠伷先黄金马牛羊甚众。"此记裴伷先娶可汗女为妻。薛宗正先生指出，北庭周边降户拥有可汗尊号者只能是西突厥，也就是第三代左厢兴昔亡可汗阿史那献[1]。其说可以信从。从裴伷先和阿史那献两人的事迹结合来看，他们两位在北庭交集的时间为704—710年；又因为《纪闻》后面叙述到武则天要斩杀流人，北庭都护解琬（703年1月7日至708年在任[2]）派兵追杀，可汗不得已也派人追杀，只留伷先及妻不死。因为武则天在神龙元年（705）正月退位，所以裴伷先娶阿史那献女以及被追杀的时间，只能在704—705年间。

从上面提到过的哥逻禄南下的步失达官部落就有一千帐，那么《纪闻》说北庭都护府城下侧近地区就有降胡夷落万帐，并非小说家言，应当是可信的，因为率领这些降胡的可汗，就在北庭都护府城内。当阿史那献来到北庭时，裴伷先已经在此经营有年，所以可汗也要礼遇他，并把独女嫁给他，并陪嫁了黄金、牛马羊甚众，可见裴伷先是当地举足轻重的人物。

由上举史料可以知道，北庭是多民族聚集之地，尤其以天山北路的游牧

[1] 薛宗正《北庭历史文化研究——伊、西、庭三州及唐属西突厥左厢部落》，191 页。

[2] 薛宗正《北庭历史文化研究——伊、西、庭三州及唐属西突厥左厢部落》，747—748 页。

图 9-10　北疆牧场

部落为主（图 9-10）。从庭州到金山（阿尔泰山），有道路可行，因此北庭除了东西交通之外，与北方的交往也同样频繁。而且，如果从与中原王朝相反的方向思考，北方的游牧集团是北庭后院，裴仙先在被武周政权追杀之际，他手下的宾客皆劝其"入胡"，《新唐书》作"奔突厥"[1]，应当就是前往北方游牧集团中避难，于是他率领"马牛、橐驼八十头，尽装金帛，宾客家僮从之者三百余人"前往，虽然没有躲过追杀，但说明了裴仙先与北方游牧民族的关系。这应当就是他殖业的一个途径，经营游牧与农耕居民之间的贸易，谋取暴利，快速聚财，积累了大量金帛。

《纪闻》中有一段很引人注目的话：

① 《新唐书》卷一一七《裴炎传》附《裴仙先传》，4250 页。

自北庭至东京，累道致客，以取东京息耗。朝廷动静，数日佃先必知之。

　　按，武周时的政治中心在东都洛阳。《元和郡县图志》卷四○"陇右道庭州"条记："东南至东都六千一百三十里。"无论如何，数日之内消息是无法从洛阳传达到北庭的，这里若不是有缺字，就是小说家的夸张笔法了。但《纪闻》要说明的事实是，裴佃先交结河西走廊以及各道的宾客，他自己建立的情报传达系统，一定比朝廷正规的驿路传递信息更加快捷，因此朝廷要扑杀流人的敕令，裴佃先可以先期获得，得以在敕使到达北庭之前，准备溜之大吉。

　　严耕望先生在《唐代交通图考》的相关部分，已经把从洛阳、长安，经关内、陇右、河西、伊州到北庭的官道考证得十分清楚[1]。裴佃先所利用的便捷道路应当与此一致，但从《纪闻》我们得知一条重要的信息，就是同样一条今天称之为"丝绸之路"的道路，并非只有官方一个系统，它同时也是私家往来的通途。裴佃先不仅仅利用这条道路传递情报，他一定也利用这条道路经营商业贸易，由此我们可以再进一步推知，丝绸之路不仅仅是官方外交、贸易、转输的通道，也是私家商贸往来的途径，而且裴佃先能够和北方游牧部族做交易，一定有大量的内地产品（丝绸等）来作为后盾，因此他的私家贸易商队的规模也一定非常可观。

　　通过对裴佃先事迹的分析，我们可以看出，北庭作为农牧交界的节点，是游牧民族与农耕居民交换商品的重要地点，裴佃先以其个人的身份和能力，利用北庭作为经营的基点，东起洛阳、北入胡地、西达碎叶，铺开一张巨型的贸易网络，由此可见北庭在丝绸之路上的重要地位。

---

[1]　严耕望《唐代交通图考》第二卷，"中研院"史语所，1985年，第11、12、14篇。

第
十
讲

唐代长安的
多元文化

　　进入唐代，民族的进一步融合，疆域开拓的更为广阔，政治制度与思想文化的整合，使得唐王朝凝聚了极大的力量。生产发展，商业繁荣，文化昌盛，唐王朝以博大的胸怀，大量接受外来文化，使之融汇到中国文化的整体当中。从唐太宗到武则天，唐朝不仅直接而牢固地控制了塔里木盆地的西域绿洲诸王国，而且成为天山以北、葱岭以西广大区域内各个王国和部落的宗主国，中西往来更加畅通无阻，当时的文化交流也呈现出令人眼花缭乱的景象。西方的珍禽异兽、珠宝香料、玻璃器皿、金银货币纷纷传来；中亚、西亚的穿着、饮食等生活方式，音乐、舞蹈等文化娱乐活动都源源进入中原；佛教进一步盛行的同时，祆教也在民间广泛流行，摩尼教、景教以及新兴的伊斯兰教都在此时传入中国内地。唐朝的两京长安和洛阳，以及丝绸之路上的一些城市，如凉州、敦煌，都纷纷呈现出国际都市的风貌。在吸收外来文化的同时，借助唐朝强大的政治力量，中原文明也传入西方，深浅不等地影响了西域各国。

　　我们可以以唐朝都城长安为例，来看中外文化交流的盛况。这座都城开创自隋开皇三年（583）的大兴城，虽然是按照《周礼》的制度来为基础建造的新都市，但新王朝的恢宏气度，给这座都市安排了广阔的居住空间，亦为随之而来的唐朝，提供了一个走向辉煌的舞台。

一、长安的外来胡人

公元 618 年唐朝建立后，长安既有王公、将相、贵族的高门深宅，也有靠典当才得度过年关的穷苦大众栖身的陋室小屋；这里既是不同种族、不同语言的民众从四面八方涌入的国际都会，也是各种宗教信徒传播教法、建立寺院的神圣道场；这里有各色商贩经营牟利的东市西市，也有科举考生借宿的旅店和寻欢的青楼。三百年的唐长安，是当时世界上屈指可数的大都会，吸引了东西南北各国、各族的精英分子来此施展才华、生活享乐。与此同时，东西方大量珍贵的物品也通过各种途径进入长安，使长安成为一座集聚了各种金银财宝的场所。长安（见下页图 10-1），是当时世界上的一个金银之都，一个钱币之都，也是一个图籍之都，还是一个人才之都。

向达先生早在 1933 年发表的名篇《唐代长安与西域文明》中，就依据传世史料和当时发现的碑志资料，论述了"流寓长安之西域人"，涉及从于阗、龟兹、疏勒、昭武九姓诸国及波斯来长安的人士[1]。1978 年谢海平先生《唐代留华外国人生活考述》一书，从多个角度阐述蕃胡在唐生活情形，包括入住长安的胡人[2]。此外，还有很多文章涉及这一主题。目前我们可以更多地利用新出碑志、文书材料，来重新审视传统材料，给出新的解说。

唐朝时期，西北地区的游牧民族和西域各国的民众，以各种方式大量进入长安。粗略区分，大概有以下几种原因而入居长安。

1. 质子与使臣

长安胡人的来历各异，有一些是唐朝宗属国派来未归而入仕唐朝的质子，

---

[1]　向达《唐代长安与西域文明》，生活·读书·新知三联书店，1957 年，4—33 页。
[2]　谢海平《唐代留华外国人生活考述》，台湾商务印书馆，1978 年。

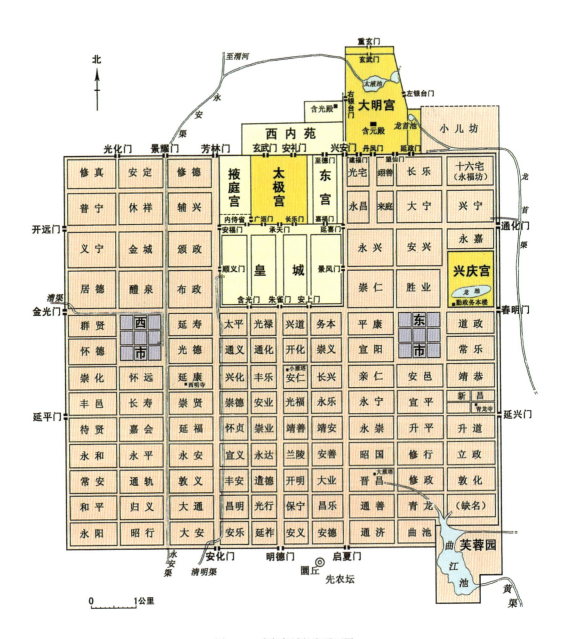

图 10-1　唐朝都城长安平面图

也有一些是留居不归而成为长安人的西域国家的使者。关于质子制度，杨联陞先生有专文阐述[①]。我们可以举两个典型的例子。

米继芬，其墓志称："其先西域米国人也。代为君长，家不乏贤，祖讳伊□，任本国长史。父讳突骑施，远慕皇化，来于王庭。遐□（质）京师，永通国好。特承恩宠，累践班荣，历任辅国大将军行左领军卫大将军。公承袭质子，身处禁军。孝以敬亲，忠以奉国。"（图 10-2）知米继芬先人出自西域粟特的米国，为米国君长。其父名突骑施，可能是突厥化的粟特人，后入仕唐朝，在京师历任辅国大将军，行左领军卫大将军。米继芬承袭为质子，在禁军中供职，任神策军将领，永贞元年（805）九月二十一日终于长安醴泉里私第，春秋九十二。其夫人也是米氏，应同出米国。米继芬有两个儿子：长子名国进，任右神威军散将、宁远将军，守京兆府崇仁府折冲都尉同正，仍为禁军将领；次子法名惠圆，是长安大秦寺的景教神职人员[②]。

何文哲，"世为灵武人焉。公本何国王玊之五代孙，前

图 10-2　米继芬墓志

---

①　参看 Liean-sheng Yang, "Hostages in Chinese History", *Studies in Chinese Institutional History*, Harvard University Press, 1961, pp. 43-57；张荣芳译《国史上的人质》，杨联陞《国史探微》，联经出版公司，1983 年，109—126 页。

②　《米继芬墓志》，吴钢主编《全唐文补遗》第 3 辑，三秦出版社，1997 年，143 页。参看阎文儒《唐米继芬墓志考释》，《西北民族研究》1989 年第 2 期，154—160 页；葛承雍《唐长安一个粟特人的景教家庭信仰》，《历史研究》2001 年第 3 期，181—186 页。

祖以永徽初款塞来质，附于王庭"。可知其先祖作为中亚粟特何国的王子，于高宗永徽初年（650）入质长安。其父何游仙曾任行灵州大都督府长史，所以后来著籍为灵武人，曾参与平定安史叛乱。何文哲后移居长安，住城西北角的义宁坊，自贞元以来一直在长安禁军中任职，屡立功勋，"策勋进封庐江郡开国公"，卒于文宗大和四年（830）。其长子公贲，也封"庐江郡开国公"①。

这些质子由于种种原因没有回到西域的祖国，而是留在长安，子子孙孙，繁衍下去。

至于西域各国出使唐朝不归者，也不在少数。《资治通鉴》卷二三二"德宗贞元三年（787）七月"条记：

初，河、陇既没于吐蕃，自天宝以来，安西、北庭奏事及西域使人在长安者，归路既绝，人马皆仰给于鸿胪，礼宾委府、县供之，于度支受直。度支不时付直，长安市肆不胜其弊。李泌知胡客留长安久者，或四十余年，皆有妻子，买田宅，举质取利，安居不欲归，命检括胡客有田宅者停其给。凡得四千人，将停其给。胡客皆诣政府诉之，泌曰："此皆从来宰相之过，岂有外国朝贡使者留京师数十年不听归乎！今当假道回纥，或自海道，各遣归国。有不愿归，当于鸿胪自陈，授以职位，给俸禄为唐臣。"于是胡客无一人愿归者，泌皆分隶神策两军，王子、使者为散兵马使或押牙，余皆为卒，禁旅益壮。鸿胪所给胡客才十余人，岁省度支钱五十万缗，市人皆喜。②

由此可知，安史之乱后，吐蕃占领河西、陇右，许多西域使者滞留长安，有的是路阻而无法回国，有的显然是因为长安生活优渥而不想回去。按

① 见《何文哲墓志》，吴钢主编《全唐文补遗》第 1 辑，三秦出版社，1994 年，282—286 页。参看卢兆荫《何文哲墓志考释——兼谈隋唐时期在中国的中亚何国人》，《考古》1986 年第 9 期，841—848 页；李鸿宾《论唐代宫廷内外的胡人侍卫——从何文哲墓志铭谈起》，《中央民族大学学报》1996 年第 6 期，39—44 页。
② 《资治通鉴》卷二三二，古典文学出版社，1956 年，7492—7493 页。

照唐朝的制度，他们一直得到中央政府或地方州县的供给，造成唐朝额外财政支出。有些胡客在长安已经四十余年，娶妻生子，购买田宅，有的还做高利贷生意，谋取利益，扰乱长安市肆。于是唐朝政府在贞元三年对西域使客做了一次清点，总共括出四千人，原由鸿胪寺供给而在长安有田宅者停其供给，让这些不打算回国的使者分别隶属于神策两军，如果是王子、正式使臣者，就任命为散兵马使或押牙，其余一般使人皆为卒。这四千人是被唐朝检括出来的，肯定还有一些早就脱离使者身份而成为长安居民者，说明数量不在少数。

从上述墓志、史籍可以知道，这些胡人成为长安的著籍百姓，有宅第，大多数在禁军中供职，也有的供职技术衙门或充任外来宗教的神职人员。

2. 降众与俘虏

更大数量入居长安的胡人，是随着唐朝对漠北、西域的占领而来的投降部众和俘虏。

唐太宗贞观四年（630），唐朝成功破灭占据漠北的强大汗国——东突厥，颉利可汗率十万之众投降唐朝，史称"入居长安者近万家"[1]，可见规模之大。这些入居长安的人家当中，不仅有突厥人，也有生活在突厥汗国内的其他民众，包括其中的粟特胡人，我们举几个典型的例子。

李思摩，出自突厥阿史那氏的可汗家族，本名阿史那思摩。曾祖伊力（利）可汗，祖达拔可汗，父咄陆设。《旧唐书·突厥传》称："思摩者，颉利族人也。始毕、处罗以其貌似胡人，不类突厥，疑非阿史那族类，故历处罗、颉利世，常为夹毕（伽芯）特勤，终不得典兵为设。"[2]他虽然属于可汗家族，但他长的模样却不像突厥人，反倒像胡人，被怀疑不是阿史那种，处罗、颉利可汗均不让他典兵为设。贞观四年，阿史那思摩被俘入唐，进入长安，后蒙授右武卫大将军，检校屯营事，赐姓李。唐朝曾经派他去漠北招集突厥部

---

① 《唐会要》卷七三，上海古籍出版社，1991 年，1557 页。
② 《旧唐书》卷一九四上《突厥传》，中华书局，1975 年，5163 页。

落，但那里的突厥部落不听他指挥，他只能一个人又跑回长安，郁郁不得志。贞观二十一年（647）卒于居德里第，陪葬昭陵[①]。

安附国，"其先出自安息，以国为姓。有隋失驭中原，无何，突厥乘时，籍雄沙漠。侯祖乌唤，为颉利吐发。父䏈汗，贞观初率所部五千余入朝，诏置维州，即以䏈汗为刺史。……贞观四年，〔附国〕与父俱诣阙下，时年一十有八。太宗见而异之，即擢为左领军府左郎将"[②]。这里说安附国先人出自安息，其实是"以古讽今"的写法，中古时期安息（波斯帕提亚王朝）早已不存，这里无疑是代指粟特的安国（布哈拉）。附国的祖父名颉利吐发，显然是入仕东突厥汗国的粟特人。贞观初，其父率所部五千余人归降唐朝，特设维州安置。安附国当时只有十八岁，随父入朝，唐太宗封他为左领军府左郎将，即禁军将领。"附国"这个名字，很可能就是他归降之时，需要著籍，故此取名"附国"，即"附属大唐"的意思。

安菩，"其先安国大首领，破匈奴衙帐，百姓归□□国。首领同京官五品，封定远将军，首领如故。曾祖讳□钵达干，祖讳□系利□。君时逢北狄南下，奉敕遄征，二以当千，独扫蜂飞之众，领衙帐部落，献馘西京"[③]。安菩也源出中亚安国，但曾祖和祖父都是突厥化的名字，说明他们这个家族一直生活在突厥汗国内，后来随着东突厥汗国的破灭，他们也领自己的衙帐部落，归附

① 《李思摩墓志》，《全唐文补遗》第 3 辑，338—339 页。参看岳绍辉《唐〈李思摩墓志〉考释》，《碑林集刊》第 3 辑，陕西人民美术出版社，1995 年，51—59 页；铃木宏节《突厥阿史那思摩系谱考——突厥第一可汗国の可汗系谱と唐代オルドスの突厥集团》，《东洋学报》第 87 卷第 1 号，2005 年，37—68 页；艾冲《唐太宗朝突厥族官员阿史那思摩生平初探——以〈李思摩墓志铭〉为中心》，《陕西师范大学继续教育学报》2007 年第 2 期，59—63 页；尤李《阿史那思摩家族考辨》，达力扎布主编《中国边疆民族研究》第 4 辑，中央民族大学出版社，2011 年，13—34 页。

② 李至远《唐维州刺史安侯神道碑》，《全唐文》卷四三五，中华书局，1983 年，4434—4435 页。参看向达《唐代长安与西域文明》，18 页。

③ 吴钢主编《全唐文补遗》第 4 辑，三秦出版社，1997 年，402—403 页。按：文字据图版改订，安菩曾祖和祖父的名字，原志有空字未刻，因补缺字符号。

图 10-3　安菩墓志

唐朝。安菩在长安金城坊有宅子，后来担任六胡州大首领，他既是羁縻州的长官，又兼任京城禁卫军将领。麟德元年（664）卒于长安。其夫人姓何，是"何大将军之长女"，封为"金山郡人夫人"，应当是粟特何国的后裔（图10-3）[1]。他们的儿子叫安金藏，曾经救过相王（后来的睿宗）性命，故此在长安醴泉坊也有宅第。

630 年和 658 年唐朝分别灭东、西突厥汗国，大量突厥、铁勒以及汗国境内的各种胡部首领纷纷投降或被俘，进入长安，随之而来的应当有一定的侍从，而他们留居长安，也一代一代生活下去。

3. 流亡的王公贵族

在进入长安的西域胡人当中，还有一批属于流亡人员，最典型的例子是萨珊波斯的国王及随之而来的波斯贵族。

651 年，在阿拉伯人（大食）的侵逼下，波斯萨珊国王伊嗣俟（Yazdgard Ⅲ）逃亡到呼罗珊，被一个磨坊主杀害，萨珊波斯实际上已经灭亡。伊嗣俟之子卑路斯（Peroz）逃到吐火罗地区，继续抵抗。到 674 年，卑路斯无法抵御大食的进攻，逃入长安。可以想象，有相当一批波斯贵族随之而来。卑路斯去世后，唐朝于仪凤三年（678）册立他留在长安的儿子泥涅师师（Narses）为波斯新王。调露元年（679），高宗任命裴行俭为"安抚大食使"，发波斯道

---

① 　参看赵振华、朱亮《安菩墓志初探》，《中原文物》1982 年第 3 期，37—38 页；张广达《唐代六胡州等地的昭武九姓》，《北京大学学报》1986 年第 2 期，72—73 页。

行军，名义上是册送泥涅师师回国，但实际上唐军的主要目标是袭击反叛的西突厥余部与吐蕃联合的军事力量，所以裴行俭率军在碎叶（Ak-Beshim）擒获西突厥余部首领，平定叛乱后，即立碑纪功而返[①]。据吐鲁番哈拉和卓103号墓出土《唐某人自书历官状》，大概在680年，唐朝军队经护密到吐火罗，把泥涅师师护送到吐火罗地区[②]。泥涅师师在吐火罗地区与大食抗战二十多年，终于不敌，中宗景龙二年（708）逃归唐朝，被授予左威卫将军，在禁军中供职，不久病死于长安。波斯王父子二人的石像被立于高宗武则天乾陵的蕃长像中（图10-4）。

跟随波斯王流亡中国的波斯人，一定不在少数。在乾陵蕃长像卑路斯的后面，还有一位题名为"波斯大首领南昧"[③]，他应当是随波斯王一起流亡到

图10-4　其中有波斯国王及大首领的乾陵蕃王像

---

① 《旧唐书》卷八四《裴行俭传》，2802—2803页；《新唐书》卷二二一下《西域传》"波斯"条，中华书局，1975年，6259页。参看姜伯勤《吐鲁番文书所见的"波斯军"》，《中国史研究》1986年第3期，128—135页。

② 参看荣新江《吐鲁番文书〈唐某人自书历官状〉所记西域史事钩沉》，《西北史地》1987年第4期，53—55页。

③ 陈国灿《唐乾陵石人像及其衔名的研究》，林幹编《突厥与回纥历史论义选集1919—1981》上，中华书局，1987年，399—400页。

中国的萨珊波斯的高级官员，是高宗武则天时期入华波斯人的大首领之一。另外，景云元年（710）四月一日，以九十五岁高龄卒于东都洛阳宅第的阿罗憾，最终结衔为"大唐波斯国大酋长、右屯卫将军、上柱国、金城郡开国公"①，是另一位在华波斯大首领。他大概在高宗显庆时（656—661）被"出使召来"，授予将军职衔，在宫城北门侍卫，后来在宣慰西域、建立天枢过程中都立有功勋。

正是因为进入长安、洛阳的波斯流亡人员多为贵族，所以长安民间的流行语中，有所谓"穷波斯"，是和"先生不识字"并列的"不相称"语②，表明长安的波斯人多为富人。

4. 商人

吐鲁番阿斯塔那 29 号墓出土《唐垂拱元年（685）康尾义罗施等请过所案卷》残存四个断片，内容是两组胡商申请过所时西州官府调查相关情况的案卷③。据文书可知，垂拱元年（685）有两个中亚商队从天山中穿行，走出阿拉山口，进入吐鲁番盆地的西州，其中一拨是粟特商队，另一拨是吐火罗商队，他们带着家属，准备到长安去做生意。去长安必须经过玉门关、大散关等许多关口，需要有过所，因为每到一个关口要调查他们队伍里带的东西是否为合法所有，才能决定是否让他们过关。这两队人马在西州办好通行证，顺利前往长安。

---

① 《阿罗憾墓志》，周绍良编《唐代墓志汇编》上，上海古籍出版社，1992 年，1116 页。参看 A. Forte, "On the Identity of Aluohan（616-710）, A Persian Aristocrat at the Chinese Court", *La Persia e l'Asia Centrale da Alessandro al X Secolo*, Roma 1996, pp. 187-197；马小鹤《唐代波斯国大酋长阿罗憾墓志考》，荣新江、李孝聪编《中外关系史：新史料与新问题》，科学出版社，2004 年，99—127 页。

② 《义山杂纂》"不相称"条，《说郛三种》第 6 册，上海古籍出版社，1988 年，3543 页。参看 E. H. Schafer, *The Golden Peaches of Samarkand: A Study of Tang Exotics*, Berkeley-Los Angeles-London: University of California Press, 1963, p. 223.

③ 《吐鲁番出土文书》叁，文物出版社，1996 年，346—350 页。参看程喜霖《唐代过所研究》，中华书局，2000 年，246—258 页。

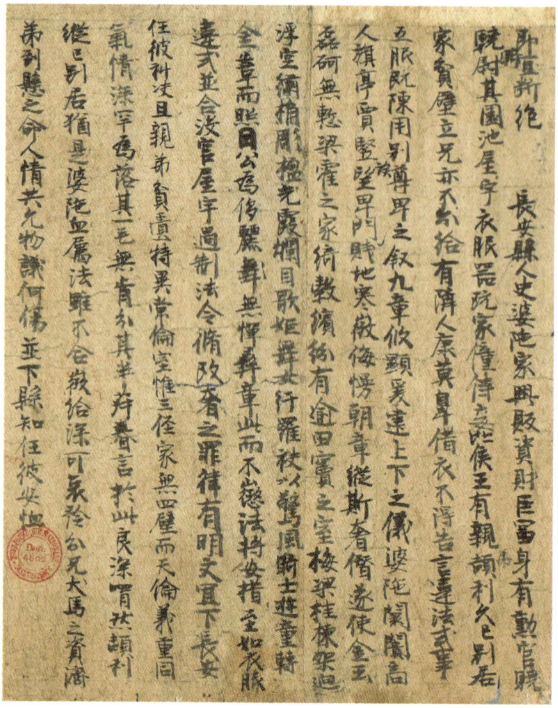

即宜斷絕　長安縣人史婆陀家興販資財巨富身有勳官驍
騎尉其園池屋宇衣服器玩家僮侍妾比侯王有親弟頡利久已別居
家貧壁立兄亦不分給有隣人康莫鼻借衣不得告言違法式事
五服既陳用別尊卑之敘九章攸顯爰建上下之儀婆陀闤闠商
人旗亭賈豎族望卑門賤地寒微侮慢朝章縱斯奢僭遂使金玉
磊砢無慚梁霍之家綺轂繽紛有逾田竇之室梅梁桂棟架迴
浮空繡桷雕楹光霞爛目歌姬舞女紆羅袂以驚風騎士遊童轉
金鞍而照日公為侈麗無憚彝章此而不懲法將安措至如衣服
違式並合沒官屋宇過制法令修改奢之罪律有明文宜下長安
任彼科決且親弟貧匱特異常倫室惟三徑家無四壁而天倫義重同
氣情深罕為落其一毛無肯分其半菽眷言於此良深喟然頡利
縱已別居猶是婆陀血屬法雖不合救給深可哀矜分兄犬馬之資濟
弟到懸之命人情共允物議何傷並下縣知任彼安恤

图 10-5　敦煌写本 P.3813《文明判集》

敦煌写本 P.3813《文明判集》（图 10-5）第 114—126 行记载了一个已经在长安居住下来的胡商形象：

> 长安县人史婆陀，家兴贩，资财巨富，身有勋官骁骑尉，其园池屋宇、衣服器玩、家僮侍妾比侯王。有亲弟颉利，久已别居，家贫壁立，兄亦不分给。有邻人康莫鼻，借衣不得，告言违法式事。五服既陈，用别尊卑之叙；九章攸显，爰建上下之仪。婆陀阛阓商人，旗亭贾竖，族望卑贱，门地寒微。侮慢朝章，纵斯奢僭。遂使金玉磊砢，无惭梁、霍之家；绮縠缤纷，有逾田、窦之室。梅梁桂栋，架向浮空；绣桷雕楹，光霞烂目。歌姬舞女，纡罗袂以惊风；骑士游童，转金鞍而照日。①

这里的“长安县”指长安外郭城的西半边，其中的开远门、金光门到西市周边一带，正是粟特人的聚居区。这位史婆陀，名字大概音译自粟特文的 *βnt'kk*，即“槃陀”，是“仆人”的意思，其人当出自粟特史国。其弟拥有突厥语名字“颉利”，这是受突厥影响极深的粟特人常用的做法，而康国出身

① 刘俊文《敦煌吐鲁番唐代法制文书考释》，中华书局，1989 年，444—445 页。

的邻居名"莫鼻"，名字来自粟特文 *m'xβy'rt*，意为"得自月神"①。"判集"一般是以构拟的人物来作为判案的对象，有时候也用已经发生过的真实事件中的人物。这篇判文中的人物虽然有构拟的成分，但三个人物形象代表着三种类型的长安粟特商人，同类案例在长安粟特人的聚集区中应当较多发生，所以才做成判集，供官员判案时使用。这里形象地说明了由商贩起家的史婆陀如何富有，而其弟又是如此的贫寒，最后让邻人康莫鼻看不下去，将史婆陀告上官府。由此可见长安粟特居民的不同生活状况，也说明他们集中居住的情形。

5. 贩运来的人口

粟特商人是丝绸之路上的"人口贩子"，从很早的时候就开始经营人口买卖，他们把中亚粟特地区、西域塔里木盆地周边绿洲王国、北方草原游牧民族地区的男女奴隶，倒卖到高昌、敦煌、长安、洛阳，甚至远到江南。

吐鲁番洋海出土过一件《阚氏高昌永康十二年（477）闰月十四日张祖买奴券》，记录了当地一个有钱的官人张祖从康国来的粟特商人康阿丑那里，用行𫄸（即用于流通的棉布）137 匹买下名为"益富"的胡奴。这个应当是从中亚粟特地区来的"胡奴"，被取了个非常中国化的名字"益富"，是汉锦上的吉祥语词。这种采用中国人熟悉的吉祥、褒义、好听的名字来命名倒卖的男女奴隶，是粟特商人向汉人推销他们的人口商品的一种手段。吐鲁番出土的一些唐代契约上，还有粟特人倒卖的女婢名叫"绿珠""绿叶"等，其中"绿珠"是《世说新语》所记豪富的石崇家中"美而工笛"的女妓之名，这在唐人社会中应当是非常有名的，所以起这样好听的名字，目的显然是为了兜售他们的商品。

吐鲁番哈拉和卓 99 号墓出土有《北凉承平八年（450）翟绍远买婢券》，卖主石阿奴很可能是来自粟特石国的粟特人。吐鲁番阿斯塔那古墓还发现过

---

① 王丁《中古碑志、写本中的汉胡语文札记（一）》，罗丰主编《丝绸之路上的考古、宗教与历史》，文物出版社，2011 年，242 页。

粟特文的《高昌延寿十六年（639）买婢契》（图10-6），记载的是一个高昌汉人用银钱从一个康国人手中，买到一个突厥地区出生的曹国女婢[①]。到了唐朝时期，敦煌吐鲁番文书提供给我们粟特商人在市场上贩卖奴婢的更多事例。吐鲁番文书《唐开元十九年（731）唐荣买婢市券》载："开元拾玖年贰月　日，得兴胡米禄山辞，今将婢失满儿年拾壹，于西州市出卖与京兆府金城县人唐荣，得练肆拾疋。"[②]这是米国的粟特商人把一个十一岁的女婢卖给汉人唐荣，据同出其他文书，这名女婢将随着她的主人从西州去往东南的福州。

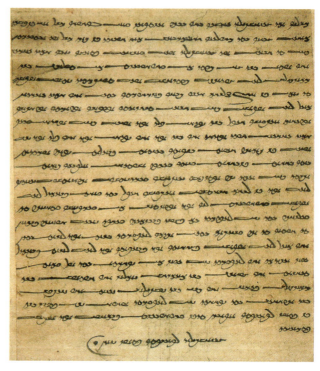

图 10-6　粟特文《高昌延寿十六年（639）买婢契》

敦煌也出土过类似的材料，如《唐天宝某年王修智卖胡奴契》（敦煌研究院收藏），是买卖胡奴时所订立的契约。画家张大千 20 世纪 40 年代在敦煌得到一件《唐沙州某市时价簿口马行时沽》的文书，登录着"蕃奴""蕃婢"，与马匹一起标价出售，这是因为在唐朝的市场上，人口和牲口都在市场中专门经营这两种商品的"口马行"来进行交易，这件文书就是沙州市场官员把

①　吉田豊、森安孝夫、新疆博物馆《麹氏高昌国時代ソグド文女奴隷売買文書》，《内陆アジア言語の研究》IV，1988 年，1—50 页；Y. Yoshida, "Translation of the Contract for the Purchase of a Slave Girl found at Turfan and dated 639", *T'oung Pao*, LXXXIX/1-3, 2003, 159-161。

②　唐长孺主编《吐鲁番出土文书》肆，文物出版社，1996 年，264—265 页。

口马行的外来奴婢和马匹的价格上报给上级官府的记录①。这些吐鲁番、敦煌的情况，也是当年长安市场的写照。

6. 转移籍贯

还有大批胡人已经进入唐朝境内，通过著籍长安的方式，成为长安的永久居民，最明显的例子是武威安氏家族。

武威安家大概北魏时从布哈拉移居凉州，他们"代居凉州，为萨宝"②，说明是率领族人而来的商队首领转变为聚落首领③。在隋末唐初的混乱政局中，这个家族的安兴贵、修仁兄弟曾联手覆灭李轨建立的凉州政权，将河西拱手献给唐朝。武威安氏由此在唐朝获得显赫地位，兴贵、修仁皆封国公。安兴贵子安元寿在唐太宗、高宗对东西突厥的战争中屡立战功，位至右威卫将军，永淳二年（683）卒于东都，特令陪葬昭陵④。安兴贵曾孙安忠敬，开元十四年（726）卒于鄯州都督任上，次年归葬于凉州先茔⑤。这个家族中的许多人虽然出仕唐朝，但仍然维持着凉州的祖业，以凉州为发展基础⑥。

安史之乱爆发后，安忠敬子安重璋在李光弼麾下抗击叛军，乾元二年（759）在据守河阳之役中立功，迁泽州刺史。代宗即位，升任泽潞节度使、潞州大都督府长史兼御史大夫，加领陈、郑二州，迁兵部尚书。《旧唐书·李

---

① 朱雷《敦煌所出〈唐沙州某市时价簿口马行时沽〉考》，唐长孺主编《敦煌吐鲁番文书初探》，武汉大学出版社，1983年，500—518页。

② 林宝撰，郁贤皓、陶敏整理《元和姓纂》卷四"安姓"下"姑臧凉州"条，中华书局，1994年，500页。

③ 关于商队首领萨保转变为聚落首领的情形，参看荣新江《萨保与萨薄：北朝隋唐胡人聚落首领问题的争论与辨析》，叶奕良编《伊朗学在中国论文集》第3集，北京大学出版社，2003年，128—143页。

④ 《安元寿墓志》，《全唐文补遗》第1辑，67—69页。参看昭陵博物馆《唐安元寿夫妇墓发掘简报》，《文物》1988年第12期，37—49页；陈志谦《安元寿及夫人翟氏墓志考述》，《文博》1989年第2期，51—56页。

⑤ 张说《河西节度副大使鄯州都督安公神道碑》，载《文苑英华》卷九一七，中华书局，1982年，4828页。

⑥ 参看吴玉贵《凉州粟特胡人安氏家族研究》，荣新江主编《唐研究》第3卷，北京大学出版社，1997年，295—338页。

抱玉传》记：此时安重璋（即李抱玉）"上言：'臣贯属凉州，本姓安氏，以禄山构祸，耻与同姓，去至德二年（757）五月，蒙恩赐姓李氏，今请割贯属京兆府长安县。'许之，因是举宗并赐国姓"[1]。虽然在安禄山叛乱后，武威安氏并没有因为与之同姓而受到唐朝的猜忌，但安氏家族乘立功之机，请求改姓，被肃宗赐予与皇家相同的李姓，而且随后举族改变籍贯为京兆长安人[2]。这样，武威安氏一个大家族的人全部转为长安人了。

二、长安的胡人舶来品

从魏晋以来，有大量中亚的粟特商胡从西方向中国贩运高档商品，我们从敦煌发现的粟特文古信札和吐鲁番出土的《高昌王国内藏奏得称价钱帐》上，得知他们经营的商品，前者计有金、麝香、胡椒、樟脑、大麻，后者计有金、银、丝、香料、郁金根、硇砂、铜、鍮石、药材、石蜜，这些物品也同样会由粟特商人贩运到长安的市场上来。

长安的西市是西域商胡往来最多的地方，其中有波斯邸，就是波斯人经营的商店；在西市附近的延寿坊有鬻金银珠玉者[3]；崇贤坊有胡人玉工米亮的宅第[4]。中国科学院考古研究所曾对西市做过部分发掘，出土有大量骨制的装饰品以及料珠、珍珠、玛瑙、水晶等制的装饰品，还有少许金饰品，部分展现了西市经营的商品（图 10-7）[5]。长安东西两市以及其他地方的金银珠宝店和作坊，都是长安坊里人家购买金银、宝货的地方。纯金、纯银的器皿通过

---

① 《旧唐书》卷一三二《李抱玉传》，3646 页。

② 《资治通鉴》卷二二一"肃宗乾元二年四月戊申"条未记赐姓具体年代，《新唐书》卷一三八《李抱玉传》将赐姓与徙籍均系在至德二年，不如《旧传》准确。

③ 程鸿诏《唐两京城坊考校补记》据《集异记》补，徐松《唐两京城坊考》，方严点校，中华书局，1985 年，206—207 页。

④ 徐松《唐两京城坊考》，111—112 页。

⑤ 中国科学院考古研究所西安发掘队《唐代长安城考古纪略》，《考古》1963 年第 11 期，605—608 页。

图 10-7　长安西市遗址出土的骨器废料

各种形式进入住在长安坊里的贵族、官人家中，在文献记载中就有金银铤、银平脱屏风、金饭罂、银淘盆、织银丝筐、织银笿篱、金铜铰具、银凿镂、银锁、金平脱饭罂、银平脱淘饭魁、金觥花大银胡瓶、金花大银盘、金花银器、金碗、金钱等[1]。1972年西安何家村出土的窖藏中，也有银铤、银淘盆、银锁、金碗、金钱、金化银器等。

唐朝人有一种观念，认为"金银为食器可得不死"[2]，或者说黄金为"食器则益寿"[3]，因此大量使用金银器来做饮食器皿。这当然是长安社会中富豪人家使用金银器的原因之一。何家村窖藏当中，就有大量用金银器制作的饮食器皿，有金碗、银碗、银盘、银碟、金杯、银杯等，形式众多，花纹繁复，工艺精湛。这些器皿有些花纹非常精美，好像是专供人观赏而非实用的（图 10-8）。但也有素面大小银碗 45 个，素面大小银碟 51 个，这些显然是实用的物品，而且可以供相当多的人一起用餐。我们由此可以想象当年长安贵族家庭中"钟鸣鼎食"的样子。

图 10-8　何家村窖藏出土的人物八棱金杯

---

① 加藤繁《唐宋时代金银之研究》，汉译本，中国联合准备银行，1944 年；韩伟《海内外唐代金银器萃编》，三秦出版社，1989 年，5—9 页；齐东方《唐代金银器研究》，中国社会科学出版社，1999 年，265—267 页。

② 《太平御览》卷八一二"珍宝部银"条，中华书局，1985 年，3608 页。

③ 《旧唐书》卷一七四《李德裕传》，4518 页。

图 10-9 安伽图像

汉代以来，中国传统用漆器、铜器、木器，甚至陶器做饮食器皿，唐朝贵族使用金银器显然是受到西方波斯、粟特文化的影响。在北周安伽墓围屏石榻的图像中，胡人手中所执酒器和摆放在各处的食器非常引人注目，因为材质有金银之分，这些器皿也被画成不同的黄金色和银灰色（图 10-9）。如围屏正面第五幅的虎皮帐篷中，两个对坐宴饮者的中间，放置着一个盛水果的高圈足金盘[①]。右屏第二幅宴饮图的主客之间，也绘有同样形制和大小的高圈足金盘；而两人的榻前，则放置着一个同样形制的银盘[②]。在右屏第二幅宴饮图主客之间，还有一个大的金盘；在左屏第三幅帐内主客面前，也有这样一个贴金大盘，上面有各种饮食器皿[③]；与旁边的人物形象对比，它们的大小

---

① 陕西省考古研究所《西安北周安伽墓》，文物出版社，2003 年，32 页，图版 58。
② 陕西省考古研究所《西安北周安伽墓》，36 页，图版 71。
③ 陕西省考古研究所《西安北周安伽墓》，24 页，图版 34。

都应当在 30 厘米以上。已有学者注意到，考古发现的超过 30 厘米的大型银盘都是三足，其用途与一般的容器不同，是特别用于摆放唐朝宫廷下赐品或地方官吏进奉品的承托盘[①]。我们在安伽图像上看到的就是这种大型的金银盘，可能也是同样的功用。

西方传入中国的高足杯是胡人饮酒的主要酒器。安伽图像上常见到高足杯，围屏正面第六幅主人手上所持的一件比较清楚，呈金色[②]。这种高足杯也见于考古发现，如隋大业四年（608）李静训墓出土金、银高足杯各一件，西安沙坡村和何家村两处唐代窖藏中发现不止一件。高足杯影响到唐朝社会，一般唐人也普遍使用，还有不少用铜、锡、石、玻璃、陶瓷仿制的高足杯[③]。

何家村遗宝中有不少外来物品，或者是中外融于一体的金银制品，这些是唐朝前期东西方交通发达的结果。长安居住着大量的外来商胡，而且人数在不断地增加，他们随时在向长安提供着这个城市所需的各种高档物品，比如各式各样的金银器和各种质地的宝石。何家村窖藏中的镶金兽首玛瑙杯，即西方非常流行的饮酒器——来通（Rhyton）；又如素面罐形银带把杯，应当是粟特的制品；凸纹玻璃杯，被认为是萨珊的产品[④]；还有鎏金舞马衔杯纹银壶等，可能都是商胡贩运来的舶来品。有些物品，虽然不是直接的输入品，但却是粟特或波斯工匠在中国制作的，还有中国工匠照舶来品仿制的物品。它们表现了盛唐时期中外物质文化交流给长安带来的异域文化精华。

粟特商人经营的物品，大到供宫廷贵族打猎使用的猎豹、供贵族官人驱使劳作的奴隶、唱歌跳舞的胡族童男童女、当垆的胡姬，小到精美的金银器皿、首饰、戒指、玻璃器皿等等，大大丰富了长安市场的商品种类，也给中古中国的物质文化增添了色彩。美国汉学家薛爱华（E. H. Schafer）写了一本

---

① 秋山进午《正倉院金銀花盤と唐代金花大銀盤》，《美术史》第 155 号，2003 年，30—47 页。
② 陕西省考古研究所《西安北周安伽墓》，33 页，图版 64。
③ 关于高足杯，参见齐东方《唐代金银器研究》，398—419 页。
④ 齐东方《何家村遗宝与丝绸之路》，《花舞大唐春——何家村遗宝精粹》，文物出版社，2003年，33—45 页。

有名的书，叫《撒马尔罕的金桃——唐代舶来品研究》[①]，把传入中国的异域物品（包括外来人口）分为十八个类别，分别是人、家畜、野兽、飞禽、毛皮和羽毛、植物、木材、食物、香料、药物、纺织品、颜料、工业用矿石、宝石、金属制品、世俗器物、宗教器物及书籍。这其中的很多物种，逐渐在中国生根开花，丰富了中国人民的物质生活。

隋唐时期的长安，聚集了来自四面八方的物质文化结晶，它所聚合的部分物质文化精品，又通过使者和僧侣，传播到新罗、日本等东亚国家的城市当中，影响着这些东亚都市物质文化的发展。日本正仓院所汇集的唐朝物品，就是长安物质文化东渐的一个最佳缩影。

三、长安的胡人乐舞

胡人带来的乐舞，让长安的唐人十分痴迷。

先说胡腾舞。胡腾舞的形象可以从北齐时的一些舞蹈图像中看到，如河南安阳范粹墓出土的黄釉瓷扁壶，考古报告称：壶上有一组乐舞图，乐舞人都是高鼻深目、身穿胡服的西域人。一男子立于莲花台上，头部扭向右方，右臂侧展，左臂下垂，下颌贴近左肩，左肩稍耸，足踏莲上，右足稍抬，正欲踏舞[②]。宁夏固原出土的北齐绿釉扁壶上有一组七人乐舞图（图10-10），中间一人头微

图10-10　宁夏固原出土的北齐绿釉扁壶

① E. H. Schafer, *The Golden Peaches of Samarkand : a study of Tang exotics*, Berkerley, Los Angeles, 1963.

② 河南省博物馆《河南安阳北齐范粹墓发掘简报》，《文物》1972年第1期，49页。

仰，右臂弯曲举过头顶，左臂向后甩动，右脚后勾，左脚弯曲跃起，身躯扭动，于莲花座上翩翩起舞。两边舞伎双腿曲蹲，击掌按拍。左右四个乐伎，皆双腿跪踞在莲座上，分别倒弹琵琶、吹笛、击钹、拨弹箜篌[1]。图中人物都是深目高鼻的西域人，头戴蕃帽，身穿窄袖翻领胡服，足登靴。这些舞蹈形象，被学者认为是胡腾舞[2]。在新发现的安伽、史君、虞弘等人石屏、石椁图像上，也都有胡腾舞形象[3]。

到了唐朝，胡腾舞备受人们喜爱。唐人诗歌中有不少对胡腾舞的描述，如中唐士人刘言史《王中丞宅夜观舞胡腾》诗云：

> 石国胡儿人见少，蹲舞尊前急如鸟。
>
> 织成蕃帽虚顶尖，细氎胡衫双袖小。
>
> 手中抛下蒲萄盏，西顾忽思乡路远。
>
> 跳身转毂宝带鸣，弄脚缤纷锦靴软。
>
> 四座无言皆瞪目，横笛琵琶偏头促。
>
> 乱腾新毯雪朱毛，傍拂轻花下红烛。
>
> 酒阑舞罢丝管绝，木槿花西见残月。[4]

另一位中唐士人、大历十才子之一的李端也写过一首《胡腾儿》，诗云：

> 胡腾身是凉州儿，肌肤如玉鼻如锥。
>
> 桐布轻衫前后卷，葡萄长带一边垂。
>
> 帐前跪作本音语，拾襟搅袖为君舞。

---

①　马东海《固原出土绿釉乐舞扁壶》，《文物》1988 年第 6 期，52 页。

②　王克芬《中国舞蹈史（隋唐五代部分）》，文化艺术出版社，1987 年，13—14 页。

③　张庆捷《北朝隋唐粟特的"胡腾舞"》，荣新江等编《粟特人在中国——历史、考古、语言的新探索》，中华书局，2005 年，390—401 页。

④　《全唐诗》卷四六八，中华书局，1960 年，5324 页。

安西旧牧收泪看，洛下词人抄曲与。

扬眉动目踏花毡，红汗交流珠帽偏。

醉却东倾又西倒，双靴柔弱满灯前。

环行急蹴皆应节，反手插腰如却月。

丝桐忽奏一曲终，呜呜画角城头发。

胡腾儿，胡腾儿，故乡路断知不知。[1]

由此看来，胡腾舞自有其特点。这个舞蹈很可能来自石国，所谓"石国胡儿人见少"，"肌肤如玉鼻如锥"。胡腾舞者，大多为男子。表演时舞者戴虚顶的尖顶胡帽，身着细布窄袖胡衫，脚穿柔软华丽的锦靴，衣服上有长巾，大约舞时可以飘扬生姿。舞蹈开始时，似用胡语有一开场白，所谓"帐前跪作本音语，拾襟搅袖为君舞"。舞时以跳跃和急促多变的腾踏舞步为主，即"跳身转毂宝带鸣，弄脚缤纷锦靴软"，"醉却东倾又西倒，双靴柔弱满灯前。环行急蹴皆应节，反手插腰如却月"。舞者也都是在一毯子上舞蹈，即"乱腾新毯雪朱毛"，"扬眉动目踏花毡"。

以上唐人诗歌中对胡腾舞的描述，在唐代壁画中也留下了形象的材料。西安东郊唐苏思勖墓中，有一幅乐舞壁画，站在中间地毯上的舞蹈者，是一个深目高鼻、满脸胡须的胡人，头包白巾，身穿长袖衫，腰系黑带，脚穿黄靴。舞者高提右足，左手举至头上，像是一个跳起后刚落地的舞姿，很像唐诗中所描绘的胡腾舞。两旁是九个乐工和两个歌者担任伴奏伴唱[2]。

再看胡旋舞。开元十五年（727），康国就进献过胡旋女子[3]，可见胡旋舞来自粟特地区。《新唐书·礼乐志》说："胡旋舞，舞者立毯上，旋转如风。"[4]《乐府杂录》"俳优"条亦载："舞有骨鹿舞、胡旋舞，俱于一小圆毯子上舞，

① 《全唐诗》卷二八四，3238 页。

② 王克芬《中国舞蹈史（隋唐五代部分）》，13 页。

③ 《册府元龟》卷九七一《外臣部·朝贡四》，11230 页。

④ 《新唐书》卷二一《礼乐志》，470 页。

纵横腾踏，两足终不离于毬子上，其妙若此，皆夷舞也。"[1] 有学者已经指出，此两处"毬"都应为"毬"之误写[2]，即所谓"舞筵"。

中唐著名诗人白居易有《胡旋女》诗，对胡旋舞有详细的描述：

> 胡旋女，胡旋女，心应弦，手应鼓。
>
> 弦鼓一声双袖举，回雪飘飘转蓬舞。
>
> 左旋右转不知疲，千匝万周无已时。
>
> 人间物类无可比，奔车轮缓旋风迟。[3]

白居易的友人元稹也有《胡旋女》诗云：

> 天宝欲末胡欲乱，胡人献女能胡旋。
>
> 旋得明王不觉迷，妖胡奄到长生殿。
>
> 胡旋之义世莫知，胡旋之容我能传。
>
> 蓬断霜根羊角疾，竿戴朱盘火轮炫。
>
> 骊珠迸珥逐飞星，虹晕轻巾掣流电。
>
> 潜鲸暗吸筒海波，回风乱舞当空霰。
>
> 万过其谁辨终始，四座安能分背面？[4]

由此看来，胡旋舞的表演者似乎都为女性，其装束为衣着柔软贴身，腰间束有佩带，臂上披有丝巾；舞蹈的主要特点是以快速、轻盈的连续旋转动作为主。胡旋舞的具体形式，在敦煌莫高窟第 220 窟中得以保存。此窟为唐初开凿，北壁药师经变相的下方有四个舞伎起舞，南壁西方净土变的乐舞图

---

① 亓娟莉《乐府杂录校注》"俳优"条，上海古籍出版社，2015 年，72 页。
② 常任侠《丝绸之路与西域文化艺术》，上海文艺出版社，1981 年，166 页。
③ 《全唐诗》卷四二六，4692 页。
④ 《全唐诗》卷四一九，4618 页。

中另有两个舞伎，形态基本相似。舞者都为女性，头上或戴冠，或束高髻，上身多裸体或半裸，甚至裸腹，束腰，裸臂戴钏，颈著项圈，手握长巾，裸足，都舞于一小圆毯之上。正如元稹《胡旋女》诗中所说："柔软依身著佩带，徘徊绕指向环钏。"从壁画描写的长巾飞扬的状态来看，都有鲜明的旋转动作，从而动感极强，是胡旋舞的真实写照。

图 10-11　宁夏盐池何姓粟特人墓门

此外，宁夏盐池一何姓粟特人墓门上（图 10-11），各凿刻一舞蹈男子形象，右扇门上所刻男子头戴圆帽，身穿圆领窄袖紧身长裙，脚穿软靴；左扇门上所刻男子身着圆领窄长袍，帽靴与右扇门上舞者相同。两个舞者都单足立于小圆毯上，一脚腾起，扬臂挥帛，翩翩起舞。这也是胡旋舞的形象表现[①]。

胡旋舞在唐代曾经风行一时，人们对它的喜爱几乎到了如醉如痴的地步。武则天的侄孙武延秀，因善唱突厥歌、作胡旋舞，而得到中宗与韦后的安乐公主的垂青，得以尚主[②]。白居易《胡旋女》便云："天宝季年时欲变，臣妾人人学圜转。中有太真外禄山，二人最道能胡旋。"玄宗之爱妃杨玉环、节度使安禄山也都是舞胡旋舞的高手[③]。可见舞胡旋，的确为当时之社会风尚。

---

① 罗丰《隋唐间中亚流传中国之胡旋舞》，同作者《胡汉之间——"丝绸之路"与西北历史考古》，文物出版社，2004 年，280—298 页。

② 《旧唐书》卷一八三《武承嗣传附子延秀传》 4733 页。

③ 《安禄山事迹》卷上，上海古籍出版社，1983 年，6 页。

四、长安胡人的生活

入居长安的西域胡人，有的入仕为官，有的继续经商殖业，他们既保持着一些胡人的文化面貌，同时也受到长安汉文化的影响。他们的生活样相，通过各种记录，展现在我们面前。

1. 交游

胡人好动，进入长安之后，交游是他们生活的重要组成部分，以卜举两个例证。

安令节，武威姑臧人。原本当为安国人，后魏时期入华，祖辈仕于京洛，后为幽州宜禄人。安令节没有任官，住在西市北边的醴泉坊，应当是有钱的商人。长安四年（704）终于私第。他的墓志是进士将仕郎荥阳郑休文的手笔，其中描述安令节的事迹云：

> 开北阮之居，接南邻之第。翟门引客，不空文举之座；孙馆延才，还置当时之驿。金鞍玉帖，连骑而不以骄人；画卵乳狼，陈鼎而未为矜俗。……声高郡国，名动京师。[1]

这里用典故来夸耀安令节的交游，他像《世说新语·任诞》所说的阮仲容道北的诸阮一样，所居宅第广阔，接南邻之第；其门庭如《史记·汲郑列传》所说的翟公之门，宾客阗门；"文举"是孔融的字，也是来自《世说新语》的故事，说客人不乏孔融这样的人物。其出入则金鞍玉帖，连骑而行，仗义疏财，纵千乘而犹轻，颇有侠士风格。郑休文赞颂他："于乡党而则恂恂，于富贵而不汲汲；谐大隐于朝市，笑独行于山林。"虽然安令节是没有官品的商人，但其家族富有，长安宾客愿与之交往，因此"声高郡国，名动京师"。安令节在长安居住，"处长安游侠之窟，深鄙末流；出京兆礼教之门，

---

[1] 《全唐文补遗》第3辑，36—37页。下引文同此。

雅好儒业"。强调胡人出身的他渐染汉风，雅好儒业。这可以说是进入长安的粟特胡人的一个典型交游形态。他的儿子请荥阳大姓郑氏来撰写墓铭，也说明他与汉族士人有交往；而书写铭文的石抱璧，则又出自渤海，表明他交游的广泛。

唐史中的著名人物哥舒翰早年在长安的事迹，为我们提供了另一类胡人交游的情形。《旧唐书》卷一〇四《哥舒翰传》记：

> 哥舒翰，突骑施首领哥舒部落之裔也。蕃人多以部落称姓，因以为氏。祖沮，左清道率。父道元，安西副都护，世居安西。翰家富于财，倜傥任侠，好然诺，纵蒲酒。年四十，遭父丧，三年客居京师，为长安尉不礼，慨然发愤，折节仗剑之河西。……翰母尉迟氏，于阗之族也。①

《新唐书》卷一三五《哥舒翰传》与《旧唐书》的记载大同小异：

> 哥舒翰，其先盖突骑施酋长哥舒部之裔。父道元，为安西都护将军、赤水军使，故仍世居安西。翰少补效穀（谷）府果毅，家富于财，任侠重然诺，纵蒲酒长安市，年四十余，遭父丧，不归，不为长安尉所礼，慨然发愤，游河西，事节度使王倕。……翰母，于阗王女也。②

哥舒翰是突骑施属下哥舒部人，其祖父任清道率，是唐朝太子东宫的属官，掌内外昼夜巡警，可知是入唐的武职军将。父哥舒道元曾任唐安西节度副使，娶于阗王女，世居安西。这里的"安西"是泛称，具体应当就是安西节度副使常驻的于阗③。哥舒翰是突厥、伊朗种的混血儿，他青少年时代应当成长于西域地区，所以"倜傥任侠""好然诺""纵蒲酒"，这些都是胡人的风

---

① 《旧唐书》卷一〇四《哥舒翰传》，3211—3213 页。
② 《新唐书》卷一三五《哥舒翰传》，4569—4571 页。
③ 参看荣新江《于阗在唐朝安西四镇中的地位》，《西域研究》1992 年第 3 期，56—64 页。

貌。后来在沙州（敦煌）效谷府任折冲府的果毅都尉，遭父丧应当解官，所以客居长安三年，其离开长安时四十三岁。据《唐方镇年表》，王倕任河西节度使在开元二十九年到天宝二年（741—743）[①]，哥舒翰在长安的时间当在738—743 年前后。哥舒翰生长在西域边地，任侠好酒，必然在长安惹是生非，所以不为负责治安的长安县尉所礼遇，于是仗剑出游河西。

幸运的是我们现在可以读到一条有关哥舒翰在长安交游的记录。《通幽录》（一作《幽明记》）云：

> 哥舒翰少时，有志气，长安交游豪侠，宅新昌坊。有爱妾曰裴六娘者，容范旷代，宅于崇仁，舒翰常悦之。[②]

这里说哥舒翰交游豪侠，与《旧唐书》和《新唐书》记其"任侠"相符，说明他在长安时与豪侠颇多交往。长安的豪侠是一种特殊的身份，李德裕《豪侠论》总结说："夫侠者，盖非常之人也。虽以然诺许人，必以节义为本。义非侠不立，侠非义不成。"[③]豪侠往往仗义疏财，一诺千金，唐人传奇中有不少记载[④]。我们曾经排列过哥舒翰所住的新昌坊居民，在安史之乱之前基本上是贫民的居所，吐鲁番出土的一批当铺的记录证明高宗时该坊以贫民居多。安史之乱后，这里才成为文人官僚争先移居之地，像白居易就购得此坊住宅，因为这里处于高坡，水质较好，而又有青龙寺和竹林等人文和自然景致，加上北面去大明宫朝参不算太远，而南面则是文人们喜欢的乐游原和曲江池[⑤]。

① 吴廷燮《唐方镇年表》，中华书局，1980 年，1221 页。
② 《太平广记》卷三五六引，张国风《太平广记会校》，燕山出版社，2011 年，第 14 册，6017 页。《通幽录》原书已佚。
③ 傅璇琮、周建国《李德裕文集校笺》，河北教育出版社，2000 年，660 页。
④ 参看葛承雍《唐京的恶少流氓与豪雄武侠》，史念海主编《唐史论丛》第 7 辑，陕西师范大学出版社，1998 年，208—214 页。
⑤ 参看王静《唐代长安新昌坊的变迁——长安社会史研究之一》，荣新江主编《唐研究》第 7 卷，北京大学出版社，2001 年，229—248 页。

哥舒翰在开元末天宝初于此坊居住时，应当还较少有官僚居住在此，这里可能是游侠聚会之地。

因为与于阗相邻的疏勒国人入唐时都以"裴"为姓，所以我推测哥舒翰的爱妾裴六娘是疏勒人，出身王室或达官贵人之家，与哥舒翰在西域时恐怕早已相识。她所居住的崇仁坊，则是京城中最为繁华的地方。《长安志》卷八《崇仁坊》载："北街当皇城之景风门，与尚书省选院最相近，又与东市相连。按选人京城无第宅者，多停憩此。因是工贾辐辏，遂倾两市，昼夜喧呼，灯火不绝，京中诸坊，莫之与比。"[1] 这里位在太极宫、兴庆宫、大明宫中间地带，与东市相邻，不论上朝、与官人交往还是生活，都最为便利，因此也是各地方节度使进奏院集中之地，还是科举考生最喜欢租赁的地方，因为每年尚书省选院就是在这个坊里放榜。哥舒翰要找裴六娘恋爱，应当是去崇仁坊相会，这里有宝刹寺、资圣寺和长宁公主宅改建的景龙观可供相会、游玩。可以想见，除了游侠之外，哥舒翰也在长安度过了美好的青春时光。

2. 学习

近年发现的炽俟弘福和炽俟迩父子两个人的墓志[2]，加上吐鲁番新出文书，给我们提供了一个西域胡人进入长安的过程以及在长安学习生活的典型例子。

炽俟（Čigil），又称职乙，是漠北铁勒、突厥系统的哥逻禄（葛逻禄）下属的一个部落，主要活动于东、西突厥之间的金山（今新疆阿尔泰山）地区。高宗显庆二年（657）十一月，唐朝彻底击败西突厥汗国，在天山南北、葱岭东西设置羁縻州府，哥逻禄三部"以谋落部为阴山都督府，炽俟部为大漠都督府，踏实力部为玄池都督府，即用其酋长为都督"[3]，地点在庭州以北、金山

---

[1] 宋敏求《长安志》卷三，辛德勇、郎洁点校，三秦出版社，2013年，275页。

[2] 《炽俟弘福墓志》，吴钢主编《全唐文补遗》第2辑，三秦出版社，1995年，22页；周绍良、赵超主编《唐代墓志汇编续集》开元一四四，上海古籍出版社，2001年，551—552页。参看葛承雍《西安出土西突厥三姓葛逻禄炽俟弘福墓志释证》，《中外关系史：新史料与新问题》，449—456页。《炽俟迩墓志》，西安市长安博物馆编《长安新出墓志》，文物出版社，2011年，188—189页。

[3] 《新唐书》卷二一七下《葛逻禄传》，6143页。

西面的额尔齐斯河畔。

炽俟弘福祖父名步失，应是显庆五年（660）后世袭的大漠州都督。志称其"统林胡而莫犯，司禁旅而踰肃"，说他既任大漠州都督，又进入京师长安在禁卫军中守职，后被授予"右骁卫大将军、天山郡开国公"。吐鲁番新出《唐龙朔二年、三年（662—663）西州都督府案卷为安稽哥逻禄部落事》记，龙朔元年（661）金山西麓的哥逻禄步失达官部落一千帐流落到庭州附近处月部的金满州辖境，唐西州派人到金满州安排哥逻禄部落返回大漠都督府居地[①]。炽俟步失应当就是龙朔二年（662）前后的炽俟部首领、大漠州都督。龙朔二、三年义书说哥逻禄步失达官部落的一些首领入京未回，即指炽俟步失入朝。

炽俟弘福父炽俟力，"为本郡太守"，即大漠州都督。《炽俟迵墓志》也说："祖力，云麾将军、左武卫中郎将，兼本郡太守。奉承世官，分理郡国。出则扞城御侮，入则捧日戴天。"一方面任京师禁军将领，另一方面仍兼大漠州都督。炽俟力很可能是随其父一起入朝，留在京师，但兼任大漠州都督，这显然是唐朝中央控制地方游牧部落的一种手段。

炽俟弘福年轻时以武功见长，曾参加唐朝对十姓（西突厥）部落的讨伐，因功超等特授游击将军。后为河南桃林府长上果毅都尉，又除左骁卫郎将。万岁登封元年（696），进云麾将军、左威卫将军、上柱国。大概在圣历元年（698）奉诏充天兵行军副大使兼招慰三姓葛逻禄使，出使西域，在处理与突骑施乌质勒关系时遭人谗言，贬为蕲州蕲川府折冲，仍为黎州和集镇副。更为不幸的是，神龙二年（706）十二月二十九日在路途中构疾，卒于剑州剑门县之旅舍，年五十三。炽俟弘福显然已经不再兼大漠州都督，而是在唐朝境内担任武职军将。

炽俟弘福诸子均入仕唐朝，除个别为折冲府官外，都在京师禁军中任职。

---

① 荣新江《新出吐鲁番文书所见唐龙朔年间哥逻禄部落破散问题》，沈卫荣主编《西域历史语言研究集刊》第 1 辑，科学出版社，2007 年，12—44 页。

炽俟弒在万岁通天中（696—697）特受游击将军、左威卫翊府右郎将。开元中（约 727 年）迁左骁卫中郎，以其母丧去仕。开元二十五年（737）服阕，改任右武卫中郎。天宝十一载（752）四月十七日卒于义宁坊，年六十九。

《炽俟弒墓志》有一段特别的记载：

> 圣历载，诏许当下之日，成均读书。又令博士就宅教示，俾游贵国庠，从师私第。

虽然炽俟弒一直担任京师十六卫的军事将领，但唐朝有意要用儒家的教育，改造这些漠北的胡人将领，这是显而易见的。有趣的是，圣历年间（698—700），朝廷不仅让他们到国学去读书，而且还派博士亲自到炽俟弒的宅第里加以辅导 [①]。从墓志所说"效职而玄通周慎，出言而暗合诗书"来看，似乎颇有成效。这些游牧出身的人本来以武艺见长，所以先后任左骁卫中郎、右武卫中郎，都是禁军武官，但他们也逐渐知书达礼，变成文武双全的人了。

西安出土的《康文通墓志》，又为我们补充了一个例证：

周故处士康君墓志铭

　　君讳文通，字懿，青州高密郡人也。祖和，随上柱国。父鸾，唐朝散大夫。奕叶豪门，蝉联望族。雄材硕量，地灵光陆海之城；祖德家风，天爵盛三秦之国。大夫则高名籍甚，誉重西都；柱国则英略冠时，气凌南楚。公方流有玉，圆析有珠。豫章七年，梢浮云而笼白日；天马千里，游阊阖而观玉台。修身践言，非礼不动。温厚谦让，唯义而行。于是晦迹丘园，留心坟籍。以为于陵子仲辞禄而灌园，汉阴丈人忘机而抱瓮。白珪无玷，庶几三怀之言；黄金满籝，不如一经之业。讲习诗礼，敦劝子孙。松乔之术未成，灵化之期俄

---

① 陈玮认为此时炽俟弒在洛阳，见所撰《唐炽俟弒墓志所见入唐葛逻禄人研究》，《中国边疆史地研究》2018 年 2 期，第 64—65 页。

远。春秋年七十九，万岁通天元年七月十日终于安邑里之私第，粤以大周神功元年岁次丁酉十月甲子朔廿二日乙酉，葬于京兆万年县龙首乡界之礼也。

　　康文通从姓氏来说，远源当出自西域康国，但其祖上早已进入中国，并著籍为青州高密人了，这从"文通"这样地道的汉名也可以看出来。他的祖、父的官位不高，且都不是职事官。至少在其祖、父时，其家已经迁居长安，即所谓"天爵盛二秦之国""誉重西都"。康文通本人是个"处士"，没有任何官职，但他墓葬是大型斜坡前后室砖墓，墓室虽然被盗，但随葬品却十分丰富，出土有制作精美的描金彩绘三彩人王俑（图10-12）、武士俑、镇墓兽，体型高大，绚丽多彩①。他应当和安令节一样，从事商业而致富。墓志称颂他"晦迹丘园，留心坟籍"，故此可以"修身践言，非礼不动，温厚谦让，唯义而行"，而且还"讲习诗礼，敦劝子孙"，俨然就是一位与中国士大夫相同的知书达礼之士。他最后以七十九岁高龄，在万岁通天元年（696）卒于长安安邑坊。他所居住的地方也不是粟特商人较多聚集的坊里。

　　不论是被动接受，还是主动吸收，进入长安的西域胡人中，有不少逐渐走向儒家经典的学习，并以传统中国诗书礼乐规范

2. Ⅱ型(M2：2)　　　　1. Ⅰ型(M2：1)

图10-12　康文通墓出土的描金彩绘三彩天王俑

① 西安市文物保护考古所《唐康文通墓发掘简报》，《文物》2004年第1期，29—30页，图30。

行为，逐渐变成地地道道的中国人了。

3. 经营园林

在北朝末期到隋朝的一些粟特胡人首领墓葬中，如 579 年入葬的同州萨保安伽的石屏、580 年的凉州萨保史君的石椁上，都有描绘他们在世时生活场景的画面，如宴饮图、狩猎图、出行图、乐舞图等①。其中位于中间位置的最主要的画面，往往描绘主人夫妇在歇山顶的中国房屋中宴饮，而门前是小桥流水的中国式庭院，可见这些胡人首领对于中国园林式住宅的喜爱。

入唐以后粟特人的情形如何，如上引 P.3813《文明判集》所述长安人史婆陀"其园池屋宇、衣服器玩、家僮侍妾比侯王……梅梁桂栋，架向浮空；绣桷雕楹，光霞烂目"，正是把"园池"作为其富有的首要标识。我们在其他史料中也可以找到两个很好的例子。

杜甫有诗《陪郑广文游何将军山林十首》，郑广文即郑虔。天宝九载（750）设立广文馆，以郑虔为博士，故称"郑广文"②。一般据这个时间和杜甫此后进出长安的时间，认为这组诗作于天宝十二载（753）③。山林的主人何将军，杜诗注释者一般都说"未详何人"④，不过他们的关注点在何将军的山林，而不是何将军本身。张永禄《唐代长安辞典》指为"何昌期，天宝时名将"⑤。西安市地方志馆等编《西安通览》称："唐天宝年间，名将何昌期在上塔坡建别墅，名何将军山林，为长安城南名胜。"⑥但何昌期是岭南阳山人，天宝十四

---

① 陕西省考古研究所《西安北周安伽墓》，西安市文物保护考古研究院《北周史君墓》，文物出版社，2014 年。参看荣新江《有关北周同州萨保安伽墓的几个问题》，张庆捷等编《4—6 世纪的北中国与欧亚大陆》，科学出版社，2006 年，126—139 页。

② 《唐会要》卷六六"广文馆"条，1375 页。

③ 谢思炜《杜甫集校注》第 4 册引黄鹤注："天宝九载秋七月置广文馆，以此诗第四首及后诗第五首考之，是官未定时游此，当在天宝十二载（753）作。"（上海古籍出版社，2016 年，1458页）陶敏、傅璇琮《唐五代文学编年史·初盛唐卷》，辽海出版社，1998 年，887 页。

④ 萧涤非主编《杜甫全集校注》，人民文学出版社，2014 年，356 页。

⑤ 张永禄《唐代长安辞典》，陕西人民出版社，1990 年，213 页。

⑥ 西安市地方志馆、西安市档案局编《西安通览》，陕西人民出版社，1993 年，879 页。

载（756）才应征入郭子仪朔方军，在平定安禄山叛乱中立功，升为千牛卫上将军，封宁国伯[①]。而杜甫的诗作于天宝十二载，其时何昌期还没有入郭子仪部下，也不是将军，所以说何昌期为杜诗中的"何将军"恐怕是名人效应的杜撰。

我以为"何将军"当原出粟特的何国，又称屈霜你伽、贵霜匿（Kushānika），在撒马尔罕西北约75公里处。杜甫这组诗的第三首开头说："万里戎王子，何年别月支？"一般认为这里的戎王子是一种花草或草药，或指为"独活，一名护羌使者"[②]，与诗意从万里之外而来相符，但迄今没有人找到"戎王子"为名的这种草药。我想这里的"戎王子"是双关语，一方面是说一种异域的花草，同时也喻指人，就是从月氏之地来的胡王之子，在唐朝就是质子。"月支"即"月氏"，北朝隋唐入华粟特胡人声称他们原本是随着月氏人迁徙到西域去的，如《北史·西域传》"康国"条说："其王本姓温，月氏人也，旧居祁连山北昭武城，因被匈奴所破，西踰葱岭，遂有国。枝庶各分王，故康国左右诸国并以昭武为姓，示不忘本也。"[③]又云："米国、史国、曹国、何国、小安国、那色波国、乌那曷国、穆国皆附之。"[④]虽然这不一定是历史真相，但隋唐时入华胡人是这样看的，所以杜诗所谓离开月氏的戎王子，应当就是粟特何国的王子了。上面提到的安菩，"夫人何氏，其先何大将军之长女，封金山郡太夫人"。这就是一位入华的何将军，但因其女儿已经在长安四年（704）去世，所以应当不会是杜诗中的何将军。杜诗的何将军与此何大将

[①]　何昌期的材料不多，事迹见明人黄佐《广州人物传》，广东高等教育出版社，1991年，42页；阳山县地方志编纂委员会编《阳山县志》，中华书局，2003年，1181页。
[②]　谢思炜《杜甫集校注》引《九家》赵注："戎王子，说者以为花名，义固然也。"《朱子语类》卷一四〇："此中尝有一人，在都下见一蜀人遍铺买戎王子，皆无。曰是蜀中一药，为《本草》不曾收，今遂无人蓄。方晓杜诗所言。"《太平御览》卷九九二："《本草经》曰：独活，一名护羌使者，味苦平，生益州，久服轻身。"（1460页）
[③]　《北史》卷九七，中华书局，1974年，3222页。
[④]　《北史》卷九七，3234页。

军不知是否有关，但其为何国王子应当是没有问题的 [1]。

杜甫《陪郑广文游何将军山林十首》对于这所山林别业做了详尽的描述：

之一：不识南塘路，今知第五桥。名园依绿水，野竹上青霄。
　　　谷口旧相得，濠梁同见招。平生为幽兴，未惜马蹄遥。

之二：百顷风潭上，千章夏木清。卑枝低结子，接叶暗巢莺。
　　　鲜鲫银丝脍，香芹碧涧羹。翻疑柁楼底，晚饭越中行。

之三：万里戎王子，何年别月支？异花开绝域，滋蔓匝清池。
　　　汉使徒空到，神农竟不知。露翻兼雨打，开坼日（一作渐）离披。

之四：旁舍连高竹，疏篱带晚花。碾涡深没马，藤蔓曲藏蛇。
　　　词赋工无益，山林迹未赊。尽捻书籍卖，来问尔东家。

之五：剩水沧江破，残山碣石开。绿垂风折笋，红绽雨肥梅。
　　　银甲弹筝用，金鱼换酒来。兴移无洒扫，随意坐莓苔。

之六：风磴吹阴雪，云门吼瀑泉。酒醒思卧簟，衣冷欲装绵。
　　　野老来看客，河鱼不取钱。只疑淳朴处，自有一山川。

之七：棘树寒云色，茵陈春藕香。脆添生菜美，阴益食单凉。
　　　野鹤清晨出，山精白日藏。石林蟠水府，百里独苍苍。

之八：忆过杨柳渚，走马定昆池。醉把青荷叶，狂遗白接䍦。
　　　刺船思郢客，解水乞吴儿。坐对秦山晚，江湖兴颇随。

之九：床上书连屋，阶前树拂云。将军不好武，稚子总能文。
　　　醒酒微风入，听诗静夜分。绨衣挂萝薜，凉月白纷纷。

之十：幽意忽不惬，归期无奈何。出门流水住，回首白云多。
　　　自笑灯前舞，谁怜醉后歌。只应与朋好，风雨亦来过。 [2]

---

[1] 关于何将军，刘永连《浅探西域文化在唐人园林、庭院中的流痕》（杜文玉主编《唐史论丛》11，2009 年），185 页注 90 推测何将军为中亚人，但没有论证。

[2]《全唐诗》卷二二四，中华书局，1960 年，第 7 册，2397—2398 页。又见萧涤非主编《杜甫全集校注》，谢思炜《杜甫集校注》。

关于组诗的整体脉络，谢思炜《杜甫集校注》引张谦益《絸斋诗谈》卷四云："《游何将军山林》合十首看，章法不必死相承接，却一句少不得。其一是远看。其二入门细看，并及林下供给。其三单摘一花，为其异种也。其四又转入园内之书舍。其五前状其假山池沼之森蔚，后叙其好客治具之高雅。其六酒后起立，随意登临，即一磴一泉亦堪赏心。其七前叙物产之美，后极形势之大。其八借定昆池以拟何氏之池，因及刺船解水之嬉。其九单赞助人之贤，若非地主好士，文人不能久留。此为十首之心。其十一折忽局外，身去而心犹系，便伏重过之根。此一题数首之定式也。"可见杜诗整体的构架和何将军山林的大致情况。

杜甫又有《重过何氏五首》，据文章时令景物考证，撰于天宝十三载（754）春[①]。诗云：

之一：问讯东桥竹，将军有报书。倒衣还命驾，高枕乃吾庐。
　　　花妥莺捎蝶，溪喧獭趁鱼。重来休沐地，真作野人居。
之二：山雨樽仍在，沙沉榻未移。犬迎曾宿客，鸦护落巢儿。
　　　云薄翠微寺，天清皇子陂。向来幽兴极，步屣过东篱。
之三：落日平台上，春风啜茗时。石栏斜点笔，桐叶坐题诗。
　　　翡翠鸣衣桁，蜻蜓立钓丝。自今幽兴熟，来往亦无期。
之四：颇怪朝参懒，应耽野趣长。雨抛金锁甲，苔卧绿沉枪。
　　　手自移蒲柳，家才足稻粱。看君用幽意，白日到羲皇。
之五：到此应常宿，相留可判年。蹉跎暮容色，怅望好林泉。
　　　何日沾微禄，归山买薄田？斯游恐不遂，把酒意茫然。[②]

---

① 谢思炜《杜甫集校注》："黄鹤注：前诗云'千重夏木清'，言夏初景物，今诗云'春风啜茗时'，则是春作，当是天宝十三载（754）春也。"陶敏、傅璇琮《唐五代文学编年史·初盛唐卷》，902页。
② 《全唐诗》卷二二四，第7册，2398—2399页。又见萧涤非主编《杜甫全集校注》，谢思炜《杜甫集校注》。

可惜这所山林大概经过安史之乱而被毁，园林所在之地，正好是唐朝军队收复长安过程中与叛军激战的场所，因此推想在此期间受到毁坏，在中晚唐的文献中没有再见到记载。北宋张礼元祐元年（1086）游历京兆城南，在所撰《游城南记》记云："览韩、郑郊居，至韦曲，扣尧夫门，上逍遥公读书台，寻所谓何将军山林，而不可见。因思唐人之居城南者，往往旧迹湮没，无所考求，岂胜遗恨哉。"说山林已不可见。张礼自注引杜诗提到的地名，说道："今第五桥在韦曲之西，与沈家桥相近。定昆池在韦曲之北，杨柳渚今不可考。南塘，按许浑诗云'背岭枕南塘'，其亦在韦曲之左右乎？"[①] 到了元朝李好文撰《长安志图》，卷中称："韩庄者，在韦曲之东。郑庄又在其东南，郑十八虔之居也。曰塔坡者，以有浮屠故名，在韦曲西，何将军之山林也。"[②] 这是指何将军山林在塔坡（图 10-13）。元人骆天骧《类编长安志》卷九记："何将军山林，今谓之塔坡，少陵原乃樊川之北原，自司马村起，至此而尽，其高三百尺，在杜城之东，韦曲之西。山林久废，上有寺，浮图亦废，俗呼为塔坡。"[③] 萧涤非《杜甫全集校注》一：

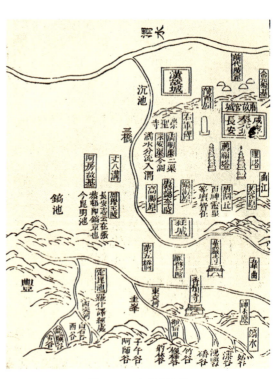

图 10-13　何将军山林

---

①　史念海、曹尔琴《游城南记校注》，三秦出版社，2006 年，111—112 页。
②　李好文撰《长安志图》，辛德勇、郎洁点校，三秦出版社，2013 年，56 页。
③　骆天骧《类编长安志》卷九，黄永年点校，三秦出版社，2006 年，258 页。

"今西安市长安区东南五里，有地名双竹村，由此溯樊川东南行，过申家桥，有一地名何家营，相传即为何将军山林故址。"① 已经是相传云云了。史念海、曹尔琴在注《游城南记》时，考证第五桥为永安渠桥，渠水经今甫张村西，又东北流经第五桥，桥在今西五桥村东；定昆池在今河池寨，面积数里；南塘当在今韦曲南②。由此可以大致推出何将军山林位置，即长安城南明德门外樊川北原，距明德门大约三十里的韦曲西边③。这里是唐长安城中达官贵族园林别业集中之地，所谓"京郊之形胜也"④。何将军在此地置业山林，可见其有雄厚的经济实力和广泛的人脉关系。

结合杜甫两组诗的内容，李令福撰写了《唐长安城南郊何将军山林的园林要素及布局》，对于山林中的房屋建筑及器物，如书房、水磨、演武场、钓鱼台、碧筒饮；山林中的山水，如皂河、清明渠、风潭、假山、瀑泉、石林水府；山林中的动植物，如鱼、鸟、犬、蜻蜓、蝴蝶、水獭、竹林、泡桐、水芹、独活、红梅、荷花、棘树、茵陈蒿、女萝、薜荔、蒲柳、水稻；食物，如脍鲜鲫、香芹羹、茵陈、春藕、茶；以及鼓乐等，都做了分类的阐述。他从杜甫的仔细描述中，分析出何将军山林的整体布局和细部雕琢⑤。由此我们可以详细得知粟特胡人将军是如何按照中原园林格局，巧妙利用城南的山势、水渠，来构建自己的园林。而院内景致的经营，书房、武场的安排，都透露出主人文武双全，并借助园林接近自然的文化情调。何将军山林可以说是西

① 萧涤非《杜甫全集校注》，356 页。

② 史念海、曹尔琴《游城南记校注》，116—119 页。

③ 李令福《唐长安城南郊何将军山林的园林要素及布局》，黄留珠、贾二强主编《长安学研究》第 4 辑，科学出版社，2019 年，238 页。

④ 宋之问《春游宴兵部韦员外韦曲庄序》，《全唐文》卷二四一，2437 页。参看妹尾達彦《唐代長安近郊の官人別荘》，唐代史研究会编《中国都市の歴史的性格》，刀水书房，1988 年，125—136 页；李浩《唐代园林别业考论》，西北大学出版社，1996 年，151—196 页。

⑤ 李令福《唐长安城南郊何将军山林的园林要素及布局》，239—250 页。又见李令福《唐长安城郊园林文化研究》，科学出版社，2017 年，232—246 页；李令福《西安学与中国古都学论集》，中国社会科学出版社，2020 年，156—168 页。

域胡人在长安文化转型的一组代表性建筑。

同样的情形还可以举于阗王尉迟胜的例子。《旧唐书》卷一四四《尉迟胜传》记：

> 尉迟胜，本于阗王珪之长子。少嗣位。天宝中来朝，献名马、美玉，玄宗嘉之，妻以宗室女，授右威卫将军、毗沙府都督还国。与安西节度使高仙芝同击破萨毗、播仙，以功加银青光禄大夫、鸿胪卿，改光禄卿，皆同正。至德初，闻安禄山反，胜乃命弟曜行国事，自率兵五千赴难。国人留胜，以少女为质而后行。肃宗待之甚厚，授特进、兼殿中监。广德中，拜骠骑大将军、毗沙府都督、于阗王，令还国。胜固请留宿卫，加开府仪同三司，封武都王，实封百户。胜请以本国王授曜，诏从之。胜乃于京师修行里盛饰林亭，以待宾客，好事者多访之。①

据《册府元龟》卷九六二《外臣部·贤行门》"尉迟胜，于阗质子也"②，可知他也曾以质子身份在长安居住，但年少的时候就回国继承王位。天宝时还曾亲自来朝献，并娶李唐宗室女为妻。安禄山叛乱后，他率五千兵到中原赴难勤王，战后却不回国，请留宿卫，但唐朝仍让他"权知本国事"③。广德二年（764），代宗遣胜还国，他干脆把本国王位让给弟弟尉迟曜④，仍然留在长安。他在长安修行坊里大造林亭，以待宾客。《新唐书》卷一一〇《尉迟胜传》称："胜既留，乃穿筑池观，厚宾客，士大夫多从之游。"⑤表明其林亭是人工穿筑，有池塘，有楼观，与之交游者多为京城士大夫。修行坊在长安城东南，

① 《旧唐书》卷一四四《尉迟胜传》，3924—3925 页。
② 《册府元龟》卷九六二，凤凰出版社，2006 年，11153 页。
③ 《资治通鉴》卷二二一"乾元三年（760）正月"条，7090 页。
④ 《旧唐书》卷一四四和《新唐书》卷一一〇《尉迟胜传》均记为"广德中"，《通鉴》卷二二三系在"广德二年"，7171 页。
⑤ 《新唐书》卷一一〇《尉迟胜传》，4127—4128 页。

看似比较偏远，但这里东面是乐游原，南面是曲江池，西南面晋昌坊有大慈恩寺，再南是杏园，而且地势高敞，水渠流畅，是城内十分理想的筑造园林的好去处。这一带文人官僚最为集中，所以也是与士大夫交游的最好地域。

《旧唐书》卷一四四《尉迟胜传》记："贞元初，曜遣使上疏，称有国以来，代以嫡承嗣，兄胜即让国，请传胜子锐。上乃以锐为检校光禄卿兼毗沙府长史还。固辞，且言曰：'曜久行国事，人皆悦服，锐生于京华，不习国俗，不可遣往。'因授韶王咨议。兄弟让国，人多称之。"[1] 所谓"兄弟让国"，显然是汉族士大夫对于尉迟胜这位胡人国王的夸奖，把他标榜为具有儒家道德观念的高尚人士。看来，尉迟胜在长安置园林与士大夫交游，取得了成效。他的儿子也生长在长安，到贞元十年（794），尉迟胜去世，年六十四，赠凉州都督，子尉迟锐嗣位[2]。

至此，我们可以看出西域胡人是如何逐渐融入长安社会当中的，他们在学习和交往中如何利用中国传统儒家的价值观念，以及他们通过园林的优雅生活，来与唐朝士大夫交游，最后完全融入唐朝长安上流社会。这些典型的案例，也为我们观察长安社会在安史之乱后的逐渐转型，提供了一个观察视角。西域胡人作为长安城中特异的一类人物，是推进长安城丰富多元的文化生活的一股强劲动力。

[1] 《旧唐书》卷一四四《尉迟胜传》，3924—3925 页。《新唐书》卷一一〇《尉迟胜传》，4127—4128 页略同。《资治通鉴》卷二三二系在贞元元年（785）年末（7467 页）。
[2] 《旧唐书》卷一四四《尉迟胜传》，3925 页。

第十一讲

《兰亭序》的西传与唐代西域的汉文明

唐朝势力自太宗开始伸入西域地区，高宗时灭西突厥汗国，西域的宗主权归属唐朝。以后虽然不时受到吐蕃和西突厥余部的骚扰，但唐朝持续统治西域一百多年。在此期间，唐朝的制度文化逐渐进入西域地区，为当地绿洲王国所吸收采纳。

然而，由于史籍记载相对较少，唐朝时期中原文化对于西域影响的深度和广度无法展开论述。现在根据 19 世纪末叶以来库车、和田等地出土的汉语和胡语文书，我们有材料考察构成中原文化核心内涵的书籍在西域地区的流传，讨论哪些图书传播到了西域，以何种形态传播过去，传播的途径，使用的人群，产生的影响，对当地胡人知识建构的意义，传播的阻力，等等。这将有助于综合地讨论这些汉籍在当地的流传状况，并探讨这种传播最终没有持续下来的原因。

一、《兰亭序》的模拓与西传

东晋穆帝永和九年（353）三月三日，王羲之与谢安、孙绰、郗昙、支遁

图 11-1a　兰亭　　　　　　　　　　　图 11-1b　兰亭曲池

等四十一位文人名士，在会稽山阴（今浙江绍兴）的兰亭举行被禊之礼的集会（图 11-1a、11-1b），与会者饮酒赋诗，汇编成《兰亭集》，王羲之为之作序，即《兰亭序》。据说王羲之当时乘醉意将序文书写一纸，精妙绝伦，等到酒醒以后，"他日更书数十百本，无如被禊所书之者。右军亦自珍爱宝重，此书留付子孙传掌" [1]。

唐天宝初的史官刘餗在他的《隋唐嘉话》卷下中说：

王右军《兰亭序》，梁乱出在外，陈天嘉中为僧永所得。至太建中，献之宣帝。隋平陈日，或以献晋王，王不之宝。后僧果从帝借拓。及登极，竟未从索。果师死后，弟子僧辩得之。[2]

---

[1]　何延之《兰亭记》，《法书要录》卷三，人民美术出版社，1984 年，124 页。
[2]　《隋唐嘉话》卷下，中华书局，1979 年，53 页。

　　这里说《兰亭序》在萧梁时流传出来，陈天嘉年间（560—565）归僧永，太建年间（569—582）献给陈宣帝。隋灭陈，为晋王杨广所得，但不珍视，借给僧果，而没有索回。等到僧果去世后，为弟子辩所得。但是，有学者检索了大量有关《兰亭序》的文献，结论是从王羲之时代到唐初编纂《晋书》之前，没有一篇文献提到过《兰亭序》。或许可以说，所有关于《兰亭序》的讨论是从《晋书·王羲之传》采录《兰亭序》以后才开始的[1]。

　　与隋炀帝杨广不同，唐太宗极其推崇王羲之的书法，在他所撰写的四篇《晋书》的论赞中，就有一篇是《王羲之传赞》[2]。赞文先是数点张伯英、钟繇、王献之等人书法的弱点，最后极力推崇王羲之书："所以详察古今，研精篆素，尽善尽美，其惟王逸少乎！"在即位之前，作为秦王的李世民就在大力收集王羲之的书法名迹；登基以后，更是利用国家的力量，把大量王羲之的书法作品网罗到长安宫廷里面，这其中，就有后来越来越有名的《兰亭序》。

　　关于《兰亭序》之为唐太宗所得，主要有两种不同的说法，即秦王派萧翼去越州赚取《兰亭》（图11-2）和派欧阳询就越州访求得之。刘餗《隋唐嘉话》卷下接着上面的引文记载：

图11-2　《萧翼赚取兰亭图》

① 萩信雄《文献から見た蘭亭序の流転》，《墨》第148号（王羲之·兰亭序专号），2001年1·2月号，48—53页。
② 《晋书》，中华书局，1974年，2107—2108页。

太宗为秦王日，见拓本惊喜，乃贵价市大王书《兰亭》，终不至焉。及知在辩师处，使萧翊就越州求得之，以武德四年入秦府。贞观十年，乃拓十本以赐近臣。帝崩，中书令褚遂良奏："《兰亭》先帝所重，不可留。"遂秘于昭陵。①

萧翼（又作萧翊）赚取《兰亭》的说法在唐朝就广为流传，在刘餗之前，何延之就将此故事敷衍成一篇传奇——《兰亭记》。此文为张彦远《法书要录》全文收录，成为书法史上的"信史"。然而，早在宋代就有人质疑萧翼赚《兰亭》的故事，如赵彦卫《云麓漫钞》即提出这种说法的七点谬误②。

另一种说法见宋人钱易《南部新书》卷丁：

《兰亭》者，武德四年欧阳询就越访求得之，始入秦王府。麻道嵩奉教拓两本，一送辩才，一王自收。嵩私拓一本。于时天下草创，秦王虽亲总戎，《兰亭》不离肘腋。及即位，学之不倦。至贞观二十三年，褚遂良请入昭陵。后但得其摹本耳。③

《全唐文》所收刘餗《兰亭记》和《隋唐嘉话》的文本基本相同，只是去越州的人物是"欧阳询"，可以证明《隋唐嘉话》的原本就是"使欧阳询就越州求得之"④。从当时的历史背景，秦王与欧阳询的关系，后人关于两种说法的文献学考证等方面来看，欧阳询就越州求得的说法比较可靠⑤。

据褚遂良《右军书目》，唐太宗所收《兰亭序》真本，列为贞观内府所

① 《隋唐嘉话》卷下，53 页。
② 《云麓漫钞》卷六，中华书局，1996 年，104 页。
③ 《南部新书》卷丁，中华书局，2002 年，50 页。
④ 荒金治《唐初的书法与政治》，北京大学历史系硕士论文，2005 年 6 月，35—36 页。
⑤ 有关《兰亭序》入长安的论辩，古今各种演说很多，这里不必赘述。参看以下两书所收相关论文：文物出版社编《兰亭论辩》，文物出版社，1973 年；华人德、白谦慎主编《兰亭论集》，苏州大学出版社，2001 年。

藏王羲之行书五十八卷二百五十二帖中的第一卷第一帖。太宗命弘文馆拓书人冯承素、汤普彻等用双钩廓填法摹写了一些副本赐给近臣，其中汤普彻曾"窃拓以出，故在外传之"①。现在北京故宫博物院还收藏有三个摹本，即（一）冯承素摹本，其前后有唐中宗年号"神龙"半字印，故名"神龙本"（图11-3）；（二）虞世南摹本，明代董其昌定，因是元代张金界奴进呈给元文宗的，故又名"张金界奴本"；（三）褚遂良摹本，后有米芾题诗，故也有人认为是米芾摹本②。此外，还有据欧阳询临本上石的本子，因临本曾存定州定武军库中，故名"定武本"。这些本子的行款章法都完全一致，特别是第四行"崇山"二字写在行间，当是祖述同一个底本③。

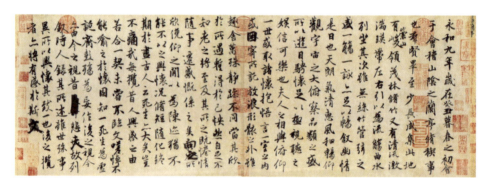

图 11-3　冯承素摹本《兰亭序》

我们今天看到的故宫所藏的这些摹本，都出自唐太宗的近臣手笔。至于在外流传的《兰亭序》摹本或拓本，则很少见到，因此有的学者认为王羲之的书法在唐朝民间的流传，不是由于难得一见的《兰亭序》，而是通过怀仁集王羲之字而成的《圣教序》和后来的《永字八法》，《圣教序》中的文字有辑

---

① 《法书要录》卷三，114、131 页。

② 以上三本的精美图版和详细著录解说，见施安昌主编《晋唐五代书法》，上海科学技术出版社、商务印书馆（香港）有限公司，2001 年，30—58 页。

③ 参看刘涛《中国书法史·魏晋南北朝卷》，江苏教育出版社，2002 年，199 页；朱关田《中国书法史·隋唐五代卷》，江苏教育出版社，1999 年，56—57 页。

自《兰亭序》者，所以民间是通过《圣教序》碑而习得《兰亭序》书法的①。

然而，事实恐非如此。

《兰亭序》真本虽然已经密封于太宗的昭陵，高宗以后，唐人无缘得见；近臣摹本，"一本尚直钱数万"②，也不是一般人可以见到的。但当时毕竟有人已经将摹本或拓本传出宫外，民间得以转相传习。只是过去关心书法的人留意的主要是水平最高的"神品"，以及后世反复的摹本和名家的再创作，很少关心民间的文献遗存。1900 年敦煌藏经洞开启后，学者们陆续从敦煌写本中，找到若干《兰亭序》的抄本。既懂书法又研究敦煌写本的饶宗颐先生，曾从书法的角度提示了三件敦煌写本《兰亭序》的存在，即编号 P.2544、P.2622 背、P.3194 背。他将 P.2544 写本按原大尺寸影印收录所编《敦煌书法丛刊》，并在跋语中提示了其他两本的存在③。

敦煌写本中的《兰亭序》的存在，有两种可能：一是作为古代文献的抄本，一是作为书法的习字。这些可谓民间《兰亭序》写本的存在，目前所知者已有十余件。以下对敦煌本《兰亭序》一一略加分析。

敦煌写本 P.2544 的正面是一部诗文集，纸有栏格，依次抄写刘长卿《酒赋》《锦衣篇》《汉家篇》《老人篇》《老人相问晓叹汉诗》《龙门赋》《北邙篇》，然后空两行写《兰亭序》整篇文字（图 11-4），计 14 行，

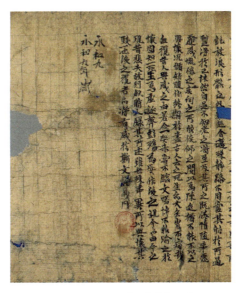

图 11-4　P.2544《兰亭序》习字

---

① 朱关田《〈兰亭序〉在唐代的影响》，华人德、白谦慎主编《兰亭论集》下编，318—321 页。
② 《法书要录》卷三，131 页。
③ 饶宗颐编《法藏敦煌书苑精华》第 1 册《拓本·碎金》，广东人民出版社，1993 年，101—102 页，跋见 267 页。

但文末接书"文义同",再隔一行写"永和九"即止,次行又写"永和九年岁"而止,均系习字①。徐俊先生曾仔细分析此卷,指出《兰亭序》前的诗文集与 P.4994+S.2049 唐诗丛钞内容及次序基本一致,"《兰亭序》与前诗为一人所抄,但字迹有明显摹写王羲之《兰亭序》帖笔法的痕迹,可断定为临习之作"②。徐先生深谙书法,对敦煌写本诗歌丛钞有整体关照,他的判断十分精准,从《兰亭序》文本后的附加文字和隔行重抄《兰亭序》文字的情形来看,其为临习之本无疑。此本写在原有的栏格当中,每行约 24 字,非一般所见《兰亭序》摹本格式,可知其虽然是临习之本,但并没有按照原帖的格式来抄。

P.2622 正面为《吉凶书仪》(下简称《书仪》),尾题"大中十三年(859)四月四日午时写了",然后接着写学郎诗及杂诗五首,卷背有相同笔迹抄写的诗八首,有些只是残句,学者都认为此卷抄者是《书仪》文字中所写题识"此是李文义书记"中的李文义③。在纸背第一首残诗句的后面,抄有三行《兰亭序》的习字,从"永和九年"开始,但原文"此地有崇山峻领茂林修竹"一句,误抄作"此地有茂林修竹崇",可能是发现有误,所以戛然而止。此文与正背面《书仪》、诗歌不同,为顶格书写,仍存帖本痕迹,为临帖之作无疑。另外,卷背还有许多杂写、杂画动物、题名等,均为习书的样子,也可帮助我们判断《兰亭序》为临习作品的性质。从《书仪》尾题的年代来看,《兰亭序》习字的书写时间在大中十三年以后的晚唐时期。

P.3194 正面是唐写本《论语集解》,尾题"论语卷第四",最后的抄写题记被人用浓墨涂去,今不可识。背面有张通信等状稿及杂写,还有半行藏文,

---

① 《法藏敦煌西域文献》第 15 册,上海古籍出版社,2001 年,257 页。以下简称《法藏》。
② 徐俊《敦煌诗集残卷辑考》,中华书局,2000 年,465 页。
③ 《法藏》第 16 册,2001 年,320 页。关于《吉凶书仪》,参看赵和平《敦煌写本书仪研究》,新文丰出版公司,1993 年,568—601 页;关于诗歌部分,参看徐俊《敦煌诗集残卷辑考》,775—779 页。

最后倒书《兰亭序》三行，从"永和九年"到"少长咸集"而止，下有空白未书①。文字顶格书写，行款与"神龙本"等不同，前两行分别为18、13字，"之兰亭"误作"至兰亭"，是为习字之作。饶宗颐先生评价此卷书法云"书法甚佳"。这篇习字的年代，可据张通信状稿略作推测，从内容看，应当是归义军时期的文书。状文是上给某"常侍"的，归义军节度使中称常侍的，先后有867—872年的张淮深、893年的索勋、896—901年的张承奉②，故此状的年代当在这个范围当中，写于其后的《兰亭序》习字，也当在晚唐甚至五代时期。

P.4764残存两纸，第二纸首残，有文字痕迹，后存《兰亭序》文字两行，从"群贤毕至"至"又有清流激"，"激"字又重写两遍，下余空白未书③，实为习字之属。

S.1619亦是《兰亭序》的习字，存16行，写"若合一契未尝不临"八字，每字写两行④，上面是老师写的例字，下面是学生的临书。

P.3369-P2背亦为《兰亭序》习字。该卷正面存"供其斋""金光明道""前赦牛三万"等文字，背面存《兰亭序》"之视昔"三字的习字5行，其中，"之"字尚存1行，"视昔"两字各写2行，"昔"左侧尚余"悲"下半部分的字迹残划"心"⑤。

Дx.00528A背，残损严重，存"之"习字两行，"兰"习字6行，当为《兰亭序》习字⑥。此号正面为《沙州敦煌县神沙乡籍》，则是学童用废弃之户籍来

① 《法藏》第22册，2002年，123页。
② 参看荣新江《归义军史研究》，上海古籍出版社，1996年，78—84、88—93、131页。
③ 《法藏》第33册，2005年，162页，原题"书仪"。以下部分残片比定，参看沃兴华《敦煌书法艺术》，上海人民出版社，1994年，39—40页；蔡渊迪《敦煌经典书法及相关习字研究》，浙江大学硕士论文，2010年，42页。
④ 《英藏敦煌文献》第3册，四川人民出版社，1990年，109页，题"习字"。以下简称《英藏》。
⑤ 《法藏》第23册，2002年，365页。
⑥ 《俄藏敦煌文献》第6册，上海古籍出版社，2000年，342—343页。以下简称《俄藏》。

习书。

Дx.00528B 包括数件残片，正背皆为习字，正面是包括"至少""和"等每字 1 行的习字，必为《兰亭序》无疑，背面则包括"和""也"等习字以及一行《千字文》残文："命临深履薄夙兴。"[①]Дx.11023，正面为"之兰"习字 3 行，首行"之"字，次行"兰"字，末行为"兰"字残划，为《兰亭序》文字。背面残留"兴温清"等字迹，应为《千字文》残文[②]。此片可以与 Дx.00528B 写有"命临深履薄夙兴"字样的残片直接缀合。

Дx.00538，写有"佛说无常经□卷""永和九年岁在癸丑暮春之初会于会稽"各一行，"大"字四次，以及倒书"大□□"一行[③]。

Дx.11024，存四片残片，正背均为《兰亭序》习字。正面书写内容分别为"一咏亦足""日也幽情是日""之盛""以畅叙"，基本为每字 2 行；背面内容为"长咸集此地有崇山峻领""会稽山阴之兰亭修楔事""事也群贤毕至少""流激湍映"等字，均为每字书写 1 行[④]。

Дx.05687 仅公布有一面图版，上书文字 8 行，为"游目畅怀"四字之每字两行的习字[⑤]。《兰亭序》中有"所以游目骋（畅）怀，足以极视听之娱，信可乐也"之句，可知此件残片当为《兰亭序》习字。

Дx.12833 为正背书，正面为"和"字的 3 行习字及些许残存笔画；背面为"永"字 3 行字及些许残存笔画。从"永""和"两字的书写结构来看，颇似《兰亭序》书迹之貌，故此片亦当为《兰亭序》之"永和"习字[⑥]。

羽田亨旧藏的敦煌文书羽 664 号是一件学生习字残片，有趣的是正面为王羲之《尚想黄绮帖》（图 11-5a）的文字，背面则是《兰亭序》的文字

---

① 《俄藏》第 6 册，343—344 页。

② 《俄藏》第 15 册，2000 年，132 页。

③ 《俄藏》第 6 册，351 页。

④ 《俄藏》第 15 册，132—133 页。

⑤ 《俄藏》第 12 册，2000 年，218 页。

⑥ 《俄藏》第 16 册，2001 年，177 页。

图 11–5a　羽 664 正面写《尚想黄绮帖》

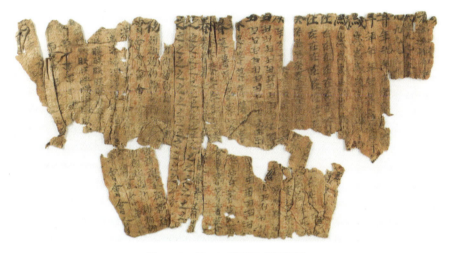

图 11–5b　羽 664 背面写《兰亭序》

（图 11-5b）①，形式都是在纸的上端紧顶着纸边横写原文，每个字写两遍，作为标本，字体较为粗大，应当出自老师之手；下面整行则是学生照着标本的临写，真切地反映了敦煌学生临习王羲之字帖的样子。其中《兰亭序》部分存"和九年岁在癸丑暮春之初会"和"湍暎带左"，中间似有纸缝，故文字不够连续。

以上敦煌《兰亭序》习字写本，从字体和同卷相关文字来看，都是中晚

① 《第 54 回杏雨书屋特别展示会"敦煌の典籍と古文書"》图录，杏雨书屋，2010 年，27—28 页。

唐甚至五代时期的写本，说明唐朝民间自有《兰亭序》摹本的流传，不仅长安有，而且西渐敦煌，为当地学子习字之资。

进入西域地区，贞观十四年（640）以后作为唐朝正州西州的吐鲁番地区，也有《兰亭序》的传抄写本出土，唯资料尚未发表。而目前所见更多的材料，是更西边的于阗王国境内的发现。

斯坦因（A. Stein）第二次探险在麻札塔格发现的 MT. b. 006 号写本残片，其正面残存"欣"字 1 行和"俛"字 2 行，为《兰亭序》"向之所欣，俛（俯）仰之间"一句的习字[1]。背面残存"当"字 2 行和"抗"字 4 行，对应《尚想黄绮帖》"吾比之张、钟当抗行"一句中的文字，中间是学生的题记：

　　］补仁里　祖为户
　　□生李仲雅仿书册行谨呈上。

可见，这也是一件正面抄写《兰亭序》，背面抄写《尚想黄绮帖》的学生习字文书。由此得知，于阗当地的学童也和敦煌一样，同时把《兰亭序》和《尚想黄绮帖》当作习字课本。

中国人民大学博物馆藏和田出土文书中，有两件写有"永和九年"字样的残片。我们知道，永和九年时西域王国于阗是不可能使用远在东南地区的东晋年号来做纪年的，因此这两件残纸上的"永和九年"云云，应当是唐人所抄《兰亭序》的文字。

其一编号 GXW0112，仅存开头六字，即"永和九年岁癸"，不知何故没有继续书写，但写本文字也是顶着页边书写，视其文字大小和纸张的空白长度，其格式也和其他《兰亭序》帖本相同，第一行为 13 字。此残纸的另一面

---

[1]　É. Chavannes. *Les documents chinois découverts par Aurel Stein dans les sables du Turkestan oriental*，Oxford 1913，p. 204，pl. XXXII. 参看陈丽芳《唐代于阗的童蒙教育——以中国人民大学博物馆藏和田习字为中心》，《西域研究》2014 年第 1 期，41 页。

是一件唐朝官文书的尾部，存署名、判案文字。《兰亭序》的文字可能是利用废弃文书作为练字的纸张，但没有写完而止。

其二编号 GXW0017，应当是一个习字残片，前两行重复写"经"字，后一行有"永和九岁"字样，应当也是《兰亭序》的文字，可惜后面残缺。幸运的是，我们从中国国家图书馆新近入藏的和田出土文书中，也找到一件《兰亭序》的习字残片（编号 BH3-7v），前面也是"经"字的习字，而且在"经"字之前有"餘"字，字的下面还有"极""热""初"等习字。两件可以上下缀合，作为《兰亭序》的文字，"岁"字可以拼合为完整的一个字，下面尚有"在癸丑"及三个"在"字。后一"在"字显然是误写，所以没有再往下写，留有余白。此外，两残片的另一面都是唐朝粮食账的残文书，其中的"石"字也可以拼合成一个字。

在圣彼得堡藏和田出土汉文文书中，Дx.18943-1 是一件难得的《兰亭序》抄本。写本纸面撮皱，与和田出土文书的外貌比较接近。写本除开头部分的前面和上部完整外，其余部分都已残缺，残存 5 行中的部分文字（图 11-6）如下 [①]：

永和 [

于会稽山阴 [

群贤毕至 [

□山峻领 [

湍暎带 [

（后缺）

图 11-6　Дx.18943《兰亭序》摹本

此写本文字紧顶着纸边书写，不像一般的典籍抄本那样留有天头地脚，应当是书法习字的遗存。写本行间间隔均匀，当是临帖的结果。特别值得称

_____

① 《俄藏》第 17 册，296 页下栏。

道的是，这个《兰亭序》的抄本，文字极其有力，可见所据原本颇佳，而书者也有相当水准。从写本的格式来看，中国人民大学博物馆的两件，或则残缺，或则没有写完，无法推断。俄藏的一件，转行与冯承素、虞世南、褚遂良等摹本相近，似乎更接近于宫廷摹本的原貌，较敦煌临本更胜一等。

以上三件《兰亭序》抄本，虽然只是摹抄或习字之类的文本，谈不上什么书法艺术的高度，但它们出现在和田这样遥远的沙漠绿洲当中，却有着非同小可的意义。

从已经发表的于阗地区官私文书来看，和田地区出土汉文文书的年代大体上是从武周新字流行的天授元年（690）至神龙元年（705），直到于阗为吐蕃占领的贞元年间（785—805）。和田出土《兰亭序》的临本可能是汉文文书最为盛行的 8 世纪后半叶所写。自长寿元年（692）十月唐复置安西四镇并发汉军三万人驻守西域以后，中原的官人开始大量进入西域，中原传统文化、官僚体制等也随之流传到于阗等安西四镇地区。从和田发现的《兰亭序》写本文字的流畅程度看，似乎应当是驻扎当地的唐朝官人或其家人所书。中国人民大学博物馆藏 GXW0112 号《兰亭序》写本的正面是官文书，字体颇佳，判案文字更是流利潇洒，或许有利于我们理解《兰亭序》写本的主人。

《兰亭序》于阗摹写本的发现具有十分重要的意义，因为《兰亭序》是以书法为载体的中国文化最根本的范本，是任何一部中国文化史都不能不提的杰作，它在塔里木盆地西南隅的于阗地区传抄流行，无疑是中国传统文化西渐到西域地区的最好印证。

二、《尚想黄绮帖》在西域的流传

事实上，王羲之书法的西渐不仅仅透过《兰亭序》，还有现在没有原样摹本流传的《尚想黄绮帖》（即《自书论》）。

敦煌文书中保存有若干王羲之《尚想黄绮帖》的抄本。

S.3287 正面是《吐蕃子年五月左二将百姓汜履倩等户口状》，计五件，前后残①，最后有杂写文字，是《尚想黄绮帖》的首行②。吐蕃的子年或为公元820年的庚子③。写本的另一面依次抄有《千字文》《尚想黄绮帖》《十五愿礼佛》《甲子五行歌诀》《早出缠》《乐入山》《乐住山》《李涉法师劝善文》等④。按照敦煌文书的一般情形，《子年户口状》应当是正式的文书，是先写的正面；《千字文》等抄本，是利用废弃文书而抄写的蒙书、字帖、通俗文学作品等，这些应当是后写的，即写本的背面。敦煌从786年至848年为吐蕃统治时期，《尚想黄绮帖》等文本的抄写年代更有可能是848年以后的晚唐、五代归义军时期。

　　S.214正面抄《燕子赋》，尾题有二，一曰"癸未年十二月廿一日永安寺学士郎杜友遂书记之耳"，一曰"甲申年三月廿三日永安寺学郎杜友遂书记之耳"⑤，学者考证两个时间均在公元924年⑥。该卷背面为杂写、杂抄文字，首行有"甲申年十月廿日"云云，次行即抄《尚想黄绮帖》，墨色较前后为重，以下有行人转帖、社司转帖、诗、什物历等文字的抄录，其中有"甲申年十一月廿日绿（录）事杜友遂帖"的习字⑦，可知都是学郎杜友遂的习书杂写，年份也在924年。

　　P.2671正面是《大乘无量寿宗要经》，背面是白画《未生怨》《十六观》，画稿上有一些杂写，其一写"尚想黄"三字各一行，书写方向是由左向右⑧，其为《尚想黄绮帖》开头三字的习字。

①　池田温《中国古代籍帐研究》，东京大学东洋文化研究所，1979年，录文246号，519—522页。
②　《英藏》第5册，四川人民出版社，1992年，34页。
③　杨际平《吐蕃子年左二将户状与所谓"擘三部落"》，杨际平《敦煌吐鲁番文书研究文选》，新文丰出版公司，2007年，281—291页。
④　《英藏》第5册，27—30页。
⑤　《英藏》第1册，1990年，84—86页。
⑥　李正宇《敦煌学郎题记辑注》，《敦煌学辑刊》1987年第1期，35页。
⑦　《英藏》第1册，86—87页。
⑧　《法藏》第17册，2001年，179页。

　　P.3368 是《新集文词九经抄》写本，从上面揭出若干残纸片，其中第 7 片上写"池水"三行，"池"字写一行半[1]，这也是《尚想黄绮帖》帖文的单字练习。

　　此外，中国国家图书馆藏 BD9089（陶 10）背，有"尚想黄绮意想□□"等字迹，俄藏 Дx.00953 背面有"尚想黄"三字，均为《尚想黄绮帖》习字本[2]。

　　杏雨书屋藏羽 3 背面第 2 篇文献，也是《尚想黄绮帖》的抄本。按，羽 3 号写本是羽田亨从中国购藏的原李盛铎旧藏敦煌文献，正面是《十戒经》写本，楷书精写，有至德二载（757）五月十四日吴紫阳题记。背面抄佛典《辨中边论》卷一，后有余白，倒书《尚想黄绮帖》三行半，未完而止，是习书一类文字[3]。此抄本文字颇佳，有王书精神，可能临自正规的帖本，因此得以保存。

　　上文提到杏雨书屋藏羽 664 号，正面为王羲之《尚想黄绮帖》，背面则是《兰亭序》习字，是敦煌学生临习王羲之字帖的真实反映。

　　正像王羲之《兰亭序》的帖本一样，《尚想黄绮帖》也随着唐朝文化的西进，传入西域地区。

　　唐朝贞观十四年（640）灭高昌王国所建立的西州地区，作为唐朝的正州，这里的文化教育与中原地区应当一致，王羲之书法的流传应当是理所当然的事情，我们在吐鲁番出土文书中也找到了《尚想黄绮帖》的习字写本。

　　1972 年发掘的吐鲁番阿斯塔那第 179 号墓出土有若干学生习字残片，《吐鲁番出土文书》的编者只录出其中的两件，题为"武周学生令狐慈敏习字"，并做解题云："本件共十三片，均为学童习字，内九片为学生令狐慈敏习字，其他四片为学生阇利习字，所写诸字不相连贯，今只录一、二两片令狐慈

---

[1]　《法藏》第 23 册，2002 年，360 页。

[2]　参看蔡渊迪《敦煌经典书法及相关习字研究》，42 页。

[3]　武田科学振兴财团杏雨书屋编《敦煌秘笈》影片册一，非卖品，2009 年，39 页。

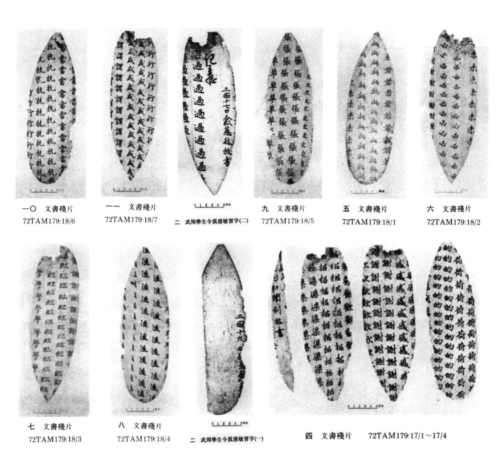

一〇 文書殘片　　　　　一一 文書殘片　　　　　　　　　　　　　　九 文書殘片　　　　　五 文書殘片　　　　　六 文書殘片
72TAM179:18/6　　　72TAM179:18/7　　二 武周學生令狐慈敏習字(二)　72TAM179:18/5　　72TAM179:18/1　　72TAM179:18/2

七 文書殘片　　　　　八 文書殘片　　　　　二 武周學生令狐慈敏習字(一)　四 文書殘片　　　72TAM179:17/1～17/4
72TAM179:18/3　　　72TAM179:18/4

图 11-7　吐鲁番出土的令狐慈敏写《尚想黄绮帖》

敏题记。"其他习字残片，全部影印，均题"文书残片"①。福田哲之氏发现
72TAM179∶18 编号下的各残片，都是令狐慈敏所写的王羲之《尚想黄绮帖》
的文字，计写"（前缺）当抗行，或谓过之，张草（中缺）若此，未必谢，临
学后之（后缺）"（图 11-7），每字写两行。另外和阇利的习字，写的是《千字
文》（均为 72TAM179∶17 编号）②。在"未""过"二字间，有题记"三月十七
日令狐慈敏放书"，后别笔大字"记忆"二字，当是教师的批注。又有一纸，
仅存题记"三月十九日学生令狐慈敏（下缺）"，"月""日"二字为武周新字，
说明写于武周时期。

①　唐长孺主编《吐鲁番出土文书》叁，文物出版社，1996 年，363、366 页。
②　福田哲之《吐鲁番出土文书に见られる王羲之の习书——阿斯塔那一七九號墓文書〈72TAM179∶
18〉を中心に》,《书学书道史研究》第 8 号，1998 年，29—41 页。

这个写本在王羲之《尚想黄绮帖》的传播史上非常重要，一是这件写本有武周新字，较我们所见敦煌本要早很多；二是这件写本的题记表明，《尚想黄绮帖》是当时学生必须书写的作业，每字写两行，题记后的别笔大字应当是老师的批语。可见，至少从武周时期（可能要提前到喜欢王字的唐太宗时期）开始，《尚想黄绮帖》就成为天下各州学生的习字标本，每字两行的规矩也可以从敦煌写本羽 664 号等得到印证。

吐鲁番写本中另一件《尚想黄绮帖》的抄本，即大谷文书 4087 号，其前三行抄《尚想黄绮帖》，后五行抄《兔园策府》[①]。此本文字不佳，系学生抄本。其与童蒙读物合抄，也说明出自学童之手。还有旅顺博物馆藏大谷探险队在新疆掘得的 LM20-1548-51 残片，也是《尚想黄绮帖》习字，只有开头几个字，以下未书。

吐鲁番并不是《尚想黄绮帖》西传的终点，而是像《兰亭序》一样，继续西进。在安西都护府所在的龟兹，大谷探险队在今库车城西渭干河西岸的都勒都尔·阿护尔（Douldour-aqour）所掘得的文书中，有一个小纸片，只有 3 行 10 个字，字较一般文书字体要大，有一指宽的样子，残片下为纸缝，故第 3 行末字写得较小[②]。前两行写"雁"，后一行写"行"，即王羲之《尚想黄绮帖》中"张草犹当雁行"的习字。文字写到纸边，也是习字的格式。虽然只是极小的断片，但证明了王羲之《尚想黄绮帖》的流传已经越出唐朝的正州，进入真正的西域地区。

王羲之书迹西传的故事还没有终止，《尚想黄绮帖》像《兰亭序》一样，还进而到达更远的西域腹地——于阗。迄今为止，我们已经发现三件相关的写本。

一是斯坦因第三次中亚探险在和田北方麻札塔格遗址发现的 MT. 095 号

---

① 福田哲之《吐鲁番出土文書に見られる王羲之習書》，33—34 页。
② 小田义久编《大谷文書集成》壹，法藏馆，1984 年，73 页，题"习字纸断片"，图版 132。

（Or.8212/1519）残纸，存九行文字，重复写"軓之若"三字[1]，一看便知是《尚想黄绮帖》的习书文字。虽然出自一个学童之手，书法不佳，但因为发现在遥远的西域地区，在王羲之书帖的传播史上，确是十分重要的文献资料。

二是中国人民大学博物馆藏和田出土五件残片，均为"吾弗及"三字的习书，应当是三行换一字，据 S.214 写本保存的文字，当是《尚想黄绮帖》最后三字的练习。纸片虽残，但确实是书圣王羲之帖文的习字，极为可贵。

更有进者，如上文所述，斯坦因第二次探险在麻札塔格遗址发现残纸中，有一件（MT. b. 006 号）正面残存习字"欣"字 1 行和"俛"字 2 行，是《兰亭序》"向之所欣，俛（俯）仰之间"一句的残字；背面残存习字"当"字 2 行和"抗"字 4 行，对应于《尚想黄绮帖》"吾比之张、钟当抗行"一句残文。这个写本显然是正面抄写《兰亭序》习字，背面抄写《尚想黄绮帖》的学生习字文书，和上述羽田亨旧藏的敦煌文书羽 664 号一样，正背面都写王羲之的《兰亭序》和《尚想黄绮帖》，这恐怕不是巧合，而是唐朝书法教育制度的体现。

我们知道，长寿元年（692）十月，唐朝复置安西四镇，并发三万汉军驻守西域。此后必定有不少通文墨的中原官人进入西域地区，中原的传统文化也随之大量流入安西四镇地区。随军的儿童也要学习书法，《尚想黄绮帖》的习字更可能出自学童手笔。吐鲁番、库车、和田出土抄本、习书《兰亭序》、《尚想黄绮帖》的发现，说明唐内府藏右军书目所著录的这些法帖，不仅仅为皇家所欣赏，同时也流入民间，传播广远，成为敦煌、西域地区学童模仿的对象，也是中原文化西渐的表征。

但是，我们也不排除当地胡人所写的可能性，如好读《左氏春秋传》及《汉书》的哥舒翰，早年读书的地点应当就在于阗，他应当也能摹写《兰亭序》和《尚想黄绮帖》。

---

[1]　沙知、吴芳思编《斯坦因第三次中亚考古所获汉文文献（非佛经部分）》第 2 册，上海辞书出版社，2005 年，197 页，题"习字"。

三、汉文典籍的西渐

根据传世文献和出土文书，我们来看看中原汉文典籍在西域的流传情况。我们把唐朝时期的西州排除在外，主要的出土文献来自龟兹、于阗两个绿洲王国。

龟兹是汉唐时期西域的大国，北据天山，南临大漠，是西域地区最为重要的绿洲王国。从汉代以来，龟兹与中原王朝保持着联系，唐朝于658年灭西突厥汗国，包括龟兹在内的西域各国的宗主权转归唐朝，唐朝将安西都护府从西州交河城迁至龟兹王城，下辖安西（龟兹）、于阗、疏勒、焉耆四镇，龟兹成为唐朝统治西域地区的军政中心。随着与中原地区关系的紧密，汉文的典籍也和白练一起，一批批地被驮到龟兹，分散到各地。

在德国所藏古代龟兹国范围内出土的文献中，有《切韵》（T Ⅳ K 95-100a，b，现编号 Ch 1991）和增字本《切韵》（T Ⅳ K 75，Ch 2094）①。唐朝的韵书在当时有两个功能：一是作诗时的参考文献，在推敲词句、选取韵脚的时候可以帮助选取恰当的文字；二是作为科举考试的书籍而存在，因为唐朝的科举考试重进士科，而进士科考诗赋，因此也需要用《切韵》作为参考文献②。

《西域考古图谱》下卷经籍类曾经刊布一件大谷探险队所得写本残片，正背面分别抄写班固《汉书》卷四〇《张良传》和司马迁《史记》卷六十七《仲尼弟子列传》，出土地标为"库木吐喇"，即库木吐喇（Kumtura）石窟。无独有偶，德藏所谓"吐鲁番收集品"中编号为 T Ⅱ T 1132（Ch 938）的残片，正背面也是《汉书·张良传》，和《史记·仲尼弟子列传》，两件写本卷次、书法全同，应当是同一个抄本，而且就是同一张纸的上下半，但中间还有

---

① 周祖谟《唐五代韵书辑存》，学生书局，1994年，71、825—827、236、239、865—866页。
② 参看平田昌司《〈切韵〉与唐代功令——科举制度与汉语史第三》，潘悟云编《东方语言与文化》，东方出版中心，2002年，327—359页。

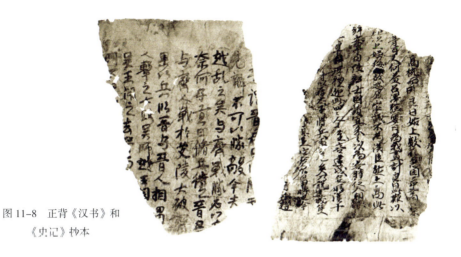

图 11-8　正背《汉书》和
　　　《史记》抄本

残缺，不能直接缀合（图11-8）[1]。按德藏编号的含义，是指德国第二次吐鲁番探险队在吐鲁番吐峪沟所得，与大谷探险队的标记不同，目前尚无法判定哪个编号正确，但至少一种可能是出自龟兹。

在龟兹国范围内，已经发现过一些汉文佛典的遗存，就笔者检索所记，有如下残片[2]：《金刚般若波罗蜜经》（T Ⅳ K 75，Ch 171；D. a. 113 号），《摩诃般若波罗蜜经》卷二四（大谷8123），《妙法莲华经》卷二（T Ⅳ K 75，Ch 805），卷五（大谷8125、大谷7518+大谷7126+大谷7244+大谷7005），库木土喇出土；《大般涅槃经》卷三 ［T Ⅳ K 70（+）71，Ch 2293r］，背面写"《佛名经》一卷"，但无本文；《维摩诘所说经》卷上（大谷8122）。此外，尚未比定的德藏佛典残片还有六件：T Ⅳ K 70（+）71（Ch 852）、T Ⅳ K.75（Ch 1373）、T Ⅳ K 70（+）71.502（Ch 1998）、T Ⅳ K 70（+）71（Ch 2063）、T Ⅳ K 70（+）71.503（Ch 2209）、T Ⅳ K 70（+）71.500（Ch 2809）[3]；伯希和（P.

---

① 荣新江《〈史记〉与〈汉书〉——吐鲁番出土文献札记之一》，《新疆师范大学学报》2004 年第 1 期，41—43 页 +4 图。

② 这些残片著录于《吐鲁番文书总目（欧美收藏卷）》，14、65、188 页；E. Trombert, *Les manuscrits chinois de Koutcha. Fonds Pelliot de la Bibliothèque Nationale de France*, Paris, 2000, p. 99；《西域考古图谱》下卷，佛典 13、58、66；小田义久编《大谷文書集成》肆，法藏馆，2003 年，79、28、45、8 页。

③ 《吐鲁番文书总目（欧美收藏卷）》，69，114，165，182，228 页。

Pelliot）在都勒都尔·阿护尔所得佛典残片五件：D. a. 5 号、D. a. 25 号、D. a. 26 号、D. a. 241 号、D. a. 246 号 ①。

这里《金刚般若波罗蜜经》《妙法莲华经》《大般涅槃经》都是唐朝最流行的汉译佛典，表明这里僧人诵读的汉文佛典与同时期的沙州（敦煌）和西州（吐鲁番）没有什么不同。此外，其他未比定和编号不能确知为库车出土献的佛典应当还有许多。

唐朝法律文书《唐律·擅兴律》[T Ⅳ K 70（＋）71, Ch 991] ② 也传到了龟兹。

于阗王国的范围内，大谷探险队曾发现一件《尚书正义》卷八《商书太甲上第五》孔氏传的抄本残片③，从字体看，应当是唐人抄本。这是很难得的一件儒家根本经典遗存。另外，德国探险队所获一件和田出土写本，为《经典释文》卷二《论语·微子》（T Ⅳ Chotan, Ch 3473r），存 7 行文字④，也颇为珍贵。

很有意思的是，斯坦因第三次中亚探险在和田北方麻札塔格发现的一个残片（MT. 0625，Or. 8212/725），我们发现竟然是北齐刘昼撰《刘子》祸福第四十八篇的残文⑤，这或许代表了道家思想的流传。

作为习字的残片，还有麻札塔格出土的《千字文》（MT. 0199a，Or. 8212/

---

① 　E. Trombert, *Les manuscrits chinois de Koutcha*, pp. 50, 60, 127, 128.

② 　T. Yamamoto, O. Ikeda & Y. Okano. *Tun-huang and Turfan Documents concerning Social and Economic History*, I. Legal Texts（A）（B）, Tokyo: Toyo Bunko, 1978-1980, A, 26, 121 B, 16.

③ 　香川默识编《西域考古图谱》下卷，经籍 2-1。

④ 　Nishiwaki, *Chinesische Texte vermischten Inhalts aus der Berliner Turfansammlung*, p. 40。此件已断为若干小残片，馆方夹入厚玻璃板保护时，正背有所错乱，小口雅史做了整理复原，见所撰《ベルリン·吐鲁番コレクション中のコータン人名録（Ch 3473）をめぐって》，《法政史学》第 67 号，2007 年，16—29 页；又同上文《补订》，《法政史学》都 68 号，2007 年，11—119 页。

⑤ 　荣新江《关于唐宋时期中原文化对于阗影响的几个问题》，《国学研究》第 1 卷，1993 年，北京大学出版社，416 页。图版见 H. Maspero, *Les documents chinois de la troisiême expédition de Sir Aurel Stein en Asie Centrale*, London: The British Museum, 1953, p. 191, pl. XXXV。

1859），正背书写①。《千字文》是唐朝更为流行的识字、习字文本，它传入于阗，是不难理解的。

在佛教典籍方面，英国霍恩雷（A. F. R. Hoernle）收集品中，有一件写本正面为汉文，背面为于阗文，据云出自和田东哈达里克（Khadalik）遗址。正面的汉文由沙畹（É. Chavannes）比定为《大般若波罗蜜多经》，背面的于阗文由霍恩雷本人刊布，内容亦属于般若经典②。后来，斯坦因又在麻札塔格的佛寺遗址中，发现汉文《大般若波罗蜜多经》等佛典断片［编号 MT. a. 004（a）；MT. a. 004；MT. a. 003；MT. b. 004；MT. b. 004（a）；MT. b. 004（b）］③，以及信徒所写的发愿文［MT. 0634（3）］④。另外，英藏现编号为 Or. 8212/1573 的《金光明经》卷六残片，没有原编号⑤，但前后都是麻札塔格文书，或许也是古代于阗流通的汉文写经。

尤其值得提到的是，和田麻札塔格遗址还出土了一件《神会语录》（MT. b. 001 号）⑥，写本上下均残，仅存八残行文字，但是作为南宗神会和尚的语录，弥足珍贵。

近年来中国国家图书馆收集的和田文书中，又有《僧伽咤经》《大般涅槃经》，特别是一件《观世音菩萨劝攘灾经一卷》（BH1-11）写本，这是唐

---

① 沙知、吴芳思编《斯坦因第三次中亚考古所获汉文文献（非佛经部分）》第 2 册，247 页，题"习字"。

② A. F. R. Hoernle ed., *Manuscript Remains of Buddhist Literature found in Eastern Turkestan*, Oxford, 1916, pp. 387-399, pl. XXII.

③ E. Chavannes. *Les documents chinois découverts par Aurel Stein dans les sables du Turkestan oriental*, pp. 202-203, pl. XXXII.

④ H. Maspero, *Les documents chinois de la troisiême expédition de Sir Aurel Stein en Asie Centrale*, p. 189.

⑤ 沙知、吴芳思编《斯坦因第三次中亚考古所获汉文文献（非佛经部分）》第 2 册，226 页，题"寺院残文书"。

⑥ E Chavannes, *Les documents chinois découverts par Aurel Stein dans les sables du Turkestan oriental*, p. 203, No. 958, pl. XXXII. 内容为戴密微比定，见 P. Demiéville, "Deux documents de Touen-houang sur le Dhyana chinois", *Essays on the History of Buddhism Presented to Professor Zenryu Tsukamoto*, Kyoto, 1961, p. 6.

天宝、至德年间或稍后的十数年内产生于龟兹一带的佛教疑伪经，但传写到于阗①。这些资料虽然不多，但足以证明许多类型的汉文佛典在于阗地区的传习。

四、传播的途径与接受者是谁

如上所述，显庆三年（658），唐朝灭西突厥汗国，将安西都护府从西州交河城迁至龟兹王城，下辖安西（龟兹）、于阗、疏勒、焉耆四镇，龟兹成为唐朝统治西域地区的军政中心，于阗位居第二。此后一段时间里，唐朝与吐蕃及西突厥余部曾在西域地区展开拉锯战，安西都护府曾撤回西州。长寿二年（693），唐将王孝杰率军从吐蕃手中收复安西四镇，武则天决定征发汉兵三万人镇守西域。这一决策虽然遭到一些大臣的反对，但它的施行无疑取得了预期的效果，安西四镇抵御外敌的能力大大增强，此后直到8世纪末9世纪初，除个别地区曾经受到突骑施等部的侵扰外，安西四镇的建置始终没有动摇。

高宗、武后到玄宗时期，正是唐朝军制从行军到镇军的转化阶段，边防体制也逐渐由府兵番上镇戍，转变为节度使体制下的军镇驻防。汉兵三万人出镇安西四镇，每镇至少在五千人以上，四镇的级别从原来的都护府下之镇，升格为直属于节度使的军镇一级，而此时安西都护府也逐渐转变为安西节度使。安西四镇"大军万人，小军千人，烽戍逻卒，万里相继，以却于强敌"②。而节度使体制下的新兵制，是"长征健儿"制，前往西域的兵士为职业兵，不再番替，而是一直镇守在那里，家属也从军而居③。

---

① 林世田、刘波《国图藏西域出土〈观世音菩萨劝攘灾经〉研究》，樊锦诗、荣新江、林世田主编《敦煌文献、考古、艺术综合研究——纪念向达教授诞辰110周年国际学术研讨会论文集》，中华书局，2011年，306—318页。

② 《旧唐书》卷一九六上《吐蕃传》，中华书局，1975年，5236页。

③ 参看孟宪实《于阗：从镇戍到军镇的演变》，《北京大学学报》2012年第4期，120—128页。

在这样的大背景下，一些中原的汉籍，就通过唐朝官人、军将、士兵及其家属之手，被带到西域地区。上述库车出土的两种《切韵》写本，如果从使用功能上来看，很可能是和诗歌的流行或科举考试有关。我们知道，在唐朝前期有不少文人学士到过安西地区，著名的有诗人骆宾王和岑参，他们的行踪不仅见于他们自己诗歌的记录，也记录在吐鲁番出土的唐朝官府文书上[①]。另外还有一些不见于史传的文人学士，以及一些尚未出道的学子，他们在西行时，很可能随身携带着《切韵》一类图书。当然，更重要的是，科举的应试制度直接影响了童蒙以来的基础教育方式，《切韵》当然成为塾学必备的工具书。

上述流传到于阗的《神会语录》是如何传入的？笔者曾经根据神会和尚与朔方军的关系以及朔方军与西域地区驻军的联系，推测神会系的禅宗文献很可能是由朔方军的将士带到西域地区的。可以作为佐证的材料，是日本石井光雄积翠轩文库所藏敦煌本《神会语录》。据其题记，该本为贞元八年（792）北庭节度使张大夫在军务繁忙之间隙，让僧人和手下判官抄写校勘的，这表明神会的著作在西域军队中占据重要地位[②]。

据唐开元年间求法僧慧超路过龟兹时的记录，这里有两所汉寺，于阗和疏勒也各有一所汉寺，其中的僧官三纲多是来自京城长安的大德[③]。大谷探险队在库木吐喇石窟切割走的一条供养人的榜题称："大唐□（庄）严寺上座四

---

① 参看郭平梁《骆宾王西域之行与阿斯塔那64TAM35：19（a）号文书》，《西北民族研究》1989年第1期，53—62页；王素《吐鲁番文书中有关岑参的一些资料》，《文史》第36辑，1992年，中华书局，185—198页；廖立《吐鲁番出土文书与岑参》，《新疆大学学报》1996年第1期，88—92页。

② 荣新江《唐代禅宗的西域流传》，《田中良昭博士古稀纪念论集・禅学研究の诸相》，大东出版社，2003年，62—65页。

③ 桑山正进编《慧超往五天竺国传研究》，京都大学人文科学研究所，1992年，25—26页。参看 A. Forte, "A Chinese State Monasteries in the Seventh and Eighth Centuries", 同书，213—258页。

镇都统律师悟道。"①这是掌管安西四镇地区僧团事务的最高僧官——都统，他来自长安的著名寺院大庄严寺。这些汉僧的到来，一定把汉传佛教思想及其典籍带到安西地区②。在龟兹、于阗当地发现的汉译佛典，恐怕主要是这些汉寺的遗存，当然由于有些文书的出土地点并不确切，所以也不排除来自当地的胡僧寺院。

从现存的史料来看，胡人首领当中，也有相当精通汉文典籍的人，最好的例子是哥舒翰。《旧唐书》卷一〇四《哥舒翰传》记载：

哥舒翰，突骑施首领哥舒部落之裔也。……祖沮，左清道率。父道元，安西副都护，世居安西。……年四十，遭父丧，三年客居京师，为长安尉不礼，慨然发愤折节，仗剑之河西。……翰好读《左氏春秋传》及《汉书》，疏财重气，士多归之。翰母尉迟氏，于阗之族也。

哥舒翰父哥舒道元任安西副都护，所娶尉迟氏，应当是出自尉迟王家的于阗王女。据《宋高僧传》卷二《实叉难陀传》，景云元年（710）十月于阗三藏法师实叉难陀在中原去世后，是由哥舒道元护送他的骨灰回到于阗国的。因此，我曾推测安西副都护和后来的安西节度副使一样，驻扎地应在于阗③；而哥舒翰少年时阅读《左传》和《汉书》的地点，推测是他随父任所在的于阗，《旧唐书》本传所谓"世居安西"的"安西"，是广义的安西，其中也包括于阗。

---

① 香川默识编《西域考古图谱》上卷，国华社，1915年，图9。"悟道"之"悟"，为森安孝夫氏的解读，可以信从，见所撰《西ウイグル仏教のクロノロジー ——ベゼクリクのグリュンヴェーデル編号第8窟（新编号第18窟）の壁画年代再考》，《佛教学研究》第62/63合并号，2007年，21页；又森安孝夫《東西ウイグルと中央ユーラシア》，名古屋大学出版会，2015年，663页。
② 参看荣新江《唐代西域的汉化佛寺系统》，新疆龟兹学会编《龟兹文化研究》第1辑，天马出版公司，2005年，130—137页。
③ 荣新江《于阗在唐朝安西四镇中的地位》，《西域研究》1992年第3期，59—60页。

尉迟王族成员，因为与中原交往甚密，应当也是汉文化的主要受众。安禄山叛乱后，于阗王尉迟胜于天宝十四载（755）领兵入援，等战事结束后，他却不回于阗，在长安住下不走了，"胜乃于京师修行里盛饰林亭，以待宾客，好事者多访之"①。其不回国为王而是在长安居住下来，一方面可能是长安的生活优裕；另一方面也可能是尉迟胜的汉文化修养较高，喜爱中华文化，他交往的宾客，应当包括长安的文人墨客。

至于普通的胡人，似乎未见受用汉文典籍。但值得注意的是上述麻札塔格发现的《兰亭序》习字（MT.b.006）（图11-9），其上有学生题记："］补仁里　祖为户［　］□（学）生李仲雅，仿书册行，谨呈上。"这一写法与吐鲁番阿斯塔那363号墓发现的《论语·郑氏注》抄本的题记（图11-10）"景龙四年三月一日私学

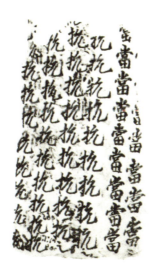

图11-9　麻札塔格发现的《兰亭序》《尚想黄绮帖》习字

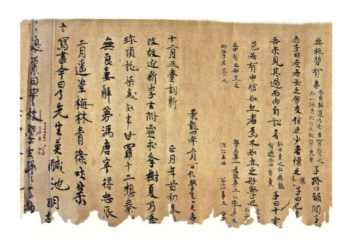

图11-10　吐鲁番阿斯塔那发现的《论语·郑氏注》抄本卜天寿题记

---

① 《旧唐书》卷一四四《尉迟胜传》，3925页。

生卜天寿□”,“西州高昌县宁昌乡厚风里义学生卜天寿,年十二,状上”①(阙字是我们据文意所补)相比,十分相像。李仲雅既然是从祖辈以来就居住在补仁里的居民,那么他很可能是当地的于阗人,大概因为学习汉文,所以也起了汉名。如果这一推测成立,则作为汉文习字典范的《兰亭序》的书写,已经进入到当地的童蒙教育之中,虽然我们不知道李仲雅是正规学校的学生,还是像卜天寿那样是私塾里的义学生。从吐鲁番出土的武周时期学生令狐慈敏习字的《尚想黄绮帖》来看,王羲之的书法作品是唐朝正规学校规定的习字用本,因此也不排除随着唐朝将乡里村坊制度等行政体制推行到安西四镇地区,汉式的学校教育体制也随之进入胡人社区。

从上述龟兹、于阗出土的汉籍和传世史籍的记载来看,西域地区的汉籍主要受众是从中原内地前往征战或镇守的汉地将领、一些胡人首领,以及开始学习汉文化的儿童。从目前西域当地出土胡汉各种语言的文书材料来看,汉籍在当地产生的影响是有限的,对于当地胡人知识建构上的意义不是很大。

那么,作为唐朝中原强大的文化体系和发达的汉籍书写传统,在向西域传播时受到了什么样的阻力,这是我们在讨论了这些汉籍在当地的流传状况之后,应当进一步思考的问题。

首先,西域与中原之间的地理环境是否成为大量汉籍流传的障碍。张广达先生在《古代欧亚的内陆交通——兼论山脉、沙漠、绿洲对东西文化交流的影响》一文中指出,在中原与西域之间,横亘着大片的戈壁和沙漠,还有大面积的盐原和雅丹,比如西域东部,也就是中原进入西域门户地带的罗布泊东部地区,由于长年风蚀而成崎岖起伏、犬牙交错的雅丹地貌,中国古代典籍称之为“白龙堆”。这些盐原、雅丹地貌区和风蚀黏土层区连在一起,构成了高山、戈壁、流沙之外的阻滞古代人民往来的又一地理障碍。然而,靠高山融雪形成河流来滋润灌溉的绿洲,是广阔的沙漠之中的绿色生命岛屿,

---

① 《唐写本〈论语郑氏注〉说明》,《文物》1972年第2期,13页。

这些岛屿的存在打破了流沙世界的"生物真空",人们正是靠联结各个绿洲的一段段道路,沟通了与西域的往来。因此可以说,严酷的地理环境并没有阻止中原和西域地区的交往①。

其次,交通是否不够通畅。由于上述地理方面的障碍,从中原到西域的交通道路肯定不如平原地区便捷易行。但显庆三年(658)安西都护府移到龟兹以后,唐朝在西域地区"列置馆驿",当地出土文书也有不少馆驿的记载以及与馆驿有关的赋税记录,证明了唐安西四镇地区馆驿的广泛存在。而馆驿制度有一整套促进交通往来的功能,如安排食宿、提供马匹等交通运输工具,成为唐朝军政人员、公文、物资往来的途径与支撑。严耕望先生曾考索从长安经河西走廊越西州、焉耆到龟兹的道路,称此道"即为唐代长安西通西域中亚之大孔道也。全线行程皆置驿。……使骑较急之文书,约一月可达"。②其实从龟兹到疏勒,或从龟兹到于阗,唐朝西域军镇之间都有馆驿、烽铺相连。唐朝驿路系统的开通,不仅为丝绸之路上兴贩贸易的商人提供了有安全保障的通畅道路③,也大大加速了唐朝公文往来的传递速度,以及人员流动的频繁与行进的迅速。因此,唐朝开元、天宝时期应当是东西交通最为通畅的时代。

再次,语言的障碍是否成为问题。我们知道,唐朝时期西域地区主要流行的语言基本上都是属于印欧语系的。龟兹语又被学界称之为"吐火罗语"B方言,是印欧语系西支的最东边的一个分支;于阗语则是印欧语系印度伊朗语族中的东伊朗语的一个分支;两者都因为受佛教影响而使用印度的婆罗谜文字。不论是语言还是文字,都和汉语汉字有很大的区别。所以,汉籍在西域的流行一定会受到语言、文字方面的阻障。我们曾考察过现存的9件

---

① 中国史学会编《第十六届国际历史科学大会中国学者论文集》,中华书局,1985年,253—270页。

② 见《唐代交通图考》第2卷,"中研院"史语所,1985年,488页。

③ 参看程喜霖《唐代过所研究》,中华书局,2000年,219—265页。

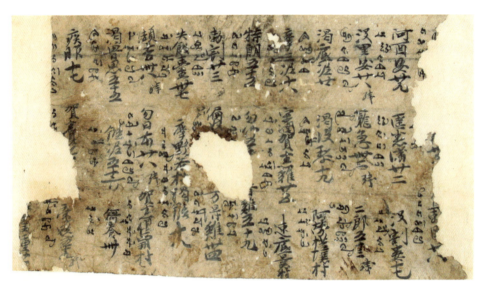

图 11-11　汉语于阗语双语文书

（组）汉语于阗语双语文书（图 11-11），年代在开元十年（722）至贞元十四年（798）之间，一般是先写汉语，后写于阗语；汉文是正文，于阗语有的是把所有的汉语都翻译过来，有的是缩写，省略一些年份之类的文辞[1]。这些公私双语文书的存在，表明当地已经具备了从汉语翻译成于阗语的能力。但是，我们在唐朝的西域地区，没有看到像在吐蕃统治敦煌时期那样，把汉文经典如《尚书》[2]《春秋后语》[3]，以及一些佛典，特别是禅宗典籍，大量翻译成藏文情况[4]；也没有看到像 9—13 世纪的高昌回鹘王国时期那样，把大量的佛教

---

[1]　荣新江《汉语——于阗语双语文书的历史学考察》，新疆吐鲁番学研究院编《语言背后的历史——西域古典语言学高峰论坛论文集》，上海古籍出版社，2012 年，20—31 页。

[2]　W. S. Coblin, "A Study of the Old Tibetan *Shangshu* Paraphrase", Part 1, *Journal of the American Oriental Society*, 111.2, 1991, pp. 303–322；Part 2, *Journal of the American Oriental Society*, 111.3, 1991, pp. 523–539.

[3]　Y. Imaeda, "L'identification de l'original chinois du Pelliot Tibétain 1291, traduction tibétaine du *Zhanguo ce*", *Acta Orientalia Hungaricae*, 34.1–3, 1980, pp. 53–69. 现在学界已基本认同马明达的考证结果，此卷不是《战国策》，而是《春秋后语》。

[4]　关于禅宗典籍译成藏文的研究成果极多，参看张广达《唐代禅宗的传入吐蕃及其有关的敦煌文书》，《学林漫录》第 3 辑，中华书局，1981 年，36—58 页。

经典、禅籍、僧传都翻译成回鹘文[1]。

第四，应当看到唐朝以及西域历史进程的影响。我们从典籍和文书两方面的证据得知，唐朝在开元、天宝时期，已经把直辖领域从西州、伊州、石城镇、播仙镇一线扩大到安西四镇地区，唐朝的西部边界也西移到葱岭一带[2]。然而，安史之乱的爆发终止了唐朝直辖控制安西四镇的步伐，吐蕃乘河西、安西节度使下辖的唐军主力部队东调勤王之机，从青海地区开始，由东向西步步攻占唐朝领地，最后在9世纪初占领了全部河西之地，并与漠北的回鹘汗国以塔克拉玛干沙漠中间为界，双方各据有原属安西四镇范围的塔里木盆地南北沿绿洲王国。唐朝与西域的联系最终断绝，汉籍不再能够传播过去，已经传去的典籍也渐渐变成了残篇断简，随着后来这一地区的突厥化和伊斯兰化，沉入沙漠当中。

由此可见，西域的胡人对于中原传来的汉籍并没有拒绝或排斥，只是唐朝真正占领的时间总体来说还是比较短暂的，已经开始的更加深入的传播和渗透还没有来得及展开，就被安史之乱以及其后的政治进程中断。

最后，我们还应当从唐朝本身的角度来思考这个问题，也就是说，儒家文化主张"安土重迁"，民间禁忌也阻碍人们到处旅行，文人士大夫对于四夷之人抱着十分蔑视的态度，因此，中国文化传统里没有自己的"传教士"，不像西方宗教那样，主动而有计划地来传播自己的教义。史籍记载唐太宗曾经命令高僧玄奘把《老子道德经》翻译成梵文，结果不得而知。我们从西域的情形可以看到，除了中原的佛教僧侣曾经努力向西域传播汉化佛教经典和思想之外，中国传统文化的精英分子，并没有现身西域。很可能，他们原本就认为戎夷之人，根本无法接受他们的"礼仪"和"典章"。

---

[1]　相关研究很多，可据下述著作参看相关参考文献：J. Elverskog, *Uygur Buddhist Literature*（Silk Road Studies I），Turahout：Brepols，1997.

[2]　荣新江、文欣《"西域"概念的变化与唐朝"边境"的西移——兼谈安西都护府在唐政治体系中的地位》，《北京大学学报》2012年第4期，113—119页。

第
十
二
讲

从波斯胡寺到
大秦景教

中国称之为景教的叙利亚东方基督教的向东传播，是丝绸之路历史的重要篇章，而景教在唐代中国的传播历程，详细记载在明朝末年西安出土的《大秦景教流行中国碑》中。结合传世文献和出土写本及墓志，我们可以更详细地阐述景教从唐初阿罗本入华传教开始，经过依附道教来立足中国，到德宗树立"景教碑"的历史，还有中晚唐时期与景教相关的波斯星占术的流传及会昌灭法之后景教的命运，最后是高昌回鹘王国中景教教团的存在。

一、从"西安府景教碑"谈起

明末天启五年（1625）初春，西安知府邹嘉生（字静长）幼子去世，卜葬长安城西郊崇仁寺南，掘地发现一方石碑（图12-1），高2.8米，宽近1米，刻文32行，每行62字，保存完好。碑额题"大秦景教流行中国碑"，碑题为"景教流行中国碑颂并序"，立于唐建中二年（781），由大秦寺僧景净撰写。碑石发现后，即随近移入崇仁寺（俗称金胜寺）内保存①。当地一位信奉天主教的举人张赓虞，发现碑文中的"景教"教义与他十多年前在北京听利玛窦（Matteo Ricci）讲述的基督教义十分相似，于是制作拓本，派人送至杭州的教友李之藻那里求教。李之藻随即撰写《读景教碑书后》，肯定此碑的性质，强调 990 年前，基督教已经流行于中土②。

图 12-1　大秦景教流行中国碑

与此同时，天启五年四月，法国耶稣会士金尼阁（Nicolas Trigault）应陕西三原天主教徒王徵邀请，来为其全家施洗礼。十月，金尼阁在王徵陪同下到了西安，见到"景教碑"，在自己的日记中记载到这个重要发现，声称"吾教已于古时入中国"，但把出土地据传闻写作"盩厔"（今陕西周至）。其日记经另一位耶稣会士何大化（Padre Antonio de Gouvea）整理，存罗马耶稣会，内容后来为雷鸣夏（H. Havret）《西安府基督教碑》所引用③。石碑发现后不久，葡萄牙耶稣会士曾德昭（Alvaro Semedo）于 1628 年来西安建教堂并掌管教务，在西安的两年中，他仔细研究了"景教碑"，在 1642 年出版的葡萄牙文《大中国志》中，详细介绍了碑石形制，并翻译了全文④。

---

① 林侗《来斋金石刻考略》卷下"景教流行中国碑"条。

② 阳玛诺《唐景教碑颂正诠》附录，有崇祯甲申岁（1644）武林天主教堂版；最新整理本见郑诚辑校《李之藻集》，中华书局，2018 年，100—103 页。

③ H. Havret, *La Stèle Chrétienne de Si-ngan-fou*, II, Changhai: Mission Catholique, 1897, pp. 68–71.

④ 曾德昭《大中国志》，何高济译，上海古籍出版社，1998 年，190—200 页。

图 12-2　沙畹所摄景教碑在原地时照片（右起第二方）

由于有关"景教碑"出土地的早期中文记载不明，而金尼阁所记出土于盩厔的说法在西方学界，特别是教会内部的学者之间流传，因此产生了长安出土说和盩厔出土说两种说法，后者看似有一定道理，而且多为教内人士所宣扬。其实明清时的西安城只是隋唐长安城的宫城和皇城部分，东部稍稍扩大，原外郭城早已变成郊区农田。明末崇仁寺所在之地，其实就是唐朝长安外郭城内西北部的义宁坊所在，也就是"景教碑"所记贞观十二年（638）奉太宗诏而建波斯寺（大秦寺）的地方。对于长安城内崇福寺与大秦寺的关系，以及到崇仁寺、金胜寺的演变，富安敦（A. Forte）教授已经做了详细的阐述，没有任何疑问[1]。"景教碑"作为一座纪功碑，显然是立在长安城内人人可见的义宁坊大秦寺内，不可能立在远处山区的盩厔大秦寺[2]。此碑出土后一直立在金胜寺中，1907 年法国的沙畹（Ed. Chavannes）、日本的桑原骘藏都曾造访金胜寺，来考察此碑，并留下珍贵的照片（图 12-2）[3]。也是在同一年，丹麦人

[1]　A. Forte, "The Chongfu-si 崇福寺 in Chang'an. A neglected Buddhist monastery and Nestorianism", appendix to Pelliot, *L'inscription nestorienne de Si-ngan-fou*, Kyoto and Paris, 1996, pp. 415–472.

[2]　关于"景教碑"的出土地的争论，参看朱谦之《中国景教》，东方出版社，1993 年，78—81 页；林悟殊《西安景教碑研究述评》，刘东主编《中国学术》第 4 辑，商务印书馆，2000 年，230—260 页；葛承雍《从景教碑试论唐长安景教的兴衰》，《碑林集刊》第 6 辑，陕西人民美术出版社，2000 年，212—224 页。

[3]　沙畹《华北考古记》（*Mission archéologique dans la Chine septentrionale*）第 4 卷，袁俊生译，中国画报出版社，2020 年，1198—1199 页；桑原骘藏《考史游记》，张明杰译，中华书局，2007 年，46—50 页，图片 49—51。

何尔谟（Frits V. Holm）打算将此碑盗运出去，被地方官府制止。为更好地保存，此碑被移入西安城内的碑林保存起来，现在在碑林第二室陈列。

至于盩厔的大秦寺，最早记录它的史料是北宋苏轼游大秦寺的诗，据考应当写于治平元年（1064）[①]。现存大秦寺塔（图 12-3），从形制上来看，应当修建于五代末或宋初[②]。所以，盩厔的大秦寺应当是一座景教寺院，但时代不会太早，它应当是按基督教教规所设置的隐修地，而不是在城内的教堂，所以不适于树立"景教碑"那样的纪功碑。

其实，"景教碑"所叙述的"景教"，被正统基督教视作异端，正名叫叙利亚东方教会，

图 12-3　大秦寺塔

明末进入中国的天主教在教义上同样与之存在分歧。但为了传教，当时的耶稣会士如获至宝，利用这方碑石来大力宣传，以说明他们所传播的宗教，早在唐朝初年就已经进入中国，甚至流传到人迹稀少的终南山地区。

按照基督教会史的说法，498 年以后，波斯成为基督教叙利亚东方教会——聂斯脱利派（Nestorianism）的大本营，该派教士以波斯为根据地向东传教，不论中亚还是中国，传教士最初都来自波斯。

---

① 林悟殊《盩厔大秦寺为唐代景寺质疑》，《世界宗教研究》2000 年第 4 期，1—12 页；路远《景教与景教碑》，西安出版社，2009 年，37—39 页。

② 李崇峰《陕西周至大秦寺塔记》，《文物》2002 年第 6 期。

二、阿罗本入华传教

贞观九年（635），唐朝内地的战乱渐渐平息，但西域的道路并非坦途。一位不畏艰险的波斯景教僧人阿罗本，不知道从什么地方启程，携带经像，一路前行，进入唐朝都城长安。经过三年的努力，终于得到唐朝官方的认可。贞观十二年七月唐太宗下诏曰：

道无常名，圣无常体。随方设教，密济群生。波斯僧阿罗本，远将经教，来献上京。详其教旨，玄妙无为。生成立要，济物利人，宜行天下。所司即于义宁坊建寺一所，度僧廿一人。[①]

这所景教寺院的正式名称，应当是开元十年（722）韦述《两京新记》卷三所说的"波斯胡寺"，它位于义宁坊十字街东之北，而这里就在长安城连通丝绸之路的西大门——开远门内的左侧，是西来胡人比较集中居住的坊里。

唐太宗为什么会让景教在长安立寺传教呢？仔细琢磨他的诏书用语，不难看出他对这个新来宗教的理解，就是"玄妙无为"，而这也正是李唐王朝所尊奉的道教的基本教义。此前一年，即贞观十一年（637），太宗曾颁下《令道士在僧前诏》："朕之本系，起自柱下。鼎祚克昌，既凭上德之庆；天下大定，亦赖无为之功。宜有改张，阐兹玄化。自今已后，斋供行法。至于称谓，道士女冠可在僧尼之前。"[②] 看来唐太宗是把新来的景教，看作是道教一类的信仰，接受无妨。而阿罗本等景教僧侣刚入中国，立足未稳，也只好依傍道教[③]，正如"景教碑"开篇所云："真常之道，妙而难名。功用昭彰，强称景

---

① 《唐会要》卷四九，上海古籍出版社，1991年，1011—1012页。
② 《唐大诏令集》卷一一三《道士女冠在僧尼之上诏》，商务印书馆，1959年，586—587页。
③ 伯希和在"景教碑"的注释中，即指出许多词汇来自道教经典，见 Pelliot, *L'inscription nestorienne de Si-ngan-fou*，181页以下。朱谦之《中国景教》曾专门讨论过"景教碑"中的道教影响，见该书141页。

教。惟道非圣不弘，圣非道不大。道圣符契，天下文明。"圣与道相辅相成，两者合若符契，可致天下文明。对于新来的景教徒来说，攀附上李唐皇家所扶植的道教，借用道教的势力来发展自己，不失为一种传教的策略。

三、《老子化胡经》与"外道"弥施诃

"景教碑"说："高宗大帝，克恭缵祖，润色真宗，而于诸州各置景寺，仍崇阿罗本为镇国大法主。法流十道，国富元休；寺满百城，家殷景福。"如果按照碑文的意思来理解，似乎在高宗朝时期，景教得到了飞跃的发展，天下各州都立有景教寺院，甚至到了"法流十道，寺满百城"的地步。这显然是作者景净的夸大之词，从其他文献来看，当时景教不过是在势力强大的佛教和道教的夹缝中生存。

一个偶然的机会给长安景教注入新的活力。674 年，流亡在吐火罗斯坦的波斯国王卑路斯逃入唐都长安。仪凤二年（677）卑路斯奏请于醴泉坊建"波斯胡寺"，位于十字街南之东。按照其名称来看，醴泉坊这个波斯胡寺无疑是一所景教寺院①，据考这是因为卑路斯王后的信仰而建立的②。景龙年间（707—710），幸臣宗楚客筑自家宅第，要挤占其旁波斯胡寺的地界，于是把这所胡寺移至布政坊祆寺之西。这说明外来的景教无法与本土权臣相抗衡，即使还有波斯王家的背景，也无济于事。

魏晋南北朝以来，佛教得到南北统治阶级的大力支持，同时也在普通大众中广泛流行，远非中国本土的道教所可比。虽然李唐皇帝用政治权威把道教置于佛教之上，但也无法改变广大民众对佛教的迷信。佛教和道教之间的斗争也在持续不断地进行。在佛道两教的斗争中，《老子化胡经》是一个争论

---

① 　P. Y. Saeki，*The Nestorian Monument in China*，London 1916，p.241；idem.，*The Nestorian Documents and Relics in China*，Tokyo，1951，pp. 457-458；陈垣《火祆教入中国考》，《国学季刊》第 1 卷第 1 期，1923 年；此据《陈垣学术论文集》第 1 集，中华书局，1980 年，320—321 页。

② 　D. D. Leslie，"Persian Temples in T'ang China"，*Monumenta Serica*，35，1981-83，p. 286.

的焦点，而外来的三夷教——祆教、景教、摩尼教也被"卷入"其中。

《老子化胡经》（简称《化胡经》）原本是西晋王浮所撰，只有一卷，说老子出关，化胡作佛，目的是贬低佛教。以后，老子化胡的说法广泛流传，并且不断地被添加、增补，形成许多不同的说法、不同的文本、不同的图像，道教有道教的《化胡经》，佛教也有佛教的《化胡经》，内容各不相同。佛僧与道士论辩，各持一端，所引经文也不一样[①]。

武则天生长在一个有佛教信仰背景的家庭中，又利用《大云经》《宝雨经》做政治宣传而登上皇帝宝座，所以，在她取代李氏家族，改唐为周后，极力崇佛抑道，京师中一些著名的道士也改宗佛教[②]。但作为一个统治者，武则天也深知要利用各种宗教来维护自己的统治，所以极力调和佛道之间的矛盾。万岁通天元年（696），她没有听信佛僧惠澄销毁《老子化胡经》的建言，而是派人详加勘校，形成"奉敕对定经本"。敦煌写本 P.3404《老子化胡经》卷八，就是这样的敕定写本[③]。神龙元年（705）正月，唐朝复辟，信佛的中宗即位。九月即下敕废除《化胡经》及寺观中的《化胡经》变相图。唐隆元年（710），睿宗即位，回归唐朝先帝做法，贬抑佛教，推崇道教。先天元年（712），玄宗即位后，继续崇道的政策，限制佛教的发展，整理《化胡经》诸本，形成内容最为丰富的十卷本。

从武周到玄宗初年，是景教徒认为日子最难过的时候。"景教碑"称："圣历年，释子用壮，腾口于东周。先天末，下士大笑，讪谤于西镐。"这是说在武周圣历年间（697—700）的洛阳和先天二年（713）的长安，景教徒都受到释道二教的讽刺与攻击，这段时期颇为流行的《化胡经》，把景教当作"外道"，这对于景教徒来说，是"讪谤"。那么，《化胡经》中是怎样描写景教这

---

① 王维诚《老子化胡说考证》，《国学季刊》第 4 卷第 2 号，1934 年，59—65 页。

② A. Forte, "The Maitreyist Huaiyi（D.695）and Taoism"，《唐研究》第 4 卷，北京大学出版社，1998 年，15—29 页；同作者，"Additions and Corrections"，《唐研究》第 5 卷，1999 年，35—40 页。

③ 大渊忍尔编《敦煌道经·图录编》，福武书店，1979 年，668 页。

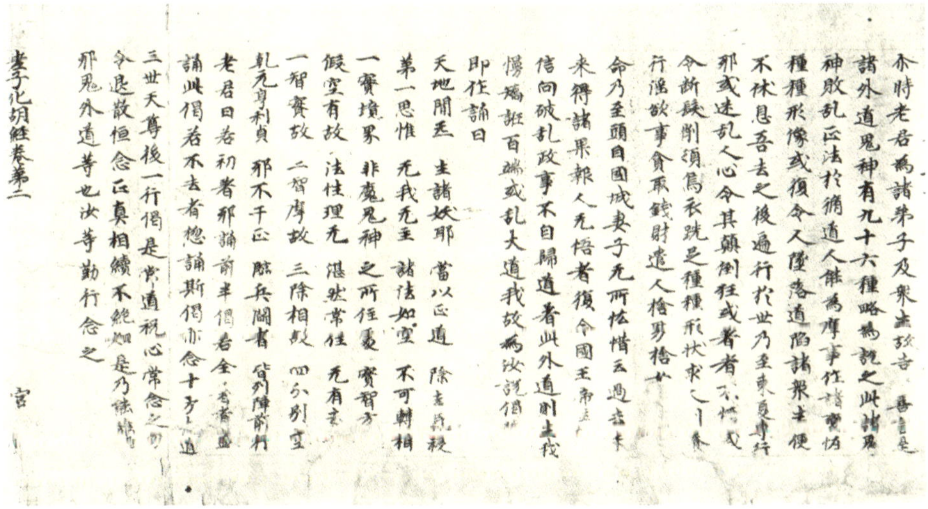

图 12-4　敦煌写本 S.6963V《老子化胡经》卷二

个"外道"的呢?

《化胡经》的全书已经不存,幸运的是敦煌写本中保存了《化胡经》卷二(图 12-4),其中一一列举了老子所化的九十六种外道,其中有:

第五十外道名弥施诃,有一千二百鬼神以为眷属,入人身中,若行五欲,说煞生得罪,能治众邪,久事之者,令入邪道。①

这里的"弥施诃"就是景教的救世主 Meshiha 或 Messiah(弥赛亚)一词的音译,在《化胡经》中却成为一种外道,带领一千二百鬼神,入人体中,把人引入邪道。《化胡经》卷二在列举了所有九十六种外道之后说:

尔时老君为诸弟子及众生故,告〔尹〕喜言:是诸外道鬼神有九十六种,略为说之。此诸鬼神,败乱正法,于修道人,能为摩(魔)事,作诸变怪,

① 《敦煌道经·图录编》,663 页。

种种形像。或复令人堕落道，陷诸众生，便不休息。吾去之后，遍行于世，乃至东夏，专行邪或（惑），迷乱人心，令其颠倒狂或（惑），著者不悟。或令其断发削须，乌衣跣足，种种形状，求人利养，行淫欲事，贪取钱财，遣人舍男舍女，□□□命，乃至头目国城妻子，无所客惜。云过去未来，得诸果报，人无悟者。复令国王帝主，□□信向，破乱政事，不自归道。著此外道，则生我慢，矫诳百端，或（惑）乱大道，我故为汝说偈□□，即作诵曰：（略）老君曰："若初著邪，诵前半偈。若全著者，尽诵此偈。若不去者，总诵斯偈。亦念十方大道、三世天尊。后一行偈，是常道祝，心常念之，勿令退散。恒念正真，相续不绝。如是乃能维者邪鬼外道等也，汝等勤行念之。"[1]

包括景教弥施诃的这些外道鬼神，来至东夏，惑乱正法，会使修道人堕落，颠倒狂惑；或者让人落发为僧，求人利养；或则贪财淫欲；而且让国王帝主乱政。要破除这些外道，需要诵老君的偈子，并且要勤行常念十方大道、三世天尊。随着《老子化胡经》的广泛流传，景教的外道形象被确立起来，这对于景教的传播，会有一定的影响。

四、波斯景教，来自大秦

面对这样的情形，"景教碑"说："有若僧首罗含、大德及烈，并金方贵绪，物外高僧，共振玄纲，俱维绝纽。"这两位西方来的景教大德高僧，让几乎断绝的法脉，得以重振。"景教碑"的追述不是没有根据的，因为至少大德及烈的名字两次见于唐朝官府的文书当中。

《册府元龟》卷五四六《谏诤部》"直谏"条记载："柳泽开元二年（714）为殿中侍御史、岭南监选使，会市舶使、右威卫中郎将周庆立，波斯僧及烈等，广造奇器异巧以进。泽上书谏曰：臣闻不见可欲使心不乱，是知见欲而

---

[1] 《敦煌道经·图录编》，667 页。

心乱矣。窃见庆立等雕镌诡物，制造奇器，用浮巧为珍玩，以谲怪为异宝，乃理国之所巨蠹，圣王之所严罚，紊乱圣谋，泪救彝典。"[1] 这里所记是开元二年从长安到岭南监察选举的殿中侍御史柳泽状告广州市舶使周庆立与波斯僧及烈等，大批制造奇器异巧，进贡朝廷，这是违反圣贤之制，应予禁止的事情。从反面透露出，当时负责海外贸易的市舶使，与波斯来的僧人及烈，一起制作"奇器异巧"。从"波斯僧"的称呼可以判断，及烈是景教僧人；他的名字"及烈"当来自基督教名字 Gabriel；他依据西方传来的图样或样品，大批制作西式（波斯）器皿，引起守旧的唐朝官员的反对。及烈的这种做法，就像明末来华的利玛窦等人一样，先用中国人所不知道的西方科技征服之，然后再进行传教。这位及烈应当就是"景教碑"中的大德及烈，两处所载的及烈时间相符。他在开元初年时活跃在广州，并把所制作的器物进奉到唐朝的都城。

《册府元龟》卷九七五《外臣部》"褒异"条又记载："开元二十年（732）八月庚戌，波斯王遣首领潘那蜜与大德僧及烈来朝，授首领为果毅，赐僧紫袈裟一副及帛五十匹，放还。"这里的波斯王当然是冒称，因为此时已经没有所谓波斯国了，但这也说明首领和大德僧都是波斯出身的人。这位波斯僧及烈也就是上面开元二年那位及烈，他们应当是从岭南来到长安，同行的有大首领潘那蜜，可能还有僧首罗含。

这次出使显然取得了成功，首领获得赠官，僧人被赐紫衣袈裟及匹帛。在僧首罗含和大德及烈等人的努力下，长安的景教教团也受到了玄宗的青睐。"景教碑"接着说："玄宗至道皇帝令宁国等五王亲临福宇，建立坛场。法栋暂桡而更崇，道石时倾而复正。""宁国"即玄宗的长兄、宁王、让皇帝李宪，他和其他兄弟一起，奉玄宗之命，亲临义宁坊波斯寺，建立坛场，使得被毁坏的建筑得以复立，景教教法得以重兴。"景教碑"又说："天宝初，令大将军高力士送五圣写真寺内安置，赐绢百匹。"到了天宝初年，玄宗命最为宠信

---

[1] 《册府元龟》卷五四六，凤凰出版社，2006 年，6243—6244 页。

的宦官首领高力士，护送五位皇帝的画像，安置于波斯寺中。这种做法与佛寺、道观一样，都是借助世俗的力量，来保佑自己的庙宇获得平安。

唐朝毕竟是个开放的朝代，特别是开元、天宝时期，国力最强，大力吸收外来文化。"景教碑"称："天宝三载，大秦国有僧佶和，瞻星向化，望日朝尊。诏僧罗含、僧普论等一七人，与大德佶和，于兴庆宫修功德。"到了天宝三载，更有大秦国景教僧佶和等来到长安，并且与僧罗含、僧普论等在玄宗所在的兴庆宫做功德。可见，随着景教僧的努力，到了天宝初，长安景教的情况有了很大的改善，甚至登堂入室，能够到皇帝起居的兴庆宫做功德了。

佶和一行的到来，还把景教原本出自大秦（叙利亚）而不是波斯的信息告诉唐朝，他们所说的大秦国，正如"景教碑"所描述的那样："大秦国南统珊瑚之海，北极众宝之山，西望仙境花林，东接长风弱水。其土出火绕布、返魂香、明月珠、夜光璧。俗无寇盗，人有乐康。法非景不行，主非德不立。土宇广阔，文物昌明。"于是，天宝四载（745）九月，玄宗下诏：

波斯经教，出自大秦，传习而来，久行中国。爰初建寺，因以为名。将欲示人，必修其本。其两京波斯寺，宜改为大秦寺，天下诸府郡置者，亦准此。[①]。

在此之前，唐朝的官方文书都称景教为"波斯景教"，寺院为"波斯寺"，僧侣为"波斯僧"，此后都改作"大秦"了。"景教碑"在追溯此前的人物时，也把阿罗本叫作"大秦国上德"，其实天宝四载之前，没有这样的称呼，因为在天宝四载之前，唐朝并不知道景教是从大秦国来的，而是以为从波斯来的。景教的大本营在萨珊波斯，所以唐人的认知并不错，天宝四载的改名，只是追溯本源的做法。

[①] 《唐会要》卷四九，1012 页。

五、伊斯与"景教碑"的树立

天宝十四载（755），安禄山在河北起兵叛乱。安禄山是在粟特聚落中成长起来的杂胡，他把自己说成是"光明之神"（轧荦山神）的化身，在发动叛乱时一定借助了祆教的号召力①。安禄山和史思明都是营州杂胡，都有着祆教的背景，而他们的军队中也有大量信仰火祆教的粟特等胡族民众。随着这支军队的南下，唐朝中原地区，包括两京在内的佛寺、道观，都受到相当规模的破坏，有些甚至一蹶不振。

"景教碑"说，"肃宗文明皇帝于灵武等五郡重立景寺"，安史之乱爆发后逃亡到灵武的肃宗，还有闲暇在那里重立景寺，似乎有点夸张。但安史乱后景教从灵武等地重新发展起来，也可能是事实，究其原因，大概与一位景教僧伊斯（Yazdbozid）在郭子仪的军中有关。"景教碑"记载这位伊斯来自吐火罗斯坦的小王舍城（Balkh），先已入唐，在唐廷效节，安史乱后，跟随中书令、汾阳郡王郭子仪，在朔方军中效力，为郭元帅爪牙，作耳目亲信，特别是他"能散禄赐，不积于家。献临恩之颇黎，布辞憩之金罽"，给予朔方军在物质上以强有力的支持。因此他被授予金紫光禄大夫、同朔方节度副使、试殿中监的高位，而作为一位赐紫袈裟僧，他把所得积蓄，供给景教教会，用以修缮旧寺，重广法堂。

安史之乱爆发后，各种宗教势力都乘机而起，以求得到发展。郭子仪所帅朔方军是唐朝平定安史之乱的主力军，这是人所共知的事实。景教僧伊斯和禅宗南宗菏泽神会一样，在战争期间对朔方军给予了强有力的物质支持。战后，朔方军在平定安史乱中树立丰功伟绩，受到朝廷大力表彰，景教和南禅宗也在朔方军的庇护下，在肃宗、代宗、德宗几朝皇帝和军功贵族的支持

---

① 荣新江《安禄山的种族与宗教信仰》，原载《第三届唐代学术研讨会论文集》，1997 年；收录于荣新江《中古中国与外来文明》，生活·读书·新知三联书店，2001 年，233—236 页。

下得以大力发展①。于是，正像"景教碑"所称颂的那样：在肃宗时，"元善资而福祚开，大庆临而皇业建"；在代宗朝，"每于降诞之辰，锡天香以告成功，颁御馔以光景众"；到了德宗时，"披八政以黜陟幽明，阐九畴以惟新景命"。景教徒众与皇帝关系紧密，景教的命运也得以维新。

正是在长安的景教徒拥有最为光彩照人的时刻，建中二年（781）岁在作噩太蔟月七日大耀森文日，作为景教大施主的伊斯，在义宁坊大秦寺内，树立了《大秦景教流行中国碑》，成为颂扬景教丰功伟业的纪念碑。碑文由大秦寺僧景净撰文，朝议郎前行台州司士参军吕秀岩书丹。文章是按照《文选》所收《头陀寺碑》的文脉写出来的，很有章法；文字凝练，叙述简洁，把景教的教义和入华历史，阐述得清清楚楚。立碑仪式由知东方之景众的法主僧宁恕主持，寺主僧业利和检校立碑僧行通具体负责。后面用汉文和叙利亚文列有参加活动的僧俗七十人，反映了当时景教教会的规模②，其

图 12-5　波斯人李素（文贞）题名

中包括任职司天台的波斯人李素（文贞），叙利亚文的名字作 Luka，见"景教碑"左侧第三栏③（图 12-5）。

在"景教碑"中，"教称景教；教会称景门；教堂称景寺；教主曰景尊，又曰景日；教规曰景法；其传播曰景风；其作用曰景力，曰景福，曰景命；教徒曰景众；教士曰景士；僧之命名者有景净、景福、景通等"④。入华的叙利亚

---

① 荣新江《中古中国与外来文明》，360—365 页。

② 段晴《唐代大秦寺与景教僧新释》，《唐代宗教信仰与社会》，434—472 页。

③ 荣新江《一个入仕唐朝的波斯景教家族》，叶奕良主编《伊朗学在中国论文集》第 2 集，北京大学出版社，1998 年，82—90 页。

④ 朱谦之《中国景教》，130 页。

东方教会的传教士选用"景"字来命名，很有眼光。虽然景教从"波斯"改称"大秦"，而且也以叙利亚文作为教会的官方用语，但长安的景教徒大多数还是波斯人，"景教碑"的撰写人景净就是一位波斯人[1]，长安的景教一直是由波斯的教士在维持着。我们从这里也可以看出，入仕唐朝的波斯天文历算家李素给他六个儿子取汉名时，都以景教的"景"字开头，表明李素和他的家族是忠实的景教信仰者。

　　安史之乱后，一些粟特人成为景教的新成员，他们大概要划清与安史乱党的联系，有不少人皈依了与唐朝保持一致的景教。永贞元年（805），一位九十二岁的粟特米国后裔米继芬去世时，他的墓志说他有两个儿子，长子米国进和他父亲一样，在长安的皇家禁军中担任武将，幼子"僧思圆，住大秦寺"，明确记载是一个景教僧侣[2]。按推算，"景教碑"立碑时，思圆的年龄为二三十岁。

　　过去我们对东都洛阳的景教情形了解不多，在 21 世纪有了可喜的新发现。2006 年洛阳发现一件唐代景教经幢，残存上半，前面刻录的是《大秦景教宣元至本经》，后面刻《大秦景教宣元至本经幢记》（见下页图 12-6），记录唐宪宗元和九年（814）十二月八日，在洛阳县感德乡柏仁里，一些粟特亲属及洛阳大秦寺粟特出身的教士，为埋葬一位本出安国的安氏太夫人，竖立经幢，希望借此获得景福，并希望合家亲属没有诸障。此事的主持人为"敕东都右羽林军押衙、陪戎校尉、守左威卫汝州梁川府"都尉或果毅某人，可惜职称和人名残缺，但从结衔不难推测是一位在禁军中任职的粟特武将。参与其事的其他中外亲族，经幢残存有"弟景僧清素，从兄少诚，舅安少连……义叔上都左龙武军散将兼押衙、宁远将军、守左武卫大将军置同正员……大

① 见《贞元新定释教目录》卷一七《般若三藏续翻译经记》。P. Pelliot, *Recherches sur les Chretiens d'Asie centrale et d'Extreme-Orient*, II. 1: La Stele de Si-Ngan-Fou（Paris 1984）中有"景教碑"叙利亚人名的波斯语还原。
② 《全唐文补遗》第 3 辑，143 页。参看葛承雍《唐代长安一个粟特家庭的景教信仰》，《历史研究》2001 年第 3 期。

图 12-6 《大秦景教宣元至本经幢记》

秦寺寺主法和玄应，俗姓米；威仪大德玄庆，俗姓米；九阶大德志通，俗姓
康……"① 由此可知，洛阳大秦寺的寺主为粟特米国后裔，法名法和玄应；威
仪大德也姓米，法名玄庆；九阶大德为康国后裔，法名志通。其他参与者则
有粟特安姓、米姓成员，还有从上都长安赶来的龙武军将领。这个经幢反映
了粟特景教徒的广泛性，他们也和米继芬一家类似，多出自禁军中粟特武将
家庭。而且从这方幢记还可以看出，长安和洛阳的景教僧人和景教俗众之间，
是有着密切的联系的。

---

① 张乃翥《跋河南洛阳新出土的一件唐代景教石刻》，《西域研究》2007 年第 1 期，65—73 页。
又《补正说明》，载《西域研究》2007 年第 2 期，132 页。

六、李素与都利聿斯《四门经》

安史之乱后的几十年中，是景教在华发展最为顺利的时期，除了建立寺院，树立碑铭，还有就是翻译经书。据敦煌写本《景教三威蒙度赞》后的《尊经》题记（图12-7），景教总共有经书五百三十部，阿罗本时代开始翻译，到了撰写"景教碑"的景净时代，共有三十部卷经书已经翻译成汉文。

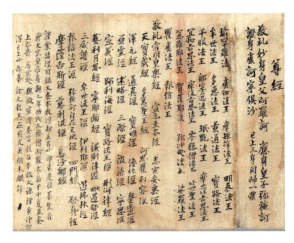

图12-7 P.3847《尊经》

仔细数一下《尊经》的名录，其实有三十五种，其名称是：

敬礼《常明皇乐经》《宣元至本经》《志玄安乐经》《天宝藏经》《多惠圣王经》《阿思瞿利容经》《浑元经》《通真经》《宝明经》《传化经》《螯遗经》《原灵经》《述略经》《三际经》《征诘经》《宁思经》《宣义经》《师利海经》《宝路法王经》《删河律经》《艺利月思经》《宁耶颐经》《仪则律经》《毘遏启经》《三威赞经》《牟世法王经》《伊利耶经》《遏拂林经》《报信法王经》《弥施诃自在天地经》《四门经》《启真经》《摩萨吉斯经》《慈利波经》《乌沙那经》。

这中间的《宣元至本经》《志玄安乐经》有敦煌写本保存下来[1]，前者还有前面提到的洛阳发现的经幢石本；《三威赞经》应当就是敦煌本《三威蒙

---

① 杏雨书屋编《敦煌秘笈影片册》第 1 册，武田科学振兴财团，2009 年，129—132 页；《敦煌秘笈影片册》第 5 册，2011 年，397 页。

度赞》(*Gloria in Excelsis Deo*);其他则未见保存,但值得注意的是其中的《四门经》。

《四门经》在唐宋时期的史传目录中有相关的记录,如宋人欧阳修等撰《新唐书》卷五九《艺文志》丙部历算类著录:

《都利聿斯经》二卷:贞元中,都利术士李弥乾传自西天竺,有璩公者译其文。

陈辅《聿斯四门经》一卷。

宋人郑樵撰《通志》卷六八也有:

《都利聿斯经》二卷:本梵书五卷,唐贞元初有都利术士李弥乾将至京师,推十一星行历,知人命贵贱。

《新修聿斯四门经》,唐待诏陈辅重修。

综合起来,贞元年间(785—805),有都利术士李弥乾自西天竺传来《都利聿斯经》五卷,内容讲星命占卜,由璩公译成汉文,两卷本。后来有翰林待诏陈辅重编为《聿斯四门经》一卷。

经过学者们的研究得知,"都利聿斯"是中古波斯语 PTLMYWS 或 PTLMYWS 的音译,其实就是"托勒密";《四门经》可能就是托勒密的天文占卜著作 *Tetrabiblos*,意思是"由四部书组成的著作",对译的非常合适[1]。《都利聿斯经》或《聿斯四门经》其实是一回事,都是源自希腊托勒密的天文占卜书,经过波斯人的转译和改编,向东传播,其中有传到西印度的文本,经过

---

[1]　薮内清《中国の天文曆法》,东京,1969 年,186—191 页;Michio Yano, "A Note on Ptolemy in China", *Documents et Archives provenant de l'Asie Centrale. Actes du Colloque Franco-Japonais Kyoto 4–8 octobre 1988*, ed. Akira Haneda, Kyoto, 1990, pp. 217–220.

某些改造，最后在贞元初年由李弥乾带到中国。

可惜的是，不论《都利聿斯经》，还是《聿斯四门经》，现在均已佚失。与此二书相关的，还有《玉海》卷五著录的"青罗山布衣王希明《聿斯歌》一卷"，《直斋书录解题》卷一二著录"徐氏《续聿斯歌》一卷"，但也都散佚。所幸敦煌写本 P.4071 宋开宝七年（974）康遵《批命课》中，保存了一些《聿斯经》的佚文 [1]。对比中古波斯语所写《班达希申》（*Bundahishn*）一书中关于世界星占的说法，其所述占卜内容颇与康遵《批命课》所引《聿斯经》佚文有相近之处，说明《都利聿斯经》是由波斯转述的希腊天文占星术，经西印度，而传长安，后来又传到敦煌等地 [2]。

李弥乾将波斯天文占卜书《都利聿斯经》传入唐朝的贞元年间，正好是波斯人李素任职司天台时，此时由璩公把此书译出，似乎不是偶然的。而另一位重修《聿斯四门经》的陈辅，则很可能在同一时间内与李素同任翰林待诏，因此得予其事 [3]。这部书的翻译，应当是李素、璩公等天文学者与景教僧景净等合作的结果，因此它也以《四门经》的简称，列入景教的《尊经》名录。这也说明景教在传教过程中，也利用天文占卜著作，正如同开元时景教大德及烈想用"奇器异巧"打开前往长安的传教之路一样。

回过头来我们看李素之所以能够在四朝皇帝身边，以翰林待诏的身份供奉五十年，一定有其特殊的本领。这个本领应当与司天台的汉人专家的学问有别，而是波斯的天文历算，其中包含有波斯所传的希腊托勒密的占星术。这种希腊、波斯占星术，随着《都利聿斯经》和《聿斯四门经》的翻译，在中唐社会中逐渐产生影响，王希明《聿斯歌》或徐氏《续聿斯歌》，显然是把上述译本翻唱为诗歌，便于记忆，流传更广。明人万民英《星学大成》卷七

① 饶宗颐《论七曜与十一曜》，《选堂集林·史林》中，香港中华书局，1982 年，771—793 页。
② 姜伯勤《敦煌与波斯》，《敦煌研究》1990 年第 3 期，3—15 页。
③ 荣新江《一个入仕唐朝的波斯景教家族》，82—90 页。

保存的《西天聿斯经》①，也是七言歌体，文字可能来自上面两种《聿斯歌》。大概元和年间（806—820）成书的《七曜攘灾诀》，题"西天竺婆罗门僧金俱咤撰集"②，作者不详，但也来自西天竺，与《都利聿斯经》同源，且同为西方星命学的著作。其占法，是按所生月日确定命位在黄道十二宫的哪一宫，然后依次生运命十二宫，再看七曜所临何宫以断吉凶。

大中六年（853）十二月，诗人杜牧《自撰墓志铭》说：

> 予生于角，星昴毕于角为第八宫，曰病厄宫，亦曰八杀宫，土星在焉，火星继木。星工杨晞曰："木在张，于角为第十一福德宫，木为福德，大君子救于其旁，无虞也。"予曰："自湖守不周岁，迁舍人，木还福于角，足矣，土火还，死于角，宜哉！"③

过去学者们用中国传统的占法，如何也不能匹配其说，不知道杜牧根据什么占法来讲自己的星命。如果用《西天聿斯经》和《七曜攘灾诀》来解说，则没有扞格不通之处。杜牧生于角，交宿为命位宫（第一宫），下数第八宫，即昴、毕两宿所在，依十二宫次序，此为疾病宫，即"病厄宫"，也叫"八杀宫"；土星在此，火星继入，则导致疾病，也就是《西天聿斯经》所说："末后相看第八宫，生时何曜守其中。若遇曜神并土火，多为沉溺促其终。"但杜牧援引懂得星命的学者杨晞的说法，相对于角宿的张宿，在第十一宫，是福德宫，如果木星入此宫，则有大君子予以拯救，可以无虑。对应于《西天聿斯经》，就是"木金又照复何虑，必得相逢见贵人"。但是，杜牧的命位在角，等到土、火二星来临，则大限已到，此即《西天聿斯经》所说"如今火土又

---

① 台湾商务印书馆影印本《文渊阁四库全书》本。
② 收录《大正藏》第 21 卷《密教部》。
③ 杜牧《樊川文集》卷一〇，陈允吉校点，上海古籍出版社，1978 年，161 页。

来临，厄难虑忌不相容"①。中晚唐文人常常自撰墓志铭，给自己"盖棺论定"，其病厄致死的原因，各有不同解说。杜牧用西来的希腊、波斯系统的星命占卜学说加以解释，表明中晚唐时期这种说法的流行，这中间有李素等天文历算家的阐述，也有景教徒的弘传。

七、会昌灭法

从唐朝全境来看，景教的势力仍然与佛、道不可同日而语。代宗大历九年（774）后，四川禅宗僧人所编纂的《历代法宝记》记载他们的天竺祖师师子比丘在罽宾国传法的故事中，把"弥师诃"当作外道，必射杀之而后快②。《历代法宝记》是记载来自朔方的无住禅法的著作，编者把弥施诃和末曼尼（摩尼）一起看作外道，恐怕也是朔方军将官佛教信仰的反映③。到长庆时（821—824），舒元舆撰《鄂州永兴县重岩寺碑铭并序》时说道："故十族之乡，百家之间，必有浮图为其粉黛，国朝沿近古而有加焉。亦容杂夷而来者，有摩尼焉，大秦焉，祆神焉，合天下三夷寺，不足当吾释寺一小邑之数也。"④当时鄂州（今湖北武汉）诸宗教情况是，三夷教的寺院加起来，也不如一个小邑的佛寺规模。

但是，物极必反。武宗会昌五年（845）秋七月庚子，敕并省天下佛寺，中国历史上一次最广泛的灭佛运动开始。景教和祆教也在唐朝灭法运动中一起遭殃，摩尼教则先此几年因为回鹘破灭而被唐朝禁止。中书省奏云："其大秦、穆护等祠，释教既已厘革，邪法不可独存。其人并勒还俗，递归本贯，充税户。如外国人，送还本处收管。"大秦即景教，穆护指祆教，都被当作邪

---

① 以上有关《西天聿斯经》及对杜牧《自撰墓志铭》的解说，全依陈万成《杜牧与星命》，荣新江主编《唐研究》第 8 卷，北京大学出版社，2002 年，61—79 页。
② 敦煌本《历代法宝记》，《大正藏》第 51 卷，180 页。
③ 《中古中国与外来文明》，365—368 页。
④ 《全唐文》卷七二七；又见《唐文粹》卷六五。

法，彻底禁绝，教徒中唐人则还俗，外国人则回本国。八月，武宗又下制书："勒大秦、穆护袄三千余人还俗，不杂中华之风。"[①]"邪法"当然比《老子化胡经》的外道还邪恶，所以制书的意思是把这两种邪法灭掉，让中华之风更加纯正。

　　制书中说当时天下出家的景教和袄教僧侣有三千余人，虽然不好说两者各占多少，但景教僧侣的人数也还是有一定规模的。这些景教徒有的还俗了，有的回到本贯居住，但他们的信仰未必就可以一下子消除。经会昌灭法，景教受到了沉重的打击，但也没有彻底灭绝，在一些唐朝诏令不行的地区，如被吐蕃占领的河陇和藩镇割据的河北地区，还有一些偏远的地方如岭南[②]，唐末五代时期仍有景教流行。

　　沙州敦煌于786年被吐蕃占领后，道教式微，佛教得到大力的扶持，但吐蕃王朝并不排斥景教。敦煌藏经洞发现的藏文写本中，P.t.351《占卜书》中有一段属于景教思想的文字；P.t.1182习字旁绘有一个萨珊式的十字架（图12-8）；

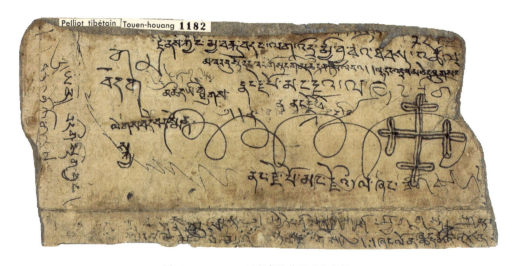

图 12-8　P.t.1182 习字旁绘萨珊式十字架

①　《旧唐书》卷一八，中华书局，1975年，604—606页。

②　G. Ferrand, *Voyage du Merchand Suleyman*, Paris 1922, p.76. 参看 A.C. Moule, *Christians in China before the Year 1550*, London: Society for Promoting Christian Knowledge; New York and Toronto: The Macmillan Co., 1930, p.76.

P.t.1676《大般若经》的上方叶边，绘有希腊式十字架①。到归义军时期，虽然佛教在社会上已经占据绝对的统治地位，但景教也没有绝迹，景教《志玄安乐经》《三威蒙度赞》《尊经》等写本完整保存在藏经洞，说明它们到归义军晚期仍然拥有自己的读者②。

八、高昌回鹘王国的景教

在吐鲁番地区，高昌回鹘王国的统治阶级虽然经历了尊奉摩尼教到佛教的转变，但景教却一直与佛教、摩尼教和平相处。敦煌写本《佛说阿弥陀经讲经文》，据考是 10 世纪上半叶一个中原西行取经的和尚在西州（高昌）回鹘国中讲经所用的文本，我们可以读到这样一段文字：

> 门徒弟子言归依佛者，归依何佛？且不是磨尼佛，又不是波斯佛，亦不是火祆佛，乃是清净法身，圆满报身，千百亿化身释迦牟尼佛。……且如西天有九十六种外道，此间则有波斯、摩尼、火祆、哭神之辈，皆言我已出家，永离生死，并是虚诳，欺谩人天。唯有释迦弟子，是其出家，堪受人天广大供养。③

磨尼即摩尼，波斯教指景教，加上祆教、哭神（萨满教？），反映了西州

---

① G.Uray, "Tibet's Connections with Nestorianism and Manicheism in the 8th–10th Centuries", *Contributions on Tibetan Language*, *History and Culture*, Wien, 1983, pp. 399–429；王尧《敦煌 P.t.351 吐蕃文书及景教文献叙录》，《第二届敦煌学国际研讨会论文集》，台北汉学研究中心，1991 年，539—543 页。

② 林悟殊《敦煌景教写本 P. 3847 之再研究》，季羡林等编《敦煌吐鲁番研究》第 5 卷，北京大学出版社，2001 年，59—77 页。

③ 黄征、张涌泉《敦煌变文校注》，中华书局，1997 年，681 页。

图 12-9　高昌葡萄沟布拉依克景教寺院

回鹘各种宗教并行的情况[①]。讲经文的作者站在佛教的立场上，借用了《老子化胡经》"九十六种外道"的说法，把景教、摩尼教、祆教等都说成是外道，而这些宗教的并存，恰恰反映了西州回鹘当时的多元宗教流行的实貌。

北宋太平兴国六年（981），高昌回鹘可汗遣使朝宋，太宗遣供奉官王延德等出使高昌。王延德说他在高昌见到的情形是："复有摩尼寺、波斯僧各持其法，佛经所谓外道也。"（王明清《挥麈录》前录卷四）可以和上述讲经文贯通，也是把摩尼教和景教列为外道，都反映了当地除佛教之外，摩尼教和景教也同时盛行。

这些汉文文献的记载，得到了 20 世纪初叶以来吐鲁番盆地考古发现的印证。德国吐鲁番探险队在高昌城东和葡萄沟内布拉依克北部的水盘（西旁），发现两所景教寺院（图 12-9），前者是教堂，后者是隐修地，其中出土了大量

---

①　张广达、荣新江《有关西州回鹘的一篇敦煌汉文文献》，《北京大学学报》1989 年第 2 期，24—36 页。

图 12-10　吐鲁番出土中古波斯语景教写本

的叙利亚文、粟特文，还有回鹘文的景教文献，在吐鲁番木头沟（Murtuq）、库鲁特喀（Kurutka）以及吐峪沟（Tuyuq），也有上述语种的景教写本出土（图 12-10）其内容包括叙利亚语、粟特语、回鹘语的圣经类文献《马太福音》（Mathew）、《约翰福音》（John）、《哥林多前书》（I Corinthians）、《加拉太书》（Galatians）、《诗篇》（Psalms），以及《使徒教规》（The Apostolic Canons）、《薛尔吉思》（Sergios）、《西蒙》（Simon）、《但以理》（Daniel）、《圣乔治受难记》（St. George Passion）、《三威蒙度赞》（Glora in exesis Deo）等等①。从这些文本的使用情况看，当地的景教信徒主要是粟特人和回鹘人。

①　陈怀宇《高昌回鹘景教研究》，《敦煌吐鲁番研究》第 4 卷，北京大学出版社，1999 年，165—214 页。

第
十
三
讲

拂多诞、摩尼光佛
与吃菜事魔

发源于波斯的摩尼教的东传历程，也是丝绸之路上文化传播的另一种类型。因为摩尼教否定现实社会的特征，与"三夷教"中的祆教和景教的传播走着不同的道路。虽然在武则天时期摩尼教法师拂多诞一度获得在华传教的宝贵时机，但不久以后唐玄宗就在开元二十年（732）禁断了摩尼教在汉地的传法。好在摩尼教教团首领在安史之乱中让进入洛阳的回鹘可汗皈依了他们的宗教，使得摩尼教成为漠北回鹘的国教，并借助回鹘汗国的势力再度进入中原各地。随着9世纪中叶回鹘汗国的破灭，摩尼教随回鹘西迁，在天山东部地区的高昌回鹘王国内达到辉煌的顶点。而会昌灭法之后，在中原的摩尼教徒转入地下，与民间宗教混合，或依附佛道，在东南沿海一带流传了很长时间。

一、摩尼教入华与"拂多诞"其人

摩尼教是公元3世纪时波斯人摩尼（Mani，216—277）创立的，他糅合琐罗亚斯德教、佛教、基督教等教义，创立了光明与黑暗斗争的"二宗三际"说。所谓"二宗三际"，二宗是光明和黑暗，三际是摩尼教徒需要通过三个阶段进入到光明世界里，即从光明到黑暗，再到光明。摩尼认为现实世界是黑暗打败了光明，占据上风的时段，所以要不断派明父（Father of Light）等各种各样的神明来拯救光明分子，把他们通过月亮神送到光明世界。摩尼教对现实世界采取否定的态度，认为这样的世界越快毁灭越好。因此，摩尼教很快受到萨珊王朝的禁止，被斥为异端，摩尼被处死，其教徒向东西逃亡，把摩尼教传到北非、地中海沿岸和中亚、印度等地。

　　摩尼预知他的宗教一定会受到统治者的迫害，所以他不限制教徒使用的语言，只要是传播摩尼的教义，可以使用任何当地的语言文字。在西方的罗马帝国，奥古斯丁（St. Augustine，354—430）曾一度皈依摩尼教，后来又成为反摩尼教的卫道士。由于受到基督教会和王权的双重压迫，摩尼教徒在6世纪时被驱逐出来。在东方的中亚地区（不含狭义的西域），由于这里的居民种族各异，文化内涵丰富，而且大多受到波斯琐罗亚斯德教的影响，和摩尼教有着相似的宗教二元论的背景，比较容易接受摩尼教义。因此，在摩尼的弟子阿莫大师（Mar Ammō）的努力下，摩尼在世时该教已经从波斯传播到呼罗珊地区，阿莫由此成为东方教会的始祖。3世纪末，呼罗珊的阿巴沙尔（Abharshahr）和花剌子模的木鹿（Merv）大概已经成为当时的东方教会中心。从4世纪到7世纪，摩尼教进而发展到粟特地区和吐火罗斯坦，拥有了大批粟特人教徒，大约在600年，粟特语已经取代帕提亚语成为摩尼教的通用语言。

　　然而，从整个中亚地区的宗教形势来说，摩尼教仍然不能和波斯传统的琐罗亚斯德教或印度传统的佛教相抗衡，在粟特和吐火罗地区，无疑仍然是这两个根基深厚的正统宗教势力占据上风，摩尼教只能在某个区域立足，建立教会，或是借助于赢得某位统治者的赏识而得以局部扩张，比如中国史料表明，当时吐火罗地区的支汗那国王是支持摩尼教的，并且把懂天文的摩尼教大法师慕阇进献给唐朝。但是，我们从玄奘《大唐西域记》到慧超《往五天竺国传》所记7世纪初到8世纪中叶的中亚宗教情形来看，摩尼教的势力可以说是微乎其微，或者说他们以地下教会的方式而存在。

在中亚东部佛教势力更为强盛的西域地区，摩尼教徒似乎也未能在某个地方驻足下来。从640年唐朝进军西域，灭高昌王国，到692年唐军击败吐蕃，收复安西四镇，恢复在塔里木盆地的统治，其间半个世纪的光景，西域地区一直处在唐朝、吐蕃、西突厥余部的争夺之中，兵荒马乱，也必然有碍于摩尼教的向东推进。不过，692年唐朝收复四镇，并发三万兵镇守西域各地，这不仅带来了近百年西域地区的稳定局面，也为摩尼教的正式进入中原地区扫平了道路。

《佛祖统纪》卷四〇记：

> 延载元年（694），波斯国人拂多诞持《二宗经》伪教来朝。[①]

这是出自佛教徒的记录，所以称摩尼教为"伪教"，但这条材料却准确地记录了摩尼教正式进入中国本土的信息：传教士是波斯人，其所传经典《二宗经》正是记载摩尼教基本教义"二宗三际"的经本。

上述记载说带着摩尼教经典入华的传教士是"波斯国人拂多诞"，其实"拂多诞"不是一个人名，而是摩尼教教团的一个教阶等级的称呼。摩尼教会有着严格的宗教等级制度，按敦煌写本《摩尼光佛教法仪略》，全部教徒分为五个等级，第一级为慕阇，是"承法教道者"，大法师；第二级就是拂多诞，是"侍法者"，法师，或相当于主教；第三级为默奚悉德，是"法堂主"，即每个摩尼寺的寺主；第四级为阿罗缓，是"一切纯善人"，也就是正式入教的僧侣、选民；第五级为耨沙喭，是"一切净信听者"，即一般的听众，在家的俗信徒。可见第一位入华传教的拂多诞，是一位地位相当高的摩尼教法师。因为摩尼教发源于波斯，所以这位拂多诞也被说成是"波斯人"。但当时的波斯已经被大食占领，摩尼教很难栖身，所以这位拂多诞应当是从中亚来的波斯人。

---

① 志磐撰，道法校注《佛祖统纪校注》，上海古籍出版社，2012年，931页。

　　延载元年（694）正是武则天当政的时期。武则天是一个猎奇的女子，信奉弥勒。佛经里有一部《大云经》讲女主转世为国主，成为她登上皇位的理论依据。所以她即位后就令天下各州立大云寺，供《大云经》。武则天所信的"弥勒"在原始印欧语里是太阳神的意思，所以信奉弥勒的教徒穿白袍子，有光明的含义，武则天由此可能对穿白袍子的摩尼教徒很有好感，所以接受了摩尼教，并允许其传教。从摩尼教徒的角度来说，在公元7世纪末，他们预设的世界末日即将到来，此前中亚的摩尼教徒一定十分着急，希望找到一个光明王国，以便把光明分子从黑暗世界拯救到光明王国里，他们所期望的光明王国，可能就是武则天统治下那个穿着弥勒白服的世界。

　　刚刚入华的摩尼教，显然是在佛教的外衣下，向信众阐述他们的教义。我们从敦煌发现的汉文摩尼经典，可以看到摩尼教徒采用了大量佛教词汇来翻译他们的宗教概念，把教祖摩尼大神也译作"摩尼光佛"，虽然在他们的概念里，"佛"就是"神"的意思，但对于一般民众来说，摩尼教很像是佛教。这种状况应当在武则天及其继承者唐中宗时期都不会改变，因为这两位统治者以佞佛著称。到了710年睿宗上台后，特别是接下来的玄宗，李唐统治者更加偏向道教，于是我们看到，摩尼教法师很快又依傍上统治者所尊崇的道教了。

　　敦煌写本保留下来的道教经典《老子化胡经》卷一（图13-1），有一段老子

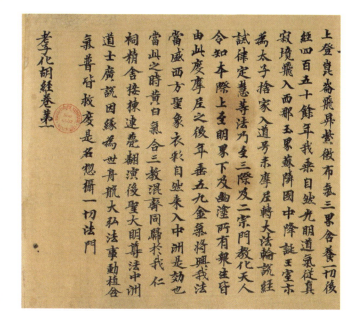

图13-1　《老子化胡经》卷一

西出化摩尼的文字：

后经四百五十余年，我乘自然光明道气，从真寂境飞入西那玉界苏邻国中，降诞王室，示为太子。舍家入道，号"末摩尼"，转大法轮，说经诫律定慧等法，乃至三际及二宗门，教化天人，令知本际。上至明界，下及幽途，所有众生，皆由此度。摩尼之后，年垂五九。金气将兴，我法当盛。西方圣象，衣彩自然，来入中洲是效也。当此之时，黄白气合，三教混齐，同归于我。①

这里是说老子西出阳关，转世化为佛陀之后，又飞入西那玉界苏邻国，即波斯国都苏剌萨傥那（Sūristān）②，化生出"末摩尼"，把摩尼加上"末"字，应当是一种贬低的做法。《化胡经》的作者提到摩尼教的"二宗三际"说，以此教化天人，众生可以得渡。但这个西方圣象进入中洲（中国）后，则"三教混齐"，摩尼教与儒教一道，"同归于我"道教了。总的来说，《化胡经》把摩尼教给予特别的关照，放在卷一老子化佛之后，是教化的对象，而没有放在卷二的九十六种"外道"里面，作为反面的形象。摩尼教对此完全接受，在开元十九年成书的《摩尼光佛教法仪略》中，曾经把《化胡经》"我法当盛"之前的文字，整段抄录，表现出摩尼教对道教的依附③。

开元七年（719）六月，"吐火罗国支汗那王帝赊上表献解天文人大慕阇：其人智慧幽深，问无不知。伏乞天恩唤取慕阇，亲问臣等事意及诸教法，知

① 林悟殊《摩尼教及其东渐》，淑馨出版社，1997年，72页。
② Éd. Chavannes & P. Pelliot, "Un traité manichéen retrouvé en Chine", *Journal Asiatique*, Paris, 1913, p.122.
③ 相关讨论见 P. Pelliot, *"Le Mo-ni et le Houa-hou-king"*, BEFEO, 3, 1903, pp. 318-327; E. Chavannes et P. Pelliot, "Un traite manicheen retrouve en Chine", *Journal Asiatique*, 1913, pp. 120-126; 冯承钧译沙畹、伯希和《摩尼教流行中国考》，《西域南海史地考证译丛八编》，商务印书馆，1958年，101—104页；林悟殊《〈老子化胡经〉与摩尼教》，《世界宗教研究》1984年第4期，116—122页；刘屹《唐开元年间摩尼教命运的转折——以敦煌本〈老子西升化胡经序说〉和〈摩尼光佛教法仪略〉为中心》，《敦煌吐鲁番研究》第9卷，中华书局，2006年，85—109页。

其人有如此之艺能，望请令其供奉，并置一法堂，依本教供养"①。这位被吐火罗地区攴汗那国王献给玄宗皇帝的，是一位身份更高的慕阇，请求专门设置法堂，依本教供养。而且这位大法师还通天文，看来摩尼教的传播也和景教一样，利用天文历算之学。从开元七年慕阇的到来，说明摩尼教在唐朝的进一步传播，而其教团的等级也随之提高和扩充。据说摩尼教世界只有十二个慕阇，其中之一，就在长安。敦煌吐鲁番发现的一些《七曜历日》（图 13-2 ），有些是摩尼教徒的用品，有些是受摩尼教影响的民间小历，也是摩尼教天文历法影响的遗迹。

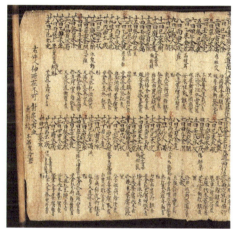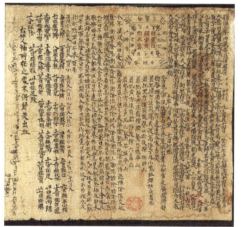

图 13-2　《七曜历日》中的蜜曜

这种发源于波斯的异教，就这样被唐朝的统治者接受，并依托佛教、道教而流传开来。摩尼教法师们还把摩尼教的经典译为汉文，如敦煌藏经洞发现过《摩尼教》残经、《下部赞》，并且设立寺院和法堂，把他们的教义传播给中国的官民百姓。

但摩尼教毕竟是一个否定现实世界的宗教，它一旦立足，就会慢慢露出马脚。到了开元十九年，唐朝统治者显然得到某些信息，于是让摩尼教法师

① 《册府元龟》卷九七一《外臣部》朝贡四，凤凰出版社，2006 年，11238 页。

图 13-3　《摩尼光佛教法仪略》

在长安的集贤院中，把摩尼教的历史、教义、教规等等做一个摘要本，提请玄宗过目，这就是敦煌写本中保存的《摩尼光佛教法仪略》一卷（图 13-3），题目下署"开元十九年六月八日大德拂多诞奉诏集贤院译"。让拂多诞在皇家最高的学术机构中来编译此书，可见唐朝是多么重视。尽管《摩尼光佛教法仪略》开篇就转录了道教的《老子化胡经》一大段文字，声称自己也是老子所化，向信奉道教的唐玄宗示好，然后用道教、佛教的概念，对摩尼教的教义和仪轨，都做了简要的介绍，但其教义本身对世俗政权的威胁性，却没有逃过玄宗的法眼。开元二十年七月，玄宗敕令：

末摩尼本是邪见，妄称佛教，诳惑黎元，宜严加禁断。以其西胡等既是乡法，当身自行，不须科罪者。[①]

诏书用"末摩尼"这种称呼，就表明朝廷的态度，认为摩尼教依托佛教，蛊惑百姓，要在唐朝百姓中严加禁断。但唐朝开元年间毕竟是一个开放的时

① 《通典》卷四〇，中华书局，1984 年，229 页。

代，所以对于西来胡人，考虑他们自身的信仰，所以任从其便，不加科罪。从此，摩尼教只在胡人中信奉，而不能在唐朝人中间传播了。

二、从回鹘皈依到会昌灭法

安史之乱后期，唐朝借漠北的回纥（后改称回鹘）兵来帮助平定安史之乱。宝应元年（762）十月，回鹘牟羽可汗（759 780 年在位）率军帮助唐朝打败史朝义，收复东都洛阳。正当回鹘可汗驻跸洛阳之际，摩尼教法师睿息等抓住时机，他们"妙达名门，精通七部，才高海岳，辩若悬河"，向可汗传教，在极短的时间里，说服可汗，皈依摩尼教（图 13-4）。次年闰二月，回鹘可汗还国，睿息等僧也被带回漠北，"阐扬二祀，洞彻三际"，开教回鹘，成为回鹘汗国的国教（见漠北所立《九姓回鹘可汗碑》）。摩尼教自开元二十年被禁后，屡受挤压迫害，到此时终于时来运转，在北方草原上的回鹘汗国中，不仅找到了自己的栖身之地，而且被立为国教①。

图 13-4　吐鲁番细密画描绘的回鹘牟羽可汗皈依摩尼教

---

① 沙畹、伯希和撰，冯承钧译《摩尼教流行中国考》，58—64 页；林悟殊《回鹘奉摩尼教的社会历史根源》，《摩尼教及其东渐》，83—95 页。

　　由于回鹘于唐朝有救命之恩，此后又基本维持着友好的联盟关系。代宗大历三年（768），回鹘请求唐朝，允许摩尼教徒在长安建寺传教，称"大云光明之寺"。这是开元二十年以后，摩尼教重新在唐朝都城长安建立自己的寺院，这时摩尼教的后援已经不是中亚的摩尼教团，而是漠北的回鹘汗国。到大历六年（771），"回纥请于荆、扬、洪、越等州，置大云光明寺，其徒白衣白冠"①。唐朝时的荆州（今湖北荆州）、扬州（今江苏扬州）、洪州（今江西南昌）、越州（今浙江绍兴）是长江流域和东南沿海最重要的一些城镇，也是商贸中心，回鹘汗国于此立寺，有粟特商人在背后的商业经营考虑。同时，在这些重要城镇建立了摩尼寺，并且有穿白衣戴白冠的摩尼教徒住在寺中，这对于摩尼教的传播意义十分重大。唐人李肇《国史补》卷下说：

　　　　回纥常与摩尼议政，故京城为之立寺。其大摩尼数年一易，往来中国，小者年转江岭。

讲的就是帮助回鹘汗国经营的这些大小不同教阶的摩尼教徒，他们分批来到唐朝，利用京城和地方的寺院，传播宗教。

　　摩尼教的传播，必然引起唐朝统治者以及正统宗教的反感，我们看到，大历九年后不久成书的四川禅宗保唐宗的灯史《历代法宝记》里，就把"末曼尼"（摩尼）与景教徒救世主弥师诃当作外道，必射杀之而后快②。

　　在漠北，摩尼教的传播也不是一帆风顺的，在牟羽可汗被宰相顿莫贺杀死后，摩尼教一度受到压制。但到了怀信可汗（795—808年在位）时，摩尼教在漠北复兴，并借助回鹘的势力，不断进入中原。回鹘摩尼教在唐朝的活动，留下记载的有：

---

①　《佛祖统纪校注》，962 页。
②　荣新江《〈历代法宝记〉中的末曼尼与弥师诃——吐蕃文献中的摩尼教和景教因素的来历》，王尧编《藏学研究丛刊·贤者新宴》，北京出版社，1999 年，130—150 页。

德宗贞元十二年（796），"回鹘又遣摩尼僧寺等八人至"①。

贞元十五年四月丁丑，"以久旱，令阴阳人法术祈雨"②。这些阴阳人另外的记载就是"摩尼师"③。我们知道在开元七年曾经有"解天文人大慕阇"来到唐朝，这里的摩尼教阴阳人也是懂得气象占卜的法师。

宪宗元和元年（806），"回鹘入贡，始以摩尼偕来，于中国置寺处之"④。唐朝新皇帝一即位，回鹘摩尼教徒随即到来，而且再次重申可以在唐朝建立摩尼寺，让他们住寺传教。唐朝知道这些摩尼教徒"可汗常与共国者也"，所以无可奈何。"摩尼至京师，岁往来西市，商贾颇与囊橐为奸"，他们有些是帮助回鹘汗国做生意的粟特人，与西市商人勾结谋利，唐朝也只能睁一只眼闭一只眼。这些摩尼教徒的做法是"日晏食，饮水，茹荤，屏湩酪"⑤，即每日一食，不吃乳酪，所以佛教的记载把他们称作"摩尼伪人"⑥。

元和二年正月庚子，回鹘使者又请求在东都河南府、北都太原府设置摩尼寺三所，唐朝许之⑦。这样，在唐朝最重要的都城中，都立有摩尼寺。

元和八年十二月二日，宪宗宴请即将归国的回鹘摩尼教法师八人，又让他们至中书去见宰相。因为此前回鹘来请和亲，唐朝计算礼费大约要五百万贯，当时正在战争期间，无法准备，考虑回鹘可汗信奉摩尼的缘故，所以让宰相拜托摩尼法师去和回鹘可汗说项⑧。

元和十二年二月辛卯朔，唐朝"遣回鹘摩尼僧等归国"⑨。

穆宗长庆元年（821）五月，"回鹘宰相、都督、公主、摩尼等五百七十三

---

① 《册府元龟》卷九七九，11337页。
② 《旧唐书》卷一三《德宗本纪》，中华书局，1975年，390页。
③ 《唐会要》卷四九"摩尼寺"条，上海古籍出版社，1991年，1012页。
④ 《资治通鉴》卷二三七，7638页。
⑤ 以上引文，均见《新唐书》卷二一七上《回鹘传》，中华书局，1975年，6126页。
⑥ 《佛祖统纪校注》，968页。
⑦ 《册府元龟》卷九九九，11560页。
⑧ 《旧唐书》卷一九五《回纥传》，5210—5211页。
⑨ 《资治通鉴》卷二四〇，7730页。

人入朝迎公主，于鸿胪寺安置"①。这是一个庞大的使团，由回鹘宰相率领，包括摩尼法师，来唐朝迎娶公主。

　　由此可见，摩尼教徒在回鹘与唐朝的关系中扮演着重要的角色，他们大多数应当是粟特人，作为可汗的参谋和文秘人员，掌握着起草文书的职事，又利用自己所长，帮助回鹘汗国做生意，如绢马贸易，为回鹘经营商业，谋求暴利。他们利用回鹘的强势扩张其宗教势力范围，不仅在长安，还在东都洛阳、北都太原，以及长江流域、东南沿海的重要城镇，都建立了寺院据点，使摩尼教的势力在汉地得到相当大的发展，也争取到相当多的信徒。唐朝人对此，显然是非常反感的。

　　840年，回鹘汗国内乱，渠长句录莫贺勾引回鹘劲敌黠戛斯攻破回鹘都城，杀死可汗。称雄漠北、控制西域北道的回鹘汗国崩溃，部众四散，主力西迁，另有十三部立特勤乌介为可汗，南下归附唐朝。唐朝乘此机会，开始铲除回鹘汗国所庇护的摩尼教的势力。

　　会昌元年（841），唐朝颁下宰相李德裕拟的诏书（图13-5）：

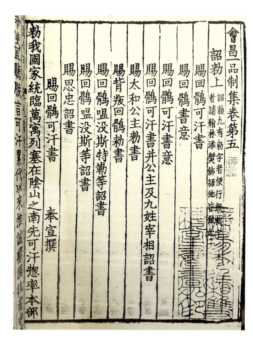

图13-5《会昌一品集》中处理回鹘事宜诏书

　　摩尼教天宝以前，中国禁断。自累朝缘回鹘敬信，始许兴行。江淮数镇，皆令阐教。近各得本道申奏，缘自闻回鹘破亡，奉法者因兹懈怠。蕃僧在彼，稍似无依。吴楚水乡，人性嚣薄。信心既去，翕习至难。……朕深念异国远

① 《旧唐书》卷一九五《回纥传》，5211页。

僧，欲其安堵。且令两都及太原信向处行教，其江淮诸寺权停，待回鹘本土安宁，即却令如旧。①

诏书先回顾了摩尼教在华传播的情况，天宝以前就已禁断，后因回鹘敬信，所以允许流行。接着指出江淮、吴楚地区因回鹘破亡，奉法懈怠，先将江淮诸寺关停。因为其时尚不知回鹘汗国何时能够恢复，所以两都及太原仍令传教。

会昌三年二月，唐朝已经知道回鹘汗国彻底破灭，并且已将南下回鹘破散部落加以严厉处置，再次卜制书：

回纥既以破灭，应在京外宅及东都修功德回纥，并勒冠带，各配诸道收管。其回纥及摩尼寺庄宅、钱物等，并委功德使与御史台及京兆府各差官点检收抽，不得容诸色人等影占。如犯者并处极法，钱物纳官。摩尼寺僧，委中书门下条疏闻奏。②

有司收摩尼书若象，烧于道。资产入之官。③

这时就把长安、东都洛阳的摩尼寺庄宅钱物等，通通没收；摩尼教的书籍和画像，公开焚毁；摩尼僧由中书门下登记上报。据说"京城女摩尼七十二人死，及在此国回鹘诸摩尼等，配流诸道，死者大半"④。唐朝对回鹘及摩尼教徒的憎恨一旦发泄，其情形可想而知，摩尼教徒有的以死殉教，有的则被流放各地，大半殉难。摩尼教至此在中原地区再次被禁，残存的摩尼教徒转向民间。

---

① 李德裕《会昌一品集》卷五《赐回鹘可汗书意》，傅璇琮、周建国《李德裕文集校笺》，河北教育出版社，2000 年，67 页。
② 《旧唐书》卷一八《武宗纪》，594 页。
③ 《新唐书》卷二一七下《回鹘传》，6133 页。
④ 《大宋僧史略》卷下"大秦末尼"条，中华书局，2015 年，217 页。

三、高昌回鹘时代摩尼教的辉煌

我们再来看看西北丝绸之路沿线的情况。

安史之乱虽然平定，但唐朝的元气大伤，原本屯驻西域各地的重兵，都被调回内地勤王，吐蕃乘机入侵，西域孤残的将士艰难困守了数十年，在8、9世纪之交的岁月里，首先是北庭（今吉木萨尔县）、西州（吐鲁番）受到了从东而来的吐蕃军队的强力攻击。唐军无法独自抵挡，只好求救于漠北回鹘可汗。回鹘军队虽然帮助唐军击退了吐蕃的进攻，但随后不久就把北庭、高昌，甚至焉耆、龟兹（库车）、拨换（阿克苏）、疏勒（喀什）等地纳入自己的势力范围，与占据塔里木盆地南沿于阗、且末、鄯善（若羌）的吐蕃王国，瓜分了昔日大唐帝国的西部疆域。

安史之乱后唐朝主力军的撤离西域，必然使西域的佛教寺院失去一大批具有经济实力的施主，东往西来道路的阻隔，也使得西域的佛教很难得到新鲜血液的供给，当时代表佛教最高水准的中原，无法通过吐蕃占领的河西走廊输送给西域新的经典和人才，而漠北的回鹘因为不信佛法，也被佛教僧侣视为畏途，贞元初年从西天取经回来的悟空经回鹘路归唐时，甚至不敢携带梵本，而是把经书留在了北庭。西域佛教被迫走向衰微，而这却正好给其他宗教的进入提供了绝好的机会。

作为东西文化交往通道的塔里木盆地南北的西域绿洲地区，摩尼教可能很早就渗透进来，只是现在看到的资料非常少。德国吐鲁番探险队收集到的摩尼文所写文书第一号（M1），是《摩尼教赞美诗集》（*Mahrnāmag*）的跋（图13-6），文中说：这部《赞美诗集》是在光明使者诞生之后的546年（即公元762/763年）开始抄写的，但没有能够抄完，随后封存在焉耆的一所寺院里，在回鹘保义可汗在位期间（808—821），在一些摩尼教高僧的帮助下，终于抄完了这部篇幅很长的诗集（目前只有两页保存下来）。这说明在唐朝军队756年前往中原勤王平乱后，当地已经出现了摩尼教徒的活动，甚至焉耆王国有摩尼教的寺院在大规模抄写经典。

图 13-6 《摩尼教赞美诗集》

　　大概在贞元十九年，唐朝在西州地区的统治彻底终止，不止一件吐鲁番出土文书证明，当地使用唐朝的年号到此时为止。而恰恰就是在这同一年，漠北回鹘的怀信可汗（795—808 年在位）曾经亲临高昌，与摩尼教的慕阇讨论摩尼教团的问题，并请求慕阇派遣几位法师前往漠北传教[①]。这说明在此前的高昌地区，已经驻扎有统治相当信众的摩尼教僧团首领慕阇大法师。1981年吐鲁番柏孜克里克石窟新发现的一件回鹘文写本，也记录了摩尼教开教回鹘的史事：

　　延请三慕阇到亦力喔昆城之故，而虔诚祈祷。他们决计前来。西域的诸电达既［……］教法，诸电达遂将书册二百、绢四一千固定于〔驼背（？）〕

---

①　吐鲁番出土的回鹘语文书（编号 T Ⅱ K Bundel Nr.D.173），此件由 A. von Le Coq, "Ein manichaisches Buch-Fragment aus Chotscho", *Fistschrift fur Vilhelm Thomsen* 刊布，各家说法详参森安孝夫《增补：ウィグルと吐蕃の北庭争奪戦及びその後の西域情勢について》，流沙海西奖学会编《亚洲文化史论丛》第 3 卷，东京，1979 年，215 页。

之上，两……他们取道吐火罗地面，经由葛罗康里道、曳咥……牟羽可汗亲自出迎，仪式备极隆重，将之迎〔入〕牙帐。[①]

这里的吐火罗地面（Tohuristan）指的是西域地区，具体当指焉耆、高昌一带；葛罗康里路（kara kanglï yolï），即黑车子之路。曳咥（Artiš）在今蒙新交界的阿尔泰山南麓的额尔齐斯河上游，是天山北路进入漠北的重要关口；亦力喝昆城（El Orkun），当指漠北的回鹘汗国[②]。这里提供了回鹘奉请摩尼教法师到漠北的一些细节。

但是，摩尼教在塔里木盆地北道的真正传播，恐怕还是要等到9世纪初回鹘汗国的势力牢固地控制这一地区之后。就在上面提到的《摩尼教赞美诗集》跋文里，在赞颂回鹘可汗及其家族成员之后，列举了北庭、高昌、龟兹、佉沙（疏勒）、拨换、焉耆、于术等城镇的摩尼教支持者以及听者（nywš'g'n，在家信徒），其中包括新来的回鹘统治者、留在当地的唐朝官人，以及当地信仰摩尼教的波斯、粟特人，表明摩尼教随着漠北回鹘政治势力的到来而迅速传播到西域北道一线[③]。有摩尼教神祇护佑的回鹘汗国，自然对摩尼教也回馈丰厚。值得注意的是，在这份长长的名单中，似乎没有当地土著民众的名字，表现出这些摩尼教信仰者强烈的殖民色彩，尽管其中的一些粟特人可能来自当地，但他们仍然不能等同于焉耆、龟兹、高昌等地的民众。这从另一面表明，丝路北道强大的佛教势力并不会因为远在漠北的回鹘可汗对摩尼教的支持而自动退出历史舞台。

不过，摩尼教在西域地区的真正辉煌，尚需等待相当一段时间。840年，回鹘汗国崩溃，部众四散奔逃，其中十五部在回鹘相驱职的率领下，拥戴可

---

① 茨默撰，王丁译《有关摩尼教开教回鹘的一件新史料》，《敦煌学辑刊》2009年第3期，4页。

② 茨默撰，王丁译《有关摩尼教开教回鹘的一件新史料》，5—6页。

③ W. B. Henning, "Argi and the 'Tokharians'", *Bulletin of the School of Oriental Studies*, IX, 1938, p. 567. 跋文全部的汉译，见王媛媛《中古波斯文〈摩尼教赞美诗集〉跋文译注》，载朱玉麒主编《西域文史》第2辑，科学出版社，2007年，129—153页。

汗的外甥庞特勤，西迁天山东部地区，希望在这块回鹘汗国的领地内求得生存和发展。到866年，北庭出身的回鹘首领仆固俊攻克西州、北庭、轮台、清镇等城，创建了高昌回鹘（也叫西州回鹘）王国。

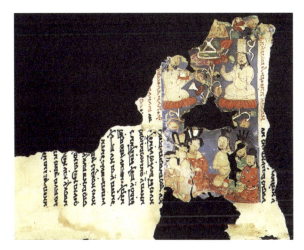

图 13-7　吐鲁番细密画中的摩尼教信徒

正像公元4世纪中叶河西的高僧随着逃难的北凉王族进入高昌，又如8世纪后半武威的高僧、长安慈恩大师窥基的弟子昙旷随河西节度使麾下的兵将退避到敦煌一样，在庞大的回鹘西迁的部族中，应该也有不少摩尼教徒众随行，甚至有一些极富传教能力的法师，他们不仅把摩尼教势力从漠北转移至高昌，而且在高昌回鹘可汗的支持下，很快就立为国教，让高昌民众皈依了这一与其他宗教思想格格不入的信仰。在高昌回鹘王国的范围内，摩尼教的信徒上到可汗，下及普通民众，有男有女，种族各不相同，有回鹘人，有粟特人，也有汉人（图13-7）。北宋太平兴国六年（981）高昌回鹘可汗遣使朝宋，太宗遣供奉官王延德等出使高昌。雍熙元年（984）四月王延德还朝，其行记中说到高昌的宗教情形时有云："复有摩尼寺、波斯僧各持其法，佛经所谓外道也。"[1]

20世纪初以来，吐鲁番出土了数量极其可观的摩尼教文献，这些文献的存在本身，已然是9、10世纪高昌回鹘时期摩尼教兴盛的真实写照。在这些丰富的文献中，有用中古波斯语和帕提亚语写成的各类赞美诗，如《明父赞美诗》《光明王国赞美诗》《天堂赞美诗》《创世赞美诗》《永恒灵魂赞美诗》《第

---

[1]《宋史》卷四九〇《外国传》"高昌"条，中华书局，1977年，14112页。

三使赞美诗》《光明夷数赞美诗》《摩尼赞美诗》，以及两部赞美诗集《胡威达曼》(Huyadagmān) 和《安格罗斯南》(Angād Rōšnān)①。也有在各种宗教仪式上所念诵的《忏悔文》《祈祷文》，以及各类宗教节日的诗文，如《庇麻节仪式文》，就是在摩尼教最重要的庇麻 (Bema) 节时所唱诵的赞美诗。此外，还有宗教譬喻文献，有宇宙论、末世论的书页，还有规诫文、布道文；有教会史著作，还有术语表、符咒文、占星文、历日表、葬仪文等②。

除了纯粹的宗教文献，吐鲁番还发现了一些有关摩尼教寺院运营的文书，以及教团内部的通信。20 世纪 20 年代在吐鲁番考察的黄文弼先生，曾经获得了一件非常珍贵的摩尼教寺院规定性文件，上面钤有"大福大回鹘国中书省门下颁于迦思诸宰相之宝印"的官府印鉴，总计 125 行的回鹘文长卷，详细说明了摩尼教寺院管理的各个方面，包括寺院的制度、戒律，向我们清晰地展示了摩尼教教团的社会组织和经济生活③。从中不难看出，当地的摩尼教僧侣在高昌回鹘可汗的庇护下，已经从一种苦行的僧侣生活转向世俗化的寄生状态。

另一组异常珍贵的摩尼教文书，是 1980 年柏孜克里克石窟出土的三封粟特文书信，其中两封都是隶属高昌回鹘摩尼教团的某地的拂多诞寄给教团领袖慕阇的。这位名为马尔·阿鲁亚曼·普夫耳 (Mār Aryāmān Puhr) 的慕阇，应当是高昌回鹘王国内最高的摩尼教僧团领袖。这两封信都是在摩尼教的斋月中拂多诞向慕阇问候的信件，其中充满了虔诚的套语，尤为珍贵的是，我们可以从第二封信（编号 B）中得知，年终、年初的斋月里摩尼教徒的宗教生活情景，他们有的"咏唱了四首赞美诗，反复朗读和歌唱了二十条

---

① M. Boyce, *The Manichaean Hymn-cycles in Parthian*, London: Oxford University Press, 1954.

② M. Boyce, *A Catalogue of the Iranian Manuscripts in Manichaean Script in the German Turfan Collection*, Berlin: Akademie Verlag, 1960.

③ 耿世民《回鹘文摩尼教寺院文书初释》，《考古学报》1978 年第 4 期，497—516 页；S. N. C. Lieu, "Precept and Practice in Manichaean Monasticism", *Journal of Theological Studies*, ns.32, 1981, p. 163, 林悟殊汉译题《摩尼教寺院的戒律和制度》，荣新江主编《黄文弼所获西域文献论集》，科学出版社，2013 年，126—127 页。

教规和三百首歌，拜读了优秀的教典《夏普夫尔冈》（*Shābuhragān*）"；有的则是"用粟特语两次咏唱了名为《没有过失》的赞美诗，反复朗读和歌唱了四十条教规和三百首歌"（图 13-8 ）[①]。从中我们可以看到他们对宗教的虔诚和比较集中的宗教生活场景，也可以由此推知，

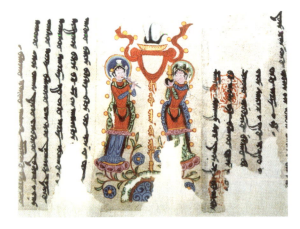

图 13-8   柏孜克里克石窟出土的粟特文摩尼教书信

那些已经成为残片的赞美诗、戒本之类的文献在现实中是如何应用的。

总之，随着回鹘的西迁，摩尼教又在原来就有教徒存在的吐鲁番盆地发展起来，形成高昌的摩尼教团，在高昌城中建立了摩尼寺。这时的摩尼教已经不严格地遵守原始的教义，把高昌回鹘统治者当作圣徒来颂扬和崇拜，抄写大量经书，作为奉献给王室的功德，吐鲁番出土的大量用中古波斯文、粟特文、回鹘文写的摩尼教文献，以及柏孜克里克石窟的摩尼教壁画，都证明高昌回鹘是 9—12 世纪世界摩尼教的实际中心。

四、从摩尼教到明教

在中原地区，会昌灭法后，摩尼教徒基本上转入地下，但唐朝的政策也不是一刀切，对于唐朝所扶植的回鹘贵族，也网开一面。南下回鹘王子嗢没斯投降唐朝，会昌二年六月，唐朝以回鹘投降部落设归义军，以嗢没斯为检校工部尚书，兼左金吾卫大将军同正、充归义军使、怀化郡王，后赐姓李，

---

① 柳洪亮主编《吐鲁番新出摩尼教文献研究》，文物出版社，2000 年；Y. Yoshida, *Three Manichaean Sogdian Letters unearthed in Bäzäklik*, Turfan, Kyoto: Rinsen Book Co., 2019。

名思忠①。唐末关中大乱，李思忠孙彦图携其族投奔沙陀李克用（后唐太祖），李克用在太原"赐宅一区，宅边置摩尼院以居之"，"后唐天成四年（929）八月癸亥，北京奏葬摩尼和尚"。可见这支回鹘后裔还供奉着摩尼法师，据称这位去世的摩尼是"回鹘之佛师也，先自本国来太原"②。"佛"即"神"也，如摩尼光佛。可见太原一直有回鹘汗国时代来住的摩尼师，到后唐时仍有回鹘贵族供养着他们。

更多的摩尼教徒转入民间，并且和民间宗教相结合，成为反抗现实官府的力量，毕竟摩尼教有着一整套非常严密的宗教教义和仪轨，在组织纪律等方面远远胜于一般的民间宗教团体，往往被农民百姓借为反对现行统治的武器。

五代后梁时，陈州（今河南淮阳）有毋乙、董乙领导的农民起义，被称为"末尼（摩尼）党类"。《佛祖统记》说："其徒以不茹荤饮酒，夜聚淫秽，画魔王踞坐，佛为洗足。"③不吃荤食，昼伏夜出，都是摩尼教的做法，可知毋乙起义，有摩尼教徒参与其中。

北宋末年，宣和二年（1120）十月方腊在睦州青溪起义，被官府诬称为"吃菜事魔"，许多学者认为也和摩尼教有关④。其实，浙江一带的民间，摩尼教已经变成民间组织，也称作明教，势力颇盛。《宋会要》"刑法二"记：

宣和二年十一月四日臣僚言：温州等处狂悖之人，自称明教，号为行者。今来明教行者，各于所居乡村，建立屋宇，号为斋堂，如温州共有四十余处，

---

① 《李德裕文集校笺》，132、134—135 页。
② 《册府元龟》卷九七六《外臣部》，11300 页。
③ 《佛祖统记校注》，1007 页。
④ 相关讨论见竺沙雅章《方腊の乱と吃菜事魔》，《東洋史研究》第 32 卷第 4 号，1974 年；收录于作者《中国佛教社会史研究》（增订版），229—259 页；朱瑞熙《论方腊起义与摩尼教的关系》，《历史研究》1979 年第 9 期，69—84 页；陈高华《摩尼教与吃菜事魔》，《中国农民战争史论丛》第 4 册，河南人民出版社，1982 年，97—106 页；林悟殊《吃菜事魔与摩尼教》，《文史》第 26 辑，1985 年，149—155 页。

并是私建无名额佛堂。每年正月内，取历中密日，聚集侍者、听者、姑婆、斋姐等人，建设道场，鼓扇愚民男女，夜聚晓散。明教之人，所念经文及绘画佛像，号曰《讫思经》《证明经》《太子下生经》《父母经》《图经》《文缘经》《七时偈》《日光偈》《月光偈》《平文策》《汉赞策》《证明赞》《广大忏》《妙水佛帧》《先意佛帧》《夷数佛帧》《善恶帧》《太子帧》《四天王帧》。已上等经佛号，即于道释经藏并无明文该载，皆是妄诞妖怪之言，多引尔时明尊之事，与道释经文不同。至于字音又难辨认，委是狂妄之人，伪造言辞，诳愚惑众，上僭天王太子之号。[①]

可见明教的信徒称为"行者"，在乡村活动，建立斋堂，仅官府所知的温州地区，就有四十余所。这些教徒按照摩尼教的历日，选取星期日（密日），聚众做法事，有僧俗男女各种信徒参加，也是夜里行事，白天潜伏。这里还罗列了这些信徒念诵的经文和供奉的画像，有些看上去也是佛教化的经文，但内涵一定是摩尼教的基本教义，如《证明经》，应即《摩尼光佛教法仪略》中所列摩尼七部大经之一《证明过去教经》；而《七时偈》《日光偈》《月光偈》，则是各种赞美诗；先意、夷数是地道的摩尼教词汇，分别指摩尼教的原人、耶稣，包括他们的各种神像，让官府觉得"字音又难辨认"，与佛道经文不同。温州在方腊起义涉及的范围之内，从它具有四十余处斋堂来看，其周边也同样会有，所以方腊起义必定利用了这一带的明教势力。

进入南宋以后，东南一带摩尼教的势力并没有减弱。绍兴二十八年（1158），陆游出任福州宁德县主簿，看到闽中摩尼教徒的活动猖獗："伏缘此色人（妖幻邪人）出处皆有，淮南谓之二桧子，两浙谓之牟尼教……福建谓之明教、揭谛斋之类，名号不一。明教尤甚，至有秀才、吏人、军兵，亦相传习。其神号曰'明使'，及有'肉佛''骨佛''血佛'等号，白衣乌帽，所在成社。伪经妖像，至于刻板流布。假借政和中道官程若清等为校勘，福州

---

① 《宋会要辑稿》一六五册"刑法二"，中华书局，1957 年，6534 页。

知州黄裳为监雕。"这里的"明使"就是摩尼光佛派到世上来拯救光明分子的各种神祇，而教徒们"所在成社"，结成组织，并利用当地刻版印刷的技术，来传播教义经书。陆游为此上《条对状》，称："欲乞朝廷戒敕监司守臣，常切觉察，有犯于有司者，必正典刑，毋得以习不根经教之文，例行阔略。仍多张晓示，见今传习者，限一月，听赍经像衣帽赴官自首，与原其罪。限满，重立赏，许人告捕。其经文印版，令州县根寻，日下焚毁。仍立法，凡为人图画妖像及传写刊印明教等妖妄经文者，并从徒一年论罪。庶可阴消异时窃发之患。"[1] 他建议朝廷销毁明教的图像和刊刻的经本，捉拿教徒。这些是陆游所记福州一带的情况。

目前已确认的两座摩尼教寺院均在温州，即平阳潜光院和苍南选真寺。有关潜光院为摩尼寺之记载，见于元代陈高《不系舟渔集》卷十二《竹西楼记》，写于至正十一年（1351）[2]。孔克表《选真寺记》也写至正十一年，见载于民国《平阳县志》，其元朝的刻碑原石也已出土[3]。两座摩尼教寺院都建于南宋。

然而，也有的摩尼教徒采用依附于正统的佛教、道教，以佛化或道化摩尼教的面貌，保存实力，继续生存。明代何乔远《闽书》追溯闽中泉州明教的来历时说："会昌中汰僧，明教在汰中。有呼禄法师者，来入福唐，授侣三山，游方泉郡，卒葬郡北山下。至道中（995—997），怀安士人李廷裕得佛像于京城卜肆，鬻以五十千钱，而瑞相遂传闽中。"[4] "呼禄"即敦煌发现的《摩

---

[1] 以上两段引文，均见《陆游集》，中华书局，1976年，2015页。

[2] 刘铭恕《泉州石刻三跋》，《考古通讯》1958年第6期，60—62页；又《有关摩尼教的两个问题》，《世界宗教研究》1994年第3期，134—136页。林悟殊《元〈竹西楼记〉摩尼教信息辨析》，《中古三夷教辨证》，中华书局，2005年，142—160页。

[3] 林顺道《苍南元明时代摩尼教及其遗迹》，《世界宗教研究》1989年第4期，107—111页；周梦江《从苍南摩尼寺的发现谈温州摩尼教》，《海交史研究》1990年第2期，75—79页；林悟殊《宋元温州选真寺摩尼教属性再辨析》，《中华文史论丛》2006年第4辑，270—273页。

[4] 何乔远编《闽书》卷七《方域志》，厦门大学古籍整理研究所、历史系古籍整理研究室《闽书》校点组校点，福建人民出版社，1994—1995年，172页。

尼光佛教法仪略》寺宇仪第五中的"呼嚧唤"［中古波斯语 *xrwh* (*x*) *w'n*］，是每座摩尼教寺庙中排位第二的"教道首，专知奖劝"，即负责寺中传道的首领①。正是这样一位法师，在会昌灭法之后，几经周折，来到泉州传教。而到了北宋至道年间，又有一位士人李廷裕，从北宋的都城东京（今开封）把摩尼教图像带到闽中②。现存的泉州华表

图 13-9　泉州华表山草庵摩尼光佛

山（又名石刀山）草庵就创建于宋代，重修于元朝，其中"佛身道貌"的摩尼光佛形象（图 13-9），反映了摩尼教依托佛道的情形③。浙江慈溪的崇寿宫，则是一座典型的道教化的摩尼教寺院④。

宋元时期，摩尼教已经与白莲教、弥勒教等民间宗教混合在一起，它们之间的关系很难说清楚，也没有必要分得太清楚，因为这时候已经没有纯粹的摩尼教了，摩尼教就存在于民间宗教当中。元末韩山童领导的红巾军大起义，正是这种混合的民间宗教发动起来的⑤。

---

①　参看 Samuel N. C. Lieu, *Manichaeism in Central Asia and China*, Brill: Leiden-Boston-Köln, 1998, pp. 85-86, note 44。

②　T. Moriyasu, "On the Uighur *čxšapt ay* and the Spreading of Manichaeism into South China", *Studia Manichaica* IV, Berlin, 2000, pp. 430-440；王媛媛《汴京卜肆与摩尼教神像入闽》，《故宫博物院院刊》2009 年第 3 期，95—112 页。

③　吴文良《泉州宗教石刻》，科学出版社，1957 年，44—45 页；黄展岳《摩尼教在泉州》文，载中国航海学会与泉州市人民政府编《泉州港与海上丝绸之路》（二），中国社会科学出版社，2003 年，490—501 页；林悟殊《从福建明教遗物看波斯摩尼教之华化》，《古代摩尼教艺术》，淑馨出版社，1995 年，123—137 页；又《泉州草庵摩尼雕像与吐鲁番摩尼画像的比较》，《考古与文物》2003 年第 2 期，76—80 页。

④　王清毅《〈崇寿宫记〉对摩尼教研究的影响》，《杭州大学学报》1992 年第 4 期，100—103 页。

⑤　范立舟《宋元时期白莲教与佛教净土信仰及摩尼教之关系》，《暨南史学》第 1 辑，暨南大学出版社，2002 年，133—152 页。

第
十
四
讲

唐朝的"郑和"

——出使黑衣大食
的杨良瑶

　　唐宋以来中国与阿拉伯世界的交往，是丝绸之路历史的重要篇章，前辈学者对东西方相关史料做了辑录整理，并对两者的交往历史做过详细的钩沉阐述。幸运的是，1984 年在陕西泾阳发现了一方《杨良瑶神道碑》，让我们获知唐朝贞元年间曾派遣中使杨良瑶，从广州出发，经海路前往巴格达，出使黑衣大食。这一有如明初郑和下西洋的唐朝"版本"，丰富了唐朝与阿拉伯帝国关系史的篇章，并由此可以看出中国从陆地大规模走向海洋的重要时点。

一、阿拉伯帝国的创立及其早期与中国的交往

　　诞生于麦加城从事转贩贸易的古莱士氏（Quraysh）哈希姆家族（Hāshim）的穆罕默德（Muḥammad，摩诃末），受到政敌的迫害，622 年与他创建的伊斯兰教的信徒奔走麦地那。此后十年间，在伊斯兰教义的指引下，穆罕默德领导沙漠游牧部落贝都因人，完成了阿拉伯半岛的统一事业，并继续向外扩张。638 年，阿拉伯人占领萨珊波斯首都泰西封（Ctesiphon）。651 年灭掉显赫数百年的波斯帝国，萨珊末代君主伊嗣俟三世（Yazdagird Ⅲ）逃往伊朗东部呼罗珊（Khorasan）地区的首府木鹿（Merv）城，继续抵抗阿拉伯人的东进，后被

一个磨坊主杀害①。其子卑路斯（Peroz）避居吐火罗斯坦（Tukhāristān，今阿富汗兴都库什山以北地区），率当地居民抵抗阿拉伯人的入侵。由于内乱，阿拉伯势力一度退缩，卑路斯得以在吐火罗斯坦与波斯交界处的疾陵城（Zaranj，今札兰杰附近）维持流亡政权。658 年唐朝灭掉西突厥汗国，661 年遣使疾陵城，设立羁縻性质的波斯都督府，以卑路斯为都督②，纳入唐朝的势力范围。

唐代中国人称阿拉伯为"大食"，这是从中古伊朗语借用而来的。因为波斯人最早接触的阿拉伯部落是邻近首都泰西封的塔伊部（Ṭayyi'），所以萨珊王朝即以塔伊部的名称来泛指阿拉伯人，中古伊朗语转读作 Tačik，唐人据此译作"大食"，亦与作"大寔""多氏"等等。

唐高宗永徽二年（651），阿拉伯第三位正统哈里发奥斯曼（'Uthmān，644—656）首次遣使到访中国，"其王姓大食氏，名瞰密莫末腻"③。"瞰密莫末腻"是阿拉伯语 Amīr al-mu'minīn 的译音，意为"信士们的长官"，是阿拉伯人对哈里发的一种尊称，唐朝人用指大食王。651 年正是阿拉伯哈里发灭掉萨珊波斯的年份，这一年遣使中国，当然不是偶然的。然而此时唐朝仍然站在流亡的波斯政府一边。

661 年，叙利亚总督穆阿维叶（Mu'āwiyah）在内战中胜出，创立了阿拉伯哈里发王朝，史称倭马亚（乌玛亚）王朝（661—750），定都大马士革。因服色尚白，故此中国人称之为"白衣大食"。它向西扩张到北非和西班牙，向东攻取伊朗。663—671 年，白衣大食完成对呼罗珊的征服后，以此为基地，继续向东向北扩张。674 年，唐朝册封的波斯王卑路斯抵御不住大食的侵逼，从吐火罗斯坦逃入长安。大概在 678 年卑路斯客死中国，唐朝册立在长安的其子泥涅师师（Narses）为波斯王。679 年，唐高宗任命吏部侍郎裴行俭为"安抚

---

① *The History of al-Tabari*, v.5, tr. by C. E. Bosworth, New York, 1999, p. 398, n. 978；pp. 400-401；403-407；409-411；v. 15（tr. by R. S. Humphreys），pp. 82-83；沙畹著，冯承钧译《西突厥史料》，商务印书馆，1935 年，126 页；张星烺《中西交通史料汇编》第 3 册，104—113 页。

② 《旧唐书》卷一九八《西域传》，中华书局，1975 年，5313 页；《册府元龟》卷九九五、卷九六四，凤凰出版社，2006 年，11521、11170 页。

③ 《旧唐书》卷一九八《西戎传》"大食国"条。

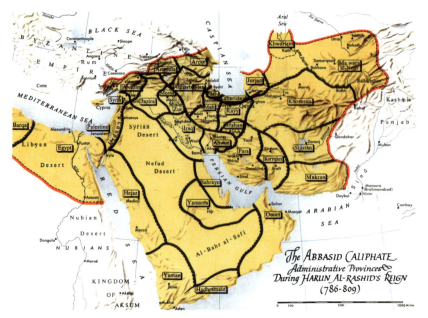

大食使", 发"波斯道"行军①, 护送泥涅师师到吐火罗斯坦, 继续抵抗大食②。
波斯流亡政府和中亚地区的各个大小不同的王国, 如康、安、曹、史、石等昭
武九姓国和吐火罗、支汗那（Chaghāniyan）、骨咄（Khuttal）、俱位等国, 纷
纷遣使唐朝, 寻求支援和庇护, 但此时唐朝正在与吐蕃王朝及西突厥余部反复
争夺安西四镇, 无暇他顾。

　　705 年, 屈底波（Qutayba ibn Muslim）出任呼罗珊总督, 阿拉伯帝国改变
松散的羁縻统治形式, 开始打算牢固占有中亚地区。708 年, 泥涅师师无法
抵抗大食人的步伐, 最后逃回到唐朝, 不久病死长安。大食逐渐占据粟特地区
和下吐火罗斯坦, 但因为自身的内乱, 与唐朝、吐蕃争夺拔汗那与葱岭南部地
区, 北面则与突骑施抗衡, 到 8 世纪中叶, 也没有完全控制葱岭以西的中亚③。

　　750 年, 阿卜勒·阿拔斯（Abū'l 'Abbās, 750—754）推翻白衣大食, 建立阿
拔斯王朝（'Abbāsids）, 因习惯穿黑衣, 故唐人称"黑衣大食"（地图 3）。阿

---

① 《旧唐书》卷八四《裴行俭传》, 2802—2803 页。《新唐书》卷二二一《西域传》, 中华书局,
1975 年, 6259 页。
② 姜伯勤《吐鲁番文书所见的"波斯军"》,《中国史研究》1986 年第 1 期, 128—135 页; 荣新
江《吐鲁番文书〈唐某人自书历官状〉所记西域史事钩沉》,《西北史地》1987 年第 4 期, 54—55 页。
③ 有关大食攻占中亚的历程, 参看王小甫《唐吐蕃大食政治关系史》, 北京大学出版社, 1992
年, 相关部分。

拔斯把都城从大马士革东迁到幼发拉底河中游的苦法（al-Kūfah）。762 年，第二代哈里发曼苏尔（al-Manṣūr，754—775）选择位于底格里斯河中游的巴格达（Baghdād）小村，决心建设宏伟永恒的新都——平安京（Dār al-Salām）（图 14-1），这里距离原萨珊王朝都城泰西封不远。此后，曼苏尔又建设了萨玛拉（Sāmarrā），这里在 836 至 892 年间成为阿拔斯王朝连续八位哈里发的都城。

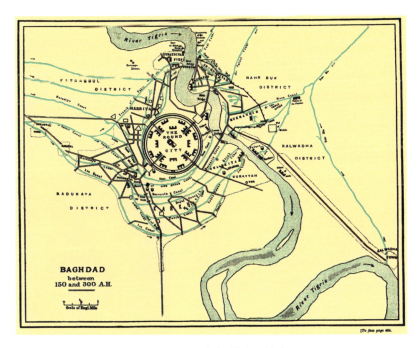

图 14-1　黑衣大食时期的巴格达

黑衣大食三个都城的特点，都是面向东方。曼苏尔建都巴格达的用意之一，就是开展对中国等东方国家的贸易。塔巴里《年代记》说："这个地方（巴格达）是一个优良的营地，此外，这里有底格里斯河，可以使我们接触像中国那样遥远的国度，并带给我们海洋所能提供的一切。"[①]阿拔斯王朝政治重

---

① 　转引自业师张广达先生《海舶来天方，丝路通大食——中国与阿拉伯世界的历史联系的回顾》一文。本讲所用译名、材料，多来自张先生此文，特此说明，见张广达《文本、图像与文化流传》，广西师范大学出版社，2008 年，139—140 页。

心的向东迁移，虽然丢失了倭马亚王朝控制的哈里发帝国的西疆，但比较稳固地统治了东部伊斯兰世界达五百年之久，从而创造了灿烂辉煌的阿拉伯文明，也迎来与唐宋时期中国交往的黄金时代。

阿拔斯王朝促进了海上贸易的繁荣，海湾地区的港口城市，如末罗（今巴士拉）、乌剌（今乌布剌）、尸罗夫（Sīrāf）、瓮蛮（没巽，苏哈尔）、阿丹（'Adan，又名三兰，Sāmrān 或 Samrān，今也门），成为重要的贸易口岸。其中的乌剌港，被阿拉伯地理学家巴拉祖里（al-Balādhurī，卒于 892 年）、迪纳瓦里（al-Dīnawarī，卒于 895 年）称作"中国港"，表明这里有通向中国的贸易联系。

在中亚的吐火罗斯坦和索格底亚那，阿拉伯的势力推进到唐朝的羁縻府州范围之内，唐朝无力救援，偶尔也兵戎相见，因此双方往来不多。但通过海上丝绸之路，官方或民间的往来不断。

唐高宗上元中（674—676），有达奚弘通其人泛海西行，从赤土（今马来半岛西部吉打 /Kedah 以南）经三十六国而抵达虔那，此地可能是阿拉伯半岛南部的 Bandar Hish Ghorah[①]。达奚弘通返回唐朝后著有《海南诸蕃行记》一卷，可惜书已亡佚，今天我们依靠《玉海》卷十六所引《中兴书目》，才得以知道达奚弘通西行大食的事实。在今天广州南海神庙中，供奉着两尊"达奚司空"的塑像。传说达奚司空原是印度的使节，因留恋南海神庙而耽误了回国的船只，后客死中国。其像皮肤黝黑，举左手于额前作遥望状（图 14-2）。

图 14-2　南海神庙中的"达奚司空"塑像

---

① 苏继顾校译《岛夷志略》叙论，中华书局，1981 年，5—6 页。

到了宋代，达奚司空被封为助利侯。这位达奚司空的原型应当就是从南海去印度、人食的达奚弘迪，因为被供奉在南海神庙，而其事迹不明，后来就讹传为印度人了。

南海神庙所在的广州，正是唐朝时期远洋航海去印度、阿拉伯世界的出发点，也是大食、波斯商人前来中国首先抵达的口岸，这里也见证了大量阿拉伯人的到来。天宝七载（748），高僧鉴真打算东渡日本，却漂流到广州，曾见城外"江中有婆罗门、波斯、昆仑等舶，不知其数，并载香药、珍宝，积载如山。其舶深六七丈。师子国、大石国、骨唐国、白蛮、赤蛮等往来居〔住〕，种类极多"①。其中的"大石国"即"大食国"，可见有许多大食商人带着香药、珍宝，来到广州，甚至居住下来。史载乾元元年（758）九月癸巳，"广州奏大食国、波斯国兵众攻城，刺史韦利见弃城而遁"②。这些所谓大食、波斯国兵，应当是由商人组成的，他们有能力攻打偌大的广州城，而且逼迫刺史弃城而逃，更说明人数之众。

此外，在另一座与海上丝路密切相关的城市扬州，也有大批阿拉伯商人。安史之乱后，刘展在扬州作乱，淮南节度邓景山引平卢副大使田神功率兵马讨贼，"至扬州，大掠百姓商人资产，郡内比屋发掘略遍"③，"商胡大食、波斯等商旅死者数千人"④。可见当时扬州有数以千计的大食、波斯商胡，他们富有资财，为军人所艳羡。

二、杨良瑶的出使大食

天宝十四载，唐朝发生安禄山叛乱，叛军从河北南下，势如破竹，很快占领两京。唐朝把在河陇和西域的劲旅调到中原勤王，包括于阗等西域王国

---

① 真人元开《唐大和上东征传》，中华书局，2000 年，74 页。
② 《旧唐书》卷一〇《肃宗本纪》，253 页。
③ 《旧唐书》卷一二四《田神功传》，3533 页。
④ 《旧唐书》卷一一〇《邓景山传》，3313 页。

的军队，其中据说也有大食兵。唐朝自顾不暇，葱岭以西逐渐被大食占领，葱岭以东的塔里木盆地，则相对平静。

吐蕃乘虚而入，从青藏高原北上河陇，蚕食唐朝领土，从 764 年到 776 年，陆续攻占河西走廊的凉、甘、肃、瓜等州，并围起沙州，没有强攻。因为双方关系一度改善，建中四年（783）正月，唐蕃在清水会盟，划定边界，和平相处。

好景不长，建中四年十月，唐长安发生泾原兵变，朱泚在长安称帝，德宗逃至奉天。兴元元年（784）正月，唐朝急忙派遣秘书监崔汉衡出使吐蕃，搬取救兵，条件是讨平朱泚，唐朝以安西、北庭土地相赠。四月，吐蕃出兵相救。五月，吐蕃军助唐军大破朱泚，大概因为天气炎热，旋即退去。吐蕃救兵的到来，使唐朝得以转危为安。七月，德宗自兴元返长安。吐蕃遣使来索要安西、北庭之地。德宗的谋臣李泌以为："安西、北庭，人性骁悍，控制西域五十七国，及十姓突厥，又分吐蕃之势，使不能并兵东侵，奈何拱手与之，且两镇之人，势孤地远，尽忠竭力，为国家固守近二十年，诚可哀怜。一旦弃之以与戎狄，彼其心必深怨中国，他日从吐蕃入寇，如报私雠矣。况日者吐蕃观望不进，阴持两端，大掠武功，受赂而去，何功之有！"[①] 于是，德宗听从李泌建议，拒绝所请，唐蕃关系随之破裂，吐蕃"放纵兵马，蹂践禾苗，〔驱掠〕边境之人"。贞元二年（786）八月，吐蕃大军入寇泾（今镇原）、陇（今陇县）、邠（今彬县）、宁（今宁县），游骑深入到京畿好畤（今乾县西北），德宗诏浑瑊等将兵屯咸阳以备之。九月，吐蕃攻好畤，长安戒严[②]。与此同时，吐蕃占领敦煌，并向西域挺进。

正是在唐蕃关系破裂，吐蕃大举进攻唐朝之前的贞元元年四月，唐朝派遣使臣杨良瑶出使黑衣大食。这显然是实施李泌的联络回纥、南诏、大食、天竺来共同夹击吐蕃的战略方针，李泌曾说："大食在西域为最强，自葱岭尽

---

① 《资治通鉴》卷二三一，中华书局，1956 年，7442 页。
② 《资治通鉴》卷二三一，7470、7472 页。

西海，地几半天下，与天竺皆慕中国，代与吐蕃为仇，臣故知其可招也。"①虽然这是在杨良瑶出使以后两年多才记录下来的话，但李泌作为德宗的智囊，拒绝给予吐蕃安西、北庭之地是他的主意，联络回纥、南诏、大食、天竺共同夹击吐蕃也是他的主意，贞元三年他对德宗所说的这个想法，恐怕早已成竹在胸，因为吐蕃的进攻，是由唐朝爽约而来，自爽约之时起，李泌应当就考虑到如何对付随之而来的吐蕃进攻。所以，合理的推测是，杨良瑶的出使黑衣大食，正是去实施贞元元年李泌和德宗已经考虑到的联合大食、天竺、南诏、回纥共同抗击吐蕃的策略。

坐在长安的唐朝君臣为何想到遥远的黑衣大食？这应当是和唐朝所得到的吐蕃与大食在西域的争斗情形相关。751 年的怛罗斯战役虽然是唐朝和大食的一次遭遇战，但随后的安史之乱削弱了唐朝在西边的力量，大食得以继续东进，直接面对占据大小勃律（Baletistan-Gilgit，巴勒提斯坦－吉尔吉特）的吐蕃。768 年或其后不久，大食军队已经征服箇失密（Kashmir，克什米尔）；769 年入侵高附（Kabul，喀布尔），与占据大小勃律的吐蕃直接对峙，这无疑会触及吐蕃的直接利益，双方在葱岭以西的征战在所难免②。贞元二年，杨良瑶应当还在路途之中时，韩滉上《请伐吐蕃疏》云："吐蕃盗有河湟，为日已久。大历已前，中国多难，所以肆其侵轶。臣闻其近岁已来，兵众寖弱，西逼大食之强，北病回纥之众，东有南诏之防。"黑衣大食在诃伦（Hārūn al-Rashīd，786—809，唐代史籍作"诃论"）及其子马蒙（al-Ma'mūn，813—833）时期最为强盛，唐朝甚至认为，贞元二年时大食"与吐蕃为劲敌，蕃兵大半西御大食"③。说明在李泌之计正式出笼之前，唐朝已经深知大食可以从西面进攻吐蕃，使其国力不足，而唐朝边患则大大减少。从大食和吐蕃开始在

① 《资治通鉴》卷二三三，7505 页。
② 关于贞元初唐朝、吐蕃、大食三方的关系问题，参看张日铭《唐代中国与大食穆斯林》，宁夏人民出版社，2002 年，93—101 页；王小甫《唐吐蕃大食政治关系史》，北京大学出版社，1992 年，206—214 页。
③ 《唐会要》卷一〇〇，上海古籍出版社，1992 年，2127 页。

图 14-3 《杨良瑶神道碑》

西域争斗的时间来看，唐朝在贞元元年得出联合大食，请大食从西部出击吐蕃的想法，是完全可能的。

杨良瑶，传世史传中未见记载，所幸 1984 年在陕西省泾阳县云阳镇小户杨村发现的《杨良瑶神道碑》（图 14-3），使其被湮没的事迹重显于世[①]。据碑文，他出身弘农杨氏，曾祖为唐元功臣，也就是帮助玄宗灭掉中宗皇后韦氏的禁军将领。肃宗至德年间（756—757），入为内养，成为宦官。代宗永泰时（765），因为出使安抚叛乱的狼山部落首领塌实力继章有功，授任行内侍省掖庭局监作。大历六年（771），加朝议郎、宫闱局丞。后曾奉使安南，宣慰荒外。九年，出使广州，遇哥舒晃叛乱被执，不为所动。十二年，事件平息，以功迁宫闱令。德宗兴元初（784），朱泚叛乱，随崔汉衡出使吐蕃，乞师而旋。乱平，迁内侍省内给事。六月，加朝散大夫。贞元元年（785），出使黑衣大食。

《杨良瑶神道碑》有关出使大食的记载如下：

> 贞元初，既清寇难，天下乂安，四海无波，九译入觐。昔使绝域，西汉难其选；今通区外，皇上思其人。比才类能，非公莫可。以贞元元年四月，赐绯鱼袋，充聘国使于黑衣大食，备判官、内傔，受国信、诏书。奉命遂行，不畏厥远。届乎南海，舍陆登舟。邈尔无惮险之容，懔然有必济之色。义激

---

① 张世民《杨良瑶：中国最早航海下西洋的外交使节》，《咸阳师范学院学报》第 20 卷第 3 期，2005 年，4—8 页。

左右，忠感鬼神。公于是剪发祭波，指日誓众。遂得阳侯敛浪，屏翳调风。挂帆凌汗漫之空，举棹乘颢森之气。黑夜则神灯表路，白昼乃仙兽前驱。星霜再周，经过万国。播皇风于异俗，被声教于无垠。往返如期，成命不坠。斯又我公杖忠信之明效也。四年六月，转中大夫。七月，封弘农县开国男，食邑三百户。

　　贞元元年四月杨良瑶出使时，唐蕃关系已经破裂，长安西北边横亘着吐蕃的劲骑。从长安往西最便捷的河西走廊通道，已经落入吐蕃人之手。如果向北先到回纥汗国，再扒向西，走天山南北的丝绸之路，虽然是可以走通的，但路上很难说不会遇到吐蕃和其他部族劫掠的风险。特别是杨良瑶一行负有很明确的政治、军事目的，他们随身携带的诏书，一定写着联络大食、进攻吐蕃的字样，一旦落入吐蕃军队或亲吐蕃部族的手中，使者必死无疑，而朝廷的使命也就无法完成，所以杨良瑶使团一行选择海路前往大食。

　　走海路去大食，最佳的出发点就是广州（南海郡），故此碑文说"届乎南海，舍陆登舟"。广州治南海县，天宝元年曾改广州为南海郡，乾元元年复为广州①。贞元元年时虽然正式的称呼是广州，但南海仍是广州的别名，特别是在文学作品中，南海和广州交替使用。广州是唐朝海外贸易的重要港口（图14-4），也是海上丝绸之路的中国起点之一。唐朝至迟到开元二年

图14-4　唐朝海外贸易港口的标志广州怀圣寺光塔

---

① 《元和郡县图志》卷三四"岭南道广州"条，中华书局，1983年，885—887页。

（714）已经在广州设立海外贸易的管理机构——市舶司，以市舶使掌之。《册府元龟》卷五四六《谏诤部·直谏》一三记载："开元二年……市舶使右威卫中郎将周庆立、波斯僧及烈等，广造奇器异巧以进。"[①] 说明这里是海外奇器异巧进入唐朝的口岸。广州也是当时远洋航行船舶的集结地。前述天宝七载高僧鉴真在广州时，见城外"江中有婆罗门、波斯、昆仑等舶，不知其数，并载香药、珍宝，积载如山。其舶深六七丈"。因此，当时人们如果要出海远行，可以选择不同类型的船只。杨良瑶作为唐朝官方正式的使臣，恐怕还是要选择唐朝自己的船舶。《中国印度见闻录》法译本序言据《印度珍奇志》说："波斯湾的商人乘坐中国的大船，才完成他们头几次越过中国南海的航行。"[②] 其时间应当与杨良瑶的出使时间接近。桑原骘藏《中国阿拉伯海上交通史》也称赞中国海船："大食海舶虽然轻快，但较之中国海舶，则不免构造脆弱，形体畸小，抵抗风涛之力不强也。"[③] 这类中国造的大船，应当是杨良瑶一行的首选。

杨良瑶一行到广州的时候，杜佑时任广州刺史、岭南节度使，正在大力推行海外贸易的发展。杜佑自兴元元年三月移刺广府，"乃修伍列，开康庄，礼俗以阜，火灾自息，南金象齿，航海贸迁"，城市面貌更新，人知礼仪，而且发展海外贸易，珍稀物品贸迁而来。杜佑还"导其善利，推以信诚，万船继至，百货错出"[④]。贞元初年广州在杜佑的治理下，处在一个社会安定，海外贸易发达的时期，这为杨良瑶的出使提供了物质基础和良好的社会环境。

杨良瑶之所以选择广州作为出发地，可能还有一个原因，就是去找杜佑的侄子杜环，从他那里了解阿拉伯地区的见闻和他回程所经的海路情况。我

---

① 《册府元龟》卷五四六，6243—6244 页。参看《旧唐书》卷八《玄宗纪》，174 页。

② 阿拉伯佚名《中国印度见闻录》(*Relation de la Chine el de l'Inde*)，穆根来、汶江、黄倬汉译，中华书局，1983 年，法译本序言 25 页。

③ 桑原骘藏《中国阿拉伯海上交通史》，冯攸译，商务印书馆，1934 年，119 页。

④ 权德舆《杜公淮南遗爱碑铭并序》，《全唐文》卷四九六，中华书局，1983 年，5056 页下栏。关于杜佑在广州的政绩，参看郭锋《杜佑评传》，南京大学出版社，2004 年，101—108 页。

们知道，杜环是在天宝十载随安西四镇节度使高仙芝西征石国（Chach，今塔什干），在怛罗斯（Talas）战败被俘，却因此得以从中亚前往阿拉伯世界的核心地区（今伊拉克境），流寓黑衣大食都城苦法（al-Kūfah，今 Meshed-Ali）等地约十年，在肃宗宝应元年（762）附商舶，经海路回到广州。他记述此行见闻的《经行记》原书已佚，其片断文字保留在他的叔父杜佑所撰《通典》卷一九二、一九三《边防典》中①。因此可以说，杜佑所掌握的杜环《经行记》，是杨良瑶出使大食的最好指南，不仅所去的目的地是杜环刚刚游历过的地区，而且他走的海路，也是杨良瑶选择的路线。《通典》说杜环是从广州登岸的，到杨良瑶出使的贞元元年，我们不知道杜环本人是否仍在广州，这种可能性是存在的，至少，杨良瑶可以从杜佑那里见到杜环的《经行记》，这是他出使大食的最好指南手册。

此外，杨良瑶出使大食，要"经行万国"，也需要准备许多皇帝赐给外蕃的礼物。唐朝在广州设有市舶司，往往以宦官为市舶使。市舶使通过管理海外贸易所得的丰厚财产，正好可以为杨良瑶的出使提供物质基础，他可以通过宦官的系统，在当地备办礼品，省去从长安开始的长途运输。这一点，或许也是唐朝选择广州作为杨良瑶使团出使地点的原因之一。

走海路，就要面对惊涛骇浪。杨良瑶本是关内弘农人，因曾祖为唐元功臣，以功赏赐云阳别业，遂为京兆人。因此可以说，他是出身内陆的人士，自小并不熟悉海洋。在他出使黑衣大食之前，曾到过安南（治交趾，今越南河内）和广州，应当有近海航行的体验。但毕竟大食遥远，远洋航行，一定危险重重。那杨良瑶一行又是如何面对他们即将面对的惊涛骇浪呢？

《杨良瑶神道碑》称："邈尔无惮险之容，憬然有必济之色。义激左右，忠感鬼神。公于是剪发祭波，指日誓众。遂得阳侯敛浪，屏翳调风。"意思是说，不论多远也没有任何惧怕艰险的面容，而且憬然有一定要远航到达的容

---

① 杜佑《通典》卷一九一《边防典》七及相关部分，中华书局，1995 年，5199 页。张一纯有《经行记笺注》，中华书局，2000 年与慧超《往五天竺国传》合为一册印行。

图 14-5　南海神庙

色，用这样的决心，来感化鬼神相助。具体的做法，是剪下一束头发，用来祭祀海洋的波涛，并手指上天，对众宣誓。由此，他们得到风平浪静的回报。除掉文学的修饰之词，这里所透露出来的，就是面对海洋，古人必然要用庄严的祭祀活动，来求得上天相助，鬼神帮忙。

　　那么，杨良瑶一行的祭波仪式在哪里举行呢？最可能的地点，就是广州的南海祠，也叫南海庙（图 14-5）。南海祠是隋开皇十四年（594）立于广州南海县南海镇（今黄埔区庙头村），以祭祀南海神。唐朝承继隋制，祭祀南海神是国家祭祀的组成部分，即所谓"岳镇海渎"之一，属于中祀，天宝十载还进封南海神为广利王。每年一次由地方长官按时祭祀，也有因为特殊原因而从中央派专使到广州祭祀南海神。南海神不仅仅是官方的祭祀对象，也是民间商人、渔民等各类民众祭祀、崇拜的偶像。对于出洋远行的人来说，南海神更加是必须祭拜的了①。因此，杨良瑶一行祭祀的地点，应当就在南海祠，他们祈求的内容，正好是在南海神庇护范围之内的。

① 参看王元林《国家祭祀与海上丝路遗迹——广州南海神庙研究》，中华书局，2006 年，49—97 页。

唐朝时期的南海神庙，应当就在珠江的岸边，所以杨良瑶一行很可能祭祀礼仪完毕后，就从这里"舍陆登舟"，扬帆远行了。

《杨良瑶神道碑》说他们一行出使，"星霜再周，经过万国。播皇风于异俗，被声教于无垠。往返如期，成命不坠"。所谓"星霜再周"的"星"指星辰，一年运转一周；"霜"则指每年霜降。星霜一周即一年，再周应当是两年，所以这次出使应当至少是用了两年时间①。使团贞元元年四月出发，考虑到贞元四年六月杨良瑶因出使被转迁中大夫，那么使团一行恐怕是在贞元三年下半年回到长安。

根据古代下西洋所遵循的季风规律，一般来说，唐代阿拉伯商船从波斯湾到广州走一个来回约需要 18 个月。从中国出发到波斯湾的航程是：10 至 12 月从广州出发，利用东北季风前往马六甲海峡，1 月份穿过孟加拉湾，在 2 月或 3 月抵达阿拉伯半岛南部，最终在 4 月份乘西南季风抵达马斯喀特（Muscat）港。从波斯湾返回中国的航程是：9—10 月从波斯湾出发，利用东北季风穿过印度洋，11—12 月抵达印度马拉巴尔海岸，1 月份抵达马来半岛等候季风，4—5 月份趁南中国海无台风时抵达广州②。

据此推算，杨良瑶出使往返的时间，用公历来算，应当是 785 年 6 月从长安出发，8 月到达广州，10 月从广州乘船出发，786 年 4 月到达马斯喀特港，5 月到达巴格达。在黑衣大食停留数月后，786 年 9 月离开波斯湾，787 年 5 月回到广州，787 年 7 月（贞元三年五至六月）返抵长安，如果他们在广州逗留长一点，则到长安时已是下半年了。

《杨良瑶神道碑》对于他们的航行过程，用墨极少："挂帆凌汗漫之空，举棹乘颢森之气。黑夜则神灯表路，白昼乃仙兽前驱。星霜再周，经过万

---

① 桑原骘藏曾对大食与中国（广州）之间的航程日数进行过专门研究，表明唐代两地间往返航行"常须二年以上之时日"，参看其所著《中国阿拉伯海上交通史》，109—111 页。

② 钱江《古代波斯湾的航海活动与贸易港埠》，《海交史研究》2010 年第 2 期，12 页。关于阿拉伯、波斯水手向东方航行利用季风的问题，还可参看 J. W. Meri（ed.），*Medieval Islamic Civilization: An Encyclopedia*，New York and London: Routledge, 2006, pp. 556–557, 816–818.

国。"多为对仗的文辞，少有实际的内容。杨良瑶的经行路线，正好和《新唐书·地理志》保存的贾耽《皇华四达记》所录从广州到缚达（巴格达）的路线吻合。贾耽和杨良瑶同在长安，他在贞元十七年编成的《皇华四达记》，很可能用的是杨良瑶的航海记录。这条路线的具体走向，保留在《新唐书·地理志》中（图 14-6）[①]：

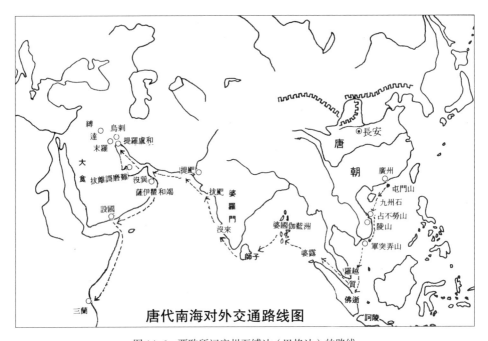

图 14-6　贾耽所记广州至缚达（巴格达）的路线

[①] 有关这段文字的研究论著很多，说法亦有同异，今择善而从，详细讨论，请参看以下论著：费琅《昆仑及南海古代航行考》，冯承钧译，中华书局，2002 年；伯希和《交广印度两道考》，冯承钧译，中华书局，2003 年；冯承钧《中国南洋交通史》，谢方导读，上海古籍出版社，2005 年，31—33 页；韩振华《第八世纪印度波斯航海考》，《中外关系史研究》，香港大学亚洲研究中心，1999 年，353—362 页；陈佳荣《中外交通史》，香港学津书店，1987 年，184—186 页；苏继卿《南海钩沉录》，台湾商务印书馆，1989 年，373—378 页；刘迎胜《丝路文化·海上卷》，浙江人民出版社，1995 年，103—104 页；张广达《海舶来天方，丝路通大食——中国与阿拉伯世界的历史联系的回顾》，《文本、图像与文化流传》，133—180 页；陈炎《海上丝绸之路与文化交流（增订本）》，北京大学出版社，2002 年；林梅村《丝绸之路考古十五讲》，北京大学出版社，2006 年，223—229 页；刘迎胜《海路与陆路——中古时代东西交流研究》，北京大学出版社，2011 年，202—207 页。

广州东南海行，二百里至屯门山（今九龙半岛西北岸一带），乃帆风西行，二日至九州岛石（海南岛东北面之七洲 /Taya 列岛）。又南二日至象石（今海南岛东南之大洲岛 /Tinhosa）。又西南三日行，至占不劳山（Culao Cham，今越南占婆 /Champa 岛），山在环王国（即林邑、占婆，今越南中部占城）东二百里海中。又南二日行至陵山（今越南归仁以北之燕子 /Sa-hoi 岬）。又一日行，至门毒国（今越南归仁）。又一日行，至古笪国（今越南芽庄 /Nha trang）。又半日行，至奔陀浪洲（今越南藩朗 /Phanrang）。又两日行，到军突弄山（今越南昆仑岛 /Poulo Condore）。又五日行至海峡（今马六甲海峡），蕃人谓之"质"（马来语 Selat 之音译），南北百里，北（东）岸则罗越国（今马来半岛南端），南（西）岸则佛逝国（今苏门答腊岛东南部）。佛逝国东水行四五日，至诃陵国（今爪哇岛），南中洲之最大者。又西出峡，三日至葛葛僧祇国（今马六甲海峡南部 Brouwers 群岛），在佛逝西北隅之别岛，国人多钞暴，乘舶者畏惮之。其北（东）岸则个罗国（今马来半岛西岸之吉打 Kedah 一带）。个罗西（北）则哥谷罗国（Qaqola/ Kakula，今马来半岛克拉 Kra 地峡一带）。又从葛葛僧祇四五日行，至胜邓洲（今苏门答腊岛东北岸的日里 Deli 一带）。又西五日行，至婆露国（Breueh，今苏门答腊岛西北之巴鲁斯 /Baros 岛）。又六日行，至婆国（Cola）伽蓝洲（今印度尼科巴 /Nicobar 群岛）。又北[①]四日行，至师子国（今斯里兰卡），其北海岸距南天竺大岸百里。又西四日行，经没来国（Male，今印度马拉巴尔），南天竺之最南境。又西北经十余小国，至婆罗门西境。又西北二日行，至拔日㕭国（今印度西海岸之布罗奇 / Broach）。又十日行，经天竺西境小国五，至提㕭国（Diul，印度西北海岸卡提阿瓦半岛南部 Diudul），其国有弥兰太河（Nahr Mihran，阿拉伯人对印度河的称谓），一曰新头河（今印度河），自北渤昆国（或指大勃律，今克什米尔西北巴尔提斯坦 /Baltistan 一带）来，西流至提㕭国北，入于海。又自提㕭

---

① 伯希和认为此处"北"为"十"或"廿"字之误。参见伯希和《交广印度两道考》，281 页。

国西二十日行，经小国二十余，至提罗卢和国（Djerrarah，今伊朗西部波斯湾头阿巴丹附近），一曰罗和异国（Larwi），国人于海中立华表，夜则置炬其上，使舶人夜行不迷。又西一日行，至乌剌国（今伊朗西南之乌布剌/Al-Ubullah），乃大食国之弗利剌河（今幼发拉底河），南入于海。小舟泝流，二日至末罗国（今伊拉克巴士拉/Baṣra），大食重镇也。又西北陆行千里，至茂门（Amīr al-mu'minīn）王所都缚达城（今巴格达/Baghdad）。

　　贾耽所说"国人于海中立华表，夜则置炬其上，使舶人夜行不迷"，与《杨良瑶神道碑》所说"黑夜则神灯表路"，如出一辙，都是来自杨良瑶的亲身体验，甚至亲口所述。由杨良瑶到贾耽，最终形成了唐朝海上通往南洋、印度洋的官方行走路线，这无疑对于后来经行海上丝绸之路的使臣或各种目的的行旅，提供了指南和帮助。

　　阿拉伯文和波斯文的地理著作中，也记载了8—9世纪时从巴格达或波斯湾到广州的航线，从另一个方向印证了杨良瑶使团的经行路线。如编定于851年的阿拉伯史籍《中国印度见闻录》（Kitāb 'Ahbār al-Sīn wa'l-Hind）卷一，就详细记录了苏莱曼（Sulamān al-Tājir）或其他一些商人从波斯湾到广州所经过的不同海域、岛屿及在航行中的所见所闻[1]。伊本·胡尔达兹比赫（Ibn Khurdādhbih）在《道里邦国志》（Kitāb al-Masālik wa'l-Mamālik）也记载了大约是9世纪下半叶到10世纪初从巴士拉到广州的海上航程，对于经行的地点和里程都有详细的记录[2]。对此，学者已有详细论述[3]。

---

[1] 《中国印度见闻录》，3—10页。

[2] 伊本·胡尔达兹比赫著，宋岘译注《道里邦国志》，中华书局，1991年，63—74页。

[3] G. F. Hourani, *Arab Seafaring in the Indian Ocean in Ancient and Early Medieval Times*, Princeton University Press, 1995, pp. 61-79；马建春《唐朝与大食的海上交通》，所著《大食、西域与占代中国》，上海古籍出版社，2008年，3—24页。

三、从陆地走向海洋

杨良瑶的出使黑衣大食，在丝绸之路历史上意义重大，它开启了唐朝官方经海路与西方世界的交往和贸易。我们知道，唐朝自显庆三年（658）灭西突厥汗国，成为葱岭东西、天山南北西域诸国的宗主后，从长安出发的陆上丝绸之路畅通无阻。《资治通鉴》玄宗天宝十二载（753）有一段叙述称：

> 是时中国盛强，自安远门（即开远门）西尽唐境万二千里，闾阎相望，桑麻翳野，天下称富庶者无如陇右。[1]

所以，唐朝与西域的官方往来主要是通过陆上丝路来进行，我们看新旧《唐书》有关西域诸国的朝贡往来记录，就可以一目了然。但安史之乱爆发后，吐蕃乘虚而入，占领河西陇右，进而占领西域南道诸国；西域北道也不为唐守，最后落入漠北回鹘的手中。回鹘与唐朝关系大体上亲善，所以贞元初年以前还可以从西域北道经回鹘路，绕行蒙古高原的回鹘都城，再南下进入唐朝地域。但这条道路毕竟不那么好走，所以在贞元六年（790）悟空自西域返回唐朝以后，官方使者就没有见到记录。虽然吐蕃统治河西西域时期并没有断绝丝绸之路，但主要还是僧侣和商人，而唐朝的大队使臣是无法通行无阻的。

到了公元9世纪中叶，回鹘汗国破灭（840），吐蕃帝国崩溃（842），河西有张议潮的归义军政权，又有甘州回鹘，西域则北有高昌回鹘，南有于阗王国，这些大一些的政权中间，还分散着许多势力颇强的部族，如党项、吐蕃、嗢末、龙家、南山、仲云等。直到11世纪上半叶，虽然各个小国间中转贸易往来不绝，使者也络绎于途，但与唐朝时期的国家使团和商队相较，似乎规模要小。

---

① 司马光等《资治通鉴》卷二一六，6919 页。

图 14-7 "黑石号"发现的唐物

与此同时，虽然中国的海上丝绸之路开通非常之早，南方立国的政权也曾着力经营这条前往印度，甚至波斯的贸易通道，但在隋唐统一时期，官方使臣还是走陆路为主，海路更多的是商人和僧侣在利用，这些我们从安史之乱前的有关记录中，就可以清晰地看出这一点。到了安史之乱以后则不同，从杨良瑶开始，唐朝正式的使臣从海路前往西域诸国，从而也带动了唐朝与阿拉伯、波斯地区的贸易往来。我们从唐朝史籍中看到大量中晚唐波斯、大食商胡在东南沿海的活动记录，而多年来海上沉船如"黑石号"（图 14-7）的打捞，也证明了中唐以来经海路的中西贸易往来的频繁与盛大。我们虽然不能说都是和杨良瑶的出使有关，但杨良瑶的出使，无疑是唐朝政府对东西方联系的顶层设计，是具有指导意义的方针政策，因此也就推进了海上丝绸之路的发展。

杨良瑶的出使黑衣大食，无疑大大促进了通过海路的东西文化交流，似乎从贞元初年开始，海上丝路日益繁荣兴盛起来。王虔休《进岭南馆王市舶使院图表》说：

〔贞元年间，〕梯山航海，岁来中国；诸蕃君长，远慕皇风，宝舶荐臻，倍于恒数。①

李翱《检校礼部尚书广州刺史充岭南节度使东海徐公行状》称：

〔贞元末，〕蕃国岁来互市，奇珠、璀瑂、异香、文犀，皆浮海舶以来。②

大量物质文化产品源源运往东南沿海。广州是最主要的外来珍货的入口，因此岭南节度使或广州刺史是个肥缺，也是时人注意的焦点，不论是贪官还是廉吏，都备受关注。长庆元年（821），工部尚书郑权出任岭南节度使兼广州刺史，韩愈写有《送郑尚书序》，其中说：

外国之货日至，珠香、象犀、玳瑁奇物，溢于中国，不可胜用。③

《旧唐书·郑权传》称：

权出镇，有中人之助。南海多珍货，权颇积聚以遗之，大为朝士所嗤。④

这位郑尚书经不住诱惑，贪图财货，为士大夫所嗤笑。

宝历二年（826），胡证为广州刺史，《旧唐书》本传说：

广州有海舶之利，货贝狎至。证善蓄积，务华侈，厚自奉养，童奴数百，于京城修行里起第，连亘间巷。岭表奇货，道途不绝，京邑推为富家。……

---

① 《文苑英华》卷六一三，中华书局，1966 年，3180 页。
② 《文苑英华》卷九七六，5137 页。
③ 韩愈著，阎琦校注《韩昌黎文集注释》上，三秦出版社，2004 年，430 页。
④ 《旧唐书》卷一六二《郑权传》，4246 页。

禁军利其财……乃破其家。一日之内，家财并尽。①

这是两个贪官的例子，后者的下场更加可悲。

开成元年（836），卢钧任广州刺史兼岭南节度使，史称：

南海有蛮舶之利，珍货辐辏。旧帅作法兴利以致富，凡为南海者，靡不捆载而还。钧性仁恕，为政廉洁，请监军领市舶使，己一不干预。②

不兼任市舶事，就是为了杜绝贪腐。卢钧曾在大中元年（847）推荐大食人李彦昇入朝，经科举考试而成为唐朝官员。唐代进士及第，须通五经，明时务，所以进士登第，十分荣耀。大中初年时，正是中官李敬实任市舶使之时，其非贪吝之辈，"夷人安泰，不逾旬月，蕃商大至，宝货盈衢"③。大中二年，韦正贯出任岭南节度使，其神道碑称：

先是海外蕃贾籯象犀贝珠而至者，帅与监舶使必搂其伟异，而以比弊抑赏之，至者见欺，来者殆绝。公悉变故态，一无取求，问其所安，交易其物，海客大至。④

《韦正贯墓志》已出土，也说到大中二年他出任岭南节度使：

波斯、诃陵（爪哇）诸国，其犀象海物到岸，皆先籍其尤者，而市舶使以布帛不中度者酬之。公理一削其事，问其所便以给焉。⑤

---

① 《旧唐书》卷一六三《胡证传》，4260 页。
② 《旧唐书》卷一七七《卢钧传》，4591—4592 页。
③ 《李敬实墓志》，《全唐文补遗》第 1 辑，三秦出版社，1994 年，378 页。
④ 萧邺《岭南节度使韦公神道碑》，《文苑英华》卷九一五，4818 页。
⑤ 《长安新出墓志》，文物出版社，2011 年，283 页。

图 14-8　法门寺地宫发现的晚唐伊斯兰玻璃器（植物纹盘）

　　这是两位正面的典型。无论正反面的例子，都说明中晚唐时期广州海外贸易之盛。

　　中晚唐时期这类经由海上丝绸之路到达中国的舶来品逐渐增多，在广州及东南沿海许多地方都有出土，有的也被带到天下宝物所聚之都——长安。我们这里只举一个例子，即 1987 年陕西扶风法门寺地宫发现的晚唐埋入的 18 件伊斯兰玻璃器（图 14-8），即有贴塑纹盘口瓶、素面蓝玻璃瓶、拉斯特彩罂粟纹盘、刻花描金十字纹团花蓝玻璃盘、刻花描金八弧波浪纹团花蓝玻璃盘、刻花描金四层花瓣团花蓝玻璃盘、刻花描金八弧形团花蓝玻璃盘、刻花米哈拉布花卉虚实方格纹蓝玻璃盘等等，均为完整的伊斯兰玻璃器，它们不像是陆路进入中原的物品，而更像是从海路而来的。伊斯兰文物专家马文宽先生把这批玻璃器的原产地考证为伊拉克[①]，也就是黑衣大食，我想是和当时的历史背景相符的。我们还可以进一步猜想，这些法门寺地宫文物原本都是长安宫廷的收藏或实用器皿，其中也不排除有贞元初年杨良瑶从黑衣大食带回来的贡品。

---

① 　阿卜杜拉·马文宽《伊斯兰世界文物在中国的发现与研究》，宗教文化出版社，2006 年，1—26 页。

第
十
五
讲

 # 中国与阿拉伯世界的交往和"四大发明"的西传

中国与阿拉伯世界的交往有着丰富多彩的内容，不论是相互之间的商品、物产交流，还是商人、传教士的人员往来，在唐宋时期都达到了空前的繁盛景象。而我们常常所说的中国"四大发明"的西传，也是在中阿交往的背景下进行的，而其具体内容则远比我们一般所知的要更加丰富多彩。本讲利用前人的研究成果和自己的点滴研究所得，对相关问题加以阐述。

一、唐朝与大食的物质文化交流

从唐高宗永徽二年（651）开始，阿拉伯人（唐朝称大食）就开始与唐朝建立了联系。不论唐朝还是大食，都拥有着设施完备的陆上交通道路，并且有一整套驿传制度加以保障。从首都到边地均有驿站，道路四通八达，这些驿馆设施为运输物资、商旅往来提供了便利条件，促进了东西贸易交换和物质文化交流。虽然7世纪后半到8世纪前半，中亚的局势比较混乱，影响着官方使团的往来，但民间商旅恐怕不会断绝。

20世纪60年代，西安唐墓曾出土过三枚阿拉伯金币（图15-1），约铸造

于 702、718、746 年，大概
在 8 世纪后半期和 9 世纪前
半期随葬。这些被认为是
现在所知中阿陆路往来的
最早实物证据[①]。其实，货
币是一种携带十分方便的

图 15-1　西安唐墓出土阿拉伯金币

钱币，而经由海路来华并到长安贸易的大食商人，同样可以带来这样的货币，
所以也不一定非要和陆路联系起来，但陆上的交往一定是存在的。

　　从 8 世纪中叶以降，因为中国西北和中亚地区政局的剧烈变幻，商旅常
常受到敌对国家或离散部族的劫掠，所以中国和阿拉伯世界之间的交往更多
地改走海路。除了政治原因外，唐朝经济重心的南移，东西方航海、造船术
的进步，都起了推动作用。阿拉伯帝国的兴起和强大，更是海上丝绸之路兴
盛的主要原因。阿拉伯人早就以经商为名，阿拉伯半岛东南的阿曼、南面的
亚丁都是自古以来的大港，从这时开始，海上贸易的垄断权开始转入阿拉伯
人的手中，甚至有人说印度洋成了"阿拉伯湖"，大食人的海上霸权地位一直
维持到 15 世纪葡萄牙人的东来。

　　与陆上的驼队相比，海上的船只运载货物的量要大得多，而且一些易碎
的物品如玻璃、陶瓷，要比陆上更容易运输。虽然有不同于陆上驼队的风险，
甚至有整船沉没的灾难不时发生，但仍然有大量商人前赴后继，把东西方的
商品倒来运去。

　　唐宋之际，许多中国产品都大宗地向阿拉伯地区出口，大量的物品经
过东南亚、南亚转运至阿拉伯地区，近代以来在海上丝绸之路沿线打捞出一
些沉船，印证了当年的商业往来。印度尼西亚附近海域发现的"黑石号"沉
船，就是唐宝历二年（826）前从扬州或广州开往阿拉伯地区的一艘商船，满

---

① 　何汉南《西安市西窑头村唐墓清理记》，《考古》1965 年第 8 期，383、388 页；夏鼐《西安
唐墓出土阿拉伯金币》，《考古》1965 年第 8 期，420—423 页，图版一之 1—16。

图 15-2　"黑石号"沉船的瓷器

载着中国的货物，以瓷器为大宗（图 15-2），货物总数有 6 万件之多[1]。另一条"印坦号"沉船，则是五代末期或宋初从广州开出去的商船，其中也有大量中国的瓷器、银锭、香料等货物[2]。阿拉伯作家扎希兹（al-Jāḥiz，776—868）编著的《商务的观察》（*Kitāb al-Tabaṣṣur bi-l-tijāra*）记载，当时阿拉伯帝国首都巴格达的许多货物都来自中国，包括丝绸、瓷器、纸、墨、鞍、剑、香料、麝香、肉桂、孔雀等等[3]。10 世纪的地理学家伊本·胡尔达兹比赫（Ibn Khurdadhbīh）《道里邦国志》中列举的中国输入阿拉伯地区的物品，则有白绸、彩缯、金花锦（即销金缎）、瓷器、麻醉药、麝香、沉香木、马鞍、貂皮、肉桂、姜等等[4]。

　　正是由于有大量中国物品进入阿拉伯世界，所以阿拉伯文就把一些来自中国的物品名称加上后缀 Sīnī（中国），如 dar Sīnī（肉桂）、Zajabīb Sīnī（姜）、ward Sīnī（玫瑰），khāki Sīnī（中国土，指烧瓷的高岭土）等。学者撒阿利比（al-Thaʿālibī，961—1038）说："阿拉伯人习惯于把一切精美的或制作奇巧的器皿，不管真正的原产地为何地，都称为'中国的'（ṣīnīya）。直到今天，驰名的一些形制的盘碟仍然被叫作'中国'。在制作珍品异物方面，今天和过去

① 上海博物馆编《宝历风物："黑石号"沉船出水珍品》，上海书画出版社，2020 年。

② 杜希德、思鉴《沉船遗宝：一艘十世纪沉船上的中国银锭》，荣新江主编《唐研究》第 10 卷，北京大学出版社，2004 年，383—432 页。

③ 转引自业师张广达先生《海舶来天方，丝路通大食——中国与阿拉伯世界的历史联系的回顾》一文。本讲所用译名、材料，多来自张先生此文，特此说明，见作者《文本、图像与文化流传》，广西师范大学出版社，2008 年，139—140 页。

④ 见张广达先生上引文的归纳。伊本·胡尔达兹比赫《道里邦国志》有宋岘汉译本，中华书局，1991 年。

一样，中国以心灵手巧、技艺精湛著称。"[①] 一些物品还被阿拉伯人赋予了神奇的性能，如 al-Khār Ṣīnī（中国铁），可以用来制箭，有毒性，射中人必然致死；还可以用来做镜，则可以辟邪；用来钓鱼，则鱼不会脱钩；用来制铃，则音响不绝。这种金属为炼金术者所利用，并有专书记载，如阿拉伯炼丹术士哈伊延·本·扎比尔（Hayyān b. Jabir）的《中国铁之书》（*Kītāb al-khār ṣīnī*）[②]。

归纳起来，阿拉伯人最为称赞的唐代中国的技术产品有：涂在器物上防水的蜡料，涂在皮革上的轻漆，烧制玻璃等的瓷土配方，制墨的配方，制马鞍的技术，制马鞭的方法，打磨铜镜的方法，液铁炼钢的方法，浆洗丝绸、麻布的方法，缝制防水衣料的方法等等[③]。

与此同时，也有大量阿拉伯地区出产的物品或大食制作的商品进入中国。

许多阿拉伯半岛栽种的植物引入中国，如椰枣树、刺桐、茉莉花（耶悉花）、押不芦（作为麻醉药用的曼陀罗花）、莙荙菜（根刀菜）等。椰枣树又称海棕，盛产于海湾地区和伊拉克、亚丁等地区，是阿拉伯世界最富特色的树木，唐代中期已经作为观赏植物移植中国。诗人杜甫就写过一首《海棕行》，记述他在四川绵阳涪江畔看到的这种龙鳞犀甲、苍棱白皮的树木；晚唐学者段成式按波斯语名称之为"窟莽"[④]；刘恂《岭表录异》卷下描述椰枣皮肉软烂、甜过砂糖，又记广州种有椰枣树，人称之为"海棕"；宋人宋祁《益部方物略记》、元人陶宗仪《南村辍耕录》，都提到过这种树木。刺桐又名齐暾果、油橄榄，晚唐诗人陈陶有《泉州刺桐花咏兼呈赵使君》七绝六首，描写"越人多种刺桐花"，"刺桐屏障满中都"的盛景[⑤]。

① C. E. Bosworth, *The Book of Curious and Entertaining Information*, Edinburgh University Press, 1968, p. 141. 转引自张广达先生文。

② J. Needham, *Science and Civilisation in China*, Vol. Ⅴ, Part 4, Cambridge, 1980, p. 429.

③ J. Needham, *Science and Civilisation in China*, Vol. Ⅴ, Part 4, p. 452.

④ 许逸民《西阳杂俎校笺》前集卷十八，中华书局，2015 年，1340 页。

⑤ 《全唐诗》卷七四六，中华书局，1960 年，8491 页。

图 15-3　洛阳关林唐墓出土的素面玻璃香水瓶

从阿拉伯地区贩卖到中国的商品种类繁多，其中以香药、犀角、象牙、珠宝为主，宋代尤以香料贸易为最盛。大食人经营香料贸易达到空前巨大的规模，所经营的香料品种有四十余种，其中以乳香（熏陆香）、龙涎香（阿末香）、苏哈香油、蔷薇水、木香、没药、金颜香、安息香等为大宗（图 15-3）。乳香产于阿拉伯半岛南部海达拉毛（Ḥaḍramawt）的三个口岸，即麻罗拔（Mirbat）、施曷（Shiḥr）、奴发（Dhufar，今佐法尔）；龙涎香上品产于瓮蛮（今阿曼）；蔷薇水产于麻罗拔、记施（Kish）以及海湾地区①。香料恐怕是对中国影响最大的阿拉伯输入的商品。

此外，各种各样奢侈品也大量输入。大食的一些舶主商人经常代表国王向宋朝廷馈赠，包括象牙、犀角、香料、珠宝，以获取高额的回赐。北宋初年，有大食舶主蒲希密、蒲押陀黎父子几次进奉贡品，其中包括象牙、乳香、镔铁、红丝吉贝、五色杂花蕃锦、白越诺布、驼毛褥面、蔷薇水、龙脑、腽肭脐等②。南宋高宗绍兴元年（1131），大食人蒲里亚进贡大象牙二百零九株、大犀角三十五株③。绍兴六年，大食蕃客啰辛运乳香到，价三十万缗④。根据《宋会要辑稿·蕃夷》四、七和《玉海》《宋史·大食传》等文献的记载，从宋太祖开宝元年（968）到南宋孝宗乾道四年（1168）的二百年间，以诃黎

---

① 见张广达先生上引文。
② 《宋史》卷四九〇《外国传》六"大食"条，中华书局，1977 年，14118—14119 页。
③ 《宋会要辑稿》第 197 册"蕃夷"四，中华书局，1957 年，7760 页。
④ 《宋史》卷一八五《食货志》下七"香"条，4537 页。

佛（即哈里发）等名义来华贡献的大食人有 49 次之多[1]。宋朝因香料贸易获得丰厚利益，太宗淳化年间（990—994），市舶收入日益重要。徽宗崇宁年间（1102—1106），市舶岁入约 110 万缗，约占国库收入的 1/60[2]。南宋初年，仅广闽二处的市舶之利即达 200 万缗，成为南宋偏安政府财政收入的重要来源，占 1/20。香料和奢侈品的大量输入也导致宋朝铜钱的大量外流，宋开国之初即颁禁令，南宋也再三禁止铜钱出境，但形同具文，阿拉伯港口城市出土的大量宋钱即是证明[3]。

二、中阿人员往来与伊斯兰教的传入

随着海路的开通，海上丝绸之路上的商人——阿拉伯人（也包括波斯人），也和陆上丝路商人——粟特人一样，成批地来到中国。唐宋以来，许多阿拉伯商人来到东南沿海的广州、泉州、扬州，甚至进入长江中游的洪州（南昌）来做买卖。这些侨民往往聚族而居，住的地方叫蕃坊，自设蕃长，管理一些公事，这也类似于粟特人的聚落。对应于海外贸易，唐朝不晚于玄宗开元二年（714）就开始设立市舶司加以管制。目前所知最早的市舶使是周庆立，《册府元龟》卷五四六《谏诤部》"直谏"条记载："柳泽开元二年为殿中侍御史、岭南监选使，会市舶使、右威卫中郎将周庆立，波斯僧及烈等，广造奇器异巧以进。泽上书谏曰：臣闻不见可欲使心不乱，是知见欲而心乱矣。窃见庆立等雕镌诡物，制造奇器，用浮巧为珍玩，以谲怪为异宝，乃理国之所巨蠹，圣王之所严罚，紊乱圣谋，汩敦彝典。"[4] 可见周庆立是作为一个反面人物出现的，因为这一职务是个肥缺，任职者往往向蕃商勒索财物，收受贿

---

[1]　白寿彝《宋时大食商人在中国的活动》，收于《中国伊斯兰史存稿》，宁夏人民出版社，1982 年，128 页。

[2]　白寿彝《宋时大食商人在中国的活动》，160 页。

[3]　以上为张广达先生文的总结归纳。

[4]　《册府元龟》卷五四六，凤凰出版社，2006 年，6243—6244 页。

赂，因此任职者多涉官司。

尽管蕃商要向唐朝政府交纳舶脚、收市、进奉等名目的各种税，并受市舶使和地方官的勒索，但前来从事贸易的人员仍然很多。安史之乱后的一次扬州变乱中，平卢节度副使田神功率兵入扬州，大掠百姓、商人资产，大食、波斯商胡死者数千人[①]。阿拉伯史料还记载，唐末农民起义军黄巢攻下广州后，杀死了十二万（一说二十万）大食、波斯等外籍商人以及拜火教、基督教、犹太教教徒[②]。这一记载在汉文史料中没有得到验证，但反映了广州地区外国商人之多的情况。

来华的大食人虽然数以千万计，但留下名字的却屈指可数。迄今所知最早留有名姓的大食商人是一位阿曼人，名叫阿卜·乌拜达（Abū 'Ubayda 'Abdallāh b. al-Qāsim），在758年以前来华，从事与中国的沉香木贸易。在8、9世纪之交，有一位名叫纳扎尔·本·麦蒙（al-Nazar b. Maymūn）的商人，来自巴士拉，以居间撮合的方式从事与中国的贸易，最终豪富。成书于851年的佚名作者《中国印度见闻录》（Kitāb 'Aḥbār al-ṣīn wa'l-Hind）中，记述了商人苏莱曼（Sulamān al-Tājir）等人的东方见闻，其中有关于中国的丝、酒、醋、糖、茶、瓷器等物产，以及行政、司法、市舶等记录。915年一位定居巴士拉的失罗夫人阿卜·扎伊德（Abū Zayd al-Sīrāfī）根据海员和来华人士的叙述，编写了另一份见闻录，其中详尽记录了一位名叫伊本·瓦哈卜·巴士里（Ibn Wahb al-Baṣrī）的人的游历过程。他在870年从故乡巴士拉启程，搭乘东来中国的海舶到达广州，然后前往长安，在876年拜见了登基不久的僖宗，介绍了阿拉伯的情况，并带回有关长安和中国的见闻[③]。他向他的同乡这样描绘长安城朱雀大街东面的情况："在这个区域，沿街开凿了小河，淌着潺潺流

---

① 《旧唐书》卷一二四《田神功传》，中华书局，1975年，3533页；《旧唐书》卷一一〇《邓景山传》，3313页。

② 《中国印度见闻录》，穆根来、汶江、黄倬汉译，中华书局，1983年，96页。

③ 以上诸人事迹，系张广达先生上引文据 T. Lewicki, "Les premiers commerçants arabes en Chine"（*Rocznik Orientalistyczny*, XI, 1935, pp. 179-180）、《中国印度见闻录》钩沉和阐述的。

水；路旁，葱茏的树木整然有序，一幢幢邸宅鳞次栉比。"① 这潺潺的流水，葱郁的树木，鳞次栉比的甲第，真切地展示了长安的面貌，甲第也由此成为外国人眼中长安城市的符号②。

到了宋代，大食商人仍然在蕃商中势力居于首位。1178 年成书的周去非《岭外代答》说："诸蕃国之富盛多宝货者，莫如大食国。"③ 宋代来华大食人聚居于广州、泉州（泉南）、福州、明州、杭州（临安）等地，依然自立蕃坊，置蕃长处理公事。朱彧《萍洲可谈》卷二记："广州蕃坊，海外诸国人聚居，置蕃长一人，管勾蕃坊公事。"经商致富而留下名字的大食商人同样不多，但具有代表性。961 年，阿拉伯地理学家伊本·哈乌嘎勒（Ibn Ḥawqal）在巴士拉见到富商阿卜·贝克尔·阿赫迈德·尸罗维（Abū Bakr Aḥmad b. ʿUmar Sīrāfī），他饶有赀财，拥有许多船舶。他装备了一艘驶往印度、层拔或中国的货船，并把全部货载交给合伙人或出资人，而不索取代价或报偿。埃及和叙利业的玛木鲁克王朝（Mamlūk，1250—1517）一位经营钱庄和商业的犹太卡里米（Kārimī）家族的人，因从事对中国的布帛贸易而获利；另一位该家族成员伊祖丁·故临·卡里米（ʿIzz al-Dīn ʿAbd al-ʿAzīz b. Manṣūr al-Kūlamī al-Kārimī），从阿勒坡（Aleppo）移居巴格达，先后五次到过中国，贩运瓷器等珍品，从而赚得大量财富④。

唐宋时期来华的阿拉伯商人聚财很多，蕃坊的蕃长往往由大商人把握，有钱有势。11 世纪中期，广州有一位蕃长名辛押陀罗，来自勿巡（阿曼），

① 《中国印度见闻录》，穆根来、汶江、黄倬汉译，107—108 页。

② 参看荣新江《高楼对紫陌，甲第连青山——唐长安城的甲第及其象征意义》，《中华文史论丛》2009 年第 4 期，1—39 页。

③ 杨武泉《岭外代答校注》，中华书局，1999 年，126 页。

④ 以上两例是张广达先生上引文据伊本·哈乌嘎勒《地球形象之书》（*Kitāb Sūrat al-ard*），M. J. de Goeje ed., *Bibliobeca Geographorum Arabicorum*, vol. 2, suppl. By J. H. Kramers, Leiden, 1939, pp. 290-229；J. H. Kramers and G. Wiet tr., *Configuration dela Terre*, 2, Beirut and Paris, pp. 284-285；Arthur Lane and R. B. Serjeant, "Pottery and Glass Fragments from Littoral, with Historical Notes", *Journal of the Royal Asiatic Society*, 1948, 3-4, pp. 113-114 所做概述。

在中国居留数十年，积累家资数百万缗，被宋朝封为归德将军（一作怀化将军）。1072 年，他作为勿巡国进奉使入朝聘问，向神宗请求"统察蕃长司公务"，并出资助修广州城壁，后者未获准许，但他在广州仍然起着"开导种落，岁致梯航"的作用，并曾捐资卖田，大力协助复兴郡学[1]。宋朝末年，泉州阿拉伯商人蒲寿庚，掌握泉州市舶司多年，积聚了大批财富，还拥有大量海舶。元军进攻泉州，他率众投降，对不习水战的元军给予有力支持，为元军最终战胜宋朝，起了举足轻重的作用[2]。

大量入华的阿拉伯人定居中国，并与汉人通婚，这些蕃客被称为"住唐"，正像汉人在海外逾岁不归者被称为"住蕃"一样。有些蕃客接受汉文化的熏陶，逐渐掌握汉文诗书礼法，并参加唐朝的科举考试。唐宣宗大中元年（847），岭南节度使卢钧推荐大食人李彦昇入朝，次年进士及第。唐代进士及第者须通五经，明时务，所以进士登第，十分荣耀[3]。李彦昇应当是住唐多年的阿拉伯人后裔，已经深度汉化。这无疑是一些大食人融入中国社会的一种选择。

随着大批阿拉伯商人的东来，他们所信奉的伊斯兰教也随之传入中国。据说先知穆罕默德有一条训教称："学问，即便远在中国，亦当求得之。"[4] 这条训教也促使某些信徒前往遥远的中国，寻求学问，传播教法。有关伊斯兰教最早传入中国有种种传说，表明这种宗教的到来不是传教士传播的结果，而更像是随着商人的进入而流入中国。流传比较广的一则传说是，先知穆罕默德的门徒有四大贤人，在唐高祖武德中（618—626）来华传教，一位贤人

---

[1]　苏辙《龙川略志》卷五"辨人告户断事"条，中华书局，1982 年，28—29 页；《宋史》卷四九〇《外国传》"大食"条，14121 页；苏轼《苏轼全集》卷三九《辛押陀罗归德将军》，上海古籍出版社，2000 年，1402 页。

[2]　参看桑原骘藏《宋末提举市舶西域人蒲寿庚之事迹》，上海，1923 年；陈裕菁译《蒲寿庚考》，中华书局，1954 年重印本。

[3]　陈黯《华心》，《全唐文》卷七六七，中华书局，1983 年，7986 页。参看张广达先生上引文。

[4]　苏赫拉瓦尔底（'Abdullāh al-Ma'mūn al-Suhrawardi）编《穆罕默德圣训》（*The Sayings of Muhammad〔hadith〕*），伦敦，1941 年，第 273 条。转引自张广达先生上引文。

到了广州，第二位去了扬州，三贤、四贤传教于泉州，泉州东南郊外灵山的"圣墓"，就埋葬着三贤、四贤①。这一传说和大食商人在中国最早的分布正相符合，所以有一定的合理性。而考古工作者对泉州圣墓墓廊形制的分析，也多少印证了一些传说的内容，伊斯兰教的入华，可能是在唐朝初年。

随着穆斯林人数的增多，正式的宗教教团也随着确立，伊斯兰教宗教活动和节日礼拜的场所也随之建立。从 11 世纪以来，广州、

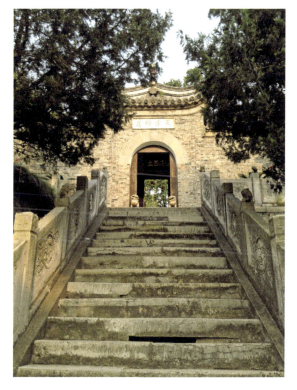

图 15-4　扬州的清真寺

泉州、扬州等地建立的清真寺不下六七座，其中著名的有：1009 年在泉州建立的艾苏哈卜寺，1310 年伊朗设拉子人贾德斯出资重修；1131—1162 年间撒那威（即尸罗夫）人纳只卜·穆兹喜鲁丁在泉州修建的清净寺②；1275 年，补好丁修建了扬州的清真寺（图 15-4）。此外，1162—1163 年，穆斯林商人试那围（Sīrāfī）在泉州建立了蕃商公墓③。这样，伊斯兰教就在中国东南沿海地区立住了脚跟。

① 何乔远《闽书》卷七《方域志》"灵山"条。
② 关于艾苏哈卜寺与清净寺的关系，参看福建省泉州海外交通史博物馆编《泉州伊斯兰教石刻》，福州，1984 年，8—10 页。
③ 见张广达先生上引文。

三、造纸术的西传

前面第四讲中，我们曾讨论纸的发明、早期在西域地区的传播情形。推测至晚在 5 世纪上半叶，吐鲁番盆地的高昌国已能够自己造纸[①]。阿斯塔那 151 墓出土的《高昌逋人史延明等名籍》（620 年之前文书）中，有"纸师隗头六奴"名[②]，说明麹氏高昌国有造纸的工匠。另外，阿斯塔那 167 号墓出土唐代文书中，有"当上典狱配纸坊驱使"的记载[③]，说明吐鲁番当地有造纸的纸坊存在。

造纸术的西传中亚地区，则要晚到 751 年，是怛罗斯（Talas）之战唐朝工匠被俘的结果。黑衣大食成立的第二年，在中亚就发生了著名的大食与唐朝之间的怛罗斯之战。此前，亲大食的石国（Chach）与亲唐朝的拔汗那（Ferghāna）不睦，与反唐的黄姓突骑施及一些流散的九姓胡众纠集起来，形成一股反唐势力。安西四镇节度使高仙芝率军平定石国及同党，"生擒突骑施可汗、吐蕃大首领及石国王并可敦及杰帅（揭师）"[④]，于天宝十载（751）正月入朝献俘。石国王子求援于大食，黑衣大食呼罗珊总督并·波悉林（Abu Mūslim）派齐雅德·萨利赫（Ziyād b. Sālih）前往支援石国；而高仙芝应宁远国王之请，进击石国。751 年 7 月（天宝十载八月），双方军队在怛罗斯相遇，鏖战五日，由于唐军中的葛逻禄部阵前倒戈，唐军大败。据汉文史料说，高仙芝军有蕃汉两三万人，逃归的只有数千人[⑤]；阿拉伯史料则有些夸张，说唐

---

① 潘吉星《中国造纸技术史稿》，文物出版社，1979 年，138 页。
② 唐长孺主编《吐鲁番出土文书》贰，文物出版社，1994 年，106 页；参看潘吉星上引著作，136—137、183—184 页。
③ 唐长孺主编《吐鲁番出土文书》肆，文物出版社，1996 年，385 页。
④ 《册府元龟》卷四三四《将帅部·献捷一》，5158 页。
⑤ 《旧唐书》卷一〇九《李嗣业传》，3298 页；《资治通鉴》卷二一六"天宝十载"条，中华书局，1956 年，6907 页。

军有十万人，被杀约五万，俘虏两万①。这场战役在阿拉伯文献中被描绘成影响深远的中亚历史转折点，而在汉语文献里则仅仅是一场遭遇战。不久之后（755 年）发生的安史之乱，才给唐朝在中亚的势力以致命打击。

从中国与阿拉伯世界交往史来看，怛罗斯之战的一个客观结果，是导致了中国技术知识的西传。按照唐朝节度军镇设置的体制，其内部除文臣、武将、掌书记、译语人之外，还有各种技术人员，包括绘制地图、制造武器、铸造钱币、织造各种服装，以及制作纸、笔等各行各业的能工巧匠。这些随军出征的工匠应当有相当一部分人在阿拉伯史料所说的两万被俘人员中，他们没有被杀掉，而是被送到阿拉伯帝国的各个地区。其中一位俘虏，就是唐朝宰相杜佑的族子杜环。他不仅没有被害，还被允许到处游历，从中亚的拔汗那国（今费尔干纳）、碎叶（今阿克贝西姆）、石国（今塔什干）、康国（今撒马尔罕）、朱禄国（末禄国，今土库曼斯坦马里）、波斯国（今伊朗）、苫国（今叙利亚）、大食（阿拉伯），甚至远到非洲的摩邻国（在今埃塞俄比亚），走访了阿拉伯帝国的许多地方，最后在 762 年乘商船，经师子国（今斯里兰卡），从海路回到广州，把自己的经历写成一本《经行记》，可惜原书散佚，片段文字保存在其叔父杜佑的《通典》当中。杜环在书中记载道，被俘去的工匠中有："绫绢机杼，金银匠、画匠，汉匠起作画者，京兆人樊淑、刘泚；织络者，河东人乐隈、吕礼。"②这里有用机杼织造高级丝织品绫和绢者，有制作金银器的工匠，有绘画的画匠，有起画样的汉匠，这些人有的来自京兆府，即长安附近；还有织络布的匠人，他们来自河东（今山西）。

杜环没有提到纸匠，但怛罗斯之战最重要的技术转移应当是造纸术的西传，这在阿拉伯语史料中多有记载。9 世纪上半叶阿拉伯学者塔米姆·伊本·巴赫尔（Tamīm Ibn Baḥr）的回鹘行纪中，引述了一位阿拉伯作家阿卜

① 阿西尔（Ibn al-Athîr）《全史》，转引自 D. M. Dunlop, "A New Source of Information on the Battle of Talas or Atlakh", *Ural-Altaische Jahrbücher* 36, 1964, pp. 326-327. 参看刘戈《全史选释》（上），《中亚研究》1988 年第 1、2 期。
② 杜环著，张一纯笺注《经行记笺注》，中华书局，2000 年，55 页。

勒·法德勒·瓦斯吉尔迪（Abū'l-Faḍl al-Vāsjirdī）的记录："穆斯林卤获甚丰，掳来的一些人的孩子们就是现在在撒马尔罕制造上好纸张、各种兵器、各种工具的人。"① 这里所说的俘虏的孩子们，应当就是 751 年怛罗斯之战被俘虏的唐军子弟。这段记载让我们了解到中国工匠在撒马尔罕从事造纸、造武器、造各种工具的情形，也是最早提到造纸术传入阿拉伯地区的史料。

上面提到过的撒阿利比的《珍闻谐趣之书》说："纸只见于这里（指撒马尔罕——引者）和中国。《道里郡国志》（913—914 年扎伊哈尼所著——引者）的作者告诉我们，纸是由中国俘虏传来撒马尔罕的。吉雅德·本·萨利赫擒获了这些战俘，其中有纸匠。这种手工业从此发展起来，产品不仅可以供应本地的需求，而且成为撒马尔罕人主要外销的货物。它因此也调剂了世界各地人民的需要和幸福。"② 这里更直接说到这些传播造纸术的俘虏，就是怛罗斯之战中的纸匠，他们为撒马尔罕造纸业的发展奠定基础，并且成为当地主要的外销货物。

同时代的学者比鲁尼（al-Bīrūnī, 973—1050）《印度》一书中也说："中国的战俘把造纸术传入撒马尔罕，从那以后，许多地方建立起来纸坊，以满足当时的需要。"③ 也印证了怛罗斯战俘把造纸术传入撒马尔罕，而且由此传播到其他许多地方，使得造纸术在阿拉伯世界广泛传播开来。

786—809 年是哈里发哈仑·拉施德（Hārūn al-Rashīd，诃论）在位期间，此时正是阿拔斯朝势力鼎盛之时，他任命的呼罗珊总督叶海亚（al-Faḍl b. Yaḥyā）于 794 年在巴格达建立了第一所造纸场。阿拔斯朝下令所有政府公文均以纸张代替革纸，目的是防范涂改。很快，在大马士革、也门、特里波里等地都纷纷建立了纸坊，所产纸用地区或制造者来命名，有苏莱曼纸、扎耳

① V. Minorsky, "Tamīm Ibn Baḥr's Journey to the Uyghurs", *Bulletin of the School of Oriental and African Studies*, XII.2, 1948, p. 285.

② C. E. Bosworth, *The Book of Curious and Entertaining Information*, p. 140.

③ al-Bīrūnī, *Alberuni's India*, ed. G. Sachau, London, 1914, p. 171. 以上三条材料均转引自张广达先生文。

法尔纸、塔勒希纸、塔希里纸等等，分布在整个阿拉伯半岛及波斯地区[①]。

9 世纪，造纸术传到埃及。在埃及的法尤姆（el Faiyūm）曾发现大批古代的纸，其中 719—815 年间有三十六件文书为纸草纸；816—912 年间有九十六件纸草纸，二十四件东方纸；913—1009 年有九件纸草，七十七件东方纸；这表明从 8 至 10 世纪，埃及的纸草逐渐为中国发明的纸所取代。10 世纪初摩洛哥首府建立了造纸中心，造纸术由此传入西班牙。以后从埃及经地中海传到西西里和意大利，西西里的国王 1145 年曾禁止用纸，以保护纸草，但因为使用纸已成为发展趋势，所以在欧洲很快传播开来。欧美各地造纸开始的年份如下：1150 年以前西班牙，1189 年法国埃罗建造纸场，1276 年意大利蒙地法诺建纸厂，1391 年德国科隆建纸厂，1491 年波兰克拉科夫，1494 年英国考克斯敦，1498 年奥地利维也纳，1576 年俄国莫斯科，1635 年丹麦，1690 年挪威，1690 年美国费城。

造纸术的西传，使阿拉伯地区和欧美各国陆续获得了一种廉价的书写材料，从而推动了当地科学、文化的发展和社会的进步。在诃论的儿子马蒙（al-Ma'mūn，813—833）在位期间，830 年黑衣大食在巴格达创立了"智慧宫"，由科学院、图书馆、译书馆组成，网罗各种专门人才，利用撒马尔罕和巴格达提供的轻便的纸，大批翻译希腊文、叙利亚文、波斯文、梵文的著作，由此保存了许多古希腊的科学著作。

到了 10 世纪，白衣大食的后裔在西班牙建立了西萨拉森帝国，又叫科尔多瓦哈里发国家，建都于科尔多瓦（Córdoba），在阿卜杜·拉曼三世（'Abd al Rahmān Ⅲ）统治期间（912—961），开始了翻译的浪潮，把古代犹太人的著作译为阿拉伯文，更重要的是把阿拉伯文的科学著作，包括希腊文的译本，转译成拉丁文，为欧洲近代学术著作的拉丁化开了先河。当时的科尔多瓦，实际是西欧文化的中心，它拥有七十多所图书馆，收罗了大量的阿拉伯文献，以后，这里成为欧洲各地人求学的地方，使阿拉伯文献中保存的东西方文化，

[①]　此段也据张广达先生文摘要叙述。

进入欧洲。这些科学文化繁荣昌盛的物质条件，就是造纸术的传播。

四、印刷术的西传

印刷术和造纸的发明一样，也不是某个人的创造，而是多年集体劳动的结果、经验积累的结晶。印刷的基本条件是凸雕反文，中国很早就为印刷术的发明准备了一些条件。①印章：殷代已有印章，汉代又有封泥之制，用朱墨印印泥，封住木函、贡物和租布等，印泥用墨或朱砂，有阴文、阳文，皆刻反文，与雕版印刷同一道理。②石经：中国刻碑石出现于战国。东汉时儒学最盛，为统一经典，汉灵帝自熹平四年（175）始刻石经，共46石，20余万字。以后又陆续五次刻石经，唐文宗开成年间（836—840）所刻最有名，存西安碑林。这是刻石为书的形式，是与刻印书籍以广流传同样的想法。③拓片：碑有椎拓之法，用墨将正文碑铭拓成正文的碑帖。椎拓起源于南北朝，现存最早的拓本是敦煌发现的三件唐拓，即632年的《化度寺塔铭》，654年的《温泉铭》，824年的《金刚经》。这和印刷书籍是同一理念。④宗教性的印像、印佛和刻经：道家很早就有刻枣心木辟邪的做法，木四寸见方，佩带在身，上刻符咒，最长的达120字。佛教徒则刻印佛像。在民间，每逢节日，百姓在河边沙地上用模子印佛像，称作印沙佛或印沙。这些技法都为印刷术的发明准备了必要的条件，即刻和印。除技术条件外，纸张的大批生产和墨的制作则是物质条件，特别是东汉时发明的人造松烟墨到魏晋时已相当精妙，其墨色漆黑，而且不模糊漫漶，是印刷用的上好着色原料。

在这些基础上，印刷术应运而生。但关于印刷术的发明年代，从南北朝至隋唐五代，总共有二十余种说法，还没有定论，但有些没有证据。

现存最早的中国刻本，一说是韩国庆州佛国寺释迦塔中发现的《无垢清净陀罗尼经》，此经是704年译出，佛国寺建于751年，刻本中有武则天造的新字，因此推断为704—751年在长安印成，传至新罗。但因佛国寺后

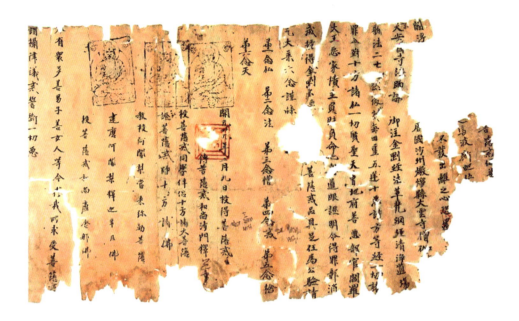

图 15-5　《唐开元二十九年（741）二月九日沙州大云寺授菩萨戒牒》

来重修过，而且武后新字在废除后，仍在边疆地区使用了很长时间，所以也未成定论。此外，成都唐墓出土过《陀罗尼经咒》刻本，日本也保存有相当于盛唐时的《陀罗尼》刻本，但年代都不准确。最近我撰文考证，目前所见最早的带有明确纪年的雕版印刷品，是俄藏敦煌文书 Дx.02881+Дx.02882《唐开元二十九年（741）二月九日沙州大云寺授菩萨戒牒》（图 15-5）上所印佛像[①]。而现存世界上第一部标有明确年代的木板印刷书籍，仍然是敦煌发现的咸通九年（868）王玠出资刻印的《金刚经》，现藏伦敦英国国家图书馆。因此，印刷术至晚在唐朝前期已经出现，是没有问题的。

　　唐武宗以后，刻书成为风气，早期印刷品主要是阴阳、占梦、佛教咒语

---

① 　Rong Xinjiang, "The Earliest Extant Example of Woodblock Printing: the Precept Certificate of the 29th Year of Kaiyuan（741 A.D.）"（tr. Fu Ma）, *Pis'mennye pamiatniki Vostoka* 18.3（festschrift for Popova）, 2021, pp. 118–125.

等宗教信仰方面的文本，还有就是字书、韵书、历书、医书等，都是民间流行或实际应用的小本书籍，刻书的地点除长安、洛阳外，主要在江南。四川的益州（成都）印刷业相当发达，敦煌晚唐的刻本书籍大多来自成都。

五代时，冯道据开成石经刻印九经，开始较大规模刻印中国典籍文献。宋太祖开宝年间（968—976）刻大藏经，即开宝藏，是我国第一部佛藏，计1076 部，5048 卷，雕版 13 万块。开宝藏影响辽、金两朝，刻印了契丹藏和金藏。宋朝南渡后，又在南方刻印过几套藏经。

宋代对印刷术的另一贡献是，仁宗庆历年间（1041—1048）毕昇发明了活字印刷，用蜡版固定泥活字，印制书籍。宋代印刷术得到普及，大量印刷书籍，使许多书籍得以保存下来；而且印制纸币，促进了商品经济的发展。宋代以后，印刷术又有铜活字和套色印刷等进步。唐宋时期中国和阿拉伯世界交往如此频繁，来华的阿拉伯商人如此之多，如他们聚居的扬州就是印刷很发达的地方，所以很难设想没有任何传播的可能。在雷纳（J. T. Reinaud）收集的阿拉伯世界腹地埃及出土品中，有 50 件印刷品，时间在 900—1350 年间，所刻内容是伊斯兰教的，文字用阿拉伯文和科普特文，虽然还搞不清这些印刷品确切地在什么时候和通过什么途径使之产生，但它们至少在中国和欧洲印刷术之间架起了一个桥梁①。

但由于阿拉伯人对印刷术的宗教偏见，使这一技术的传播拖延了数百年。传说阿拉伯人认为印刷用的刷帚是用某种动物的鬃毛做的，用它来印刷伊斯兰圣人的名字，是对神明的亵渎，是罪大恶极；同时，抄写经典是虔诚的表现；所以，在所有阿拉伯国家一直没有接受印刷术。直到 1729 年土耳其的君士坦丁堡印刷过一部《埃及史》，出版后遭到强烈的反对。因此，伊斯兰世界直到 1825 年才在开罗建成了第一家印刷厂。但是，这种反对印刷术的做法不可能一统天下，在某些地方印刷术应当是存在的，所以才有这么早的埃及伊

---

① 卡特著，吴泽炎译《中国印刷术的发明和它的西传》，商务印书馆，1957 年，152—158 页。

斯兰教内容的印刷品[①]。

目前知道的比较清楚的印刷术西传情况，大概与丝绸之路上一些绿洲王国有关。目前看来，占据河西走廊西部的沙州归义军，在 10 世纪时曾经自己制作过印刷品。占据吐鲁番盆地的西州回鹘王国，也印制过许多回鹘文的佛经，虽然年代稍晚；在其东边的西夏王国，曾经大量印刷西夏文和汉文佛典[②]。从敦煌、吐鲁番、黑城的出土印刷品可以得知，西夏和西州回鹘曾经在 10 至 13 世纪之间印刷了大批佛典，而且还使用木活字进行印刷。蒙古兴起后，西州回鹘主动归附，首领巴而术阿儿忒的斤成为成吉思汗的第五个儿子，其文化、技术得以保留，并对蒙古帝国的文化建设做出了贡献。从 1218 年开始，蒙古先后三次西征，灭掉中亚的西辽、花剌子模，西亚的波斯，北入斡罗斯，进入欧洲波兰和匈牙利境内，促使了中国和欧洲的直接往来，这些都为印刷术的西传创造机会。

此后，蒙古帝国占据了从中国直到欧洲边境的广阔地区，其中统治西亚的伊利汗国与元朝关系十分友好，也接受了许多元朝的制度。1294 年，伊利汗国在首都大不里士仿元宝钞形式，印刷汉文和阿拉伯文的纸币，因经济的原因，没有流通起来，但伊利汗国肯定是掌握印刷术的。在其宰相拉施特（Rashid al-Din）所著《史集》（*Jami'al-Tawarikh*，1310）中，对中国印刷有详细准确的描述[③]，但波斯地区除印纸币、纸牌外，不印书籍。

印刷术应当是通过埃及、伊朗或蒙古钦察汗国统治下的斡罗斯，再传入欧洲的。欧洲最早在 14 世纪后半叶出现印刷品，即纸牌。以后又出现宗教性的印刷物。到 1423 年，德国的谷腾堡（Gotenberg）受到启发，用铜、锡、锑合金制成欧洲拼音文字的活字，有 1456 年印的《旧约·天王纪》保存下来。

---

① 卡特著，吴泽炎译《中国印刷术的发明和它的西传》，128—129 页。
② 卡特著，吴泽炎译《中国印刷术的发明和它的西传》，118—128 页。
③ 卡特著，吴泽炎译《中国印刷术的发明和它的西传》，148—149 页。

五、黑色火药

我们说"火药是中国的发明"要加一定的限制语,即黄色火药之前的黑色火药,是由硫黄、硝石和木炭按一定比例配合而成。对硝的认识和如何配方,在这一点上,中国走在了前面。

火药的发明和道教炼丹有关。从魏晋到隋唐,炼丹术发展很快,到公元8、9世纪,黑火药实际已在道家的炼丹炉中产生,并且在唐朝末年,开始被用作军事目的。到宋朝时,南北战争频繁,炼丹家外,许多军事专家开始研究火药在战争中的作用,如 1040—1044 年曾公亮等人编著的《武经总要》,就记录了三种火药配方。在宋朝对金、元的战争中,大量使用火药武器,火药武器从火箭、大炮等燃烧性火器,发展到火球、霹雳炮等爆炸性武器。1132 年,湖北德安守将陈规发明了长竹竿火枪;1259 年寿春(安徽寿县)创制突火枪,用火药的推力把子弹射出,管形火器开始出现。到元朝,制成威力更大的火铳,铜制火炮,杀伤力更大①。

由于阿拉伯的炼金术十分发达,随着中国和阿拉伯世界的交往,阿拉伯的炼金术也吸收了中国炼丹术的知识和化学物品。中国特产的硝大概是通过阿拉伯商人经波斯输入阿拉伯地区,波斯人称之为"中国盐"(namak-i cīnī),阿拉伯人称之为"中国雪"(thalj sīnī/ thalj al sīn)。到 13 世纪中叶,阿拉伯国家已经掌握了制造火药的配方,制出火药,阿文称"巴鲁得"(al-bārūd),此字原意指中国的硝。对此,阿拉伯著名兵家哈散·拉玛赫(Ḥasan al-Rammāḥ,? —1295)在他的《骑术和战术》(Kitāb al furūsīya wa'l-munāṣab al-ḥarbīya)一书中有详细记载②。

与此同时,随着蒙古的西征,火药武器由蒙古直接传入阿拉伯国家。蒙

---

① 冯家昇《火药的发明和西传》,华东人民出版社,1954 年,46—47、48—55 页。
② G. S. Colin, "bārūd", *The Encyclopaedia of Islam*, New Ed. I, p. 1055; J. T. Reinaud, "De l'art militaire chez les Arabes", *Journal Asiatique*, XII, 1848, pp. 193-237; XIV, 1849, pp. 251-329. 据张广达先生文转引。

古军队虽然带着火药武器进入欧洲，但为时很短，欧洲没有获得火药武器的机会。在 10 世纪以后欧洲翻译阿拉伯文的科学著作时，初步了解到关于火药的知识，但欧洲真正掌握火药武器，是在 13 世纪末到 14 世纪初几次十字军东征时，在与地中海东岸的阿拉伯国家进行战争中学到的。1326 年，意大利开始在佛罗伦萨制造铁炮、铁弹，火药武器由此传遍了西欧。

火药在欧洲最终成为轰开封建城堡的决定性武器，也是资本主义原始积累时向外扩张的得力武器。

六、指南针

早在战国时期，中国就利用天然磁石制成"司南"，是指南针发明之前的准备。到了宋代，发明了人工磁化的指南针，并在使用磁针的方法上取得重要的进展。北宋科学家沈括的《梦溪笔谈》中，提出了四种磁针的装置方法：①水浮法：把指南针用草浮在水面，②放在指甲上，③放在碗唇上，④用细丝线悬在空中。其中最常用的是水浮法。南宋时陈元靓著《事林广记》中，记载了旱罗盘的安置：将指南针用尖滑竹钉顶住，转动指南。

指南针一经发明，很快就应用于航海。北宋末年朱彧《萍州可谈》卷二记："舟师识地理，夜则观星，昼则观日，阴晦则观指南针。"稍晚的徐兢《宣和奉使高丽图经》证明，北宋宣和年间（1119—1125）航海用的指南针是水浮针，又称作"针盘"，即航海罗盘[①]。元代时，航海不分昼夜阴晴都用指南针导航了，而且开始记录各地指针的度数，出现了某些航线以罗盘指示海路的著作，一般叫《海道针经》《针位编》等。这些都为明初郑和七下西洋打下了基础。

大约在公元 12、13 世纪之交，由于中国与阿拉伯世界频繁的海上往来，

---

① 参看 J. Needham, *Science and Civilisation in China*, Vol. IV, Part 3, Cambridge, 1971, p. 563；周达观著，夏鼐校注《真腊风土记校注》，中华书局，1981 年，23 页。

指南针也由海路传到阿拉伯国家。阿拉伯原用牵星板导航，中国的指南针传入以后，出现了所谓"针圜"（dā'ira al-ibrah）、"针房"（Bayt al-ibrah），他们也按中国式的罗盘分作四十八个方向，用木、苇片托住磁针，或者把空磁盘放在水中，即中国的水浮法[1]。经阿拉伯人之手，中国的罗盘传入欧洲，给当时正在兴起的欧洲航海提供了新的技术武装。

指南针的应用于航海，使东西方获得全天候航行的能力，人类自此可以在茫茫的大海中自由地航行。从此，陆续开辟了许多新航线，缩短了航程，加速了航运速度，促进了中西各国文化间的交往和贸易的往来。在欧洲，对于新大陆的发现和加速资本主义的原始积累，都起了重要的作用。

航海罗盘的应用也促进了航海地图的绘制，特别是欧洲航海家，一方面接受了东方中国、阿拉伯标有罗盘方位线、矩形网格和刻度的绘图因素，又把古希腊中断的定量制图学再度应用于航海图的绘制，奠定了现代地图科学的基础。

马克思在《机器、自然力和科学的应用》中讲到这些发明在欧洲的作用时说："火药、指南针、印刷术——这是预兆资产阶级社会到来的三项伟大发明。火药把骑士阶层炸得粉碎，指南针打开了世界市场并建立了殖民地，而印刷术却变成新教的工具，总的来说变成科学复兴的手段，变成对精神发展创造必要前提的最强大的杠杆。"[2]

---

[1]　J. Klaproth, *Lettre à A. de Humboldt sur l'invention de la boussol*, Paris, 1834, p. 57; *Encyclopaedia Britannica*, Vol. Ⅵ, 2nd Ed., 1910, p. 807. 转引自张广达先生文。
[2]　《马克思恩格斯全集》第三十七卷，人民出版社，2019年，50页。

第
十
六
讲

归义军与东西回鹘的贡献
——绿洲王国与中转贸易

公元 755 年河北爆发安禄山叛乱，唐朝抽调河西、陇右、安西、北庭的劲旅入关内勤王，河陇空虚，青藏高原的吐蕃王国乘虚而入，从青海而上，陆续攻占唐朝辖下的河陇大片土地。到 786 年占领河西走廊最西边的沙州（敦煌）之后，吐蕃军队继续挺进天山东部地区。791 年吐蕃进攻北庭，与唐朝守军及增援的漠北回鹘汗国（744—840）军队会战，虽然吐蕃一度取胜，但不久回鹘汗国即控制了天山东部地区，从北庭、高昌，一直到焉耆、龟兹[①]。到 9 世纪初，吐蕃与回鹘以塔里木盆地为界，各自占领了丝路南道和北道的绿洲王国，但西域各国的王统并没有断绝，而是受吐蕃和回鹘的羁縻统治。

9 世纪中叶，西北地区发生了一系列重要的历史事件。840 年，回鹘汗国被北方的黠戛斯破灭，部众大批西迁天山东部地区。842 年，吐蕃赞普被暗杀，王国从内部崩溃，各地守将各自为政，相互攻掠。848 年，沙州张议潮率众起义，归复唐朝,851 年唐朝建立归义军。经过半个多世纪的争斗，陇右、河西、

---

① 森安孝夫《増補：ウィグルと吐蕃の北庭争奪戦及びその後の西域情勢について》，流沙海西奖学会编《亚洲文化史论丛》第 3 卷，东京，1979 年，201—226 页。

西域兴起不少地方势力，包括沙州归义军（851—1036）、甘州回鹘（？—1028）、西州回鹘（866—1283）、于阗王国（9世纪中至1006）等，北方则兴起了契丹（辽，907—1125）、金（1115—1234）和西夏（982—1227）。

葱岭以西，9世纪已降阿拉伯帝国阿拔斯王朝（750—1258）开始瓦解，其领域内陆续建立了萨曼王朝（Samanides，874—999）、哥疾宁王朝（Ghaznavids，975—1186）、哈喇汗王朝（Karakhanides，940—1213）、塞尔柱王朝（Seljukides，1037—1194）、花剌子模国（Khorezmshâh，约1077—1231）、喀喇契丹（Qara-Khitaï，1124—1218）。

在这个丝绸之路上王国分立的年代中，东西方的外交往来并未断绝，而绿洲王国之间的中转贸易，成为这一时期丝绸之路交往的重要形式。以下两讲大体按从东到西的陆上丝绸之路顺序，依次叙述丝路上地方王国或政权在东西方往来和贸易上的经营，材料较多的政权，只能举最为突出的例证来说明。

一、甘州回鹘

840年，蒙古高原的回鹘汗国发生内乱，渠长句录莫贺勾引回鹘劲敌黠戛斯，合兵十万，攻破回鹘都城，杀死可汗，称雄漠北乃至西域的回鹘汗国破灭。大举西迁的回鹘部众，奔向他们已经占领几十年的天山地区，其中有一支走到花门山堡（今诺颜博格多山脉），转而南下，顺张掖河进入河西走廊中部，自立了可汗，与占领此地的沙州归义军和龙家、通颊等部族发生冲突，大概在884年（唐中和四年），回鹘已经占据甘州（张掖）。晚唐时期归义军内乱不断，肃州（酒泉）也为甘州回鹘所有。910年归义军节度使张承奉确定唐朝已经灭亡，自建金山国，称白衣天子，但很快被甘州回鹘打败，立了"可汗为父，天子为子"的城下之盟。914年曹议金代张承奉，恢复归义军建制，娶甘州回鹘可汗公主为妻，一度与甘州回鹘保持友好关系。此后双方虽有争斗，但基本相安无事。甘州位于河西走廊的交通大道上，北面可以通向漠北，南面越祁连山大斗拔谷可到青海，扼守丝绸之路交通要道，因此在丝路上有着重要的地位。

在晚唐杨矩所撰《翰林学士院旧规》中，有致回鹘天睦可汗的书信样本。这位天睦可汗就是甘州回鹘王国的可汗，恰好在敦煌文书中找到了一件他向唐朝进贡时唐朝官府留下的回赐账单（S.8444）（图16-1），其中天睦可汗进贡的部分已残，但保留了回鹘达干宰相、天睦可汗女、大宰相等进贡的物品清单，在每一项贡品后面，低格写有唐朝官府计算出来的回赐物品数额，主要是高档丝织品[1]。文书残存文字如下：

---

[1]　土肥义和《敦煌发见唐·回鹘间交易关系汉文文书断简考》，《中国古代の法と社会·栗原益男先生古稀記念論集》，汲古书院，1988年，399—436页；刘方汉译《敦煌发现唐、回鹘交易关系汉文文书残片考》，《西北民族研究》1989年第2期，196—209页；李昀《晚唐贡赐的构造——以敦煌文书所见甘州回鹘和沙州归义军的贡赐比价为中心》，荣新江主编《唐研究》第22卷，北京大学出版社，2016年，245—251页。

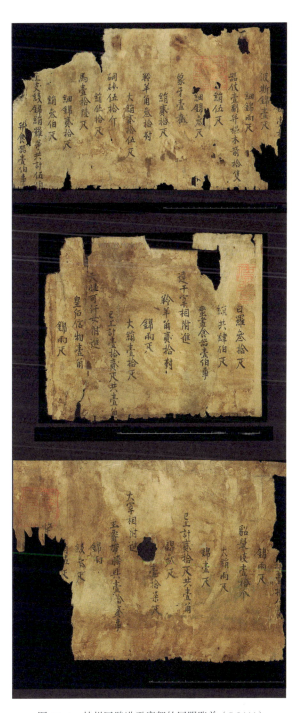

图16-1　甘州回鹘进贡唐朝的回赐账单（S.8444）

（前缺）

A1　　　〔细〕锦壹拾〔

2　　波斯锦壹匹

3　　　细锦两匹

4　　器杖壹副并枢木箭拾只

5　　　绢伍匹

6　　　细锦叁匹

7　　象牙壹截

8　　　绢贰拾匹

9　　羚羊角叁拾对

10　　　大绢贰拾伍匹

11　　硇砂伍拾斤

12　　　绢伍拾匹

13　　马壹拾陆匹

14　　　细锦贰拾匹

15　　　绢叁伯匹

16〔已〕上支绫锦绢罗等共计伍伯〔匹〕

17　　　　　并食器壹伯事

（中缺）

B1　　　白罗叁拾匹

2　　　绢共肆伯匹

3　　　蛮画食器壹伯事

4　达干宰相附进

5　　羚羊角贰拾对

6　　　锦两匹

7　　　大绢壹拾匹

8　　已上计壹拾贰匹共壹角〔

9　天睦可汗女附进

10　　皇后信物壹角

11　　　锦两匹

　　　（中缺）

C1　　　〔大〕绢壹拾伍匹

2　　　　锦两匹

3　　　貂鼠皮壹拾个

4　　　　大绢两匹

5　　　　锦壹匹

6　已上计贰拾匹共壹角

7　　　　锦叁匹

8　　　〔大绢〕壹拾柒匹

9　大宰相附进

10　　玉腰带胯具壹拾贰事

11　　　锦两匹

12　　　绫叁匹

13　　　绢伍匹

14　牦〔

15　　　〔

16　已上〔

　　　（后缺）

这件文书清楚地表明，这种进奉都是有对等的回赐的，所谓朝贡，并非单纯的外交行动，而是同时要进行物与物的贸易交换的。

经过唐末一番混乱之后，到了后唐庄宗时，甘州回鹘又开始向中原王朝进行朝贡。后唐同光二年（924）四月，回鹘权知可汗仁美遣都督李引释迦、副使田铁林、都监杨福安等六十六人进贡"善马九匹、白玉一团"①。

长兴元年（930）十二月，"回鹘顺化可汗仁裕遣使翟末思等三十人，进马八十匹、玉一团"②。

清泰二年（935）七月，"回鹘可汗仁美遣都督陈福海而下七十八人，献马三百六十匹、玉二十团、白氎、斜褐、牦牛尾、绿野马皮、野驼峰"。

后晋天福三年（938）三月，"回鹘可汗王仁美进野马、独峰驼、玉辔头、大鹏砂、碙（硇）砂、腽肭脐、金刚钻、羚羊角、白貂鼠皮、安西丝、白氎布、牦牛尾、野驼峰等物"。

天福四年三月，可汗仁美遣都督拽里敦贡"镂剑玤玉、良马百驹、瑶枕、宝辔、舟盐、麖氎、玉狻猊、白貂鼠、牦牛之尾、騊駼之革"。

天福五年正月，"回鹘可汗仁美遣都督石海金来朝，贡良马百驹，白玉百团〔及白玉鞍辔等〕，谢册命也"③。

少帝以天福七年七月即位，"回鹘都督来朝，献马三百匹、玉百团、玉带一"④。十一月，"回鹘托都督已下进硇砂千八百斤、牦牛尾一千斤、白布一万匹、斜褐一百段、玉梳、玉装刀子等物"⑤。

开运二年（945）二月，"回鹘可汗进玉团、狮子、玉鞍、硇砂、红盐、野驼峰、安西白氎、腽肭脐、大鹏砂、羚羊角、牦牛尾、貂鼠等物"。

后汉乾祐元年（948）五月，"回鹘可汗遣使入贡，献马一百二十匹，玉鞍辔、玉团七十三，白氎百二十七，貂鼠皮二百二十六，牦牛尾一百四十八，玉靬鞢三百三十四，以及羚羊角、硇砂诸药"。

后周广顺二年（952）三月，"回鹘遣使每与难支、使副骨迪历等十二人来朝，贡玉团三、珊瑚树二十、琥珀五十斤、貂鼠皮、毛褐、白氎岑、皮

① 《册府元龟》卷九七二《外臣部・朝贡五》，凤凰出版社，2006 年，11253 页。
② 《册府元龟》卷九七二《外臣部・朝贡五》，11255 页。
③ 以上四条均见《册府元龟》卷九七二《外臣部・朝贡五》，11256 页。
④ 《册府元龟》卷九七二《外臣部・朝贡五》，11257 页。
⑤ 《册府元龟》卷一六九《帝王部・纳贡献》，1883 页。

靴等"。

广顺三年（953）正月，"回鹘入朝使独呈相温白氎段七百七十、玉团一、珊瑚片七十"①。

以上是五代时河西中部的甘州回鹘汗国向中原进贡的物品，所贡之物有于阗的玉石，有龟兹等地盛产的硇砂，有游牧地区驯养的善马，当然张掖地区也出产好马，有安西（以龟兹为中心的塔里木盆地）产的白氎（棉花）、丝、布，有西域的骆驼，有青藏高原的牦牛尾，甚至还有更西方的狮子，以及大量的珍稀动植物、药材、工艺制品等。有的使团贡献的物品数量很大，如天福七年（940）十一月的回鹘使团，带来了硇砂一千八百斤、牦牛尾一千斤、白布一万匹、斜褐一百段，等等。使团的正式成员人数不等，少则一二十人，多则七八十人，从一个使团的运载量来看，整个使团人数众多。

入宋以后，甘州回鹘很快与宋朝建立了联系，而且往来密切，仅乾德三年（965）一年之内，《宋会要》就有这样的记载："四月，〔回鹘〕遣使张都督来贡马十、驼七十、玉七团、琥珀二百二十九斤，硇砂四囊、牦牛尾四十株、毛褐五十段、白氎布三十段、白石二块、玉鞍辔一副、貂鼠皮五十张。""十二月，甘州回鹘可汗遣使孙夜落与沙州、瓜州同入贡马千匹、驼五百、玉五百余团，琥珀五百斤、硇砂四十斤、珊瑚八枝、毛褐千匹、玉带、玉鞍等。"②《宋史》记这次使团还有于阗王国："乾德三年，甘州回鹘可汗、于阗国王等遣使来朝，进马千匹、橐驼五百头、玉五百团、琥珀五百斤。"③可见甘州回鹘一年两次入贡，后一次因为是要赶在新年元旦之前，所以是和沙州、瓜州、于阗等地方政权一起到达开封，而《宋会要》和《宋史》所记应当是总数，《宋史》只记载了前面四项，所贡物品数量非常之大，可以看到当时丝绸之路的朝贡贸易，从于阗，经沙州、瓜州到甘州，再到开封，形成一条贸易链条，

---

① 以上四条均见《册府元龟》卷九七二《外臣部·朝贡五》，11257 页。
② 以上两条均见《宋会要辑稿》"蕃夷四回鹘"条，中华书局，1957 年，7714 页。
③ 《宋史》卷二《太祖本纪》，中华书局，1977 年，23 页。

没有中断，甚至一年不止一支使团。

二、沙州归义军

唐宣宗大中二年（848），沙州张议潮率蕃汉民众起义，赶走吐蕃的敦煌守将节儿（城主），夺取沙、瓜二州，并迅速向东西方向扩展，同时遣使归附唐朝。851年，敦煌使者抵达长安，唐朝设立归义军方镇，以张议潮为节度使，兼沙、瓜、甘、肃、伊、西、鄯、河、兰、岷、廓等十一州观察使。849—850年，张议潮又攻占甘、肃、伊三州。随后经过十年努力，861年，成功占领昔日的河西首府凉州。至此，归义军辖境东抵灵武（宁夏），西达伊吾（新疆哈密），势力达到最盛。863年，唐朝设凉州节度使，希望削弱张议潮势力。867年，张议潮奉诏入京，侄张淮深代掌归义军政权，但得不到唐朝的支持。晚唐归义军内乱不断，东面的甘州、肃州，西面的鄯善、伊州，都陆续脱离归义军的统治，辖境缩小到瓜、沙二州之地。910年秋，归义军节度使张承奉知唐朝已亡，建号金山国，自称白衣帝。甘州回鹘数次进攻沙州，金山国先胜后败，最后与回鹘订立城下之盟：回鹘可汗是父，金山天子是子。914年，曹议金（名仁贵）取代张承奉，废金山国，去帝王号，仍称归义军节度使。曹议金积极改善与周边民族的关系，遣使甘州，娶回鹘可汗女为妻，确定和亲关系。918年，曹议金在回鹘可汗、凉州仆射、灵州相公的帮助下，遣使后梁，受到后梁王朝的封赠。925年，曹议金乘甘州回鹘汗位交替之机，率兵亲征甘州，经苦战而取胜。曹议金嫁女给新立的回鹘可汗，归义军与甘州回鹘的地位翻转。曹议金又积极发展与于阗的关系，934年，曹议金嫁另一女儿给于阗国王李圣天。在曹元德、曹元深继掌归义军时期，促成了于阗遣使中原，李圣天被后晋王朝封为大宝于阗国王。944年，曹元忠即位为节度使，进一步发展与周边民族政权的友好往来，并先后与中原后晋、后汉、后周和北宋政权保持联系，其统治时期是归义军后期文化最昌盛的时代。974年曹元忠去世后，归义军政权开始走下坡路。1002年，节度使曹延禄被逼自杀，族子曹宗寿即位。1036 年，西夏占领沙州，归义军政权基本结束。

在张氏归义军时期，各地还在争夺地盘，战事不断，大规模的贸易往来还没有恢复，但敦煌与中原的文化交流已经开始。851 年入长安报捷的沙州使者当中，就有一位颇有文化的僧人悟真，他与长安两街大德唱和的诗集写本保存下来（P.3720、P.3886、S.4654），其中长安右街崇先寺内讲论兼应制大德彦楚有诗云："乡邑虽然异，衔恩万国同。远朝来凤阙，归顺贺宸聪。辩清能击论，学富早成功。大教从西得，敷衍愿向东。"表现出希望敦煌佛教对当时唐朝复兴佛法有所帮助。863 年，归义军辖下的西凉地区的僧法信，曾禀承本道节度使张议潮之意，把西明寺学僧乘恩的著述《百法论疏》并《钞》进献给懿宗，经长安两街三学大德等详定，可以行用。866 年，张议潮又借懿宗延庆节生日的机会，向朝廷进贡甘峻山青骹鹰四联、马二匹、吐蕃女子二人，并派僧昙延进献《大乘百法门明论》等佛典。晚唐时，中原地区反映法门寺佛骨崇拜的长诗《赞法门寺真身五十韵》（P.3445）也流传到敦煌，为敦煌的百姓所传唱吟诵。

到了五代时期，曹氏归义军政权更好地处理了与东西方诸政权的关系，挣得了相对和平的外部环境，得以开展较大规模的朝贡与贸易。

后唐庄宗同光二年四月，曹议金"进玉三团，硇砂、羚羊角、波斯锦、茸褐、白氎、牛黄、金星矾等"[①]。四年正月，曹议金为答谢后唐赐与的旌节官诰，进贡"玉鞍马二、玉团、硇砂、散玉鞍辔、铰具、安西白氎、胡锦、雄黄、波斯国红地松树毷褐、胡桐泪、金星矾、大鸳沙"。同年二月，曹议金又"进和市马百匹、羚羊角、碅（硇）砂、牦牛尾。又进皇后白玉符、金青符、白玉狮子指环、金刚杵"。归义军下属的瓜州刺史慕容归盈也一道贡马[②]。

长兴元年十二月，沙州曹议金"进马四百匹、玉一团"。三年正月，"沙

---

① 《册府元龟》卷九七二《外臣部·朝贡五》，11253 页。

② 以上两条均见《册府元龟》卷一六九《帝王部·纳贡献》，1878 页。

州进马七十五匹、玉三十六团"①。

　　进入宋朝，这样的朝贡贸易持续不断。太平兴国三年（978）三月，沙州曹延禄遣使入宋，"贡玉盆、宝毡"②。五年三月，曹延禄遣使裴溢的名似等四人来，"贡玉圭、玉盆、玉擿、波斯宝毡、安西细毡、茸褐、斜褐、毛罗、金星矾等"。

　　咸平二年（999）二月，曹延禄遣人进贡"玉团、马二匹"③。

　　景德元年（1004）四月，曹宗寿遣使，"以良玉、名马来贡"④。四年五月，"遣瓜沙州节度上司孔目官阴会迁等三十五人诣阙贡玉团、玉印、乳香、硇砂、橐驼、名马，诏赐锦袍、金带、器币，酬其值"。

　　天圣元年（1023）闰九月，节度使曹贤顺遣翟来著等入宋，"贡方物、乳香、硇砂、玉团等"⑤。八年十一月，沙州遣使入贡"玉、玉板、黑玉、玉鞦辔、真珠、乳香、硇砂、梧桐样、黄矾、花蕊布、白褐马等"⑥。

　　与甘州回鹘的进贡物品类似，大部分物品都不是敦煌所产，其中有于阗的玉石，有西域的胡锦、硇砂，安西细毡，有波斯锦、波斯红地松树眊褐、波斯宝毡，还有很多西方来的香料、药材等等。从运载的货物来看，朝贡使团的规模也不小。从归义军节度使到各级朝贡使团成员，都会拿到回赐物品，包括锦袍、金带、器币等等，"以筹其值"，说明了双方朝贡贸易的实质。

三、敦煌文书所记中转贸易

　　沙州、甘州这些位于丝路干道上的地方政权，其所进贡中原王朝的物品

---

① 以上两条均见《册府元龟》卷九七二《外臣部·朝贡五》，11255 页。
② 《宋会要辑稿》蕃夷七历代朝贡引《玉海》，7844 页。
③ 以上两条均见《宋会要辑稿》"蕃夷五瓜沙二州"条，7767 页。
④ 《宋会要辑稿》"蕃夷五瓜沙二州"条，7767—7768 页；《续资治通鉴长编》卷五六，中华书局，1980 年，1235 页。
⑤ 以上两条均见《宋会要辑稿》"蕃夷五瓜沙二州"条，7768 页。
⑥ 《宋会要辑稿》蕃夷七历代朝贡，7851 页。

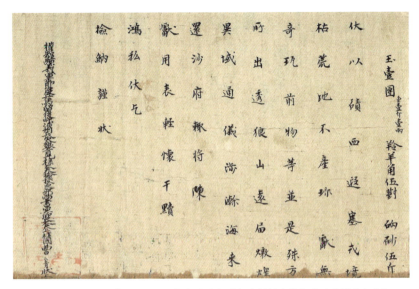

图 16-2　P.4638《权知归义军节度兵马留后守沙州长史曹仁贵（曹议金）状》

多非自己所产，这就充分说明这个时期丝绸之路中转贸易的发达。其实上述引文大多来自中原王朝的记录，而丰富的敦煌文书告诉我们，在沙州进贡中原王朝的路程中，还要给沿途的地方政权准备礼品。这里举两个例子：

P.4638《权知归义军节度兵马留后守沙州长史曹仁贵（曹议金）状》（图 16-2）①：

玉壹团，重壹斤壹两；羚羊角伍对；硇砂伍斤。

　　伏以碛西遐塞，戎境枯荒；地不产珍，献无奇玩。前物等并是殊方所出，透狼山远届敦煌；异域通仪，涉瀚海来还沙府。辄将陈献，用表轻怀。干黩鸿私，伏乞检纳。谨状。

　　权知归义军节度兵马留后守沙州长史银青光禄大夫检校吏部尚书兼御史大夫上柱国曹仁贵状上

① 唐耕耦等编《敦煌社会经济文献真迹释录》第 4 辑，全国图书馆缩微复制中心，1990 年，387 页。

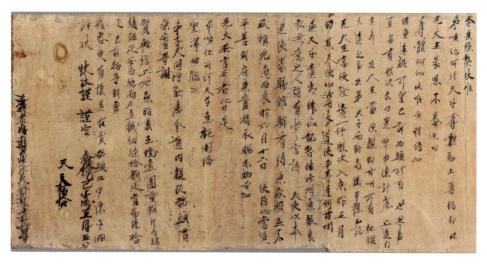

图 16-3　P.2992-3《长兴二年（931）六月归义军节度使曹议金致甘州顺化可汗书》

　　这件状文应当是 916 年归义军节度留后曹议金首次向中原王朝遣使时，送给路上所经某个方镇节度使的礼物，其中特意说玉石等不是敦煌所产，而是殊方所出，来自异域，其中的玉一团，应当来自于阗。

　　P.2992-3《长兴二年（931）六月归义军节度使曹议金致甘州顺化可汗书》（图 16-3）[①]：

　　季夏极热，伏惟弟顺化可汗尊体动止万福。即日兄大王蒙恩，不审近日尊体何似。伏惟顺时，倍加保重，远诚所望。已前西头所有世界事宜，每有般次去日，累曾申陈，计应上达。自去年兄大王当便亲到甘州，所有社稷久远之事，共弟天子面对商议，平稳已讫，兄大王当便发遣一伴般次入京。昨五月初，其天使与沙州本道使平善达到甘州，弟天子遣寔律伙都督往沙州通报衷私。无意之人，稍有些些言语。天使与本道使蒙赐馆驿看待，兼改头并

①　唐耕耦等编《敦煌社会经济文献真迹释录》第 4 辑，395—396 页；荣新江《归义军史研究》，上海古籍出版社，1996 年，328—329 页。

不减损，允过西来。昨六月十二日，使臣与当道使平善到府，兼赍持衣赐信物，并加兄大王官号者，皆是弟顺化可汗天子惠施周备。圣泽曲临，与弟天子同增欢庆。今遣内亲从都头贾荣实等谢贺，轻信上好燕脂、镶玉壹团重捌斤、白绵绫伍匹、安西缫两匹、立机细缫拾捌匹、官布陆拾匹，以前物等，到，垂检容。更有怀，并在贾都头口申陈子细。谨状。

　　这封信里说的是，长兴元年夏秋，曹议金曾亲访甘州，与顺化可汗商议两国间的社稷大事，而后双方遣使入贡后唐。使臣十二月到达洛阳，此即上面提到的长兴元年十二月甘州回鹘翟末思等进马八十匹、玉一团和沙州曹义金遣使进马四百匹、玉一团一事。长兴二年春正月丙子，后唐"以沙州节度使曹义金兼中书令"[1]。后唐册命的天使和甘、沙州的使臣一同西行，五月初到达甘州。顺化可汗派都督宲律伏先行到沙州报信。六月十二日，天使和沙州使臣一起到达敦煌。曹议金为感谢顺化可汗对此次沙州使人往还的支持，特命内亲从都头贾荣实携带不轻的礼品——上好燕脂、镶玉壹团重捌斤、白绵绫伍匹、安西缫两匹、立机细缫拾捌匹、官布陆拾匹，前往甘州答谢[2]。这些礼品中的于阗玉和安西缫布均非敦煌所产，也是中转贸易所得。

　　正是因为 10 世纪敦煌是丝绸之路上贸易的中转站，所以这里所留存下来的文书就有着各种来历的商人记录。比如英国所藏编号 Or.8212/123 文书是回鹘商人从远方寄给家内的一封回鹘文信，其中提到有人带来了称心如意的货物，询问要换成什么东西。又说有人前往契丹（辽）去经商，还说通过一位名叫塔兹的人送去了相当于一头骆驼的货物，还有两束丝，这头骆驼正在去往东方的商队当中[3]。又如法藏敦煌回鹘语文书 Pelliot Ouïgour 2 号也是一封信

---

① 《旧五代史》卷四二《唐明宗纪》，中华书局，1976 年，575 页。

② J. Hamilton, *Les Ouighours à l' époque des Cinq Dynasties*, Paris, 1955, pp. 117–121；森安孝夫《ウイグルと敦煌》，《敦煌の歷史》，大东出版社，1980 年，317—318 页。

③ J. Hamilton, *Manuscrits ouigours du IXe–Xe siècle de Touen-houang. textes établis, traduits, et commentés*, I, Paris, 1986, pp. 125–128.

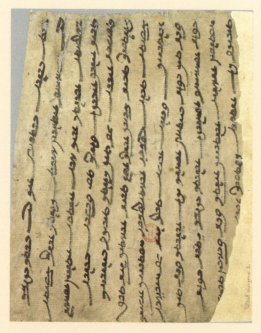

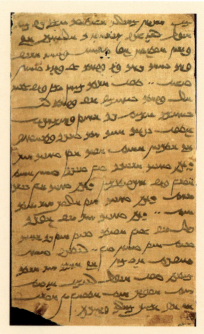

图 16-4　敦煌回鹘语文书 Pelliot Ouïgour 2 号书信　　图 16-5　Or.8212/86 号基督教徒 Sergius 信

（图 16-4），主要内容是处理一位在敦煌去世的于阗商人财产的诉讼问题，提到麝香、熟丝等货物[1]。还有突厥化粟特语文书 Or.8212/86 号，是基督教徒 Sergius 致 El Bars Qutlugh Alp Tarxan 达干的信（图 16-5），内容是关于棉布及其他物品交易事[2]。

四、敦煌文献所记 10 世纪的东西文化交往

除了朝贡贸易外，曹氏归义军政权也大力推动东西方的文化交流，特别是为西行求法和东来传道的佛教僧侣，提供供给和物质援助，促进了中印之间的佛教文化往来。

---

[1]　J. Hamilton, *Manuscrits ouïgours du IXᵉ-Xᵉ siècle de Touen-houang* I, pp. 103-104.

[2]　N. Sims-Williams and J. Hamilton, *Turco-Sogdian Documents from 9th-10th Century Dunhuang*, London, 2015, pp. 61-63.

英藏敦煌写本 S.5981《沙州巡礼圣迹留后记》（图 16-6）记载：

图 16-6　S.5981《沙州巡礼圣迹留后记》

大唐同光贰年三月九日时来巡礼圣迹，故留后记。鄜州开元寺观音院主临坛持律大德智严，誓求无上，普愿救拔四生九类；欲往西天，求请我佛遗法回东夏。然愿我今皇帝万岁，当府曹司空千秋，合境文武崇班，总愿归依三宝，一切士庶人民，悉发无上菩提之心。智严回日，誓愿将此凡身于五台山供养大圣文殊师利菩萨，焚烧此身，用酬往来道途护卫之恩。所将有为之事，回向无为之理。法界有情，同证正觉。（后为佛传类文献，略）

据此，后唐同光二年三月初，鄜州（今陕西富县）开元寺观音院主、临坛持律大德智严，前往印度求法，路经沙州，巡礼敦煌佛教圣地，并为后唐皇帝和沙州归义军节度使曹议金祈福。有意思的是，S.2659 也是他持有的写本，上面抄有《大唐西域记》卷一、《往生礼赞文》、《十二光礼忏文》。他把玄奘的《大唐西域记》带在身上，显然是作为前往印度取经的指南书，其他则是佛事应用文本，随时向信佛的民众宣讲。上海博物馆藏敦煌写本中，有《十二时普劝四众依教修行》（上博 48 号，下简称《十二时》），题记说：

时当同光二载三月廿三日，东方汉国鄜州观音院僧智严，俗姓张氏，往西天求法，行至沙州，依龙兴寺憩歇一两月说法，将此《十二时》来留教众，后归西天去展转写取流传者也。

显然也是这位智严留下来的。又法国所藏文书 P.2054 号是同光二年五月敦煌学子薛安俊抄写、信心弟子李吉顺专持念诵的《十二时普劝四众依教修行》，文末题"智严大师十二时一卷"。同样的《十二时》还有 P.2714、P.3087、P.3286、俄藏 Φ.319 等抄本，可知智严的这种朗朗上口的通俗文学作品在敦煌非常流行。另外，S.4793 背面，有"时当同光二载三月廿三日，东汉国鄜州观音（下缺）"的题记，也是智严留在敦煌的文本。如此多的智严的著作或抄本在敦煌留存，说明智严给沙州民众带来了丰富的佛教文化影响。

与智严几乎同时，有定州（今河北定县）开元寺的僧人归文，奉后唐庄宗敕旨，于同光元年出发，西行求法，但半途失败而归。翌年，又与德全一起，不畏生死，继续西行，于四月二十三日到达灵州。六月以后，归文等买驼两头，登碛继续西行（S.529）。抵达沙州，受到沙州僧团的接待（P.2638）。归文最后是否到达印度，以及是否返回，都没有留下记载。

敦煌文书中留下五代时经敦煌前往西天取经的僧人还有：931—935 年间的"洛京左街福先寺讲唯识百法明门论习修文殊法界观西天取经赐紫沙门"彦熙（P.2605），944 年的沙州"释门僧正沙门"善光（S.4537v），958 年的"西川善兴大寺西院法主大师"法宗（BD2062v），还有五代后晋时出发，965 年从印度返回的"左街内殿讲经谈论兴教法幢大师赐紫沙门"道圆（S.6264）。

宋朝建立后，为复兴佛法，太祖乾德四年由政府组织了一次西行求法运动，当时有 157 位僧人应征，从都城开封出发，前往西天取经。这些僧人大多数取道河西，经过敦煌时，有的留下了随身携带的佛教文献。如中国国家图书馆藏敦煌写本 BD13802 和法国藏 P.3023 号的内容表明，乾德六年二月，西天取经僧继从经过敦煌，抄《妙法莲华经赞文》，呈给归义军节度使、沙州大王曹元忠。正好和《佛祖统记》卷四三的记载呼应："太平兴国三年，开宝寺沙门继从等自西天还，献梵经、佛舍利塔、菩提树叶、孔雀尾拂，并赐紫袍。"显然，继从圆满完成西天取经任务，回到宋朝。他的成功应当离不开当年敦煌归义军政府的支持和援助，正像玄奘西行求法离不开高昌王麴文泰的大力支持一样。

从敦煌写本中看到的宋初西天求法的僧人还有：964—974 年间"往西天取经僧"法坚（P.2726），开宝四年（971）"奉宣往西天取经僧"永进（BD15387），端拱二年（989）"往西天取菩萨戒兼传授菩萨戒僧"智坚（一作志坚，S.3424v、黑城文书 B63），至道元年（995）"奉宣往西天取经僧"道猷（BD1904v、北大 185）等。这些所谓"奉宣往西天取经"的僧人，应当就是乾德四年出发的那批求法僧中的人物[①]。

敦煌写本中还有一篇宋朝初年的求法僧行记，即 S.383《西天路竟》（图16-7）。写本首尾完整，存 21 行，记从北宋东京（开封）至南天竺的旅行简要行程，文字如下[②]：

《西天路竟》一本：东京至灵州四千里地。灵州西行二十日至甘州，是

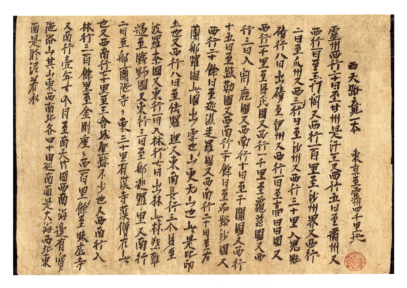

图 16-7　S.383《西天路竟》

① 以上参看荣新江《敦煌文献所见晚唐五代宋初中印文化交往》，《季羡林教授八十华诞纪念论文集》，江西人民出版社，1991 年，955—968 页。

② 图版见《英藏敦煌文献》第 1 卷，四川人民出版社，1990 年，170 页；录文并研究见黄盛璋《敦煌写本〈西天路竟〉历史地理研究》，原载《历史地理》创刊号；此据黄盛璋《中外交通与交流史研究》，安徽教育出版社，2002 年，88—110 页。

汗王。又西行五日至肃州，又西行一日至玉门关，又西行一百里至沙州（此处有误），又西行二日至瓜州，又西行三日至沙州，又西行三十里入鬼魅碛。行八日出碛至伊州。又西行一日至高昌国，又西行一千里至月氏国，又西行一千里至龟兹国，有西行三日入割鹿国，又西南行十日至于阗国，又西行十五日至疏勒国，又西南行二十余日至布路沙国，又西行二十余里至迦湿迷罗国，又西南行二十日至左兰那罗国。此国出雪山也，更无山也，此是北印土也。又西行八日至伕罗理，又东南长行三个月至波罗奈国，又东行一日入林，行七日出林，此林煞难过，至旷野国。又东行三日至那迦罗里，又南行二日至那兰陀寺，寺东三十里有汉寺，汉僧在此也。又西南行七十里至王舍城，圣迹不少也。又西南行入林，行三百余里，至金刚座，座西一百余里，至昧底寺。又南行壹年七个月至南天竹（竺）国，西南海边有宝陀落山，其山东西南北各四十由巡，南面是大海，西北东面是淤泥苦水。

其路线与乾德四年出发的那批西行求法僧的路线基本相同，因此应当是某位北宋僧人留下的行记，可与传世的《继业行记》等材料相印证。这篇已经记录到南天竺的简要行记，一定是这位僧人从西天回到敦煌时留下的，虽然较短，但也是难得见到的丝绸之路巡礼行记的一种。

文化交往不会是单向的，印度的僧人也没有在东行传法上停止从东汉以来的脚步，五代宋初也有印度的僧人前来中原传播佛法、巡礼圣迹、翻译佛经。P.3931 写本有天福三年以前印度普化大师（梵号啰么室利祢嚩，Rama Śrīnivāsa）巡礼五台山的行记，他"别中天之鹫岭（Gṛdhrakūṭa），趋上国之清凉"，从中天竺国，到山西五台山来巡礼圣迹，行记详细记录了他在五台山各寺巡礼的情况 [1]。

---

[1]　录文见唐耕耦等编《敦煌社会经济文献真迹释录》第 5 辑，全国图书馆缩微复制中心，1990 年，332—349 页；及荣新江上引文，参看 R. Schneider, "Un moine indien au Wou-t'ai chan", *Cahiers d'Extrême-Asie* 3 (1987), pp. 27–39.

宋朝初年，北天竺国僧人施护与法贤在雍熙二年（985）一同前来中国，他们在途经敦煌时，被笃信佛教的敦煌王曹延禄羁留不遣，这也像高昌王麴文泰想留住玄奘一样。但数月以后，施护等人乘敦煌官府不备，丢弃锡杖和瓶钵，只带着梵夹进入宋朝，成为宋初著名的佛经翻译大师[1]。这件事也从另一个角度，看到敦煌对佛教僧人的重视。

五、西州回鹘

840 年，蒙古高原的回鹘汗国都城被黠戛斯攻破，称雄漠北的回鹘汗国破灭。回鹘宰相馺职拥可汗外甥庞特勤率十五部西迁，到达天山东部地区。庞特勤在焉耆立足，号称叶护，随后称可汗，据有"碛西诸城"。866 年，北庭回鹘首领仆固俊率部攻占东天山南北麓的西州、北庭、轮台、清镇等城，初步统一了天山地区的回鹘各部，创建了西州回鹘王国（又称高昌回鹘王国）。最初随庞特勤西迁焉耆的回鹘部众，逐渐归于仆固俊的部下，以西州为中心的回鹘王国日益壮大。876 年，西州回鹘攻取沙州归义军所辖的伊州。金山国时，张承奉曾派一千精兵，企图夺回这个西陲重镇，但没有成功。

据敦煌出土约 925 年前后所写于阗语行记的描述，当时西州回鹘的统辖范围，东起伊州，西到龟兹，北面包括北庭等天山北道城镇，是西州回鹘王国的大致领域。10 世纪的西州回鹘与周围政权如沙州归义军、甘州回鹘、于阗等基本保持着友好的交往，对于东北的辽朝和中原的宋朝，都维持着朝贡的关系。

11 世纪初，西州回鹘与西部皈依伊斯兰教的哈喇汗王朝有过冲突。12 世纪上半叶，西辽立国中亚，势力剧增。西州回鹘成为它的附庸，由西辽派遣官吏来"监国"。13 世纪初，蒙古兴起，1206 年成吉思汗统一了蒙古各部，在斡难河源附近建立了大蒙古汗国。高昌回鹘亦都护（高昌王称号）巴而术

---

[1] 《宋会要·道释二》，7877—7878 页。

阿儿忒的斤听说了这个消息，就在 1208 年前后，杀死西辽派驻高昌的少监，投奔到新兴的蒙古大汗的麾下。成吉思汗分封四大汗国，唯独保留了高昌回鹘（元朝称畏兀儿）的领地。1268 年，窝阔台系的海都和察合台汗笃哇联合，向忽必烈进攻。畏兀儿王国正处在两股敌对势力之间，首都别失八里就成为首当其冲的地方，亦都护高昌王火赤哈儿坚定地站在忽必烈一边。1280 年前后，高昌城终于为笃哇占领，亦都护退守哈密力。1283 年前后，哈密力失守，火赤哈儿战败身亡，幼子纽林的斤入大都朝觐，忽必烈把甘肃武威西北的永昌作为封地，安置亦都护及其流亡的臣民，畏兀儿王国至此名存实亡。

866 年仆固俊统一天山东部回鹘各部后，即遣使者粟特人米怀玉入唐朝报捷，以求获得唐朝的支持。但 9 世纪末叶，西州回鹘主要都在开疆拓土的阶段，直到 925 年前后疆域基本固定下来。敦煌写本 S.6551 是一个汉地僧人 930 年前后在西州回鹘讲经说唱的文本，其中说道："遂得葛禄（Qarluq）、药摩（Yaghma）、异貌达但（Tatar），竞来归伏，争献珠金。独西（Türgish）乃纳驼马，土蕃（Tibet）输宝输金。拔悉密（Basmil）则元是家生，黠戛私（Qirghiz）则本来奴婢。"虽然不无吹嘘之词，但反映了西州回鹘所辖诸部族的情况 [1]。

随着西州回鹘的不断壮大，也有了对外交往的史料。《册府元龟》卷九七二《外臣部·朝贡五》记载 [2]：

> 后周太祖广顺元年（951）二月，西州回鹘遣都督来朝，贡玉大小六团、一团碧琥珀九斤、白氎布一千三百二十九段、白褐二百八十段、珊瑚六树、白貂鼠皮二千六百三十二、黑貂鼠皮二百五十、青貂鼠皮五百三、旧貂鼠袄子四、白玉环子、碧玉环子各一、铁镜二、玉带铰具六十九、玉带一、诸香

---

① 参看张广达、荣新江《有关西州回鹘的一篇敦煌汉文文献》,《北京大学学报》1989 年第 2 期，24—36 页。

② 《册府元龟》卷九七二《外臣部·朝贡五》, 11257 页。

药称是。回鹘遣使摩尼贡玉团七十七，白氎段三百五十、青及黑貂鼠皮共二十八、玉带、玉鞍辔铰具各一副、牦牛尾四百二十四、大琥珀二十颗、红盐三百斤、胡桐泪三百九十斤，余药物在数外。

　　这是中原王朝的官方文献第一次记录下来的西州回鹘朝贡的情况，回鹘可汗进贡的物品数量相当大，与此同时，在西州回鹘被立为国教的摩尼教的法师，也单独遣使进贡，随之同来，所贡物品虽然没有可汗那么多，但像玉团、琥珀等高档物品，甚至超过可汗，可见摩尼教在西州回鹘的重要，其大法师与可汗一起遣使，进行朝贡贸易。

　　进入宋朝之后，双方仍然往来不断。太平兴国六年，高昌回鹘遣使朝宋，宋太宗遣供奉官王延德等出使高昌，雍熙元年四月王延德还朝，留下了有关高昌回鹘的珍贵记录[1]："高昌即西州也。其地南距于阗，西南距大食、波斯，西距西天步路涉、雪山、葱岭，皆数千里。"这里是说西州回鹘的疆界和交通范围。"有敕书楼，藏唐太宗、明皇御札诏敕，缄锁甚谨。复有摩尼寺、波斯僧各持其法，佛经所谓外道者也。"这是说高昌保留着唐朝皇帝的敕书，同时在佛教之外流行摩尼教和景教。"所统有南突厥、北突厥、大众熨、小众熨、样磨、割禄、黠戛司、末蛮、格哆族、预龙族之名甚众。"这些部落都是当时高昌回鹘统辖之众，与 S.6551 讲经文所记可以前后呼应。王延德到高昌（吐鲁番）时，回鹘可汗在夏都北廷（北庭）避暑，宋朝使臣一行翻越天山，到北廷与之相见。回朝时，高昌回鹘派遣谢恩使百余人同行，入宋朝贡，可见规模之大。

　　咸平四年（1001），回鹘可汗禄胜遣使曹万通，"以玉勒、名马、独峰无峰橐驼、镔铁剑甲、琉璃器来贡"[2]。

---

① 其行纪部分保留在《宋史》卷四九〇《外国传》"高昌"条；王明清《挥麈录·前录》卷四，中华书局上海编辑所，1961 年，37 页；马端临《文献通考》卷三三六《四裔考》。
② 《宋史》卷四九〇《外国传》"回鹘"条，14114 页。

塔里木盆地北沿的龟兹回鹘，是属于高昌回鹘王国的组成部分，宋代文献往往区分不清，把两者当作不同的王国，单独记录下龟兹的进贡情形：

大中祥符三年（1010），"龟兹王可汗遣使李延福、副使安福、监使翟进来进香药、花蕊布、名马、独峰驼、大尾羊、玉鞍勒、琥珀、碙石等"。六年（1014），"龟兹进奉使李延庆等三十六人对于长春殿，献名马、弓箭、鞍勒、团玉、香药等，优诏答之"[①]。

西州回鹘进贡中原王朝的主打物品还是于阗的玉团、安西地区的白氎、草原地区的貂鼠皮、青藏高原的牦牛尾，以及香料、药材、琥珀等，可见丝路中转贸易的繁荣昌盛。

至于西州回鹘和西方的贸易与交往，汉文史料几乎不见记载，但吐鲁番当地出土的西州回鹘时期的胡语文书，填补了某些空白。

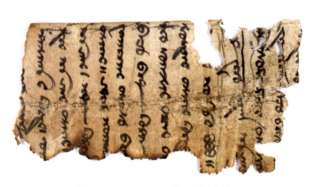

图16-8　Ch/U 6879号粟特语账单

德藏吐鲁番出土Ch/U 6879号粟特语文书，是9—10世纪的一个账单（图16-8），根据吉田丰教授的解读，这是提供给摩尼教教团的选民及更低一级的教会成员的棉布支出，其中提到"三匹焉耆（Ark）出产的棉布"，"……粟特（Sogdiana）出产的棉布"等，表明当时有来自天山南路焉耆地区，乃至中亚河中地区索格底亚那的棉布供给高昌地区的摩尼教徒，说明高昌回鹘与粟特地区在9—10世纪仍有往来[②]。

---

① 以上两条见《宋史》卷四九○《外国传》"回鹘"条，14116页。

② Yutaka Yoshida, "Relationship between Sogdiana and Turfan during the 10th-11th centuries as reflected in Manichaean Sogdian texts"，李肖主编《丝绸之路研究》第1辑，生活·读书·新知三联书店，2017年，114—117页。

另一件德藏吐鲁番出土回鹘语文书（Ch/U 3917）（图 16-9）提到，一位具有高级教阶的摩尼教法师 Mar Yigi Bulaq 的代理人从事奴隶贩卖等方面的贸易，这个商人集团以西州为中心，建立了包括天山南道的焉耆（Argi）、

图 16-9　德藏吐鲁番出土的回鹘语文书（Ch/U 3917）

龟兹（Küsän）和天山北麓的样磨（Yaghma）、怛罗斯（Talas）在内的贸易网络，时代大概在西州回鹘王国早期或盛期（9—11 世纪）[①]。可见，西州回鹘摩尼教团的贸易触角已经伸到西部天山地区，与当地的突厥部族进行奴隶贸易，而同时期中亚的哥疾宁王朝也在大规模从事丝路上的奴隶买卖。

正是高昌回鹘与葱岭以西伊斯兰世界的贸易往来，所以才有穆斯林生产的织物在吐鲁番发现，这就是大谷探险队在吐鲁番发现的两件织物，上面有艺术体的阿拉伯文和伊斯兰图案[②]。穆斯林作家加尔迪齐（其书完成于公元 1050 年）《记述的装饰》曾记载九姓乌古斯（西州回鹘）时说："可汗住在宫里，住在不高的房屋里，（地上）铺着毛毡，建筑物外用穆斯林织品蒙面，中国锦缎铺在毛毡面上。"[③] 也说明高昌回鹘可汗宫廷中，也使用穆斯林的织品。

① 　P. Zieme，"Drei neue uigurische Sklavendokumente"，*Altorientalische Forschungen*，5，1977，pp. 145-170；森安孝夫《ウイグル：マニ教史関係史料集成》，《近畿大学国际人文科学研究所纪要》（平成 26 年度版），大阪，2015 年，111—113 页；T. moriyasu，*Corpus of the Old Uighur letters from the Eastern Silk Road*，Turnhout: Brepols，2019，pp. 171—174.

② 　K. Sakamoto，"Two Fragments of Luxury Cloth Discovered in Turfan: Evidence of Textile Circulation from West to East"，*Turfan Revisited: The First Century of Research into the Arts and Cultures of the Silk Road*，ed. D. Durkin-Meisterernst et al.，Berlin，2004，pp. 297-302.

③ 　巴托尔德撰，王小甫译《加尔迪齐著〈记述的装饰〉摘要》，王小甫《边塞内外：王小甫学术文存》，东方出版社，2016 年，586 页。

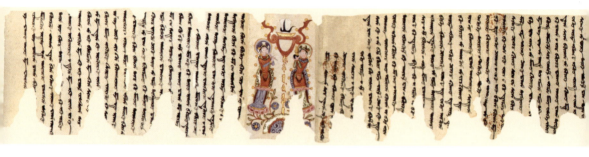

《宋会要辑稿·蕃夷》记龟兹回鹘"其宰相著大食国锦彩之衣", [1] 表明回鹘与西方的物质交往。

　　在文化方面,高昌回鹘与河中地区也有往来。1980 年吐鲁番柏孜克里克石窟出土了三封粟特文书信,其中两封（编号 A 和 B）是以高昌为中心的摩尼教教团下属的拂多诞（aftāδān）寄给驻锡高昌城的教团最高领袖慕阇（možak）的（图 16-10）。这位名为马尔·阿鲁亚曼·普夫耳（Mār Aryāmān Puhr）的慕阇,是当时高昌回鹘王国内最高的摩尼教教团领袖,按照摩尼教教团制度,全天下摩尼教教团只有十二个慕阇,即《摩尼光佛教法仪略》中所说摩尼教教阶"五级仪"的"十二慕阇,译云承法教道者" [2]。其中第二封信（编号 B）寄自一个叫作 Tūdh 的城市（twδ-kδ）,吉田丰教授认为可以比定为 988 年纳迪姆（al-Nadīm）编写的阿拉伯语词典《群书类述》（Kitab al-Fihrist,百科津逮）中的 Tūnkath（twnkθ）,该城位于撒马尔罕附近,是 10 世纪中亚摩尼教徒比较集中聚集的地方。由此可见,在该封书信写成的 11 世纪初叶,中亚撒马尔罕的摩尼教会是属于以高昌为中心的摩尼教教团的,该教团的领袖慕阇就驻锡在高昌城中心的寺院（编号为 K）,位于回鹘可汗宫城（编号 E,今称可汗堡）的南边。高昌城正北的柏孜克里克石窟（宁戎窟寺）是回鹘王家供养的寺院,其中也有专为摩尼教慕阇供养的洞窟,而这些书信就是在

---

① 《宋会要辑稿》卷一九七《蕃夷》,7720 页。

② 《摩尼光佛教法仪略》释文,林悟殊《摩尼教及其东渐》附录,淑馨出版社,1997 年,285 页。

图 16-10　吐鲁番柏孜克里克出土的粟特文摩尼教书信

臬阇到宁戎窟做法事的时候留下的①。

　　这封撒马尔罕摩尼教法师拂多诞在斋月中向大法帅慕阇问候的信件中，充满了虔诚的套语，尤为珍贵的是，他描述了在年终和年初的斋月里当地摩尼教徒的宗教生活情景，他们有的"咏唱了四首赞美诗，反复朗读和歌唱了二十条教规和三百首歌，拜读了优秀的教典《夏普夫尔冈》（Shābuhragān）"；有的则是"用粟特语两次咏唱了名为《没有过失》的赞美诗，反复朗读和歌唱了四十条教规和三百首歌"②，反映了粟特地区与高昌地区摩尼教徒应当有着相同的宗教生活，两地教团之间的交流频繁而细致。

　　吉田丰教授还由此推测，吐鲁番出土的一些新波斯语，甚至中古波斯语的摩尼教文献，如斯坦因在 K 寺所获 Kao.0111（Or.12452D/3）号中古波斯语文书，很可能就是在撒马尔罕抄写而带到高昌的③。吐鲁番出土的大量中古波斯语、帕提亚语摩尼教典籍，都是用上等的纸张书写的，麻丝十分均匀，完全不同于当时一般文书所用纸张。有些伊朗语专家认为这种好纸来自中原，

---

①　Yoshida, "Relationship between Sogdiana and Turfan during the 10th–11th centuries as reflected in Manichaean Sogdian texts", pp. 120–123.

②　吉田丰《粟特文考释》，新疆吐鲁番地区文物局编《吐鲁番新出摩尼教文献研究》，文物出版社，2000 年，3—199 页；Y. Yoshida, *Three Manichaean Sogdian Letters unearthed in Bäzäklik, Turfan*, Kyoto: Rinsen Book Co., 2019。

③　Yoshida, "Relationship between Sogdiana and Turfan during the 10th–11th centuries as reflected in Manichaean Sogdian texts", pp. 123–124.

但我们从高昌东边的敦煌归义军所用写经和官私文书中，也难见到这样好的纸，所以这些纸张很可能来自西方，我们知道撒马尔罕是怛罗斯之战后伊斯兰世界建立的第一个造纸场的地方，这里有制造纸张的传统，从751年到10世纪，已经有几百年的经验，可以出产上等好纸。另外，这些摩尼教经典的书写和装帧形式也完全是西方的书籍制度，与同时代高昌佛教徒的卷轴装写经不同，因此也是来自西方的传统。不过这一问题需要对照原件来做物质性的分析，才能最后得出确切的结论。

在这个丝绸之路上势力纷争的时代，相邻的国家常常兵戎相见，影响着丝路的畅通；另外，传统的汉文史料有关东西方往来的记录十分稀少。因此，有些论者认为这个时期陆上丝绸之路基本中断。加上从中原的历史来看，南宋以后，海路更盛，更加重了人们认为陆上丝路完全断绝的观念。事实上，这种看法并不能成立。我们从零星的传世史料、大量的出土文献以及域外文献中不难看到，这个时期虽然没有像四大帝国横亘丝路时那种大国支撑的官方和民间贸易往来，但丝路上的每个国家，都不会放弃丝路贸易带来的丰厚利润。因此以各个小国或地方政权为单位，仍然努力推进丝绸之路的贸易往来，以中转贸易的方式，使得陆上丝路没有断绝。这些绿洲王国之间也同样存在着朝贡贸易，一个王国把当地土产以赠送的名义给另一个王国，必然得到对方土产的回赠，有时候双方的赠品可能就是中转贸易的物品。民间商人或则加入官方的朝贡贸易使团，或者继续像到处钻营的粟特商队那样维持着非官方的交易。由此就可以说，从整个丝绸之路上来看，这种物品以赠送等方式，一站站不间断地向不同方向运送，促成10世纪丝绸之路的贸易运转和文化交流。

跨越葱岭东西：
于阗、萨曼与哈
喇汗王朝

　　进入 9 世纪，葱岭以西的阿拉伯帝国阿拔斯王朝（750—1258）开始瓦解。820 年，撒马尔罕摆脱了巴格达的哈里发的束缚。874 年，操波斯语的民众在捕喝（布哈拉）建立萨曼王朝（Samanides，874—999）。962 年，突厥人在阿富汗建立哥疾宁王朝（Ghaznavids，伽色尼，975—1187），最盛时统治印度次大陆北部、波斯东部、阿富汗和花剌子模。999 年，西迁回鹘与葛逻禄等突厥部落建立哈喇汗王朝（Karakhanides，黑韩，940—1213），统治中亚东部和新疆西部。同年与哥疾宁王朝一起灭萨曼王朝，瓜分其领土，哈喇汗王朝占领河中地区（Transoxiana），哥疾宁占领呼罗珊地区（Khorasan）。

　　塞尔柱突厥人从呼罗珊进入波斯地区，最终征服东安那托利亚，1037 年建立塞尔柱王朝（Seljukides，1037—1194）。从 1154 年起，出身于前花剌子模总督的花剌子模王（Khorezmshâh，约 1077—1231）势力在中亚兴起。1124 年，西迁中亚的耶律大石建立西辽王朝，西方称之为喀喇契丹（Qara-Khitaï，1124—1218）。

　　在这纷争的三个世纪中，丝绸之路也没有断绝，而是受到各个中亚、西亚王国的重视。

一、于阗王国

大概在 9 世纪中叶，随着吐蕃帝国的崩溃，于阗从吐蕃的统治下重新独立。但偏处塔里木盆地西南沿的于阗，此时已经不在中原史家视力所及的范围。归义军政权的张氏时期，主要是经营东面的河西一道，和西方的于阗似乎也没有什么联络，所以在敦煌文献中也没有 9 世纪后半于阗的消息。

自 901 年以降，于阗与沙州的使者来往不绝，敦煌汉语和于阗语文书中有许多于阗的记录，根据这些记载可以复原 10 世纪于阗的王统世系及大致的历史脉络。912 年，尉迟僧乌波（Viśa' Saṃbhava）即位为于阗王，自称唐朝的宗属，名"李圣天"，年号同庆。934 年李圣天娶归义军节度使曹议金女为皇后，打开了通往中原之路。938 年于阗使者首次到达中原王朝，后

图 17-1　大宝于阗国王李圣天

晋皇帝石敬瑭册封李圣天为"大宝于阗国王"（图 17-1）。960 年，赵宋代替后周而立，于阗很快就遣使前往宋朝通好。966 年，于阗王子从德奉父王之命入宋朝贡。转年回到于阗，李圣天去世，从德即位，是为尉迟输罗（Viśa' Śūra）王，年号天尊。978 年尉迟输罗王去世，尉迟达磨（Viśa' Dharma）即位为王，年号中兴，其王统大概在 982 年结束。983 年，尉迟僧伽罗摩（Viśa' Saṃgrāma）即位为王，大概一直到 1006 年王国灭亡。

大约从 963 年开始，于阗佛教王国与立都于疏勒（喀什）而信奉伊斯兰教的黑韩王朝（哈喇汗王朝）展开圣战，经过反复拉锯战，最后于 1006 年于阗佛教王国最终破灭，领土并入黑韩王朝，从汉代以来的尉迟家族的王统至此断绝。

传世典籍中为我们留下一些珍贵的中原王朝与于阗交往的记录，敦煌文书则为我们提供了丰富的 10 世纪于阗与敦煌之间、于阗与中原王朝之间交往的事例，填补了丝绸之路上曾经缺失的历史事件，以下从中择要叙述。

敦煌文书 P.4640 背《己未至辛酉年（899—901）归义军军资库司布纸破用历》中，记录辛酉年（901）三月有于阗来的使者梁明明等一行[1]，这是目前所见于阗与沙州的首次交往。敦煌文书 S.4359 有一首曲子词，叫《谒金门·开于阗》，应当就是记录这一值得庆祝的事情，其中唱道："开于阗，绵绫家家总满。奉戏（献）牛龙及玉碗，将来百姓看。"[2] 在敦煌人看来，开通了通往于阗的道路，于阗的绵绫、良马及美玉就会源源不断地来到敦煌了。

据敦煌文书的记载，从 920 年开始，于阗与敦煌的交往越来越频繁。钢和泰收藏的一份敦煌文书表明，925 年曾有一批于阗使臣到达沙州，并做佛事，他们为于阗菩萨天子和沙州归义军节度使太保祈福功德，巡礼敦煌各处的佛寺、石窟，供奉灯油等物。同卷记录了这批使臣的旅行路线，从于阗到沙州，再到灵州，再从沙州到西州、焉耆和天山北路[3]，可见于阗使臣经沙州与中原、西州回鹘的联系。

《新五代史》卷一四《唐太祖家人传》记：后唐庄宗同光年间（923—926），"有胡僧自于阗来，庄宗率皇后及诸子迎拜之。僧游五台山，遣中使供顿，所至倾动城邑"[4]。这位来自于阗的胡僧最有可能是于阗僧人，但也不排除是其他西域王国的僧人。

P.3718-2 长兴二年（931）正月十二日敦煌沙门灵俊所写《唐河西释门故僧政京城内外临坛供奉大德兼阐扬三教大法师赐紫沙门范和尚写真赞并序》中，称赞这位沙州僧政范海印云："每虑坏躯虚假，翘情礼于五台。圣主遐宣，对诏宠迁一品。复攀昆峰灵集，愿顶普贤神踪。跋涉关山，佝求如来圣

---

① 池田温《中国古代籍帐研究》，东京大学出版会，1979 年，610 页。

② 饶宗颐《敦煌曲》，法国远东学院，1971 年，237 页。

③ H. W. Bailey, "The Staël-Holstein Miscellany", *Aisa Major*, *new series*, Ⅱ.1, 1951, pp. 1-45.

④ 《新五代史》，中华书局，1974 年，144 页。

会。"赞文部分也称颂说:"东游五岳,奏对朝天。西通雪岭,异域芳传。盂(于)阗国主,重供珍琏。"[①] 可知范海印先巡礼五台山,入京奏对,然后往西天取经,巡游于阗诸处圣迹,于阗国王也给予供给。但他未能完成愿望,最后病死在从于阗东归的路上。海印生前曾对于阗与敦煌之间的佛教文化交流做出了贡献。

P.2704《后唐长兴四、五年归义军节度使曹议金回向疏》(共三篇,下简称《回向疏》)第一篇中称:"请大众转经一七日,设斋一千五百人供,度僧尼一七人。紫盘龙绫袄子壹领、红宫锦暖子壹领、大紫绫半臂壹领,其袄子,于阗宰相换得。……已上施入大众。"三份《回向疏》又有这样的祈愿:"东朝奉使,早拜天颜;于阗使人,往来无滞。""朝贡专使,往来不滞;于阗使人,回骑无虞。""朝庭奉使,驲骑亲宣;于阗专人,关山不滞。"[②] 这说明长兴四年十月,于阗宰相来沙州,可能是为于阗国王求娶沙州公主。而且,这两年中都有敦煌派往于阗的使人。P.4638《丙申年正月马军武达儿状》所说的"送皇后"事[③],即指曹议金女下嫁于阗国王李圣天为皇后,归义军派马军兵将武达儿奉命送至于阗,时在934年。

P.2638《后唐清泰三年(936)六月沙州儭司教授福集等状》所记癸巳年(933)六月至丙申年(936)六月间儭司出破数有"绵绫壹匹,于阗僧鞡衣用";"楼机绫壹匹,寄上于阗皇后用"[④]。表明长兴四年至清泰三年间,有于阗僧人在敦煌受到沙州僧团的款待。而且沙州僧团根据归义军官府的指令,出楼机绫一匹,请于阗返回的使者或归义军派往于阗的使者带给于阗皇后使用。

《册府元龟》卷五二《帝王部·崇释教》记:后晋天福二年(937)十一

---

① 饶宗颐编《敦煌邈真赞校录并研究》,新文丰出版公司,1994年,276—277页。
② 伯希和、羽田亨编《敦煌遗书》活字本第1集,1926年,9—14页。
③ 唐耕耦等编《敦煌社会经济文献真迹释录》第4辑,全国图书馆缩微复制中心,1990年,507页。
④ 池田温《中国古代籍帐研究》,649页。

月，"于阗国僧曼哥罗赞常罗赐紫，号昭梵大师"。^① 这位于阗国高僧被后晋皇帝赐号大师，他应当也是经过敦煌而前往中原去的。

天福三年九月，于阗国王李圣天遣使马继荣等到达后晋都城，"进玉团、白氎布、牦牛尾、红盐、郁金、硇砂、大鹏砂、玉装鞍辔、鞓鞓鞯轩、手刃（刀）"^②，充分利用于阗的特产玉石。后晋册封李圣天为"大宝于阗国王"，并派遣供奉官张匡邺等出使于阗，天福五年（940），册封使团抵达于阗，颁行册礼。

P.3234v《壬寅年（942）正月一日已后沙州净土寺直岁愿通手下诸色入破历》记有："油一杪，于阗僧来供助用。"^③ 这是沙州净土寺供给于阗僧人的记录，一般僧人不是使者，往往由具体的寺院供助。

等到天福七年冬张匡邺一行从于阗返回时，李圣天派遣都督刘再升随之入晋，"献玉千斤及玉印、降魔杵等"^④。如此重量的玉石，至少包含十块100斤的大玉，可见李圣天为感谢后晋的册封而进贡了一份大礼。

P.3234v + P.2040v+P.2032v《癸卯年（943）正月一日已后沙州净土寺直岁广进手下诸色入破历算会稿》有："粟三斗沽酒，送路于阗僧用。""面贰斗伍升，于阗客僧来此得官料供助用。"^⑤ 表明后晋天福八年（943）七月，有于阗僧来沙州，住净土寺，官料供食。

P.2641《丁未年六月归义军都头知宴设使宋国清牒》记录，后汉天福十二年六月十九日，于阗使到达沙州归义军领地，归义军安排在寿昌城（今南湖）迎接。翌日，住在敦煌的于阗太子出迎于阗使，表明这批使者不同寻常。二十一日，在敦煌城西马圈口迎接于阗使，此地是敦煌水利枢纽所在，也是敦煌祭祀的场所。然后是在敦煌城下迎于阗使；进城后，住在敦煌的于

① 《册府元龟》，凤凰出版社，2006年，551页。
② 《册府元龟》卷九七二《外臣部·朝贡五》，11256页。
③ 那波利贞《唐代社会文化史研究》，创文社，1974年，315页。
④ 《新五代史》卷七四《四夷附录》"于阗"条，917—918页。
⑤ 唐耕耦《敦煌寺院会计文书研究》，新文丰出版公司，1997年，154、157页。

阗使来迎于阗使。转天，于阗太子又设宴款待使者。二十三日，归义军官府在府衙大厅设宴款待于阗使。二十四日，于阗太子又在敦煌的官寺龙兴寺中宴请使臣[1]。

《新五代史》卷一〇《汉隐帝纪》："于阗遣使者来。"[2] 这批于阗使者在后晋开运四年（947）六月到达中原王朝，正好赶上改朝换代，由晋入汉。

《五代会要》卷二九"于阗"条："汉乾祐元年（948）五月，〔于阗〕复遣使朝贡。六月，以入朝使王知铎为检校司空，副使张文华、判官秦元宝为检校左右仆射，监使刘行立检校兵部尚书。"[3] 这是一个正使、副使、判官、监使俱全的使团，汉廷给予他们的官衔也不低。

回鹘语文书 Pelliot Ouïgour 2 号记载，后汉乾祐元年七月，于阗商人亡于敦煌，官府处理其财务诉讼案。

P.3160v《辛亥年（951）六月归义军押衙知内宅司宋迁嗣牒》记归义军内宅司柴草支出有："廿日，看于阗使，煮肉两束。"[4] 这里的于阗使很可能就是天福七年（942）经过敦煌前往中原朝贡的刘再昇。敦煌写本 P.t.1256v 为猪年（951）于阗使刘司空（Li'u Si kong）用藏文所写的文书[5]，P.5535 于阗体梵文《陀罗尼咒》后有汉字题记"大宝于阗国进奉使司空刘再昇"，都是同一人物。

S.3728《乙卯年二、三月归义军押衙知柴场司安祐成牒》有关供应柴草的记载，知后周显德二年（955）二月下旬，于阗使在敦煌赛神；三月三日，于阗博士逗留敦煌。

据 P.3016《于阗天兴七年（956）十一月于阗回礼使索子全状》，该年七

---

① 　唐耕耦等编《敦煌社会经济文献真迹释录》第 3 辑，612—613 页。

② 　《新五代史》卷一〇《汉隐帝纪》，102 页。

③ 　《五代会要》卷二九"于阗"条，464—465 页。

④ 　唐耕耦等编《敦煌社会经济文献真迹释录》第 3 辑，614 页。

⑤ 　荣新江、朱丽双《一组反映 10 世纪于阗与敦煌关系的藏文文书研究》，沈卫荣主编《西域历史语言研究集刊》第 5 辑，科学出版社，2012 年，103—105 页。

月归义军派于阗回礼使都头前寿昌县令索子全等一行出使于阗。八月二十二日抵达于阗都城，朝见皇帝李圣天。李圣天在暑宫接见来使，受领贡物。归义军节度使曹元忠还为其姐姐——于阗国皇后准备了伎乐等礼物。

又据 P.3016v《天兴九年九月西朝走马使□富住状》，此年六月，归义军派内亲侍都头西朝走马使□富住等一行出使于阗。七月二十三日抵达，时于阗皇帝鸾（銮）驾亲征，富住等至八月十一日方得朝觐。

960 年，宋代周而立，于阗很快就遣使前往宋朝通好，其敲门砖仍然是玉器。建隆二年（961）十二月四日，于阗国王李圣天"遣使贡玉圭一，盛以玉匣"①，还有"玉枕一"②，而且摩尼师随国王一起进贡。

从敦煌研究院藏 No.001+ 敦研 0784+P.2629《归义军官府用酒破历》文书得知，当时有两批于阗使者逗留敦煌，其中一批由于阗葛禄率领，从正月二十四日到敦煌，至六月五日止，归义军官府每日供酒二升；另一批由于阗罗尚书率领，从三月十九日至六月五日，每日供酒五升，待遇比前一批使者要高。六月三日，住在敦煌的于阗太子宴请于阗使，为之送行。六月，沙州押衙吴成子出使于阗，或即随两批于阗使者而去。不久又有一批于阗使到达，七月一日于阗太子迎于阗使者。二十一日归义军衙内看望于阗使。二十六日衙内又一起看望甘州使及于阗使僧。八月一日又看望于阗使。二十二日，归义军官府看望甘州使及于阗使。十月二日，又在敦煌东园看望于阗使及南山部族的使者。十日，衙内看望于阗使。这批于阗使者从七月一日到达，到十月十日，受到归义军官府的盛情款待。

P.4518 号第 2 件背面于阗天寿二年（964）宝胜状，记这年五月来自沙州的僧人宝胜在于阗上奏于阗天皇后。文辞已残，不得其详。宝胜或许与归义军节度使家族有某种特殊的关系，才特意存问这位从敦煌嫁来的于阗皇后曹氏。因此，宝胜在于阗一定得到了于阗朝廷的高规格接待。

---

① 《宋会要辑稿》"蕃夷七历代朝贡"条，中华书局，1957 年，7826 页。
② 《宋史》卷四九〇《外国传》"于阗"条，中华书局，1977 年，14106 页。

P.3184v 有于阗太子题名："甲子年（964）八月七日，于阗太子三人来到佛堂内，将《法华经》第四卷。"① 这三位太子中的两位，可能就是莫高窟第444窟东壁盛唐画《见宝塔品》南北两侧题名的从连和琼原："南无释迦牟尼佛说《妙法华经》，大宝于阗国皇太子从连供养；南无多宝佛为听法故来此法会，大宝于阗国皇太子琼原供养。"② 而另外一位太子，我们认为是李圣天的皇太子从德。

《续资治通鉴长编》卷六记："乾德三年（965）五月，于阗国宰相因沙门善名等来京师，致书于枢密使李崇矩，愿结欢好。上令崇矩报书，赐以器币。"③

乾德三年十二月，甘州回鹘可汗、于阗王及瓜沙州皆遣使来朝，进贡的数目极大，有"马千匹、橐驼五百头、玉五百团、琥珀五百斤"④，其中五百团的玉应当来自于阗，重量不轻。另外，"先是沙门道圆出游西域二十余年，于是与于阗朝贡使者俱还，献贝叶经及舍利。癸亥，上召见之，问其山川道路及风俗，一一能记。上喜，赐以紫衣及金币。"⑤

宋乾德四年，于阗太子从德至宋朝贡⑥。

开宝二年（969），于阗国遣使直末山至宋廷，"言本国有玉一块，凡二百三十七斤，愿以上进，乞遣使取之。〔于阗僧〕善名复至，贡阿魏子，赐号昭化大师，因令还取玉"⑦。这块巨玉是否最后送到宋朝，我们不得而知，但由此知道玉石的朝贡贸易规模之大。这里还可以看到于阗僧人在玉石朝贡中扮演着一定的角色。

P.5538 于阗文《天尊四年（970）于阗王尉迟苏罗（Viśa' Śūra）致沙州

---

① 张广达、荣新江《于阗史丛考》增订本，21 页。
② 贺世哲、孙修身《〈瓜沙曹氏年表补正〉之补正》，《甘肃师大学报》1980 年第 1 期，78 页。
③ 《续资治通鉴长编》卷六，中华书局，1980 年，154 页。
④ 《宋史》卷二《太祖本纪》，23 页。
⑤ 《续资治通鉴长编》卷六，161 页。
⑥ 《续资治通鉴长编》卷七，167、183 页。
⑦ 《宋史》卷四九○《外国传》"于阗"条，14107 页。

大王舅曹元忠书》[1]，告出征疏勒的黑韩王朝获胜，俘获甚众，且得舞象一头。但战事仍酣，请求沙州援助。《宋史》卷四九〇《外国传》"于阗"条记："开宝四年，其国僧吉祥以其国王书来上，自言破疏勒国，得舞象一，欲以为贡。诏许之。"[2]以此看来象是经过敦煌运往中原。

山东兖州兴隆塔地宫发现的舍利塔铭文记载一位名为法藏的于阗僧人（图17-2），于宋开宝三年（970）去西天取经，获得"释迦形像、世尊金顶骨真身舍利、菩提树叶"。后来入宋，进奉给宋朝"白玉三百九十斤、细马叁匹"。最后

图17-2　山东兖州兴隆塔地宫发现的舍利塔

他圆寂于中原，嘉祐八年（1063）龙兴寺众僧将舍利安葬[3]。如此重量的玉石，表明僧人法藏也兼有于阗王国使者的身份，只不过他在完成使命之后，留在中原没有回去。

S.2474《己卯年驼官邓富通状并判凭》记，宋太平兴国四年（979）十一月二日，沙州使携国信出使于阗[4]。

S.2474、S.1366《太平兴国五年归义军宴设司面油破历》残存的记事有："于阗僧面七斗、油二升。汉僧三人、于阗僧一人、波罗门僧一人、凉州僧一人，共面二斗，油一升。"[5]从这件文书我们看到，来到敦煌的于阗僧得到归

① H. W. Bailey，"Śrī Viśą Śūra and Ta-uang"，*Asia Major*，new series，XI.1，1964，pp. 17-26.

② 《宋史》卷四九〇《外国传》"于阗"条，14107页。

③ 谭世宝《兖州兴隆塔地宫宋嘉祐八年十月六日"安葬舍利"碑考释》，《兴隆文化论坛——兖州佛教历史文化研讨会论文集》，兖州，2009年，251—252页。

④ 唐耕耦等编《敦煌社会经济文献真迹释录》第3辑，600页。

⑤ 唐耕耦等编《敦煌社会经济文献真迹释录》第3辑，278—280、286页。

义军官府的食物供应。这里记录了于阗僧人和汉僧、印度僧、凉州僧人一起在敦煌受到官府的供给。

P.2744《太平兴国五年某月归义军宴设司面油破历》载："廿四日，衙内看汉僧及于阗僧，细供六分，用面一斗五升，油九合二勺。"[①] 此件年代已残，内容与 S.2474 相同，年代应当相同。归义军节度使在自己的官府内招待来敦煌的汉僧和于阗僧人。

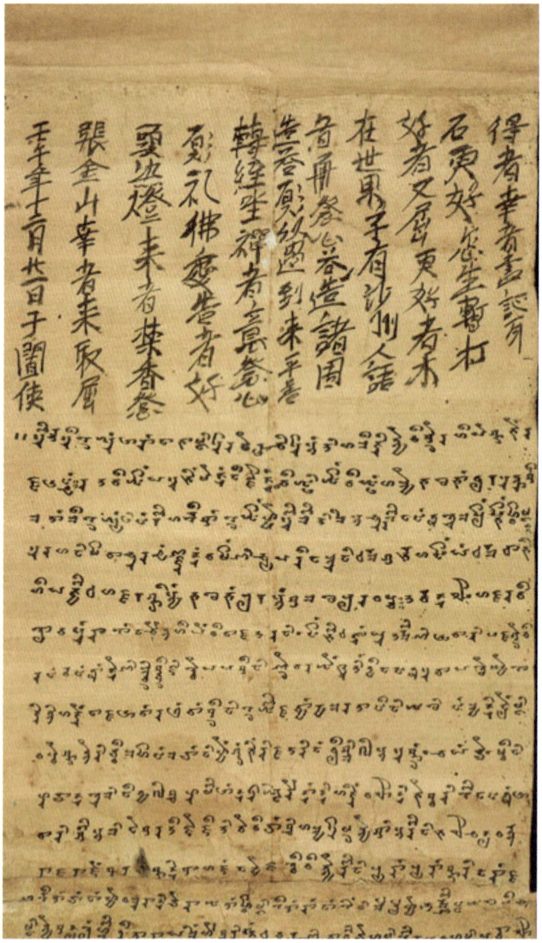

图 17-3　Ch.i.0021a《壬午年于阗使张金山供养文》

S.6452-1《太平兴国六年净土寺诸色斛斗破历》："十月十六日，于阗大师来造饭，面三升。十七日，又造饭，面壹斗。麸贰斗，于阗大师马吃用。"[②] 这位在沙州净土寺下榻的于阗大师，一定是一位大和尚，沙州寺院不仅供饭，还喂马。

英国图书馆藏 Ch.i.0021a《壬午年（982）于阗使张金山供养文》（图 17-3），记于阗中兴五年 / 宋太平兴国七年十二月于阗使张金山在敦煌莫高窟所做佛事："壬午年十二月廿一日，于阗使张金山幸者，来取窟头燃灯来者，焚香发愿，礼佛庆告

---

① 《法藏敦煌西域文献》第 18 册，上海古籍出版社，2001 年，53 页。
② 唐耕耦等编《敦煌社会经济文献真迹释录》第 3 辑，222—223 页。

者，好转经坐禅者，竟发心造塔，愿以过到来平善者，再发心造塔，诸周在世界子，有沙州人语好者，又窟更好者，木石更好，怎生暂打得者，幸者书记耳。"① 这段于阗使者在沙州用汉文写的文字，虽然文理多有不通处，但却十分珍贵，说他来到莫高窟供养，先是窟头燃灯，焚香发愿，礼佛庆告，转经坐禅，然后又造塔以修功德。

《辽史》卷一二《辽圣宗本纪》载：统和七年（989）二月"甲寅，回鹘、于阗、师子等国来贡。……戊寅，阿萨兰、于阗、辖烈并遣使来贡"②。《辽史》卷一三《辽圣宗本纪》载：统和七年（989）十一月"甲申，于阗张文宝进内丹书"③。

《辽史》卷一三《辽圣宗本纪》载：统和八年"二月丁未朔，于阗、回鹘各遣使来贡"④。

P.2737《癸巳年八月归义军驼官马善昌状并判凭》第二件记，宋淳化四年（993）八月，归义军遣使于阗。

《宋会要辑稿》道释二记载："是年（淳化五年），于阗僧吉祥献《大乘秘藏经》二卷，诏法贤等定其真伪。法贤等言吉祥所献经是于阗书体，经题是《大乘方便门三摩题经》，且非《大乘秘藏经》也。其经中文义无请问人及听法徒众，非法印次第，前后六十五处文义不正，互相乖戾，非是梵文正本。帝召见法贤等及吉祥，谕之曰：使邪伪得行，非所以崇正法也。宜令两街集义学沙门，将吉祥所献经搜检前后经本，对众焚弃。从之。"⑤ 于阗僧吉祥所献《大乘秘藏经》是"于阗书体"，也就是今天所说的于阗文，其内容应当是与当时宋朝的主流佛教派别不同，所以印度来的僧人法贤等人认定《大乘秘藏经》不是梵文正本，会使邪伪之说流行，所以当众把它毁掉了。

---

① 图见 H. W. Bailey（ed.），*Saka Documents*，Ⅲ，London，1963，pl. xlix.
② 《辽史》卷一二《辽圣宗本纪》，中华书局，1974 年，136 页。
③ 《辽史》卷一三《辽圣宗本纪》，136 页。
④ 《辽史》卷一三《辽圣宗本纪》，139 页。
⑤ 《宋会要辑稿》道释二，7878 页；《佛祖统记》卷四三，《大正藏》第 49 卷，401a 页。

然而，事实上于阗文本来就不是梵文，法贤等僧人是否能够看懂，确实值得怀疑。

Дх.2143 号《乙未年（995）六月十六日押衙索胜全换马契》，宋至道元年（995）六月，归义军押衙索胜全出使于阗。

据李盛铎旧藏敦煌写本《丙申年（996）六月归义军知马官阴章儿状并判凭》第五件，宋至道二年六月，归义军遣使往于阗。这是目前我们所见于阗灭于黑韩王朝之前最后一个去往于阗的使者，可惜未得其名。

P.2642《报恩寺诸色斛斗破历》，宋咸平三年（1000）十月，有西州僧、于阗使来沙州，住报恩寺中。1000 年来敦煌的这位于阗使，是目前我们所见于阗灭于黑韩王朝之前最后一位于阗的使者，亦可惜未得其名。

中原的史料说的都是绿洲王国与中原王朝的贸易往来，敦煌文书中则有许多具体的绿洲王国之间贡献或交易的记载。我们举几个典型的例证。

日本大阪杏雨书屋所藏敦煌写本羽 686 号文书上，有一份于阗国皇帝尉迟输罗赠送给归义军节度使曹元忠的礼品清单（图 17-4）[1]：

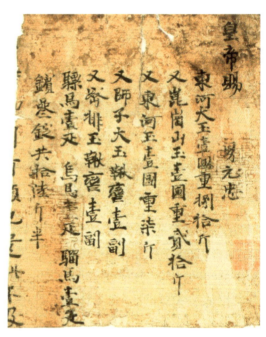

图 17-4　于阗国皇帝尉迟输罗赠送给归义军节度使曹元忠的礼品清单

---

① 杏雨书屋编《敦煌秘笈影片册》第 9 册，武田科学振兴财团，2013 年，65 页。

1　皇帝赐　　舅元忠

2　　　　东河大玉壹团，重捌拾斤。

3　　　　又崑岗山玉壹团，重贰拾斤。

4　　　　又东河玉壹团，重柒斤。

5　　　　又师子大玉鞦辔壹副。

6　　　　又密排玉鞦辔壹副。

7　　　　骠马壹匹。　乌马壹匹。　骝马壹匹。

8　　　　镔叁锭，共拾陆斤半。

9　　　　□□□□□已遣，此不及

（后残）

这里包括出自于阗东河（玉龙喀什河）的重八十斤的大玉一团，出自崑岗山的重二十斤的玉一团，出自东河的重七斤的玉一团；还有用玉制作的鞦辔两副；以及三匹不同的马和镔铁三锭。P.5538 于阗语《天尊四年（970）于阗王尉迟输罗致沙州大王曹元忠书》中，提到他随信送给归义军节度使曹元忠的各种玉石："一是中等玉石一团，重四十二斤；二是纯玉石一团，重十斤；三是玉石一团，重八斤半；总计玉石三团，六十斤半。"[1] 由以上两件文书我们知道于阗玉石的重量等级大概分三等：大玉一团至少重 80 斤，中等玉石一团重 42 斤上下，普通的玉一团在 20 斤以下。这样再来看史籍中记载的玉的团数或者玉的重量，大概可以知道于阗玉的分量了。

P.t.1106 藏文《于阗王天子长兄（李圣天）致沙州弟登里尚书（曹元忠）书》中，提到"作为购买五十……汉地丝绸之回赠〔物品〕"[2]，文书虽然有残，

---

[1]　H. W. Bailey，"Śrī Viśą Śūra and Ta-uang"，*Aisa Major*，*new series*，XI.1，1964，p. 19.

[2]　G. Uray，"New Contributions to Tibetan Documents from the post-Tibetan Tun-huang"，*Tibetan Studies. Proceedings of the 4th Seminar of the International Association for Tibetan Studies Schlosse Hohenkammar – Munich 1985*，eds. H. Uebach & J. L. Panglung. München: Bayerische Akademie der Wissenschaften，1988，pp. 520-521；荣新江、朱丽双《一组反映 10 世纪于阗与敦煌关系的藏文文书研究》，101—102 页。

但也透露出是一笔数额不小的官方贸易。P.2958 于阗语文书中保存有一位自称为"朔方王子"的人（Hva Pa-kyau）上于阗朝廷的书信，他提到于阗使者 Hvaṃ Capastaka 根据于阗朝廷的指令，用 30 斤玉与归义军官府换取了 200 匹丝绸（śacu）①，其中 150 匹给于阗朝廷，50 匹给母后 Khī-vyaina。在另一封信中，Hva Pa-kyau 希望母后能多给他送来一些玉石，以便换取更多丝绸②。从这两件文书中，我们可以看出于阗用玉石换汉地丝绸的情形。

于阗的玉石其实并不仅仅向东传播，根据 10—14 世纪之间的波斯、阿拉伯文材料，于阗玉也向西传播，伊斯兰世界对于阗玉一点都不陌生。10—11 世纪波斯大学者比鲁尼的《医药书》（Kitāb al-Ṣaydana）中描写了出产玉石的于阗河：

　　玉石出自于阗的两条河中。一条名"哈失"（Qāsh），出产最优质的白色玉石；另一条名"哈剌哈失"（Qarāqāsh），所出玉石色泽暗黑，堪比煤玉。于阗乃一绿洲，都城名 Ajma。人们无法抵达玉河的源头，玉石是从河源的山上冲下来的。小块玉石可归百姓，大块玉石属于国王。③

对比 10 世纪出使于阗的后晋使臣高居诲的记载，相当准确。到了 12 世纪，内沙不里的《内扎米珍宝书》（Javāhir-nāma-yi Niẓāmī）记载了穆斯林对玉石的不同称谓："在呼罗珊，玉石被称作 yashm，突厥语称之为 qāsh。而

① H. W. Bailey 认为于阗文 śacu 音译自汉文的"蚕丝"，代指丝绸，见所著 Dictionary of Khotan Saka, Cambridge: Cambridge University Press, 1979, p. 394.
② H. W. Bailey, "Altun Khan", Bulletin of School of Oriental and African Studies, XXX.1, 1967, pp. 97–98.
③ Muhammad ibn Ahmad Bīrūnī, Al-Biruni's Book on Pharmacy and Materia Medica, tr. into English & ed. by Hakim Mohammed Said and Sami K. Hamarneh, Karachi: Hamdar National Foundation, 1973, p. 341. 此据陈春晓《中古于阗玉石的西传》，《西域研究》2020 年第 2 期，4 页。

yashb 则是阿拉伯语。"[①] 他们认为玉石是一种"胜利之石"（ḥajar al-ghalaba），携带在身上可以战胜敌人。另外还可以消灾避难，内沙不里说："随身佩戴玉石，能避开雷电，免受火灾。"[②] 喀什噶里《突厥语大词典》也说："玉石，是一种光滑的石头，有白色和黑色，白色的玉石镶在戒指上，可以避雷、解渴和防火。"[③] 此外，还有缓解口渴、促进消化，甚至有助于怀孕生子的功效。所以他们把于阗玉制成戒指、带銙等，成为贵族身上的装饰品。

二、萨曼王朝

中亚地区的波斯人在 874 年挣脱阿拉伯帝国的统治，在阿姆河和锡尔河间的河中地区，建立了萨曼王朝，延续了一百多年的统治。

河中地区原本是索格底亚那，即商业民族粟特人原本的居地，这里是丝绸之路上的十字路口，便于当地居民对外贸易。萨曼王朝以首都布哈拉为中心，拓展了从中亚河中地区向外界的发达商路。向西，从布哈拉渡过阿姆河到阿穆尔，经谋夫、尼沙不尔、哈马丹到巴格达，从巴格达有道路通向地中海沿岸国家、小亚细亚，再到东南欧地区，或向北到保加尔（Bulgar）的伏尔加河流域。向东，从布哈拉有南北两路到撒马尔干，然后到扎敏，从此分途，一条往东北到塔什干、白水城、千泉（Abārjāj），到怛罗斯，再经俱兰、碎叶，到上拔塞干，是为中国的边界；另一条路则向西南，经萨巴特、俱战提，到拔汗那。从拔汗那经固巴、窝什、乌兹坎德，最后到上拔塞干，然后进入九姓乌古斯可汗的地界。

---

① Jawharī Nayshābūrī, *Javāhir-nāma-yi Niẓāmī*, ed. by Īraj Afshār, Tehran: Mīrās-i Maktūb, 2004, p. 218. 转引自陈春晓《中古于阗玉石的西传》，3 页。

② Nayshābūrī, *Javāhir-nāma-yi Niẓāmī*, p. 219. 陈春晓《中古于阗玉石的西传》，7 页。

③ Maḥmūd al-Kāšġarī, *Compendium of the Turkic Dialects*, part II, tr. & ed. by R. Dankoff & J. Kelly, Harvard University Print Office, 1984, p. 226；汉译本参看麻赫默德·喀什噶里《突厥语大词典》第 3 卷，民族出版社，2002 年，147 页。

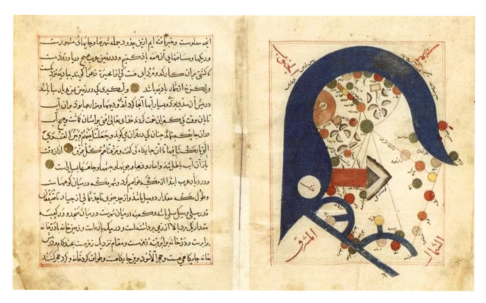

图 17-5　伊本·胡尔达兹比赫《道里邦国志》

　　这些道路实际上基于阿拉伯帝国时期的官方驿路。张广达先生在《〈道里与邦国志〉前言》中指出，从公元 8 世纪中叶开始，由于黑衣大食（阿拔斯哈里发朝）的建立（751），阿拉伯世界的地理学获得极大的发展，产生了一系列基于阿拉伯旅行者行纪的官方著述，即"道里邦国志""诸国志"一类的著作，其中以伊本·胡尔达兹比赫（Ibn Khurdādhbih，912 年卒）的《道里邦国志》（*Kitāb al-Masālik wa'l-Mamālik*）为最早（图 17-5）。该书对阿拉伯帝国的驿道做了详细的记录，即从某地到某地几法尔萨赫（1 法尔萨赫约等于 6.24 公里）。它第一次详细记载了从巴格达东到中亚、南到印度的道路，其中包括与陆上丝绸之路干道重合的呼罗珊大道。据张广达先生的概括，这条道路的基本走向是：

　　在阿梅（Āmul）越过乌浒水（Oxus）可至法腊勃（Farab），再经拜坎德（Paykand）过长城门至布哈拉（Bukhārā），而后沿泽拉夫珊河（Zarafshan）左岸至撒马尔干（Samarqand），是为"王家大道"。大呼罗珊路在呾密

（Tirmidh）越过乌浒水可至石汗那（Chaghāniyān、Ṣaghāniyān）、久越得健（Quwādhiyān）、珂咄罗（Khuttal）等地区，另一歧路经铁门（the Iron Gate）、碣石（Kish、Shahrisabz）至撒马尔干。大呼罗珊路从撒马尔干以北去苏对沙那（Setrūshana、Ushrūsana）的扎敏（Zāmīn）路分两叉，左叉可至石城（Chāch、Shāsh，今塔什干）及锡尔河（Syr-Darya、Sayhūn）下游，右叉越过锡尔河上游可至大宛（Farghāna、费尔干纳）。扎敏石城一路东通顿建城（Tūnkath），一路北通白水城（Isfījāb，今奇姆肯特），自白水城又分二叉，西通讹答剌（Otrār），北进怛罗斯（Ṭarāz、Talas）。从怛罗斯到中国边界热海南岸的拔塞干城（Barskhān）的道里和沿线诸城绝大部分可以和贾耽记载的路程一一对勘。[①]

这样，就和中国文献贾耽的《皇华四达记》接续起来，贯通了丝绸之路。这种“道里邦国志”类的著作，也是阿拉伯帝国统治广阔区域、征收赋税的行政手段，因此极其发达，记录详尽，流传长远，一直作为一种行政文书延续到萨曼王朝及其以后使用阿拉伯文、波斯文的中亚各王朝。

在萨曼王朝时期，丝绸之路上贸易的商品种类，从奢侈品逐渐改为居民日常使用或消费的物品，以及家庭手工业需要的材料，如生活器皿、衣物、马具、食物、皮革、布匹等。中亚绿洲定居居民与北方草原游牧民的贸易兴盛，中亚与保加尔人的贸易也十分频繁，花剌子模成为贸易中心。奴隶贸易成为这个时期商贸的重要内容和特色，这些奴隶主要来自突厥，费尔干纳和白水城是奴隶贸易的中心[②]。涅格马托夫（N. N. Negmatov）说：“9、10 世纪与中国、印度、伊朗和高加索以及西亚、东欧各国的商队贸易有重要发展。亚洲的主要商队贸易路线通过呼罗珊和中亚河中。当地商人从事贸易，长途跋涉，很可能远达中国、印度、内陆亚洲等地。……通往北欧的道路同样重

---

① 张广达《〈道里邦国志〉前言》，宋岘译注《道里邦国志》，中华书局，1991 年，15—16 页。
② 许序雅《中亚萨曼王朝史研究》（增订本），商务印书馆，2017 年，107 页。

要。"① 正是这种贸易的存在，萨曼王朝的钱币在欧洲一些窖藏中被发现，表明河中地区通过东伊朗，经巴格达，与欧洲的贸易关系。同时，穿过草原之路向东，波斯的物品最远到达朝鲜半岛，因为一些萨珊玻璃器在新罗王室墓葬中发现，而且更远到达日本②。

　　在 11 世纪阿拉伯作家祖拜尔（Qādi Abūl-Husain Ahmad b. az-Zubair）的《珍宝录》（Kitāb adh-dhakā-ir Wat-tuhaf）第 4 章中记载说，939—940 年时曾有一个中国使团遣使布哈拉，向萨曼王朝艾米尔纳斯尔二世（Nasr b. Ahmad）提出要求，让萨曼王朝缴纳 27 年的贡品。10 世纪阿拉伯诗人及旅行家米撒儿（Abu Dulaf Mis'ar bin al-Mahalhil）在行纪中也记载，943 年之前不久，中国皇帝遣使到布哈拉，提出与萨曼王朝王室联姻的意见。纳斯尔二世不想把女儿嫁给异教徒，但同意自己的王子娶中国公主，于是命米撒儿随同中国使臣回访，到达中国都城 Sandābil③。两种阿拉伯文史料记载的可能是一回事，但在汉文史料中得不到印证，其所说的都城也无法落实。早年冯承钧曾认为 Sandābil 可能指沙州，联姻者是沙州归义军④；岑仲勉认为指删丹，中国指甘州回鹘⑤。现在我们拥有大量的10世纪的敦煌文书，其中没有任何与之印证的材料。1983 年马雍发表《萨曼王朝与中国的交往》，认为都城 Sandābil 是杜撰的，但《珍宝录》联姻对象可能是大宝于阗国王李圣天，因为 939 年正好是李圣天同庆二十七年，与二十七年贡品相应；而米撒儿所记的联姻对象，则

① 阿西莫夫、博斯沃思主编，华涛译《中亚文明史》第 4 卷上册，中国对外翻译出版公司、联合国教科文组织，2010 年，55 页。
② S. Whitfield（ed.），*Silk Roads: Peoples, Cultures, Landscapes*, Thames & Hudson Ltd., 2019, p. 79.
③ C. E. Bosworth, "An Alleged Embassy from the Emperor of China to the Amir Nasr b. Ahmad", *The Medieval History of Iran, Afghanistan, and Central Asia*［640–1500］, London, 1977, pp. 1-13.
④ 冯承钧《大食人米撒儿行纪中之西域部落》，冯承钧《西域南海史地考证论著汇辑》，中华书局，1957 年，184—187 页。
⑤ 岑仲勉《误传的中国占王城与其水利利用》，岑仲勉《中外史地考证》上，中华书局，1960 年，416—431 页。

是哈喇汗王朝的萨图克汗[①]。这种说法聊备一家之言，还是得不到更多的史料支持。但萨曼王朝与葱岭东人的"中国"（秦或马秦）有交往甚至婚姻关系，都是完全有可能的。

三、哈喇汗王朝

哈喇汗王朝（Karakhanid），也作喀喇汗王朝，又称伊利汗王朝（Ilek/Ilak Khanid），汉文史籍称作"黑韩""黑汗"。大约940年前后，由操突厥语的哥逻禄、样磨和一部分西迁回鹘，共同创建了哈喇汗王朝。王朝创建之初，这个汗国也像突厥汗国一样，是一个相当松散的部落联合，采用"双汗制"，大汗统治东部地区，汗廷在八剌沙衮（今吉尔吉斯斯坦托克马克东）（图17-6），

图17-6 八剌沙衮（今吉尔吉斯斯坦布拉纳古城）

---

① 原载《学习与思考》1983年第5期，收录于马雍《西域史地文物丛考》，文物出版社，1990年，174—182页。

副汗治怛罗斯（Talas，今哈萨克斯坦江布尔）和疏勒。在萨图克·布格拉汗（Satuk Bughra Khan，? —955/956）在位期间，接受了伊斯兰教，使哈喇汗王朝成为中国境内历史上第一个接受伊斯兰教的王朝。到了萨图克·布格拉汗之孙哈仑·布格拉汗（Hārūm/Hasan Bughra Khan）时，开始进攻占据阿姆河与锡尔河之间的萨曼王朝，992年攻陷其都城布哈拉。因哈仑去世，萨曼王朝又夺回布哈拉。纳赛尔·本·阿里（Naṣr b. 'Alī）再次发动进攻，联合哥疾宁王朝（Ghaznavids）的君主马合木（Maḥmud），996年占领柘折（Chach，今塔什干），997年征服撒马尔罕，999年占领不花剌，彻底覆灭萨曼王朝，从此黑汗王朝奄有阿姆河以北中亚地区[①]。

　　另外，阿里·本·穆萨（'Alī b. Mūsā，? —998年在位）统治时期，哈喇汗开始与于阗王国征战。大概是占领疏勒的哈桑·布格拉汗（Hasan Bughra Khan）的儿子玉素甫·卡迪尔汗（Yūsuf Kadïr Khan），在1006年最终灭掉于阗佛教王国，于阗成为哈喇汗王朝的一部分。至此，哈喇汗王朝的领地基本确定，西起阿姆河（Amu darya），东到塔里木盆地中部，包括河中、柘折、拔汗那、白水城、怛罗斯、七河流域（Semirechyè）、疏勒、于阗，以后还将加入龟兹[②]。

　　魏良弢先生曾说："喀喇汗王朝地处中西交通的枢纽，无论是同东方的宋朝和辽朝，还是同南方、西方的印度、伊朗、阿富汗以及西亚、北非和东南欧都有发达的贸易关系。"[③] 近年，以色列学者彭晓燕（M. Biran）发表《喀喇汗王朝的东方交易：有关11—12世纪丝绸之路的初步探讨》一文，也做了概

---

① Peter B. Golden, "The Karakhanids and Early Islam", *The Cambridge History of Early Inner Asia*. New York, 1990, p. 360.

② Peter B. Golden, "The Karakhanids and Early Islam", p. 362.

③ 魏良弢《喀喇汗王朝史稿》，新疆人民出版社，1986年，190页。

要阐述[1]。

信奉伊斯兰教的哈喇汗王朝灭掉信奉佛教的于阗王国后，于阗纳入哈喇汗王朝的范围，但这一重大的政治变动，并没有影响于阗作为哈喇汗王朝的组成部分而向宋朝进行朝贡贸易。宋真宗大中祥符二年（1009）三月，就有"于阗国主黑韩王遣回鹘罗厮温等以方物来贡"[2]。这一贸易方式一直持续下来，而且规模很大：

天圣三年（1025）十二月，于阗国黑韩王"遣使罗阿于多、副使金三、监使安多、都监赵多来朝，贡玉鞍辔、白玉带、胡锦、独峰橐驼、乳香、硇砂。诏给还其直，馆于都亭西驿，别赐袭衣、金带、银器百两、衣著二百，罗面于多金带"。

熙宁年间（1068—1077），黑韩王朝的于阗朝贡使"远不踰一二岁，近则岁再至。所贡珠玉、珊瑚、翡翠、象牙、乳香、木香、琥珀、花蕊布、硇砂、龙盐、西锦、玉鞍辔马、腽肭脐、金星石、水银、安息鸡舌香，有所持，无表章，每赐以晕锦旋襕衣、金带、器币，宰相则盘球云锦夹襕"[3]。

元丰三年（1080）正月二十七日，"于阗国大首领阿令颠额温等来贡方物。三月二十六日，诏于阗国进奉使所卖乳香，偿以见钱。其乳香所过，官吏失察，令转运司劾罪。十月九日，熙州奏于阗国进奉般次至南川寨，称有乳香杂物等十万余斤，以有违朝旨，未敢解发。诏乳香约回"[4]。

可见所贡物品，除了于阗特产玉石外，也和其他绿洲王国的贡品类同，是中转贸易的产物。而每批进贡，都得到宋朝的回赐，回赐品数量也不在少数。因为这样的进贡过于频繁，"远不踰一二岁，近则岁再至"，给宋朝造成

---

① 　详见 M. Biran, "The Qarakhanids' Eastern Exchange: Preliminary Notes on the Silk Roads in the Eleventh and Twelfth Centuries", J. Bemmann and M. Schmauder(eds.) *Complexity of Interaction Along the Eurasian Steppe Zone in the First Millennium ce*, *Bonn Contributions to Asian Archaeology*. vol.7, Bonn, 2015, pp. 575–595.

② 　《续资治通鉴长编》卷七一，1598 页。《宋史》卷四九〇《外国传》"于阗"条略同，14107 页。

③ 　以上两条均见《宋史》卷四九〇《外国传》"于阗"条，14108 页。

④ 　《宋会要辑稿·蕃夷四》，7707 页；《宋会要辑稿·蕃夷七》记载同，7843 页。

图 17-7　埃及福斯塔特遗址

很大的负担。如上述元丰三年于阗进乳香等十万余斤，大约相当于今天的十三万斤，即六十五吨重[①]，面对这样大的交换贡品，宋朝有时入不敷出，只好约令退回。

哈喇汗王朝与北方的辽朝也有往来，辽朝文献中的"大食"一般指的是哈喇汗王朝。1020 年和 1021 年，有大食使者入辽进贡，促成了辽的公主下嫁哈喇汗王朝的于阗统治者卡迪尔汗之子[②]。双方贸易往来可以从考古发现得到证明，辽瓷在伊斯兰世界的尼沙布尔（Nishapur）、波斯湾港口失拉夫（Siraf）、伊拉克的萨马拉（Samarra）、埃及的福斯塔特（Fusṭāṭ）都有出土（图 17-7）。出生于八剌沙衮的优素福·哈斯·哈基甫（Yūsuf Khāṣṣ Ḥājib），在 1069—1070 年写成于喀什噶尔的长篇诗歌《福乐智慧》（*Kutadgu bilig*）中

[①]　杨蕤《回鹘时代：10—13 世纪陆上丝绸之路贸易研究》，中国社会科学出版社，2015 年，97 页。

[②]　《辽史》卷一六，中华书局，1976 年，188、189 页。

吟诵道：

他们（商人）从东方周游到西方，会助你实现美好愿望。

世界上无数的珍宝和绸缎，全都来自他们的身旁。

世间倘若无商人奔走四方，怎能穿到紫貂皮的衣装。

倘若契丹商队的路上绝了尘埃，无数的绫罗绸缎又从何而来？

倘无商人在世间东奔西走，谁能看到成串的宝石珍珠？ ①

这里提到哈喇汗王朝的商人把东方契丹的绸缎、毛皮、珍宝和其他稀有物品带到汗廷②。

辽朝与哈喇汗王朝等西北诸国的交往，在《契丹国志》中有明确的记载：

高昌国、龟兹国、于阗国、大食国、小食国、甘州、沙州、凉州：

已上诸国三年一次遣使，约四百余人，至契丹贡献。

玉、珠、犀、乳香、琥珀、玛瑙器、宾铁兵器。斜合黑皮、褐黑丝、门得丝、怕里呵、碉（硇）砂、褐里丝。已上皆细毛织成，以二丈为匹。契丹回赐，至少亦不下四十万贯。③

其中的“大食国”，大多数史家认为是指哈喇汗王朝，“小食国”有的说指石国（塔什干）东北百余里的“小石城”④，有的学者认为指哈密⑤。这里记

---

① 《福乐智慧》，郝关中、张宏超、刘宾译，民族出版社，2003 年，574 页。

② 参看杨蕤《回鹘时代：10—13 世纪陆上丝绸之路贸易研究》，185—187 页。

③ 叶隆礼《契丹国志》，上海古籍出版社，1985 年，205 页。

④ 黄时鉴《辽与“大食”》，原载《新史学》第 3 卷第 1 期，1992 年；此据《黄时鉴文集》II《远迹心契——中外文化交流史（迄于蒙元时代）》，中西书局，2011 年，16—30 页。

⑤ 胡小鹏《〈契丹国志〉中的“小食”国考》，《西域研究》2006 年第 3 期，11—15 页。

图 17-8　陈国公主墓出土的乳钉纹高颈玻璃瓶

录了高昌、大食等国或地方政权每三年一次遣使，总有大约四百余人至契丹贡献，贡品（其实就是商品）有玉、珠、犀、乳香、琥珀、玛瑙器、宾铁兵器、斜合（suɣur）黑皮、褐黑丝、门得丝（mandish）、怕里呵（parnagan）、碢（硇）砂、褐里丝（qars）[①]。契丹的回赐，至少亦不下四十万贯。可见，辽朝与河西走廊和西域南北道以及中亚地区都有着官方的贸易往来。

　　在辽朝范围内，如辽墓和佛塔中，都发现过不少西方来的物品，如陈国公主墓发现的玻璃器皿（图 17-8），应当是东伊朗的尼沙布尔产品，有些可能来自埃及和叙利亚[②]；穆斯林史家记录的从哈喇汗到契丹的贡品还有：琥珀、

---

① 相关词语的解释，参看黄时鉴上引文。

② 安家瑶《陈国公主与驸马合葬墓出土的玻璃器皿及有关问题》，内蒙古自治区考古所、哲里木盟博物馆《辽陈国公主墓》，文物出版社，1993 年，179—186 页。

玉石、犀牛角、象牙、乳香等等。

后来辽朝灭亡时，耶律大石率众西迁到中亚立国，并非空穴来风，而是因为辽与西域的关系一直有着密切的交往，只是汉地的史官和文人没有记载下来罢了。

此外，哈喇汗王朝与西夏、金朝都有贸易往来，限于篇幅，在此就不一一列举了。

公元 12 世纪初，占据中国北方的辽王朝在女真人的打击下灭亡。公元 1123 年，辽宗室耶律大石率领一部分残余的契丹人向西迁徙，从蒙古高原，且战且行，历尽十余年的千辛万苦，来到中亚楚河流域，打败当地的哈喇汗王国的军队，在八剌沙衮（即虎思斡尔朵）建都立国，成为西辽（西方文献称哈喇契丹）的开国君主。12 世纪上半叶的中亚，原先一度强盛的萨曼王朝、哥疾宁王朝、塞尔柱帝国等都已相继衰弱下去，哈喇汗王朝也处在分裂之中，为西辽的蓬勃发展提供了有利时机。在不到二十年的时间里，耶律大石东征西讨，建立起领地纵横达六七千里的大帝国，东西两部的哈喇汗朝和西州回鹘，都成了西辽的附庸，由西辽派遣官吏来“监国”。

西辽是蒙古兴起之前横贯丝绸之路上的大国，晚期哈喇汗王朝与西州回鹘王国的丝路贸易，实际上也是在西辽的支持下进行的。可以说，每一个占据丝绸之路的王国都不会放弃丝路贸易带来的利润，因此都会主动推动东西方的往来，其结果促进了物质文化的交往，甚至精神文化的交流。

公元 11—12 世纪，从中亚到小亚细亚，丝绸之路上还有哥疾宁王朝、塞尔柱王朝、喀喇契丹，由于位于东西方交往的道路上，所以都多少不等地起着中转贸易担当者的作用。其中，哥疾宁王朝的奴隶贸易成为丝绸之路上的一个重要方面。研究伊斯兰时代的伊朗学家博斯沃思（C. E. Bosworth）曾经说：“这些长途贸易的一个方面当然是奴隶贩运，因为自 9 世纪以来，突厥语族奴隶就定期从中亚河中的奴隶市场经过呼罗珊运往伊拉克和其他伊斯兰中心地区。我们还知道奴隶通过哈喇汗王朝的中介，直接来自阿姆河上游地

图 17-9　Daya Khatyn 驿站

区。"[1] 哥疾宁王朝的商队贸易将呼罗珊、阿富汗东连中亚河中和草原，西接巴格达和伊拉克。

　　在这些贸易道路上，不同的王朝都在维护着接待商队的驿站（caravanserai），许多驿站迄今保留相对完整，如 Daya Khatyn 驿站（图 17-9）位于卡拉库姆（Karakum）沙漠东部边缘，在此它与阿姆河相望。驿站建筑保存非常完好，是塞尔柱驿站在中亚的一个典型标本。旅行者从唯一的一个门进入，中间是一个长宽二十九米的天井，四周是房间和储藏室、走廊[2]。这样的驿站是维持丝绸之路上的商队往来的必要设施，也是丝绸之路持续不断的见证。

[1]《中亚文明史》第 4 卷上册，82—83 页。

[2]　S. Whitfield（ed.），*Silk Roads: Peoples, Cultures, Landscapes*, p. 246.

第十八讲

从蒙古西征到
马可·波罗来华

　　蒙古兴起后，以其优越的骑兵和战术，先后三次西征，沿丝绸之路西进到欧洲东部，灭掉东亚、中亚、西亚许多政权，建立四大汗国。虽然军事征服造成大量人员死亡、城市毁灭、文化倒退，但也客观促成了东西方的交往，以及科学、技术及宗教的传播。欧洲为了想要了解蒙古人的真相，先后派遣几批传教士，前往蒙古高原，他们的行纪带回了蒙古汗廷的信息以及丝路沿线的情报。而威尼斯的商人马可·波罗父子三人，也正是在蒙古帝国统治欧亚大陆的时候，从地中海来到中国，并停留很长时间，又经由海上丝绸之路回到家乡。马可·波罗留下了13世纪后半叶丝绸之路上各国的种种见闻，成为这一时期有关丝路的最重要文献。

一、蒙古西征

　　1206年，成吉思汗统一蒙古地区，建立大蒙古国。1260年，忽必烈继位；1271年建立大元王朝，元朝一直延续到1368年灭亡。我们一般说1206—1260年是大蒙古国时期，1260—1368年是元朝时期。蒙元时期，由于蒙古西征和四大汗国的建立，中西陆上丝绸之路重新兴盛起来，海上丝路的往来也更加频繁，中西文化的交流进入一个新阶段。

在 12 世后半的蒙古草原上，出身于孛儿只斤部的铁木真，经过顽强的奋斗，九死一生，逐步击败草原上的塔塔儿、泰亦赤兀、克烈、乃蛮、蔑儿乞等各部，吸纳了与之同盟的突厥、蒙古族群，最后在 1206 年创立大蒙古国，被尊为"成吉思汗"（强有力的统治者）。草原各部落的游牧民，在新的身份认同下，被纳入大蒙古国中，成为成吉思汗的臣民。

在稳定了蒙古草原根基之后，成吉思汗即开始了扩张行动，因为他视周边的势力为潜在的危险，其中有些王国收留了被他击败而从蒙古逃散出去的敌对首领。1207 年，他派遣儿子术赤率军向北攻击"林木中的百姓"，降服斡亦剌、乞儿吉思、谦谦州人等。成吉思汗本人则在 1209 年率大军南侵西夏，理由是克烈部的王子桑昆躲在那里。西夏经不起蒙古军的强大攻势，最后臣服于蒙古。

蒙古建国以后，曾向金朝纳贡。金朝接受了贡品，却不承认蒙古国的地位。自 1211 年农历二月开始，成吉思汗正式誓师南下，进攻金朝。1214 年，在摧毁大批金朝城镇，并占领了金朝发祥地东北地区之后，蒙古大军进围金朝首都——中都城（今北京），迫使其在 1215 年六月投降，金宣宗迁都开封。但是到了 1217 年，因为中亚地区出现的事态，使得成吉思汗把南侵的事交给大将木华黎，自己率军西征。

从 1218 年到 1223 年，是蒙古国的第一次西征。

当时与蒙古为邻的是哈喇契丹（西辽），但这个立国已近百年的中亚强国此时已经衰落，位于吐鲁番的畏兀儿王国和北疆伊犁河、楚河流域的哈剌鲁（葛逻禄），在 1206—1209 年间杀掉西辽的监国，投降了成吉思汗。此时西辽的首都在虎思斡耳朵，其王权被成吉思汗打败出逃的乃蛮人屈出律（古出鲁克）于 1211 年篡夺。此时，成吉思汗派遣的脱忽察儿（Toquchar）和速不台（Subutay）两员大将正在向西追击蔑儿乞人，一直打到咸海北岸，击败蔑儿乞及其保护者突厥系的康里人。在班师回来的途中，蒙古军队遭到花剌子模国

（Kharazm）苏丹摩诃末二世（Muhammad II，1200—1220 年在位）率领的一支大军的攻击，虽然人数寡少，但全身而退，这让不可一世的摩诃末二世倍感惊恐，即便他当时控制着从阿富汗到波斯的广阔领土。

1218 年早些时候，蒙古大将哲别（Jebe）率兵二万，捕杀屈出律，灭掉哈喇契丹王国。同年，因为花剌子模王国的讹答剌城（Otrar）长官杀死了成吉思汗派来的商人使团，认为他们是蒙古的间谍。成吉思汗派遣使者要求惩罚杀人者，但遭到拥有四十万大军的摩诃末苏丹的拒绝。于是，1219 年夏秋之际，成吉思汗亲率四子：尤赤、察合台、窝阔台、拖雷以及大将速不台、哲别，发动十五万蒙古骑兵，挥师西征。蒙古军队很快攻下讹答剌，处死杀人的长官。然后兵分五路，攻入阿姆河和锡尔河之间的河中地区。1220 年，攻下花剌子模国的新都撒马尔罕（Samarqant），苏丹摩诃末逃死，其王子札阑丁（Jalal al-Din）后避难于印度，花剌子模灭亡。

蒙古军队由哲别与速不台率领，继续西进，向西绕过黑海南端，通过谷儿只（Georgia，格鲁吉亚），越过高加索山（Caucasus），在 1221—1222 年间与谷儿只军队遭遇，将其击败。虽然哲别去世，但速不台继续西进，在哈萨克斯坦的草原上打败阿兰人（Alan）和钦察突厥人（Kypchak Turks），随后在 1223 年的喀尔喀（Khalkha）河之战中，打败了阻击他们的斡罗斯（Rus'，罗斯）诸王公和突厥人，从黑海北岸回师。此次蒙古军队到达欧洲边缘，让欧洲人感到震惊。

1223 年木华黎去世。1224 年，成吉思汗回到蒙古，1226 年，领兵攻打西夏。次年 8 月，在攻下西夏国都前夕，成吉思汗死在兵营里，遗嘱秘不发表，直到很快灭掉西夏王国。

蒙古汗国实行分封制，成吉思汗把陆续占领的地区分封给四个儿子：长子尤赤封地在巴尔喀什湖以西地区，次子察合台封地自畏兀儿至阿姆河，三子窝阔台封地中心在叶密立（额敏）河和霍博（和布克）河一带，幼子拖雷继承蒙古汗国本部，此即幼子守产制。

成吉思汗死后，由幼子拖雷监国。尤赤早于 1225 年去世，1229 年诸王共遵成吉思汗的遗嘱，选举窝阔台为蒙古大汗。窝阔台随即在1230年发动对金朝的侵略，首先夺回因木华黎的去世而失去的土地。虽然主帅之一拖雷在1232年去世，但1233年蒙古军队就拿下金朝都城开封，1234年2月，最终灭掉金朝。随后，窝阔台一面派兵南下侵略宋朝，一面再次转向西方。

从1235年到1241年，窝阔台派遣成吉思汗的长孙们：拔都、贵由、蒙哥等率蒙古军队进行第二次西征。

在此之前的1230年，蒙古将军绰儿马罕（搠力蛮）已经奉窝阔台之命，越过阿姆河，进攻企图恢复花剌子模国的札阑丁，并很快将其击败，后者逃死他乡。蒙古军队继续西进，到1235年基本上征服了波斯全境。然后，蒙古军队进入外高加索，在1239年打败谷儿只人和亚美尼亚人。

另外，1236年，由速不台和尤赤之子拔都率领的一支十二万人的军队，灭掉伏尔加河中下游的不里阿耳（Bulghar）和钦察突厥两部，占领黑海以北地区。1237年，攻入弗拉基米尔公国。1238年冬大举进攻斡罗斯，并占领许多城市。1240年，最后攻占斡罗斯文明中心——国都乞瓦（基辅），兵锋一直打到俄罗斯的西北角，据法国史家记载，当时荷兰人都不敢到波罗的海去买鱼，使得鲱鱼积压。

同年，蒙古将军拜答儿和哈丹率领一支部队，侵入波兰境内。1241年，他们以少胜多，在列格尼茨（Liegnitz）打败波兰人、日耳曼人和条顿骑士团联军。与此同时，拔都和速不台率主力军翻过喀尔巴阡山脉，南下越过多瑙河，直趋马札儿（匈牙利）国都，在穆希平原上打败其国王别剌（贝拉）四世（Béla IV）训练有素的军队。蒙古军队随后进入匈牙利全境，以及瓦拉几亚（Wallachia）、塞尔维亚。但就在蒙古军队正准备进军西欧时，听到窝阔台汗的死讯，于是突然撤军，回到伏尔加河一带。

窝阔台大汗在成吉思汗开拓的帝国局面基础上进一步发展，他不仅在蒙古草原的核心地区，即鄂尔浑河谷建造了蒙古帝国的正式都城哈剌和林（Karakorum），并且拥有了征服世界的理念。在窝阔台汗时期，蒙古帝国建立了完善的驿站系统，以及运输、后勤保障体系，来支持帝国的对外扩张。

　　1241 年窝阔台死后，由其妻子脱列哥那摄政四年，她排除异己，妒害贤能，耶律楚材被控对汉人过于仁慈而被罢免。最后在 1246 年，在脱列哥那的操控下，其子贵由被选为蒙古大汗。贵由开始纠正其母后执政时的缺失，但他在位不满三年就去世了。随后，贵由之妻斡兀立·海迷失监国，但国势不振。成吉思汗的孙辈，尤赤、拖雷二人的后王为一派，察合台、窝阔台二人的后王为一派，争夺汗位。幼子拖雷兵最多，其正妻唆鲁禾帖尼生四子：蒙哥、忽必烈、旭烈兀和阿里不哥，都有势力。到 1251 年，蒙古诸王召开忽里勒台大会，由诸王中年龄最大的拔都推举，拖雷长子蒙哥继位为大汗。

　　1252—1258 年，蒙哥派其弟旭烈兀第三次西征。在此之前，接替 1241 年去世的绰儿马罕的拜住，于 1243 年征服鲁木的塞尔柱苏丹国（在今土耳其），并入侵叙利亚，威胁到安提阿（安条克）。旭烈兀首先派遣将军怯的不花进攻伊朗中部忽希思丹地方的亦思马因派（西方所说的阿萨辛人），即木剌夷（Mulahid）宗教王国，最后蒙古军队逼降了阿剌木忒（Alamut）的尼扎里（Nizari）亦思马因派最大的堡垒（图 18-1），并利用降服的首领忽儿沙

图 18-1　亦思马因派最大的堡垒阿剌木忒

图 18-2　1258 年攻占报达（巴格达）

（Khwurshah），使其他上百个城堡投降，彻底灭掉这个以暗杀知名的恐怖集团。

　　随后，旭烈兀进军阿拔斯哈里发国（黑衣大食），1258 年攻占报达（巴格达）（图 18-2），处死哈里发木思塔昔木。阿拔斯王朝至此彻底终结，辉煌了五百年的巴格达经过蒙古人的劫掠，一蹶不振，财富流失，知识精英出走，其在中东的地位让位给了开罗、大马士革和大不里士等城市。

　　旭烈兀占领阿拔斯哈里发国之后，驻军阿塞拜疆。1260 年 1 月攻袭合列卜（阿勒颇），大掠五日。随后进攻大马士革的阿尤布王朝统治者纳昔儿·优素福（al-Nasir Yusuf），纳昔儿奔逃。同年 3 月大马士革不战而降。正在此时，旭烈兀得到蒙哥大汗的死讯，随即撤兵，只留下怯的不花在叙利亚。蒙古大军没有机会进一步攻击埃及和马穆鲁克（Mamluk）王朝，而马穆鲁克乘机在艾因扎鲁特（'Ayn Jalut）战役中打败怯的不花，蒙古在叙利亚的统治也随之瓦解。

在帝国东方的战线上，擅长在草原上骑兵作战的蒙古人，此时已经学会如何利用工匠和技师来攻拔城堡，但在进攻南宋时遇到了复杂的山地和水道，阻碍了蒙古的铁蹄南下。虽然忽必烈早就被蒙哥派去攻击南宋，但直到 1257 年，蒙哥才亲自出征，分兵四路南下。1259 年，蒙哥汗在率军攻打合州钓鱼城时，为宋军用砲石击败，蒙哥死在军中。正在攻打鄂州的忽必烈听到蒙哥去世的消息，随即撤兵。

1260 年，忽必烈在汉地开平召开忽里勒台人会，继位为大汗。但在哈剌和林守产的阿里不哥起兵反对，自立为大汗。双方经过数年的征战，1264 年阿里不哥战败投降。

至 13 世纪中叶，横跨欧亚的蒙古大汗国，走向分裂，形成四个汗国：

金帐汗国（Golden Horde）由成吉思汗长子朮赤的封地发展而来，又称朮赤汗国（Jochid Ulus）；居民以钦察突厥人占多数，所以也称钦察汗国（Qipchaq Khanate）。在拔都建国时，东起额尔齐斯河，西到斡罗斯，南以巴尔喀什湖、里海、黑海为界，北到北极圈附近。

察合台汗国（Chaghadayid Ulus）由成吉思汗次子察合台封地发展而成，最盛时，东至吐鲁番、罗布泊，西至阿姆河，北到塔尔巴哈台山，南越兴都库什山。

伊利汗国（Ilkhanate）是第三次西征的旭烈兀建立的，领土东起阿姆河和印度河，西包小亚细亚的大部分地区，南抵波斯湾，北至高加索。

窝阔台汗国由成吉思汗第三子窝阔台的后人海都打造。疆域包括原乃蛮部的领地和原西辽的部分领土，即额尔齐斯河上游和巴尔喀什湖以东地区。

元朝是忽必烈击败阿里不哥后，于 1271 年 11 月正式建号为“大元”，以北京为大都，以开平为上都。1279 年元朝灭南宋，统一中国，其辖境“北逾阴山”而入蒙古地区，“西极流沙”而到塔里木盆地，“东尽辽左”，“南越海表”。

忽必烈时，金帐、伊利汗国都承认忽必烈为宗主，大都是根基。彼此间通过完善的驿路往来频繁，中西陆上丝绸之路兴盛起来。但后来元朝君主逐渐从蒙古大汗变成中国的皇帝，对其他汗国的影响力减弱，但与伊利汗国一直保持密切的关系。

成吉思汗及其后裔在短短的半个世纪当中，经过一连串的征服战争，建立了东起朝鲜半岛，西到俄罗斯、小亚细亚的庞大帝国。如此大规模的东西往来，带来了商业贸易的密切交往，东西方思想的传播，技术的转移，人口的迁徙和族群的混合等等积极的方面。因此现在有些学者认为蒙古的对外征服，实际上开启了人类历史上广阔的接触，使东西方历史真正进入到"世界史"的阶段，其规模和影响都是自亚历山大以来从未达到的程度。这样的说法越来越受到关注，特别是在进入全球化的今天，更容易理解蒙古征服的结果给人类社会所带来的深远影响。

二、传教士东来

1223 年，蒙古第一次西征军打败钦察人和斡罗斯诸公国的联军，是蒙古人与欧洲的初步接触，当时的欧洲人不知道这些"野蛮人"是什么人。一位俄罗斯史家说："由于我们的罪恶，我们不知道的部落来到了，没有人知道他们是什么人，他们是从哪里来的——也不知道他们的语言是什么，他们是什么种族，他们信仰什么宗教——只有上帝知道，他们是什么人，他们是从哪里跑来的。"[①] 但这没有引起其他欧洲国家的重视。1241 年，蒙古军队第二次西征进入波兰、匈牙利，镇压各地的抵抗，势如破竹，震惊了整个欧洲，各地纷纷准备自卫，罗马教皇准备组建十字军，开赴匈牙利抗击蒙古人。

欧洲的基督教会一直希望找到共同对抗穆斯林的同盟军，蒙古人刚刚到来之际，有些人还以为是长老约翰（Prester John）的部队，但他们很快发现这是错误的。1245 年初，教皇英诺森四世（Innocent Ⅳ）在法国里昂召集宗

---

① 《诺夫哥罗德编年史》(*The Chronicle of Novgorod*)，转引自道森编《出使蒙古记》绪言，吕浦译，周良霄注，中国社会科学出版社，1983 年，6 页。(以下所引均为此版本)

教大会，讨论防止蒙古入侵的问题，决定派教士出使蒙古，劝告他们停止杀戮基督教徒和侵犯基督教国土，并改信基督正教。

由方济各会的约翰·普兰诺·加宾尼（John of Plano Carpini，又译柏朗嘉宾）等人组成的使团，1245 年 4 月 16 日从里昂出发，前往蒙古[①]。他们携带着教皇的两封信，信中谴责蒙古人对基督徒的攻击，说这样会受到上帝的惩罚，同时劝导蒙古人皈依天主教[②]。1246 年初，加宾尼一行经波西米亚、西里西亚，到达斡罗斯的乞瓦（基辅），在这里他们收集了不少有关蒙古人情况的材料。然后先到术赤长子斡儿答第三子阔连察（Corrensa）的幕帐，经库蛮人的地区，于 4 月 4 日到达伏尔加河畔蒙古人的西方总管拔都（Batu）的营帐。拔都在详细询问了加宾尼一行的来由之后，决定送他们去哈剌和林参加贵由大汗的登基大典。于是他们长途奔驰，每日换五到七匹马，经康里人、木速蛮人、黑契丹人、乃蛮人的地区，最终到达蒙古人的地区，并于 8 月 24 日参加了贵由大汗的即位典礼。随后，他们受到贵由大汗的接见，并把教皇的书信翻译呈上。同年 11 月 13 日，加宾尼带着贵由大汗致教皇的信，从哈剌和林启程返回，他谢绝了蒙古大汗派出送行的使者，生怕他们刺取基督教国家的情报。加宾尼一行基本沿原路返回，在冬季艰难穿行于北方草原地区。1247 年 5 月，他们到达拔都的领地，然后再经过阔连察幕帐，到达乞瓦，受到当地人的欢迎。又经波兰、波西米亚、日耳曼、比利时、香巴尼，最后于 11 月回到里昂（见下页图 18-3），向教皇复命，交付贵由大汗的书信。贵由在信中拒绝了教皇的指责，自称是受上天之命征服各国，让教皇率基督教各国前来朝见，等等[③]。

加宾尼作为教皇的正式使节，没有完成让蒙古人皈依基督教并且与之结盟的目的，但他却为基督教世界提供了一份详细的有关蒙古人的报告书，即

---

① 有关加宾尼出使蒙古的情况，除了上引道森编《出使蒙古记》外，还请参看耿昇译《柏朗嘉宾蒙古行纪》，中华书局，1985 年。

② 《教皇英诺森四世致鞑靼皇帝的两道敕令》，道森编《出使蒙古记》，90—93 页。

③ 《贵由汗致教皇英诺森四世的信》，道森编《出使蒙古记》，102—103 页。

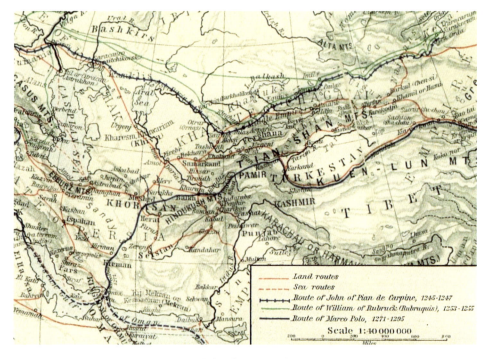

图 18-3　约翰·普兰诺·加宾尼旅行图

《蒙古史》（*L'ystoria Monsalorum*），向欧洲初步介绍了蒙古的情况。在这本书中，加宾尼详细记录了他所能得到的情报，包括蒙古人所处的地理位置、资源和气候条件，居民及其服装、住宅、产业和婚姻，他们崇拜的神、占卜术以及丧葬礼仪，风俗与陋习，处世观念和食物，蒙古帝国诸王的起源以及大汗及诸王的权利，蒙古人的战争方式、军队结构、军事装备、野战和城市战的战术，以及对待俘房的方式，他们已经征服的地区，他们占领的地区和宫廷帐幕，以及如何与之作战的韬略，等等①。这些内容，不像是出自一位基督教教徒之手，而像是一个刺探情报的秘密使者。

　　此时的蒙古正处于内部争斗时期，无力西进。1248 年 9 月，法国国王圣路易九世（Saint Louis Ⅸ）参加十字军东征埃及，驻军塞浦路斯岛。三个月后，

---

①　道森编《出使蒙古记》，1—89 页。

蒙古驻波斯统将野里知吉带（Aljigiday）派遣使者来见，声称蒙古人中有很多基督教徒，说贵由大汗愿保护基督徒，并为之收复圣城耶路撒冷。圣路易随即派多明我会教士安德烈·隆如美（Andrew of Longjumeau）携礼物出使蒙古。1249 年 2 月使团携带国王和教团使节的信件前往蒙古，此时蒙古的大帐在天山北麓的叶密立，所以他们比加宾尼一行少走很多路。当他们到达蒙古时，贵由大汗已逝，摄政的皇后斡兀立·海迷失礼貌地接待了他们，把他们看作是来称臣纳贡的法国国王使者，并给了复信，不但没有皈依基督教的意思，而且仍然劝他们投降。安德烈的出使仍然以失败告终，只是带给欧洲更多的蒙古人的信息。

后来，法王圣路易确信蒙古人中有信奉基督教的人，甚至拔都之子撒儿塔（Sartaq，又作撒里答）本人就是基督教徒。于是，在 1253 年，派出了以圣方济各会士威廉·鲁不鲁克（William of Rubruck）为首的宗教意义更强的使节团[①]。此前，鲁不鲁克就在这位法王身边随行，并从蒙古回来的加宾尼和安德烈那里得到很多有关蒙古的情报以及路上的情形。他们于 5 月 7 日从君士坦丁堡出发，先到黑海北岸去见撒儿塔，要求在蒙古传教。撒儿塔把他们送到伏尔加河畔的拔都营地，9 月 16 日，拔都又送他们前往哈剌和林。他们经海押立，于 12 月 27 日抵达蒙哥汗的营地。1254 年 1 月 4 日，蒙哥接见了他们，允许他们在蒙古逗留。4 月 5 日，他们到达哈剌和林，又有机会与蒙哥汗见面，但他们在蒙古传教的请求被拒绝，然后于 8 月 18 日获准回国，并携带着蒙古的国书。信中仍然是说成吉思汗受天命为大地之主，诸国均应臣服。鲁不鲁克一行于 9 月 16 日回到拔都的营地，停留一个月离开。1255 年 6 月抵达塞浦路斯时，才知道圣路易国王已经离开。8 月 15 日他们抵达的黎玻里（Tripoli），当地的主教不允许他们去法国见圣路易国王，而是把蒙古的行纪写出来，转交到国王那里。鲁不鲁克遵命用长信的方式写了给法王的

---

① 关于鲁不鲁克出使蒙古的情况，参看《鲁不鲁乞东游记》，道森编《出使蒙古记》，105—257 页。

报告书《东方行纪》(*The Journey of William of Rubruck to the Eastern Parts*)(图 18-4),详细记录了沿途见闻,以及蒙古汗廷中的各种情况。几年后,鲁布鲁克回到法国,英国哲学家培根在那里见到他,详细询问了东行的经过,并记载于他的《大著作》(*Opus Majus*)一书中,人们由此才了解鲁不鲁克的东行与返回的路线。

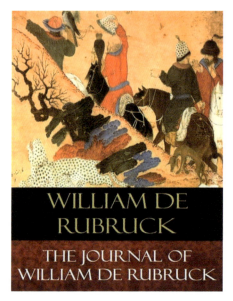

图 18-4 威廉·鲁不鲁克《东方行纪》书封

鲁不鲁克的《东方行纪》与加宾尼的记录有所不同,他在蒙古地区停留的时间稍长,所以更加细致地讲述了蒙古的风土人情,包括他们的住所、狩猎、饮食、服饰、宫殿、丧葬等等,还特别记载了不同的人众以及各种不同的宗教信仰,甚至一些宫廷秘闻,其中有不少是鲁不鲁克亲身经历的事情,描述得非常细致,给西方世界带去更加详尽的关于蒙古的报告。从中可以看出他实际上的目的不是传教,而是刺探蒙古的各种情报[1]。

当时的欧洲天主教会对于东方世界的了解十分有限,对于新兴起的蒙古人更是所知甚少。他们虽然声称要蒙古人皈依天主教,但并没有真正为此付出努力。马可·波罗的父亲尼哥罗(Nicholo)兄弟 1269 年从忽必烈大汗那里回到欧洲,带来了忽必烈要求教皇派出一百名有教养的教士前来传教的信件,可是教皇只派出两名传教士,而且他们刚到蒙古人的地界就返回去了。

这时蒙古人在西方的主要敌人是阿拉伯半岛的伊斯兰势力,加以蒙古内

---

[1] 《鲁不鲁乞东游记》,道森编《出使蒙古记》,105—257 页。

部许多部族如汪古部，特别是与汗族通婚的克烈部，都信奉基督教，大汗的妻子和母亲中有许多基督教徒，如窝阔台妻蔑儿乞人脱列哥那、拖雷妻克烈人唆鲁禾帖尼、贵由妻蔑儿乞人斡兀立·海迷失等都是基督教徒，不少重要的大臣也是基督教徒，这多少也影响到蒙古人对基督教的态度。到蒙古分裂为四大汗国以后，内部斗争激烈，再也无力西征欧洲。蒙古西征消灭了占据阿拉伯半岛的木剌夷宗教王国，又彻底毁灭了阿拔斯哈里发的首都巴格达，为欧洲的基督教徒一解心头之恨。旭烈兀及以后的伊利汗，大多采取和基督教国家联盟的方针，共同对付近东地区的穆斯林。1271 年，英格兰的爱德华一世（Edward I）率十字军东征到巴勒斯坦时，曾遣使到伊利汗阿八哈处，拟共同攻击埃及。由于阿八哈与中亚的察合台汗发生内战，未能出兵。1274 年，阿八哈遣使到里昂，出席了教皇主持的东西方教会合并的宗教大会。1277 年，阿八哈的使者又到了英格兰，与爱德华一世联络。

其实，蒙古地区流行的基督教，是属于叙利亚东方教会的聂思脱里派（中国称景教），在天主教来看是一个异端，但景教相对来讲比较开放，容易与其他文化相融，在东方也有相当深厚的流传历史和传统。此时的聂思脱里派教会在宗主教马天合（Mar Denha，1265—1281）的领导下，势力扩张，而且重新恢复了教阶制度，使得教会组织从西亚到中国也逐渐建立，在蒙古各汗国内也得到一定程度的传播。1275 年，在忽必烈的新都城汗八里（北京）建立了景教的总主教辖区，在中国许多城镇也设立了教堂。1278 年，可能是出生于畏兀儿的大都景教修士列班·扫马（Rabban Sauma），偕同自己的同胞马儿古思（Rabban Markus）前往叙利亚朝拜圣地。1281 年宗主教马天合去世，马儿古思被选为继任的宗主教，称马亚伯剌罕三世（Mar Yaballaha III）。由于他的出身和来历，他对伊利汗廷有很大的影响力。

1284 年，阿八哈的儿子阿鲁浑即位，1286 年派遣使团出使欧洲，列班·扫马作为宗主教的亲密朋友被选为使团首脑，于 1287 年到达罗马，在西欧逗留约一年，觐见了法国国王菲利普四世（Philip IV）、英国国王爱德华一世和新当选的教皇尼古拉四世（Nicholas IV）。最后，列班·扫马携带着教皇给阿鲁浑和马亚伯剌罕三世的信件回到伊利汗廷，出使取得很大的成功。阿鲁浑任命列班·扫马为宫廷神父，并让自己的儿子完者都（Oljaitu）受洗，教名尼古拉，以表示对教皇的敬意。

无论如何，蒙古与欧洲的直接接触，使中欧交往进入一个崭新的阶段，欧洲通过使臣、商人逐渐了解中国，教会之间的往来也多了起来。

1289 年，就在列班·扫马回去的次年，教皇尼古拉四世给伊利汗阿鲁浑、中亚的海都、蒙古大汗忽必烈分别写信，派遣方济各会修士约翰·孟特·戈维诺（John of Monte Corvino）出使东方。他从罗马出发，先到伊利汗国的帖兀力思（Tauris）或大不里士（Tabriz）觐见阿鲁浑。然后于 1291 年出发，前往大都，中间受到忽必烈与海都间的大战影响，故此转道印度，在马德拉斯（Madras）和密拉波（Mylapur）逗留一年多，迟至忽必烈去世（1294 年）之后才到达北京，受到元成宗铁穆耳（Timur，1295—1307 年在位）的款待，允许他传教。孟特·戈维诺在北京建立教堂，在没有任何后援的情况下，独立传教十二年，1307 年罗马教廷终于派遣了几名助手，并任命他为汗八里的总主教。1316 年，意大利教士鄂多立克（Odoric de

Pordenone c.1265—1331）（图 18-5）启程从海路来华，经泉州等地到北京，在他回国后撰写的《鄂多立克东游录》（*The Eastern Parts of the World Described*）中，记录了孟特·戈维诺晚年传教的情况。孟特·戈维诺最后死在北京，他寄回的信函也简要记录了他在元朝传教的情况[1]。此外，1313 年安德烈（Andreas de Perusio）来华传教，他给故乡（意大利佩鲁贾）神父的信保存了下来，其人去世后葬于泉州。

图 18-5　意大利教堂中的鄂多立克画像

---

[1]　道森编《出使蒙古记》，262—269 页。

跟随主教孟特·戈维诺的一些教徒曾经在 1336 年遣使罗马，请求派遣新的主教。1338 年教皇派遣约翰·马黎诺里（John of Marignolli）出使元朝，1342 年到达元大都，并进贡了一匹高大的天马，当时学士作诗绘画，热闹一番。1347 年马黎诺里一行离开中国，经印度返回，在经过锡兰时，所有带给教皇的礼物被抢劫一空。他回到教廷后，著有《波希米亚史》，记载东方见闻，后单行为《马黎诺里行记》。

三、马可·波罗的中国之行

在 13—14 世纪往来于欧洲和中国之间的人物当中，最有名的无疑是马可·波罗（Marco Polo）（图 18-6），他是意大利威尼斯商人尼哥罗（Nicholo Polo）的儿子，因为他留下一部记述东方之行的《寰宇记》[①]，所以我们才得知许多他旅行所见所闻的情况。

早在 1260 年，尼哥罗和他的兄弟马菲奥（Maffeo Polo）一起，从威尼斯出发，乘船前往君士坦丁堡，卖掉自己的货物，再购买很多珍玩物品，继续乘船到克里米亚的苏达克（Sudak）。此后他

图 18-6　马可·波罗

们经陆路到了伏尔加河流域的别儿哥（Berke）营地，奉献了珍宝，获得丰厚的赏赐。然后继续向东，经中亚的布哈拉时，因为前方的战事而逗留三年，

---

① A. C. Moule & Paul Pelliot, *Marco Polo: The Description of the World*, 2 vols., London, 1938.

图 18-7　马可·波罗一行离开威尼斯

最后到达忽必烈的汗廷，向蒙古大汗介绍了基督教国家的情况。忽必烈汗让他们携带给教皇的信件，希望教皇派遣一百名学者来讲解基督教的教义。尼哥罗和马菲奥兄弟拿着忽必烈的令牌，又经过三年的跋涉，于 1269 年 4 月回到阿迦城（Acre）。但此时教皇去世，他们只能先回威尼斯，等待新教皇被选出，以呈上给忽必烈的回信。

　　两年后的 1271 年，新的教皇还没有选出，尼哥罗兄弟决定先启程，于是带着年轻的马可（图 18-7），经阿迦到耶路撒冷，取得一些圣墓前的灯油，准备奉献给忽必烈，因为他的母亲是基督教徒。然而 9 月 1 日选出新的教皇格列高利十世（Grégoire X），尼哥罗一行回到阿迦，听取教皇的指示。年末，教皇没有派出一百名学者，只派出维琴察的尼古拉（Nicolau de Vicense）和的黎波里的威廉（Giulielme de Tripule）这两名多明我会修士跟随他们去蒙古。当他们走到小亚美尼亚的刺牙思（L'ayas，今阿亚什城）时，因为得知穆斯林正在攻打亚美尼亚，这两个修士就畏惧不前，退回到阿迦去了。尼哥罗一行三人继续东进，经过亚美尼亚、波斯地区，到达波斯湾的霍尔木兹港（元朝时称忽里模子），准备从那里搭乘海船前往蒙古大汗之国。但这里造的船是用椰子树皮捆绑而成的，他们觉得不够结实，所以没敢乘坐这种船漂洋过海。他们又转向东北，走陆路，经伊朗荒原，越过帕米尔高原，沿塔克拉玛干大沙漠南缘，经和田、罗布，到敦煌，经河西走廊、宁夏，在至元十一年（1274）中到达上都，晋见忽必烈大汗。他们没有带来一百名学者，只携带了教皇的书信和礼物以及圣墓前的灯油。

据说，年轻的马可·波罗受到忽必烈大汗的喜欢和信任，他先后被派到杭州等地检查税收，又出使云南、印度，还到过许多地方，对于从汗八里到东南沿海都很熟悉，在后来追忆的《寰宇记》中留下了详细的记录。

马可·波罗前后在中国居留了十七年，有的人认为他出任了元朝的官员，但元朝的史料中却找不到这样一个人物。他本是威尼斯的商人，进入元朝后属于色目商人一类，而他更可能是属于所谓"斡脱商人"，即《元典章》定义的"斡脱户"："见奉圣旨、诸王令旨，随路做买卖之人。"[①] 也就是说，他们是接受大汗朝廷或诸王投下的委托，去各地采办商品货物，或经商放债谋利的人。他们虽然不是朝廷的命官，但持有朝廷或王府给予的委托文书，所以在各地行走和经商，会受到各级官府的保护，因此有很大的便利，在为官

---

① 《元典章》卷一七《户部三·户口条画》，中华书局、天津古籍出版社，2011 年，587 页。

府经营的同时，自己也有机会谋取暴利①。这样去看马可·波罗在华时期的行踪，就比较好理解了。比如他入华不久曾奉大汗忽必烈之命出使哈剌章（Caragian），即云南大理乌蛮地区，去了解当地的风土人情、贸易、物产等情况，他甚至记录了缅国边界的集市和金银比价②，体现了他的商人性质。

又如他在离开中国之前曾奉命前去大印度（Great India）地区，具体而言就是马八儿（Maabar）。他记录了当地的情况，特别注意到采珠的方法和宝石的贵重。《元史·外夷传》"马八儿等国"条记："凡回回国金珠宝贝尽出本国，其余回回尽来商贾。"③可见这里是回回商人购买珠宝的重要地点。元朝官方也曾派正式的使臣前往采购，《元史·世祖纪》记：至元二十二年（1285）六月，"遣马速忽、阿里赍钞千锭往马八国求奇宝，赐马速忽虎符，阿里金符。"④马可·波罗没有提到他持有金牌或虎符，所以不是正式的使臣，但也不排除他是马速忽使团的随行商人，因为时间上非常合适⑤。

有的马可·波罗《寰宇记》的抄本上说，他曾做过三年扬州（Yangui）的总督，治理其地。但其他的抄本则说是曾经居住在扬州三年。从目前所见的汉文史料中，看不到有马可·波罗在扬州做官的记录，所以伯希和（P. Pelliot）认为他可能是奉忽必烈之命，来扬州处理盐税的事务，他曾到过长芦、海门、真州，这些都是元朝的产盐地区，或许可以旁证⑥。不过，马可·波罗对于扬州的记录，如这里是元朝十二省城之一，广大富庶，商业兴盛，人民以经商和手艺为生，行用纸币等等⑦，确实是真实的描述，表明他对那里十分熟悉。

马可·波罗对杭州的描述最为详细，他称这座城市名为"行在"（Quinsai）

---

① 蔡美彪《试论马可·波罗在中国》，《中国社会科学》1992 年第 2 期，177—188 页。

② A. C. Moule & Paul Pelliot, *Marco Polo: The Description of the World*, pp. 85–86.

③ 《元史》卷二一○，中华书局，1976 年，4670 页。

④ 《元史》卷一三，277 页。

⑤ 见蔡美彪上引文。

⑥ Paul Pelliot, *Notes on Marco Polo*, Paris, 1959, I, pp. 260, 365 ; II, pp. 834, 875.

⑦ A. C. Moule & Paul Pelliot, *Marco Polo: The Description of the World*, pp. 315–316.

图 18-8　马可·波罗描述的"行在"

（图 18-8）——南宋都城的名称，他盛赞这是世上所见最为宏伟壮丽的城市。这座城市让他印象深刻的有宽阔的广场，人群密集的集市，用道路和桥梁连接起来的交通网络，往来便捷的船舶与车马，宽广的湖泊（西湖）与周边壮观的豪宅、宫殿、寺庙、浴室、餐馆，各种人物充斥其间，还有强大的守卫军队和救火人员[1]。他说的并非是无稽之谈，而有许多内容可以和宋元时代的汉文记录相对应。有些看似夸张，比如传说杭州有一万两千座桥梁，但这并不是他一个人如此声称，在他之后来到杭州的意大利传教士鄂多立克也称行在城有一万两千座桥，在欧洲流传颇广的《曼德维尔游记》（*The Travels of Sir John Mandeville*）也说行在城有一万两千多座桥，直到元朝末年来华的教皇使节马黎诺里还说行在有一万座雅致的石桥[2]。杭州的富庶和桥梁的众多，也给

---

[1]　A. C. Moule & Paul Pelliot, *Marco Polo: The Description of the World*, pp. 326–341. A. C. Moule, "Marco Polo's Description of Quinsai", *T'oung Pao*, Second Series, 33–2, 1937, pp. 105–128.

[2]　党宝海《行在城：从马可·波罗到哥伦布、卫匡国》，杭州文史研究会编《杭州文史》第 2 辑，杭州出版社，2015 年，6、11 页。

马可·波罗同时代的穆斯林作家以深刻的印象[1]。马可·波罗对于东南地区扬州、杭州、福州、泉州等地的记录，无疑对欧洲读者有着极大的吸引力。

1286 年，伊利汗阿鲁浑的哈敦大不鲁罕去世，阿鲁浑派遣火者、兀鲁䚟、阿必失呵三位使者前往元朝，求娶大不鲁罕的族女来继承其位。使团受到战乱影响，很晚才到达元朝，求得阔阔真公主下嫁伊利汗。他们返程前遇到从马八儿回来的马可·波罗，了解到海路的情况，于是请马可·波罗同行返回波斯，获得大汗的赞同。于是在 1291 年初，马可·波罗和他的父叔受命，与伊利汗的三位使者一道，护送阔阔真公主前往波斯。他们从泉州乘船出发，船队有十四艘大船，经南海，三个月后到小爪哇（苏门答腊），在此停留五个月。9 月离开苏门答腊，经过十八个月的航行，1293 年 2—3 月间到达波斯湾的忽里模斯港上岸。此时伊利汗阿鲁浑已经去世，其弟乞合都即位为汗。马

图 18-9　"百万之家"

可·波罗一行把公主送往汗廷，在阿八哈耳遇到了阿鲁浑的儿子合赞，合赞娶了阔阔真，马可·波罗一行完成了使命。然后马可·波罗与父叔一起取陆路，经黑海沿岸的特拉布松（Trabzon），再经君士坦丁堡，于 1295 年回到威尼斯。

回到威尼斯的马可·波罗继续从事贸易活动，特别是香料贸易。他在威尼斯拥有一幢被人称作"百万之家"（Corte del Milione）的大宅子（图 18-9）。大概在 1296 年，马可·波罗参加威尼斯人与热亚那人

---

① 详细讨论见王一丹《元代杭州的桥——从马可·波罗的记述说起》，荣新江、党宝海编《马可·波罗与 10—14 世纪的丝绸之路》，北京大学出版社，2019 年，67—83 页。

的海战，结果被俘到热亚那。在这里，他遇到一位传奇作家鲁思梯切诺（Rustichello da Pisa，又译鲁斯蒂谦），于是把他的东方见闻讲述出来，由鲁思梯切诺撰写成书，这就是现在我们常说的《马可·波罗游记》（The Travels of Marco Polo）或《马可·波罗行纪》（图18-10）。但马可·波罗的书并没有按照他行走的路线来写作，而是大致按照他走过的地方顺序，对所见所闻加以描述，有些是他亲身经历，所以非常细致，有些是他得自传闻，所以不太准确，甚至言

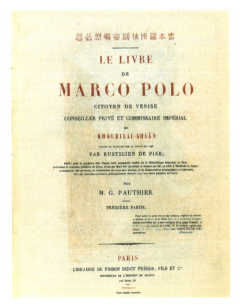

图18-10　《马可·波罗行纪》颇节刊本

过其实。从内容上来说，不是严格的"游记"或"行纪"，所以1865年法国学者颇节（M. G. Pauthier）整理其书，名曰《马可·波罗之书》（Le Livre de Marco Polo）；1871年，亨利·玉尔（Henry Yule，又译裕尔）翻译该书，全称《威尼斯人马可·波罗先生关于东方诸王国与奇闻之书》（The Book of Ser Marco Polo, The Venetian, Concerning the Kingdoms and Marvels of the East，简称《马可·波罗之书》）；而意大利则习惯于用马可·波罗的外号"百万"来称呼其书，如1928年佛罗伦萨出版的贝内带托（L. F. Benedetto）意大利文译本就题作《百万》（Il millionc）。

马可·波罗的书首次如此详细地描写欧洲之外的世界，英国汉学家慕阿德（A. C. Moule，又译穆勒、穆尔）和法国汉学家伯希和合译本称之为《马可·波罗寰宇记》（Marco Polo: The Description of the World），应当最为合适。这本书受到了欧洲读者的广泛关注，产生了大量的抄本和印本，在欧洲广为流传，推动了地理大发现，增进了欧洲对东方，特别是中国的了解。

除了马可·波罗之外，元朝时期东西交通大为发达，还有一些旅行家留

下了著作，如小亚美尼亚国王海屯一世（Hethum I），1254 年往和林拜见蒙哥汗，随员写有《海屯行纪》（*The Journey of Het'um I. King of Little Armenia*）。又如非洲的伊本·白图泰（Ibn Battuta）曾于元顺帝时游历中国，写成《伊本·白图泰游记》。

《出使蒙古记》的编者道森说：“蒙古人，虽然是残忍的，但是还有一种对于世界的责任感，并且对文明作出了一定的贡献。他们从亚洲的一端到另一端开辟了一条宽阔的道路，是他们的军队过去以后，他们把这条大道开放给商人和传教士，使东方和西方在经济上和精神上进行交流成为可能。”[1]

蒙元时期中西交往的加强，促进了文化的交流。蒙古各国与欧洲直接接壤，使中欧交往进入直接接触的阶段，欧洲通过使臣、商人逐渐了解了中国。除了西方传教士、商人向欧洲传播中国文化外，中国也吸收了大量的西方文化，特别是因为中国和建都波斯地区的伊利汗国关系密切，所以阿拉伯的文化，特别是医学和天文历法，大量传入元朝。

---

[1] 《出使蒙古记》绪言，30 页。

结　语

本书希望加深读者对"丝绸之路"内涵的认识。

李希霍芬最初关于"丝绸之路"的说法显然是考虑到汉代张骞通西域的创举，这也是我们中国人喜闻乐道的丝绸之路。但是，丝绸之路不仅仅是政治外交之路，也是商业贸易、思想文化的交流之路。把丝绸之路概括为不同文明间交往的通道，则被国际上更广大的读者所接受。

这条丝绸之路是贯穿欧亚大陆的道路，也是经过海洋沟通东西方的水路。丝绸之路是一个交通道路的概念，但不是一般的交通道路，只有两种或两种以上文明交往的道路，才叫丝绸之路。一个国家内部的道路，除非这条路与域外相通，则不能叫丝绸之路，只能是国内的交通路线。在这条道路上，以张骞时代为例，就分布着希腊、罗马、西亚波斯、中亚贵霜、印度等文明，这些文明之间有着多方的交往。

"丝绸之路"这一概念最初的意思，是一条以丝绸贸易为主的交通路线，强调的是贸易路线。因此，我们理解丝绸之路，更应当从这条道路上运载的贸易商品来理解它。换句话说，就是虽然一个人从中原地区不一定能够一路走到罗马，但从中原地区运载出去的丝绸，却可以经过不断的转运、贩卖，最终到达罗马。

除了丝绸之外，其他东西方的物品，如香料、金属、动植物、技术产品，乃至思想文化、宗教习俗、技艺文学等等，都通过丝绸之路，从东到西，或从西到东，往来传播，交互影响。因此，丝绸之路上的物质文化和精神文化的传播，并没有因为政权的分立、民族之间的冲突而断绝，官方的往来可以因为政治的原因而终止，因此给人的印象似乎是丝绸之路时常因为政治、军事冲突而断绝，其实不然。商人、僧侣往往并不因为政权间的对立而止步不前。其实正是因为有政治的对立，才有其他途径的沟通，甚至说走私和黑市交易。这也是另一种形式的交通，这些更是官方史料很少记录的内容。

历史上的丝绸之路是否"通少断多"？

有的人理所当然地认为，丝绸之路是从中国中原地区一直到地中海世界的一条贯通道路，人们可以从这一头走到那一头；于是由此推演，如果中原王朝和西域地区处于对立或闭关状态，那么丝绸之路就是断绝的；于是乎得出结论说，历史上的丝绸之路"通少断多"。持有这种观点的中外学者并不少，但其实这是对丝绸之路的误解。

持丝绸之路"通少断多"的学者，是站在中原王朝的立场上，依据传统的汉文史料来思考的，这显然不能涵盖"丝绸之路"的丰富内涵。首先是中原王朝在不同时期的界限是不同的，如果仅仅把中国通过丝绸之路与外部世界的沟通理解为某个时期的中原王朝与外界的沟通，则是非常狭隘的看法。比如有的人认为宋朝时期，西北有西夏阻隔，陆上丝绸之路就断了。这种观点把西夏、辽、金都当作"外国"，本身就是有问题的，其实在这个时期，西夏和外界并没有隔绝。汉文传世文献对于史事的缺漏是可想而知的，只要接触过敦煌、吐鲁番出土文书的学者，就会很容易理解这一点。

事实上，由于自然和人为的原因，历史上的丝绸之路大多数时期都是分成若干段的，把这些段落联系起来，就是整体的"丝绸之路"。我们要承认历史上的中原王朝对于丝绸之路的贡献，但同时也要承认丝路上每个路段，也是丝绸之路的一个组成部分；这些路段上的国家和民族，也都对丝绸之路的通行和丝路商贸往来做出了贡献。像马可·波罗那样的商人兼使者，从西到东贯通整个丝绸之路的人，的确是少数，而即使是马可·波罗一行，在波斯地区也不是按照传统便捷的丝绸之路行走的，而是先到霍尔木兹，想从海路来中国，不得已而走了陆路。因此，他们所利用的波斯地区的道路，也是阶段性的丝绸之路，而不是传统的丝路干道。

今后丝绸之路的研究，还有不少工作要做，我这里想强调以下几个方面：

首先是从学科建设角度来思考丝绸之路研究与中外关系史研究的关系问题。丝绸之路研究的热潮大大推进了中外关系史研究的进步，但丝绸之路研究也有琐碎的一面，因为目前还没有一个"丝绸之路学"。丝绸之路研究与传统的中外关系研究有一点区别，因为丝绸之路是一个交通概念，它不是一个国内的路线，而是多条国际通道形成的网络。在这条道路上发生的一个文明与另一个文明的交流，是丝绸之路研究的范围，这种交往是不能简单地被中外关系史所限定。但两者更多的是相同的，所以可以借助中外关系史的研究，来思考"丝绸之路学"建设问题，包括丝绸之路的研究对象、研究史、研究方法、研究理论等。

就研究对象而言，丝绸之路的研究大大扩大了我们的研究视野和内容。就研究方法而言，以往中外关系史研究更多地依赖传统文献、出土文献与文物，采用文化人类学的进化论、传播论。以今天的眼光看，这些方法仍是研究中外关系史的主要方法，而今后的研究也应考虑采用新方法、新手段，比如对 GIS 的使用等等。还应当考虑丝绸之路研究与当前盛行的全球史、区域研究的关系问题。就全球史而言，以往学者一般认为 15 世纪末 16 世纪初开始的地理大发现推动了经济全球化的发生，由此产生了全球史。全球史研究主张打破原有的区域、国别界限，整体地看待全世界的历史，这与丝绸之路的研究取向不谋而合。全球史研究者比较强调全球化之后的历史，然而在1500 年之前丝绸之路早已存在，中外关系也早就存在了，可以借助全球史、区域史研究的视角和方法，来看早期的丝绸之路史。

其次，有关中外关系史或丝绸之路的中外文史籍的整理工作有待加强。中华书局过去主持出版的《中外交通史籍丛刊》和《中外关系史名著译丛》近年来基本上没有新的出版物。就传统的汉文史籍而言，像《法显传》《大唐西域记》等著作的整理本已经过于陈旧，难以满足当前研究的需要，需要站在今天研究和考古发现的成果基础上，重新加以整理。而还有一些著作，特别是明清时期的中外关系史著作，还没有得到应有的整理和校注。就外文古籍的翻译而言，还有大量的希腊文、拉丁文、波斯文、阿拉伯文的著作有待翻译，比如《道里邦国志》一类的著作，《塔巴里年代记》《史集》一类的著作，还有《心之喜悦》、医书、珍宝书等，就连《马可·波罗行纪》这样的名著，我们现在使用的还是 20 世纪上半叶的译本，其实我们不仅应当有像慕阿德（A. C. Moule）和伯希和（P. Pelliot）的英译本那样的"百衲本"，还应当有三个抄本系统各自的译本，才符合当今学术的要求。

第三，考古发现的文物资料和文献资料，应当尽快转化为研究素材。目前已经出土或出水的大量文物资料，为中外关系史或丝绸之路研究不断注入活力。比如 1999 年到 2004 年间太原、西安发现的胡人首领虞弘、安伽、史君等人的墓葬，大大推进了我们对于粟特人入华史的认识，以及祆教的流传、胡人服饰、音乐舞蹈的传入等多方面的看法。而南海沉船的出水文物，如"黑石号""南海一号"等沉船文物的整理，也使得海上丝绸之路更加丰富多彩，从货物的巨大数量上，给我们的认知产生强大的冲击。

此外，丝路沿线出土的汉语和胡语文献亦有待整理，比如敦煌吐鲁番汉文文书中的丝绸之路史料，过去姜伯勤有《敦煌吐鲁番文书与丝绸之路》（文物出版社，1994 年）一书，极有前瞻性的眼光。从今天掌握的资料来说，有很多资料需要重新整理，如吐鲁番出土的《唐天宝二年交河郡市估案》，因为有来自杏雨书屋和旅顺博物馆藏藏品的刊布而需要重做；还有新获吐鲁番文书中的《阚氏高昌永康九年、十年（474—475）送使出人、出马条记文书》，是记录 5 世纪后半叶丝绸之路的极其珍贵的文献；还有敦煌吐蕃到归义军时期大量公私文书中的资料，零碎而珍贵，需要收集整理。

敦煌特别是吐鲁番出土的大量胡语文献，如摩尼教和景教的经典，本身就是丝绸之路交往的产物，因为已经有了很好的现代语言译本，应当系统地翻译成中文，因为这些著作不仅仅是研究宗教文化传播的基本资料，也是我们研究中国与西亚、中亚科技、医药等方面交流的重要素材。而晚期的像突厥化粟特语文书，更是丝路商人所使用的账单、书写的信件，更能真切反映中外经济、文化的交流状况。

　　同样是属于出土文献的石刻材料，其中也不乏十分珍贵的资料，如西安周边发现的《杨良瑶神道碑》，记录了唐朝贞元年间出使黑衣大食的重要史事；波斯人李素及其夫人卑失氏的墓志，为我们呈现了中晚唐入仕唐朝的波斯人李素一家的事迹，从而可以得知波斯天文历法知识的输入，以及波斯人入主唐朝司天监的未知史实。

　　第四，就国内丝绸之路史的研究力量而言，大多数人比较重汉、唐时代，而较少人关注伊斯兰时代的中西交往，因为前者的研究更多地可以依赖于汉文史料，而后者则需要掌握阿拉伯文、波斯文的穆斯林史料，这些方面有大量的课题有待着手研究。

　　最后，丝绸之路的研究也需要普及与提高相结合，随着"丝绸之路"热，产生了大量通俗读物，对于丝绸之路的相关知识的普及有很大的帮助。但目前中文著作中，能够像布尔努瓦《丝绸之路》或霍普柯克《丝绸之路上的洋鬼子》那样文笔优美，史实准确的畅销书还不够多，希望我们的专家学者能够在普及方面投入一定的精力，特别是能够写好雅俗共赏、图文并茂的教科书。

参考文献

（一）中文

白建尧编《丝路瑰宝：新疆馆藏文物精品图录》，新疆人民出版社，2011 年。

蔡鸿生《唐代九姓胡与突厥文化》，中华书局，1998 年。

陈佳荣《中外交通史》，香港学津书店，1987 年。

陈秋生主编《中国兖州兴隆塔藏佛教圣物》，山东文艺出版社，2009 年。

陈垣《陈垣学术论文集》第 1 集，中华书局，1980 年。

程喜霖《唐代过所研究》，中华书局，2000 年。

杜金鹏《殷墟妇好墓出土玉器研究》，科学出版社，2018 年。

敦煌文物研究所编《中国石窟·敦煌莫高窟》，文物出版社，2011 年。

敦煌研究院、甘肃省博物馆编著《武威天梯山石窟》，文物出版社，2000 年。

范祥雍《洛阳伽蓝记校注》，上海古籍出版社，1978 年。

方豪《中西交通史》上下册，岳麓书社，1987 年。

冯承钧《景教碑考》，商务印书馆，1931 年。

冯家昇《火药的发明和西传》，华东人民出版社，1954 年。

付马《丝绸之路上的西州回鹘王朝——9—13 世纪中亚东部历史研究》，社会科学文献出版社，2019 年。

甘肃省博物馆编《甘肃省博物馆文物精品图集》，三秦出版社，2006 年。

甘肃省博物馆、中国科学院考古研究所编《武威汉简》，中华书局，2005 年。

葛承雍主编《景教遗珍：洛阳新出唐代景教经幢研究》，文物出版社，2009 年。

国家文物局编《丝绸之路》，文物出版社，2014 年。

国家文物局编《海上丝绸之路》，文物出版社，2014 年。

郝树声、张德芳《悬泉汉简研究》，甘肃文化出版社，2009 年。

何晓东主编《历史的见证：西藏博物馆藏历代中央政府治藏文物集萃》，四川美术出版社，2018 年。

贺云翱《佛教初传南方之路文物图录》，文物出版社，1993 年。

胡戟主编《西市宝典》，陕西师范大学出版社，2009 年。

黄盛璋《中外交通与交流史研究》，安徽教育出版社，2002 年。

黄时鉴主编《解说插图中西关系史年表》，浙江人民出版社，1994 年。

黄时鉴《黄时鉴文集》Ⅱ《远迹心契——中外文化交流史（迄于蒙元时代）》，中西书局，2011 年。

霍巍《青藏高原考古研究》，北京师范大学出版社，2016 年。

季羡林《中印文化关系史论文集》，生活·读书·新知三联书店，1982 年。

季羡林等《大唐西域记校注》，中华书局，1985 年。

姜伯勤《敦煌吐鲁番文书与丝绸之路》，文物出版社，1994 年。

姜伯勤《敦煌艺术宗教与礼乐文明》，中国社会科学出版社，1996 年。

姜伯勤《中国祆教艺术史研究》，生活·读书·新知三联书店，2004 年。

李零《波斯笔记》，生活·读书·新知三联书店，2019 年。

李永良《河陇文化——连接古代中国与世界的走廊》，上海远东出版社、香港商务印书馆，1998 年。

历史博物馆编辑委员会编《丝路传奇：新疆文物大展》，台北历史博物馆，2008 年。

林梅村《汉唐西域与中国文明》，文物出版社，1998 年。

林梅村《古道西风——考古新发现所见中西文化交流》，生活·读书·新知三联书店，2000年。

林梅村《丝绸之路考古十五讲》，北京大学出版社，2006年。

林梅村《松漠之间——考古新发现所见中外文化交流》，生活·读书·新知三联书店，2007年。

林悟殊《摩尼教及其东渐》，中华书局，1987年；增订版，淑馨出版社，1997年。

林悟殊《波斯拜火教与古代中国》，新文丰出版公司，1995年。

林悟殊《唐代景教再研究》（增订本），商务印书馆，2021年。

林悟殊《中古夷教华化丛考》，兰州大学出版社，2011年。

刘芳如、郑淑方主编《四方来朝：职贡图特展》，台北故宫博物院，2019年。

刘迎胜《丝绸之路》，江苏人民出版社，2014年。

刘迎胜《海路与陆路——中古时代东西交流研究》，北京大学出版社，2011年。

罗丰《胡汉之间——丝绸之路与西北历史考古》，文物出版社，2004年。

罗丰主编《丝绸之路上的考古、宗教与历史》，文物出版社，2011年。

马建春《大食·西域与古代中国》，上海古籍出版社，2008年。

阿卜杜拉·马文宽《伊斯兰世界文物在中国的发现与研究》，宗教文化出版社，2006年。

宁夏固原博物馆编著《固原历史文物》，科学出版社，2004年。

潘吉星《中国造纸技术史稿》，文物出版社，1979年。

齐东方《唐代金银器研究》，中国社会科学出版社，1999年。

饶宗颐《选堂集林·史林》，香港中华书局，1982年。

荣新江《中古中国与外来文明》，生活·读书·新知三联书店，2001年。

荣新江《中古中国与粟特文明》，生活·读书·新知三联书店，2014年。

荣新江《丝绸之路与东西文化交流》，北京大学出版社，2015年。

荣新江《华戎交汇在敦煌》，甘肃教育出版社，2021 年。

荣新江、党宝海编《马可·波罗与 10—14 世纪的丝绸之路》，北京大学出版社，2019 年。

荣新江、罗丰主编《粟特人在中国：考古发现与出土文献的新印证》（上下册），科学出版社，2016 年。

荣新江、张志清主编《从撒马尔干到长安——粟特人在中国的文化遗迹》，北京图书馆出版社，2004 年。

［法］埃玛纽埃尔·爱德华·沙畹著，袁俊生译《华北考古记》，中国画报出版社，2020 年。

山西大学历史文化学院、山西省考古研究所、大同市博物馆编著《大同南郊北魏墓群》，科学出版社，2006 年。

陕西省考古研究所编《西安北周安伽墓》，文物出版社，2003 年。

上海博物馆编《宝历风物："黑石号"沉船出水珍品》，上海书画出版社，2020 年。

深圳博物馆编《丝路遗韵——新疆出土文物展图录》，文物出版社，2011 年。

深圳市南山博物馆、陕西历史博物馆编《永远的长安：陕西唐代文物精华展》，文物出版社，2020 年。

俄罗斯科学院东方研究所圣彼得堡分所、俄罗斯科学出版社东方文学部编《俄藏敦煌文献》，上海古籍出版社，1992—2001 年。

施安昌编《晋唐五代书法》，上海科学技术出版社，2001 年。

宿白《中国石窟寺研究》，文物出版社，1996 年。

《丝绸之路：大西北遗珍》编辑委员会编著《丝绸之路：大西北遗珍》，文物出版社，2010 年。

孙建华、杨星宇《大辽公主——陈国公主墓发掘纪实》，内蒙古大学出版社，2008 年。

孙英刚、何平《犍陀罗文明史》，生活·读书·新知三联书店，2018 年。

汤用彤《汉魏两晋南北朝佛教史》，上海商务印书馆，1938 年首版；中华书局，1983 年。

唐长孺主编《吐鲁番出土文书》，文物出版社，1992 年。

王炳华《丝绸之路考古研究》，新疆人民出版社，1993 年。

王仁波、吴钢主编《隋唐五代墓志汇编·陕西卷》，天津古籍出版社，2009 年。

王小甫《唐、吐蕃、大食政治关系史》，北京大学出版社，1992 年。

王小甫《王小甫学术文存：边塞内外》，东方出版社，2016 年。

魏良弢《喀喇汗王朝史稿》，新疆人民出版社，1986 年。

吴礽骧《河西汉塞调查与研究》，文物出版社，2005 年。

吴玉贵《突厥汗国与隋唐关系史研究》，中国社会科学出版社，1998 年。

西安市文物保护考古研究院编著，杨军凯《北周史君墓》，文物出版社，2014 年。

夏鼐《夏鼐文集》（全五册），社会科学文献出版社，2000 年。

香港历史博物馆编《绵亘万里：世界遗产丝绸之路》，香港历史博物馆，2017 年。

向达《唐代长安与西域文明》，生活·读书·新知三联书店，1957 年。

许成、董宏征《宁夏历史文物》，宁夏人民出版社，2006 年。

许序雅《中亚萨曼王朝史研究》（增订本），商务印书馆，2017 年。

严耕望《唐代交通图考》第二卷，"中研院"史语所，1985 年。

杨伯达主编《中国美术分类全集：中国金银玻璃珐琅器全集 4 玻璃器（一）》，河北美术出版社，2004 年。

杨蕤《回鹘时代：10—13 世纪陆上丝绸之路贸易研究》，中国社会科学出版社，2015 年。

俞伟超《东汉佛教图像考》，阎文儒、陈玉龙编《向达先生纪念论文集》，新疆人民出版社，1985 年。

余太山《两汉魏晋南北朝与西域关系史研究》，中国社会科学出版社，1995 年。

余太山《古代地中海和中国关系史研究》，商务印书馆，2012年。

余太山《早期丝绸之路文献研究》，商务印书馆，2013年。

余太山《两汉魏晋南北朝正史西域传研究》，商务印书馆，2013年。

余欣《中古异相：写本时代的学术、信仰与社会》，上海古籍出版社，2011年。

张得水主编《丝绸之路与中原》，文物出版社，2018年。

张广达《文本、图像与文化流传》，广西师范大学出版社，2008年。

张广达《文书、典籍与西域史地》，广西师范大学出版社，2008年。

张广达、王小甫《天涯若比邻》，香港中华书局，1988年。

张庆捷《解读虞弘墓——北朝定居中国的粟特人》，三晋出版社，2020年。

张星烺《中西交通史料汇编》（全六册），辅仁大学，1930年初版；中华书局，1977年。

章巽校注《法显传校注》，上海古籍出版社，1985年。

赵丰《唐代丝绸与丝绸之路》，三秦出版社，1992年。

赵丰《中国丝绸艺术史》，文物出版社，2005年。

赵丰《锦程：中国丝绸与丝绸之路》，香港城市大学出版社，2012年初版；黄山书社，2016年。

《中国敦煌壁画全集》编辑委员会编《中国敦煌壁画全集5·敦煌初唐》，辽宁美术出版社、天津人民美术出版社，2006年。

中国历史博物馆、新疆维吾尔自治区文物局编《天山·古道·东西风——新疆丝绸之路文物特辑》，中国社会科学出版社，2002年。

中国社会科学院考古研究所、西安市隋唐长安城遗址保护中心、西安市世界遗产监测管理中心编《隋唐长安城遗址（考古资料编）》，文物出版社，2017年。

中国社会科学院历史研究所、中国敦煌吐鲁番学会敦煌古文献编辑委员会、英国国家图书馆、伦敦文学亚非学院编《英藏敦煌文献》，四川人民出版社，1991年。

周祖谟校释《洛阳伽蓝记校释》，中华书局，1963 年。

朱雷《敦煌吐鲁番文书论丛》，甘肃人民出版社，2000 年。

朱谦之《中国景教》，东方出版社，1993 年。

［日］足立喜六《长安史迹研究》，王双怀、淡懿诚、贾云译，三秦出版社，2003 年。

（二）西文

Asimov, M. S. and C. E. Bosworth (eds.), *History of Civilizations of Central Asia*, vol. IV.1: The age of achievement: A. D. 750 to the end of the fifteenth century, Paris, Unesco Publishing, 1998. （阿西莫夫、博斯沃思主编，华涛译《中亚文明史》第 4 卷上册，中国对外翻译出版公司、联合国教科文组织，2010 年。）

Azarpay G., *Sogdian Painting. The Pictorial Epic in Oriental Art*, with contributions by A. M. Belenitskii, B. I. Marshak, and M. J. Dresden, Berkeley: University of California Press, 1981.

Biran, M. "The Qarakhanids' Eastern Exchange: Preliminary Notes on the Silk Roads in the eleventh and twelfth Centuries", J. Bemmann and M. Schmauder (eds.) *Complexity of Interaction Along the Eurasian Steppe Zone in the First Millennium ce*, *Bonn Contributions to Asian Archaeology*.vol.7, Bonn, 2015, pp. 575-595.

Boulnois, L., *La Route de la soie*, Éditions Olizane, 3e édition, Genève 1992. （卢斯·布尔努瓦著，耿升译《丝绸之路》，山东画报出版社，2001 年。）

Carter, T. F., *The Invention of Printing in China and its Spread Westward*, New York: Columbia University Press, 1925. （卡特著，吴泽炎译《中国印刷术的发明和它的西传》，商务印书馆，1957 年。）

Chavannes, Éd., *Documents sur les Tou-kiue（Turcs）occidentaux*, St. Petersburg 1903. （沙畹著，冯承钧译《西突厥史料》，商务印书馆，1935 年。）

Chavannes，Éd.，*Les documents chinois découverts par Aurel Stein dans les sables du Turkestan oriental*，Oxford，1913.

de la Vaissiere，É.，James Ward（tran.），*Sogdian Traders. A History*，Brill，2005.

Frankopan，P. *The Silk Roads. A New History of the World*，New York：Alfred A. Knopf，2016.（邵旭东、孙芳中译《丝绸之路世界史》，浙江大学出版社，2016 年。）

Grenet，F. N. Sims-Williams，and É. de la Vaissière，"The Sogdian Ancient Letter V"，*Bulletin of the Asia Institute*，XII，1998，pp. 91-104.

Gulásci，Z.，*Manichaean Art in Berlin Collections*，Turnhout：Brepols Publishers，2001.

Hansen，V.，*The Silk Road. A New History*，London：Oxford University Press，2012.（韩森著，张湛译《丝绸之路新史》，联合出版公司，2015 年。）

Hansen，V.（ed.），*Silk Road: Key Papers*，Leiden & Boston：Global Oriental，2012.

Hansen，V.，*The Silk Road: A New History with Documents*，London：Oxford University Press，2016.

Ierusalimskaja，A. A.，*Moshtcevaya Balka: An Unusual Archaeological Site at the North Caucasus Silk Road*，St. Petersburg：The State Hermitage Publishers，2012.

Jongeward，D. & Errington，E，et al.（eds.），*Gandharan Buddhist Reliquaries*，Seattle：University of Washington Press，2012.

Juliano，A. L. & Lerner，J. A.（ed.），*Monks and Merchants: Silk Road Treasures from Northwest China*，*4th-7th Centuries CE*，New York：Harry N. Abrams，Inc.，2001.

Krahl，R.，et al.（eds.），*Shipwrecked: Tang Treasures and Monsoon Winds*，Washington D. C.：Smithsonian Institution，2010.

Lally, J. J. & Co., *Chinese Archaic Bronzes*, Sculpture and Works of Art, New York: J. J. Lally & Co., 1992.

Mazahéri, Aly., *La route de la soie*. Paris: Papyrus, 1983.（玛扎海里著，耿升译《丝绸之路：中国－波斯文化交流史》，新疆人民出版社，2006 年。）

Millward, J. A., *The Silk Road: A Very Short Introduction*, London: Oxford University Press, 2013.（米华健著，马睿译《丝绸之路（牛津通识读本）》，译林出版社，2017 年。）

Moule, A. C. & P. Pelliot, *Marco Polo: The Description of the World*, 2 vols., London, 1938.

Muir, W., *The Caliphate: Its Rise, Decline, and Fall from Original Sources*, *revised by* T. H. Weir, Edinburgh: John Grant, 1915.

Pelliot, P., *L'inscription nestorienne de Si-ngan-fou*, edited with supplements by A. Forte, Kyoto and Paris, 1996.

Salomon, R., *Ancient Buddhist Scrolls from Gandhāra: The British Library Kharoṣṭhi Fragments*, Seattle: University of Wahington Press, 1999.

Schafer, E. H., *The Golden Peaches of Samarkand: A Study of Tang Exotics*, Berkeley: University of California Press, 1963.（薛爱华著，吴玉贵译《撒马尔干的金桃：唐朝舶来品研究》，社会科学文献出版社，2016 年。）

Seipel, W. (ed.), *Weihrauch und Seide-Alte Kulturen an der Seidenstraße*, Kunsthistorisches Museum Wien, 1996.

Serinde, Terrede Bouddha-Dix siecle d'art sur la Route de la Soie, Paris: Reunion de Musee Nationaux, 1995.

Sims-Williams, N. (ed.), *The Sogdian and Other Iranian Inscriptions of the Upper Indus*, II, London, 1992.

Sims-Williams, N., "The Sogdian Ancient Letter II", *Philologica et Linguistica: Historia, Pluralitas, Universitas. Festschrift für Helmut Humbach zum 80. Geburtstag am 4. Dezember 2001*, ed. M. G. Schmidtaund W. Bisang,

Wissenschaftlicher Verlag Trier, 2001, pp. 267–280.

Sims–Williams, N. "Towards a New Edition of the Sogdian Ancient Letters: Ancient Letter 1", *Les Sogdiens en Chine*, eds. É. de la Vaissière and É. Trombert, Paris 2005, pp. 57–72.

Sims–Williams, N. and J. Hamilton, *Turco–Sogdian Documents from 9th–10th Century Dunhuang*, London, 2015.

Starcky, J. & Gawlikowski, M., *Palmyre*, Paris: Adrien Maisonneuve, 1985.

Watt, J. et al. (eds.), *China. Dawn of a Golden Age*, 200–750 AD, New York: The Metropolitan Museum of Art, 2004.

Whitfield, R. and A. Farrer (eds.), *Caves of the Thousand Buddhas. Chinese art from the Silk Route*, London: British Museum Publications, 1990.

Whitfield, S. (ed.), *The Silk Road: Trade, Travel, War and Faith*, London: The British Library, 2004.

Whitfield, S. (ed.), *Silk Roads. Peoples, Cultures, Landscapes*, London: Thames & Hudson, 2019.

Wood, F., *The Silk Road. Two Thousand Years in the Heart of Asia*, Berkeley: University of California Press, 2002. (吴芳思著，赵学工译《丝绸之路两千年》，上海辞书出版社，2016 年。)

Yoshida, Y., *Three Manichaean Sogdian Letters unearthed in Bäzäklik, Turfan*, Kyoto: Rinsen Book Co., 2019.

Yule, H., *Cathay and the Way Thither: Being a Collection of Medieval Notices of China*, London: Hakluyt Society, 1866.

Yule, H. (tr.), *The Book of Sir Marco Polo the Venetian concerning the Kingdoms and Marvels of the East*. 1903. Newly Translated and Edited, with Notes &c. vols. 1–2. London, 1871–1872.

（三）日文

长泽和俊《シルクロード史研究》，国书刊行会，1979 年。（钟美珠译《丝绸之路史研究》，天津古籍出版社，1990 年。）

东京国立博物馆、NHK《アレクサンドロス大王と東西文明の交流展》，东京国立博物馆，2003 年。

东京国立博物馆编《シルクロード大美術展》，读卖新闻社，1996 年。

加藤九祚《中央アジア北部の仏教遺迹の研究》，《シルクロード学研究》第 4 卷，丝绸之路研究中心，1997 年。

三杉隆敏《海のシルクロードを求めて》，创元社，1968 年。

NHK サービスセンター编《海のシルクロードを求めて シンポジウム・シルクロード》，三菱広报委员会，1989 年。

森安孝夫《シルクロードと唐帝国》，讲谈社，2007 年。（石晓军译《丝绸之路与唐帝国》，北京日报出版社，2020 年。）

森安孝夫《シルクロード世界史》，讲谈社，2020 年。

香川默识《西域考古図譜》，国华社，1915 年。

新潟县立近代美术馆、朝日新闻社文化企画局《中国の正倉院　法門寺地下宫殿の秘宝"唐皇帝からの贈り物"展》，博报堂，1999 年。

杏雨书屋编《敦煌秘笈》，武田科学振兴财团，2009 年。

杏雨书屋编《第 54 回杏雨書屋特别展示会"敦煌の典籍と古文書"》，杏雨书屋，2010 年。

图版目录

第六讲 商胡、萨保与粟特贸易网络

第七讲 祆神东来与祆祠祭祀

第八讲　波斯与中国：政治声援与文化影响

第十一讲 《兰亭序》的西传与唐代西域的汉文明

第十二讲 从波斯胡寺到大秦景教

第十八讲　从蒙古西征到马可·波罗来华

图书在版编目（CIP）数据

从张骞到马可·波罗：丝绸之路十八讲 / 荣新江著 . —
南昌：江西人民出版社，2022.11（2024.7 重印）
　　ISBN 978-7-210-14126-6

　　Ⅰ . ①从… 　Ⅱ . ①荣… 　Ⅲ . ①丝绸之路－研究
Ⅳ . ① K928.6

中国版本图书馆 CIP 数据核字（2022）第 181850 号

从张骞到马可·波罗：丝绸之路十八讲　　　　　荣新江　著
CONG ZHANGQIAN DAO MAKE BOLUO：SICHOUZHILU SHIBA JIANG

出　版　人：梁　菁
策　划　编　辑：游道勤
责　任　编　辑：吴卫东　王一木　陈才艳
封　面　设　计：今亮後聲 HOPESOUND 2580590616@qq.com · 郭维维
版　式　设　计：章　雷

江西人民出版社　出版发行
Jiangxi People's Publishing House
全国百佳出版社

地　　　址：江西省南昌市三经路 47 号附 1 号（330006）
网　　　址：www.jxpph.com
电　子　信　箱：jxpph@tom.com　web@jxpph.com
编辑部电话：0791-88612505
发行部电话：0791-86898815
承　印　厂：浙江海虹彩色印务有限公司
经　　　销：各地新华书店

开　　　本：787 毫米 ×1092 毫米　1/16
印　　　张：30.25
字　　　数：450 千字
版　　　次：2022 年 11 月第 1 版
印　　　次：2024 年 7 月第 5 次印刷
书　　　号：ISBN 978-7-210-14126-6
定　　　价：120.00 元
赣版权登字 -01-2022-456